Heinz Griesbach
Bauplan Deutsch

Heinz Griesbach

Bauplan Deutsch

Eine Übungsgrammatik
zum Selbststudium und für den Unterricht
mit "Satzbauhelfer"

Redaktionelle und fachliche Mitarbeit:
Rosemarie Griesbach, Gudrun Uhlig

Klett Edition Deutsch

1. Auflage   1   5 4 3 2 1 | 1995 94 93 92 91

© Verlag Klett Edition Deutsch GmbH, München 1991
Alle Rechte vorbehalten
Typografie, Layout und Umschlagfoto: Theo Scherling, München
Umschlag: Theo Scherling und Alfred Lahner, München
Gesamtherstellung: Schoder Druck, Gersthofen · Printed in Germany

ISBN 3-12-675321-3

Inhalt

	Seite
Vorwort: Liebe Leserin, lieber Leser	7
Die Arbeit mit den Übungen – Wie geht man nun vor?	7
Die Arbeit mit dem „Satzbauhelfer"	8
Was steht in der Übungsgrammatik?	8
Wegweiser zu den Grammatikfragen	9

1. Kapitel: Einführung in den deutschen Sprachbau und Übersicht 11
    1. Beschreibungsebene: Das Sprachmaterial 11
    2. Beschreibungsebene: Der Satz und seine Struktur 12
    3. Beschreibungsebene: Die Struktur der Satzglieder 15
    4. Beschreibungsebene: Merkmale und Kennzeichen der Funktionen 16
    5. Beschreibungsebene: Erweiterung des Sprachmaterials 17
    6. Beschreibungsebene: Satzinhalte und Ausdrucksformen 18
    Übersicht über die wichtigsten Grammatikausdrücke 20

2. Kapitel: Das Prädikat 21
    A Die Personalformen im Prädikat: **Üb. 1–12** 21
    B Die Stellung der Personalformen im Prädikat: **Üb. 13–15** 27
    C Die Besetzung der zweiten Prädikatsstelle: **Üb. 16–18** 28
    D Die Zeit- und Modalformen im Prädikat: **Üb. 19–43** 30
        1. Die einfachen Zeitformen: **Üb. 19–24** 30
        2. Die zusammengesetzten Zeitformen: **Üb. 25–31** 33
        3. Modalformen: **Üb. 32–43** 37
    E Der Gebrauch der Zeitformen: **Üb. 44–48** 40
    F – der Konjunktive: **Üb. 49–53** 43
    G – des Passivs: **Üb. 54–57** 45
    H Die Modalverben: **Üb. 58–70** 47
    I Modal gebrauchte Verben: **Üb. 71–86** 50
    J Funktionsverben: **Üb. 87–88** 55
    K Stammformen der starken Verben: **Üb. 89–91** 56
    L – der Verben mit Mischformen: **Üb. 92–93** 58
    M Die Verbzusätze: **Üb. 94–95** 59
    N Das Sprachmaterial im Prädikat: **Üb. 96–97** 60

3. Kapitel: Die Satzglieder 63
    A Strukturabhängige und strukturunabhängige Satzglieder: **Üb. 98** 63
    B Prädikatsergänzungen **(E)**: **Üb. 99–102** 63
    C Subjekt/Objekte: **Üb. 103–110** 66
    D Die Angaben: **Üb. 111–113** 70
    E Die Modalglieder: **Üb. 114–116** 72

4. Kapitel: Der Satz 76
    A Die Grundstruktur: **Üb. 117–118** 76
    Die Satzstrukturen: **Üb. 119–124** 77
    B Die Satztypen: **Üb. 125–127** 80
    C Die Stellung der Satzglieder: **Üb. 128–132** 82
    D Das Vorfeld mit dem Stellplatz (A): **Üb. 133–136** 85
    E Das Nachfeld mit dem Stellplatz (Z): **Üb. 137** 86
    F Die Negation von Sachverhalten: **Üb. 138–147** 87

Inhalt

5. Kapitel: Die Struktur der Satzglieder ... 91
  A Der Gliedkern und die Attribute: **Üb. 148–157** ... 91
  B Die Gliedsätze: **Üb. 158–167** ... 96
  C Die Attributsätze: **Üb. 168–175** ... 99
    Satzattribute: **Üb. 176** ... 102

6. Kapitel: Die Funktionskennzeichen ... 104
  A Die Kasuszeichen: **Üb. 177–178** ... 104
  B Die Attributzeichen: **Üb. 179–184** ... 106
  C Die Präpositionen: **Üb. 185–202** ... 108
  D Die Konjunktionen ... 116
    nebenordnende –: **Üb. 203–215** ... 116
    unterordnende – und Korrelate: **Üb. 216–280** ... 120

7. Kapitel: Die Worttypen ... 142
  A Das Sprachmaterial ... 142
  B Die Verben: **Üb. 281–294** ... 142
  C Die Nomen: **Üb. 295–304** ... 150
  D Die Adjektive: **Üb. 305–320** ... 158
    Komparationsformen: **Üb. 312–320** ... 161
    Grundzahlen: **Üb. 321–328** ... 164
    Ordnungszahlen: **Üb. 329–332** ... 167
    Unbestimmte Zahladjektive ... 169
  E Die Adverbien: **Üb. 333–343** ... 169
  F Die Pronomen ... 174
    Personalpronomen: **Üb. 344–347** ... 174
    Reflexivpronomen: **Üb. 348** ... 177
    Fragepronomen: **Üb. 349–351** ... 178
    Demonstrativpronomen: **Üb. 352–356** ... 180
    Relativpronomen: **Üb. 357–364** ... 182
    Possessivpronomen: **Üb. 365–366** ... 185
    Unbestimmte Pronomen: **Üb. 367–379** ... 186
  G Die Artikel: **Üb. 380–381** ... 192

8. Kapitel: Zur Wortbildung ... 197
  A Die Infinitformen: **Üb. 382–396** ... 197
    Infinitiv: **Üb. 382–390** ... 197
    Partizip I: **Üb. 391–392** ... 201
    Partizip II: **Üb. 393–396** ... 202
    Partizipsätze: **Üb. 397–398** ... 203
  B Die Präfixe: **Üb. 399–405** ... 204
  C Die Suffixe: **Üb. 406–426** ... 206

9. Kapitel: Äußerungsformen ... 212
  A Mitteilungen, Fragen, Aufforderungen, Gemütsäußerungen: **Üb. 427** ... 212
  B Die Bezeichnung von Entwicklungsphasen eines Sachverhalts („Aktionsarten"): **Üb. 428** ... 213
  C Subjektive Stellungnahmen des Sprechenden: **Üb. 429–432** ... 214

VORWORT

Liebe Leserin, lieber Leser

Jeder weiß: Ohne einen Bauplan können Maurer und Zimmerleute kein stabiles Haus bauen. Und Grammatik ist nichts anderes als ein Bauplan, der Bauplan einer Sprache. Eine Sprache kann man nicht erlernen, ohne ihre Grammatik zu kennen und ihre Regeln anzuwenden.

„Bauplan Deutsch" ist eine Grammatik, eine Übungsgrammatik. Mit ihr können Sie Ihre Deutschkenntnisse festigen, erweitern, vervollkommnen und auch vergessene und verschüttete Kenntnisse wieder auffrischen. Auch können Sie den Unterrichtsstoff nachholen, den Sie in Ihren Kursen versäumt haben oder der vernachlässigt worden ist. Die Grundkenntnisse haben Sie wahrscheinlich in der Schule, in Deutschkursen oder vielleicht sogar im Selbststudium erworben und Sie verstehen schon etwas Deutsch. Aber genügt das schon? Was können Sie tun, um mehr zu erreichen? Natürlich können Sie Kurse besuchen. Aber man weiß, Kurse allein helfen nicht viel weiter, denn Sprachenlernen muß ein dauerndes *eigenes* Bemühen sein. Auch wenn Sie einen Unterricht besuchen, den Unterrichtsstoff verarbeiten und lernen müssen Sie auf jeden Fall für sich allein. Der Lehrer zeigt wohl den Weg und leistet Hilfestellung, aber arbeiten und üben müssen Sie selbst. Das ist wie bei allen anderen erstrebten Fähigkeiten auch, z.B. bei Sport oder Musik.

„Bauplan Deutsch" nun steht Ihnen jederzeit, wann immer Sie Zeit und Lust dazu haben, zur Verfügung und hilft Ihnen beim Selbststudium. Der Erfolg hängt, wie bei allen Arbeiten, von Ihrem Fleiß, ebenso wie von der Planung und Durchführung ab. Dazu einige Empfehlungen und Vorschläge:

Wie geht man nun vor?

Vorweg ein wichtiger Rat: Schreiben Sie niemals in das Buch, in die Übungen hinein, denn damit machen Sie sie für Wiederholungen unbrauchbar. Und das wollen Sie doch nicht.

Es gibt zwei Arbeitsmöglichkeiten:
1. Sie arbeiten das Buch von vorn bis hinten durch. Das wird Sie so ermüden, wie wenn Sie ein Telefonbuch von der ersten bis zur letzten Seite lesen würden.
2. Sie wählen die Übungen aus und lassen sich dann von den Verweisen im Buch weiterleiten. Sie verstehen es richtig. Der Autor würde den 2. Weg wählen.

Bevor Sie aber mit den Übungen beginnen, lesen Sie bitte zunächst die **Einführung (Kapitel 1)**. Sie erhalten dort einen Überblick über den deutschen Sprachbau und treffen bestimmt auf Grammatikfragen, die Sie beantwortet haben möchten. Die Verweise dort führen Sie zu der gewünschten Übung. Sie können aber auch mit Hilfe des „Wegweisers" (Seite øø) das Grammatikproblem auswählen, das Sie lösen möchten.

Wie führen Sie die Übungen durch?
a) Machen Sie die Übung, Satz für Satz, Aufgabe für Aufgabe, mündlich und vergleichen Sie dabei Ihre Lösung mit der Lösung im Lösungsbuch.
b) Lesen Sie dann die Grammatikerklärungen vor dem Übungsblock.
c) Wiederholen Sie danach die Übung ohne Lösungsbuch möglichst schriftlich und vergleichen Sie anschließend Ihre Lösungen mit den Lösungen im Lösungsbuch.
d) Zuletzt tragen Sie die Anzahl der richtig gelösten Übungssätze in das **„Kästchen"** neben der Übung ein.

Diese Eintragung ist für Ihre weitere Arbeit wichtig, denn so sehen Sie immer, welche Übungen Sie bereits gemacht und welches Ergebnis Sie erzielt haben. Bei späteren Wiederholungen schreiben Sie das neue Ergebnis dazu. Sie sehen dann, ob Sie sich verbessert haben.

VORWORT

Die Arbeit mit dem „Satzbauhelfer"

Der „Satzbauhelfer" ist ein Hilfsmittel zum korrekten Bau deutscher Sätze. Mit ihm können Sie alle Satzstellungsprobleme sicher lösen. Um ihn möglichst bald nutzen zu können, sollten Sie Ihr Übungsprogramm mit dem Satzbau beginnen (vgl. Einführung (S.øø) und Kapitel 4 und „Wegweiser").

Nutzen Sie den „Satzbauhelfer" auch beim Lesen fremder Texte. Sie können dann jeden Satz in einem Text und die Stellung der Satzglieder nachprüfen und die Abweichungen von der Grundstellung erkennen; dies wiederum weist darauf hin, wie die Textäußerung zu verstehen ist. Bei Satzbauübungen und beim Schreiben eigener Texte können Sie mit dem „Satzbauhelfer" den richtigen Bau Ihrer eigenen Sätze überprüfen.

Auf den „Satzbauhelfer" können Sie sich verlassen; es klingt unglaublich, aber er enthält die gesamte deutsche Syntax auf einen Blick! Mit dem „Satzbauhelfer" können Sie alle deutschen Satzbaumöglichkeiten ausschöpfen.

Was steht in der Übungsgrammatik?

Das **1. Kapitel** gibt einen Überblick über den deutschen Sprachbau.

Die Kapitel 2–9 enthalten, sachlich nach Grammatikgebieten geordnet, die Grammatikerklärungen mit den dazugehörigen Übungen. Sie beantworten folgende Fragen:
2. Kapitel: Was spielt sich im *Prädikat* ab?
3. Kapitel: Wie ordnen sich die *Satzglieder* um das Prädikat?
4. Kapitel: Wie sieht eine *Satzstruktur* aus und aus welchen Satzgliedern muß sie bestehen?
5. Kapitel: Wie sieht die *Struktur eines Satzglieds* aus und woraus besteht sie?
6. Kapitel: Woran erkennt man die Satzglieder und ihre Funktion? *(Die Funktionskennzeichen)*
7. Kapitel: Was für Wörter und Partikel *(Sprachmaterial)* braucht man zur Bildung von Sätzen? Was für *Worttypen* gibt es? Wie passen sich die Wörter den Funktionen im Satz an?
8. Kapitel: Wie kann man den Wörtervorrat vergrößern? *(Wortbildung)*
9. Kapitel: Was für Ausdrucksformen gibt es? Wie und wann werden sie verwendet? *(Äußerungsformen)*

Erklärung der Abkürzungen

bzw.: beziehungsweise
d.h.: das heißt
S.: Seite
u.a.: und andere
usw.: und so weiter
vgl.: vergleiche/vergleichen Sie!
z.B.: zum Beispiel

WEGWEISER

Suchen Sie sich das Grammatikproblem aus, das Sie interessiert und das Sie erarbeiten wollen.
Die *Zahlen* bezeichnen die *Übungen*, die Erklärungen gehen jeweils den Übungen voraus.

Adjektive (Gebrauch im Satz) 305
 — als Modalangabe 308
 — als Modalergänzung 306
 — als Prädikatsnominativ 307
 — als Subjekt/Objekt 309
 — als Verbzusatz 310
 — im Prädikat 311
 —, Komparation 312–320
Adverbien (Gebrauch) 333, 334
 —, Komparation 336
Aktionsarten 428
Angaben (Sprachmaterial) 113
 — (Stellung) 111, 112
 — als Gliedsätze 220
Apposition 156–157
 —, abgerückte 157
Artikel (Gebrauch) 380, 381
Attribut (Stellung) 155–157
 —, Adjektive als 305
 —, Nomen als 304
 — bei Verbalnomen 150–154
Attributsätze (Form, Gebrauch, Stellung) 137, 149, 168–175, 228, 242
 — als Infinitivsätze 170
 — mit Relativpronomen oder Relativadverbien 171–175
 — mit Konjunktionen 169
Attributzeichen (Gebrauch) 179, 180
 — bei Zahlen 326–328
Äußerungsformen 427
Bedingungssätze 226, 227, 264–269
Datumsangaben 329
Demonstrativpronomen (Gebrauch) 352–356
Entwicklungsphasen eines Sachverhalts 428
Finalsätze 220, 231, 277
Folgesätze 237
Fragen, offene 238
Fragepronomen (Gebrauch) 349–351
Funktionsverben 87, 88
Futur (Bildung) 29–31
Genusklassen der Nomen 295
Gliedsätze (Form und Stellung) 137, 158, 159
Grundstrukturen der Sätze 117, 118
Grundzahlen 321–328
haben (Formen) 4
 — im Prädikat (Bedeutung und Gebrauch) 287, 290, 291
Imperativ (Formen) 9
Infinitiv (Gebrauch) 382
 — mit „zu" (Gebrauch) 383
 —, zwei oder mehr Infinitive im Prädikat 15

Infinitivsätze (Form und Stellung) 160–167
 — (Gebrauch) 384–390
 — als Attributsätze 170
Kasuszeichen (Gebrauch) 177–184
 — an Nomen 300–302
 — bei Zahlen 326–328
Kausalsätze 259–263
Komparation der Adverbien 335, 336
Komparationsformen 312–320
Komparativ als Korrelat 230, 231
Konditionalsätze 226, 227, 264–269
Konjunktionen, nebenordnende (Stellung und Gebrauch) 203–215
 —, unterordnende (Stellung und Gebrauch) 216–280
Konjunktiv I/II (Formen) 8, 32–38
Konjunktive (Gebrauch) 49–53
Konsekutivsätze 223, 237
Konzessivsätze 278
Korrelate (Stellung und Gebrauch) 216–226, 238–241
Lokaladverbien (Gebrauch) 337
Modalangabe, Adjektive als 308
Modalergänzung, Adjektive als 306
Modalglieder (Stellung) 114–116
Modalsätze 270–280
Modalverben (Formen) 5, 6, 7,
 (Gebrauch) 58–70
Nachfeld, Stellung der Satzglieder im 137
Negation (Gebrauch und Stellung) 138, 147
Nomen (Gebrauch im Satz) 303
 —, Genusklassen 296
 —, Pluralformen 296–299
 — als Attribut 304
 — mit Kasuszeichen 300–302
Objekt (Sprachmaterial) 110
 — (Stellung) 106
Objektsätze 217–219, 239, 241
Ordnungszahlen usw. 329–331
Partizip (Gebrauch) 391–396
Partizipsätze 397, 398
Passiv (Bildung) 39–43, (Gebrauch) 54–56
 — mit Modalverben usw. (Gebrauch) 57
Perfekt (Bildung) 25, 26
Personalformen 1, 2, 3
 — bei mehreren Subjekten 10, 11
 — bei Relativsätzen 12
 —, Stellung 13, 14
 — (Gebrauch) 344–347
Personenangaben (Stellung) 112
Pluralformen der Nomen 296–299

9

WEGWEISER

Plusquamperfekt (Bildung) 27, 28
Possessivpronomen 365, 366
Prädikat, Sprachmaterial im 96
Prädikatsergänzungen (Stellung) 99–101
 –, Sprachmaterial in 102
Prädikatsnominativ, Adjektive als 307
Prädikatsobjekt (Stellung) 109
Prädikatsstelle, zweite 16–18
Prädikatssubjekt (Stellung) 105
Präfixe (Gebrauch) 399–405
Präpositionen (Stellung und Gebrauch) 185–202
Präsens (Formen) 1, 2, 3, 19, 20, 21
Präteritum (Formen) 5–7, 22
Pronomen, unbestimmte 367–379
Pronominaladverbien (Gebrauch) 338–340
Proportionalsätze 276
Reflexivpronomen (Gebrauch) 341–343, 348
Relativpronomen (Gebrauch) 357–364
Relativsätze 171–175
Satzattribute 176
Satzglieder (Stellung und Intonation) 128–132
 –, strukturabhängige 98
 –, strukturunabhängige 98
Satzstrukturen 117–124
 –, verschränkte 123, 124
Satztypen 125–127
sein (Formen) 4
 – im Prädikat (Bedeutung und Gebrauch) 288, 290, 291
Stellungnahmen, subjektive 429–432
Strukturobjekt (Stellung) 107, 108
Struktursubjekt (Stellung) 104
Subjekt (Stellung) 103, (Sprachmaterial) 110
Subjektsätze 216
Suffixe (Gebrauch) 406–426
Superlativ 318–320
Temporalsätze 233, 234, 243–258
Verbalnomen (Bildung) 150–154, 284–286
Verben, starke Formen 23, 89–91
 – (schwankender Gebrauch) 283
 – im Prädikat (ihre Bedeutung in Satzstrukturen) 281, 282
 – mit Mischformen (Formen) 24, 92, 93
 –, modal gebrauchte 71–86
Verbzusatz 94, 95
 –, Adjektive als 310
 –, Sprachmaterial als 97
Vorfeld, Stellung der Satzglieder im 133–134
Vorschaltungen (Gebrauch) 229–242

werden (Formen) 4
 – im Prädikat (Bedeutung und Gebrauch) 289, 292–294
Zahladjektive 321–332
Zahlen 321–332
Zeitformen (Gebrauch) 44–48

Einführung und Übersicht 1

Was ist Grammatik und wozu dient sie?

Die Grammatik zeigt den Strukturplan einer Sprache. Sie erklärt, wie sich Wörter zu sinnvollen und verständlichen Äußerungen im Satz zusammenfügen. Sie ist die „Anleitung" zum Gebrauch des Sprachmaterials. Sie zeigt Ihnen, wie Sie sich fehlerlos äußern können. Kenntnisse der Grammatik einer Sprache vermitteln Ihnen sichere Sprachkenntnisse.

Wörter sind sprachliches Baumaterial. Jedes Wort kann, je nach Gebrauch im Satz, eine oder mehrere „Bedeutungen" haben.

Beispiele:
>Der Junge *geht* in die Schule. / Die Uhr *geht* richtig. / Wie *geht* es dir? – Es *geht*.
>Das Mädchen ist *gefallen*. / Das Barometer ist *gefallen*. / Der Film hat mir *gefallen*.
>Der Mann *handelt* mit Obst. / Wovon *handelt* das Buch?
>Wieviel kostet der *Tisch*? / Die Familie sitzt bei *Tisch*.

Die Grammatik jeder Sprache folgt dem Denkmuster, das einer Sprachgemeinschaft eigen ist. Fremdsprachenlernen heißt also, sich anderen, abweichenden Denkabläufen anzupassen. Der Umgewöhnungsprozeß beim Sprachenlernen ist leicht, wenn man das einfache Grundprinzip einer Grammatik durchschaut hat.

Um Sprachregeln deutlich zu machen, müssen die grammatischen Termini (Fachausdrücke) exakt auf bestimmte grammatische Erscheinungen festgelegt sein und konsequent so gebraucht werden, sonst bringen sie nur Verwirrung, und die Grammatik gerät in einen unverdient schlechten Ruf. Die Termini in diesem Buch sind daher auf bestimmte *Beschreibungsebenen* festgelegt;
so zur Beschreibung

1. des Sprachmaterials, also der Wörter;
2. des Satzes und seiner Struktur;
3. der Struktur der Satzglieder;
4. der Merkmale und Kennzeichen, die die Funktionen der Wörter in einem Satz signalisieren;
5. der Möglichkeiten der Erweiterung des Sprachmaterials;
6. der Satzinhalte und ihrer Äußerungsformen.

1. Beschreibungsebene: Sprachmaterial

Wörter sind feste, aus einem Text isolierbare, immer wieder auftretende Lautfolgen, die bestimmte Inhalte („Bedeutungen") haben. Durch Änderung einer bestimmten Lautfolge entsteht ein neues Wort.
Beispiele:
>He**l**m – He**i**m – hei**l** – **B**eil – Be**i**n – **W**ein – **f**ein – **r**ein – **n**ein
>Leder – Le**b**er – Lebe**n** – **h**eben – Hebe**l** – **N**ebel – **N**abel – **G**abel

Probieren Sie das einmal an Wörtern in Ihrer Muttersprache aus!

Die Wörter unterscheidet man nach ihren Inhalten („Bedeutungen"); danach gibt es folgende Worttypen:

a. Verben (S. 142) nennen Geschehen (*Handlungen* oder *Vorgänge*) oder *Sein* (Zustandsbeschreibungen).
>*gehen, bitten, lernen, liegen, schlafen*

Man unterscheidet Verben nach ihrem *formalen* Verhalten als „starke" und „schwache" Verben (S. 143) und nach ihren *Gebrauchsweisen* als „Hilfsverben" (S. 147) und Modalverben (S. 47).

b. Nomen (S. 150) nennen *Personen, Sachen, Begriffe*.
>*Mann, Frau, Pferd, Tisch, Haus, Himmel, Glück*

11

1 Einführung und Übersicht

Im Deutschen ordnet man die Nomen im Singular drei Nomenklassen (*Genusklassen*) zu; diese sind an den Endungen am Artikel (S. 192) oder an den Attributen (S. 91) erkennbar.
    d**er** Mann, d**ie** Frau, d**as** Pferd, d**er** Tisch, d**as** Haus, d**er** Himmel, d**as** Glück; ein alt**er** Mann, mein klein**es** Haus, groß**es** Glück

c. Adjektive (S. 158) bezeichnen *Eigenschaften* oder *Mengen* (Zahladjektive, S. 164).
    schön, gut, sauber, ein, zwei, hundert, tausend, mehrere, einige

Das Zahladjektiv *ein* ist auch als *unbestimmter Artikel* im Gebrauch (S. 193).

d. Adverbien (S. 169) bezeichnen lokale, temporale und modale Beziehungen und anderes.
    hier, dort, da, heute, gestern, lange, gern, leider

Die Adverbien „da" und „hier" werden auch als *Pronominaladverbien* gebraucht (S. 172): **da**für, **hier**mit

e. Pronomen (S. 174) sind Bezugswörter, also Wörter, die ihren Inhalt erst im Kontext erhalten oder aus der Sprechsituation zu verstehen sind (*ich, du, wir, dieser, jener*: S. 174, 180); oder auf Personen/Sachen/Sachverhalte hinweisen, die bereits genannt und bekannt sind (*er, sie, es*: S. 174). Einige Pronomen dienen aber auch als *Artikel* (**d**er/-as/-ie: S. 192) und als *Strukturglieder* (*es, sich*: S. 176, 177).

Präpositionen und Konjunktionen, in den Wörterbüchern zwar als Wörter aufgeführt, weil sie aus Sätzen isoliert werden können, gehören aber als *Funktionskennzeichen* in eine andere Beschreibungsebene (vgl. 4. Beschreibungsebene).

2. Beschreibungsebene: der Satz und seine Struktur

Ein *Satz* ist ein System von Funktionsteilen, nämlich *Satzgliedern*. Er beschreibt immer einen Sachverhalt, der sich in den Funktionsteilen des Satzes widerspiegelt (S. 19, 76).
Satzglieder wie auch *Attribute* können in einem (übergeordneten) Satzsystem eigene Satzsysteme bilden; diese sind dann *Gliedsätze* (S. 96) bzw. *Attributsätze* (S. 99) (vgl. 3. Beschreibungsebene).

Die Begriffe (Termini) zur Beschreibung eines Satzes mit seinen Funktionsteilen sind: *Prädikat, Subjekt und Objekte, Prädikatsergänzungen, Angaben*

I. Prädikat (S. 21): das Prädikat ist der zentrale Funktionsteil eines Satzes; es hat zwei Funktionen, eine inhaltliche und eine formale:
es nennt im Satz das *Geschehen* oder das *Sein*
    Hans **möchte** Eva morgen **besuchen**. (Geschehen: besuchen)
    Der Vater **schenkt** seinem Sohn einen Ball. (Geschehen: schenken)
    Über dem See **liegt** dichter Nebel. (Sein: liegen)
es bildet die Bereiche (*Felder*), in die sich die Satzglieder einordnen (S. 82); so entstehen vier nur für das Deutsche geltende *Satztypen* (S. 80):

Satztyp A (mit *Vorfeld* und *Satzfeld*) für Mitteilungssätze (S. 85) und für Ergänzungsfragen (S. 85)

Vorfeld	P¹	Satzfeld	P²
Der Vater	hat	seinem Sohn einen Ball	geschenkt.
Wann	hat	er ihm den Ball	geschenkt? – Gestern.

P¹ = erster Prädikatsteil; **P²** = zweiter Prädikatsteil

Einführung und Übersicht 1

Satztyp B (nur mit Satzfeld) für Entscheidungsfragen (S. 81) und für Imperativsätze (S. 81)

P¹	Satzfeld	P²
Möchte	Hans Eva morgen	**besuchen**? – Ja.
Hat	der Vater seinem Sohn einen Ball	**geschenkt**? – Ja.
Schenk	deinem Sohn einen Ball!	

Satztyp C (nur mit Satzfeld) für Nebensätze, die mit einem *Verbindungsteil* (z.B. Konjunktion, Relativpronomen usw.) eingeleitet werden (S. 81)

V	Satzfeld	P
(Weißt du), **daß**	Hans morgen seine Freundin Eva	**besuchen möchte**?
(Der Mann,) **der**	gestern seinem Sohn einen Ball	**geschenkt hat**, …

V = Verbindungsteil (das sind Konjunktionen, Relativpronomen, Relativadverbien und Fragewörter jeder Art) (S. 120, 182, 173)
P = das vollständige Prädikat

Satztyp D (nur mit Satzfeld) für Infinitivsätze (S. 81) und Partizipsätze (S. 81), in denen die Subjektstelle unbesetzt bleibt

Satzfeld	P
(Er hatte den Wunsch,) morgen seine Freundin Eva zu	**besuchen**.
(Er war froh darüber,) einen neuen Ball zu	**bekommen**.

Alle vier Satztypen können ein externes Feld, ein *Nachfeld* haben, das vor allem Nebensatzsysteme aufnimmt (S. 86).

Vorfeld	P¹	Satzfeld	P²	Nachfeld
Der Junge	**hat**	sich über den Ball	**gefreut**,	den er bekommen hatte.
	Hat	es dir Hans schon	**erzählt**,	daß er Eva besucht hat?

Die Besetzung der Prädikatsstellen

Die *erste Prädikatsstelle* (**P¹**) wird von einfachen oder erweiterten Wortstämmen (S. 197) besetzt. Die Wortstämme bilden hier *Personalformen* und signalisieren so den Subjektbezug (S. 21).

  Morgen *reis*e ich / *reis*t du / *reis*t Hans / *reis*en wir / *reis*t ihr / *reis*en die Gäste nach Paris ab.

Die *zweite Prädikatsstelle* (**P²**) wird von einem *Verbzusatz* (S. 59) und/oder bei *zusammengesetzten Zeitformen* (S. 30), bei den *Modalverben* (S. 47), beim *Futur* (S. 35) sowie beim *Passiv* (S. 45) von *Infinitiven* und/oder von einem *Partizip II* (S. 202) besetzt.

	P¹		P²
Morgen	**reisen**	unsere Gäste wieder	**ab**.
Gestern	**haben**	Paul und Hans an einem See	**gezeltet**.
Hans	**möchte**	seiner Freundin Blumen	**schenken**.
Wir	**werden**	nächste Woche einen Flug nach Paris	**buchen**.
Der Anzug	**wurde**	erst letzte Woche	**gereinigt**.

1 Einführung und Übersicht

Zur Stellung der Satzglieder im Satz

Auf dem Satzfeld sind für die Satzglieder *12 Stellplätze* (Platz ① bis ⑫) vorhanden. Auf den externen Feldern, dem *Vorfeld* und dem *Nachfeld,* gibt es jeweils nur *einen Stellplatz* für ein Satzglied (im Vorfeld Stellplatz Ⓐ, im Nachfeld Stellplatz Ⓩ). *Gliedsätze* sind Satzglieder mit eigenem Satzsystem (S. 96). Über die Ordnung der Satzglieder auf den Stellplätzen vgl. Seite 82 und den „Satzbauhelfer".

II. Subjekt (S. 66) und **Objekt** (S. 68) sind Satzglieder, die in bestimmten Satzstrukturen (S. 77) auftreten. Im allgemeinen ist in einer Satzstruktur ein Subjekt vorhanden; und sie kann bis zu zwei Objekte enthalten. Ein *Subjekt* wird immer mit dem *Nominativzeichen* markiert; die *Objekte* werden nach den Kasuszeichen (S. 104) benannt, die sie zu ihrer Unterscheidung erhalten (S. 68).

    Das Kind **schläft**. (Satzstruktur: **P**+S)
    Eva **besucht** ihren Freund. (Satzstruktur: **P**+S+Oa)
    Hans **hilft** seinem Vater. (Satzstruktur: **P**+S+Od)
    Hans **schenkt** seiner Freundin eine Blume. (Satzstruktur: **P**+S+Oa+Od)
    Sie **dankt** ihm für die schöne Blume. (Satzstruktur: **P**+S+Od+Op)

P = Prädikat
S = Subjekt
Oa = Objekt mit Akkusativzeichen (*Akkusativobjekt*)
Od = Objekt mit Dativzeichen (*Dativobjekt*)
Op = Objekt mit einer Präposition als Kennzeichen (*Präpositionalobjekt*)

In einigen Satzstrukturen (S. 77) besetzt das Pronomen „*es*" oder das Reflexivpronomen „*sich*" bzw. ein reflexiv gebrauchtes Personalpronomen (S. 176, 177) die vakante Subjekt- oder Objektstelle, um eine vorgegebene Satzstruktur zu vervollständigen; solche Satzglieder bezeichnet man als *Struktur*subjekt oder *Struktur*objekt.

    Heute regnet **es**.
    Mir gefällt **es** in Berlin.
    Der Wein hat **es** in sich.
    Hans freut **sich** / Ich freue **mich** auf das Wochenende.
    Bei diesem Gebäude handelt **es sich** um eine Schule.

III. Prädikatsergänzung (S. 63): Vielfach erhält eine Satzstruktur ein zusätzliches Satzglied, das den Inhalt des Prädikats vervollständigen muß; dieses Satzglied bezeichnet man als *Prädikatsergänzung*. In manchen Satzstrukturen kann eine Prädikatsergänzung auch die Subjektstelle oder die Objektstelle besetzen; diese Satzglieder nennt man dann *Prädikats*subjekt (S. 67) bzw. *Prädikats*objekt (S. 69).

    Wir **bringen** jetzt unsere Gäste . .(?). . **zum Bahnhof**.
    Der Lehrer **stellte** uns . .(?). . **sehr schwierige Fragen**.
    Gestern **passierte** hier . .(?). . **ein schwerer Unfall**.

IV. Angaben (S. 70): Angaben nennen den Ort, die Zeit oder die Umstände, die einen Sachverhalt kennzeichnen; man unterscheidet *Lokal*angaben (Ort), *Temporal*angaben (Zeit) und *Modal*angaben (begleitende *Umstände*).

    Wir bringen unsere Gäste **jetzt** zum Bahnhof.
    In der Schule stellte uns der Lehrer **heute** sehr schwierige Fragen.
    Gestern ist **in der Hauptstraße** ein schwerer Unfall passiert.
    Wir näherten uns **langsam** unserem Reiseziel.

Eine andere Art von Angaben sind die *Modalglieder* (S. 73); sie signalisieren die subjektive Einstellung des Sprechenden.

Einführung und Übersicht 1

Heute habe ich **leider** keine Post bekommen.
Hoffentlich ist bei uns zu Hause alles in Ordnung.

Angaben sind immer struktur**un**abhängig.

Zusammenfassung aller möglichen Satzglieder:

	Abkürzung:	Beispiele:
Subjekt	S	*Der Vater* arbeitet.
Struktursubjekt	ss	Mir geht *es* gut.
Akkusativobjekt	Oa	Du kennst *meinen Bruder*.
Dativobjekt	Od	Er hilft *mir* bei der Arbeit.
Genitivobjekt	Og	Er gedachte *unseres Vaters*.
Präpositionalobjekt	Op	Wir sprachen *über dich*.
Strukturobjekt	so	Er benimmt *sich* schlecht.
Prädikatsergänzungen	E	Er brachte mich *in Wut*.
Lokalergänzung	El	Sie geht *zur Post*.
Temporalergänzung	Et	Die Fahrt dauert *eine Stunde*.
Modalergänzung	Em	Ich fühle mich *krank*.
Kausalergänzung	Ek	Er starb *an Krebs*.
Prädikatsnominativ	En	Er ist *ein guter Arzt*.
Prädikatsakkusativ	Ea	Er nennt mich *seinen Freund*.
Prädikatssubjekt	Es	Ihm geschah *Unrecht*.
Prädikatsobjekt	Eo	Er macht *einen Ausflug*.
Angaben		
Lokalangabe	Al	Er arbeitet *im Garten*.
Temporalangabe	At	Er besucht mich *heute*.
Modalangabe	Am	Er liest *gern*.
Kausalangabe	Ak	Er lächelte *aus Verlegenheit*.
Modalglied	M	Er ist *leider* krank.

3. Beschreibungsebene: die Struktur der Satzglieder

Satzglieder (S. 63) haben eine eigene Struktur; sie ist, verglichen mit einer Satzstruktur, einfacher. Wörter, die andere Wörter in einem Funktionsteil begleiten, sind *Attribute* (S. 91). Attribute *charakterisieren* und *klassifizieren* (ein **schön**es *Mädchen*) oder sie *identifizieren* (**dies**es *Mädchen*) eine Person/Sache.
Nach ihrer Stellung unterscheidet man:

vorangestellte Attribute	**nachgestellte** Attribute
die **heutige** Zeitung	die Zeitung **von heute**
eine **bergige** Landschaft	eine Landschaft **mit vielen Bergen**

Häufig verbindet sich ein Attribut eng mit dem folgenden Wort und bildet so einen neuen, festen Begriff. Bei solchen Wortzusammensetzungen handelt es sich um „*agglutinierte*" Attribute.
    eine **Berg**landschaft (eine Landschaft *mit Bergen*);
    der **Regen**mantel (ein Mantel *gegen Regen*);
    die **Auto**straße (die Straße, *die nur für Autos bestimmt ist*);
    eine **Speise**karte (eine Karte, *auf der Speisen verzeichnet sind*);
    das **Speise**zimmer (das Zimmer, *in dem man sein Essen einnimmt*);
    Speiseeis (Eis, *das man ißt*)

1 Einführung und Übersicht

Weiter gibt es noch *Modalattribute* (S. 170); sie signalisieren, wie die Modalglieder (S. 73), die subjektive Einstellung des Sprechenden.
    Nur ein Arzt kann dir noch helfen.

Wenn Attribute auch Attribute annehmen, können komplexe Satzglieder entstehen.

Siehst du dort		das	Hotel		?
	hinten	große		auf dem	Hügel
				bewaldeten	

Gliedsätze und Attributsätze

Satzglieder und auch *Attribute* können eigene Satzsysteme entwickeln. Solche Satzsysteme sind *Gliedsätze* (S. 96) bzw. *Attributsätze* (S. 99).

Gliedsatz:
    Wir haben uns zur Abreise entschlossen, *weil es hier schon seit Tagen heftig regnet.*
    (*Wegen des dauernden heftigen Regens*) haben wir uns zur Abreise entschlossen.)

Attributsatz:
    Wie heißt das Hotel, *das dort oben auf dem Berg steht?*
    (Wie heißt das Hotel *dort oben auf dem Berg*?)

Eine besondere Art von abhängigen Sätzen sind solche mit unbesetzter Subjektstelle. Das (logische) Subjekt ist im übergeordneten Satzsystem enthalten. Das Prädikat solcher Glied- bzw. Attributsätze enthält keine Personalform sondern nur einen Infinitiv (*Infinitivsätze*; S. 198). Vor dem Infinitiv steht die Präposition **„zu"** als Prädikatssignal.

Gliedsatz:
    Ich freue mich darauf, *euch morgen wieder**zu**sehen*.
    (. . ., daß **ich** euch morgen wiedersehe**e**.)

Attributsatz:
    Mein langjähriger Wunsch, *einmal nach Paris fahren* **zu** *können*, soll sich nun bald erfüllen.
    (. . ., daß **ich** einmal nach Paris fahren **kann**, . . .)

4. Beschreibungsebene: Merkmale und Kennzeichen

Merkmale und Kennzeichen sind Signale für die verschiedenen Funktionen der Wörter im Satz. *Merkmale* sind die *Stellung*, d.h. der Platz, den ein Wort innerhalb eines Satzes einnimmt. *Kennzeichen* sind Wortformen und Endungen zur Unterscheidung von Funktionen.

Die *Stellung* als Funktionsmerkmal:
    Heute hat **Hans Eva** gelobt. (Subjekt „Hans" vor dem Objekt „Eva")
    Heute hat **die Lehrerin ihre Schülerinnen** gelobt.

Kennzeichen (Kasuszeichen und/oder Präpositionen, Konjunktionen) als Funktionskennzeichen:
    Hat d**er** Junge schon einmal d**en** Eiffelturm gesehen?
    Nein, d**en** Eiffelturm hat d**er** Junge noch nicht gesehen.
    Hast **du** gestern auch **an mich** gedacht?
    Ich kenne Fritz **als** ein**en** zuverlässigen Mitarbeiter.
    Ich muß jeden Morgen in**s** Büro.

Bei vorangestellten Attributen (S. 106) ist die Endung -**e** oder -**en** Kennzeichen der Ankoppelung an ein folgendes Nomen, wenn dem Attribut ein Kasuszeichen vorausgeht. Wenn *kein* Kasus-

Einführung und Übersicht 1

zeichen vorausgeht, erhält das Attribut das Kasuszeichen.

> d**er** neue Wagen: ich habe ein**en** neu**en** Wagen
> d**as** hübsche Mädchen: ich kenne ein hübsch**es** Mädchen

Die Funktion der Satzglieder (S. 82) ist an der Stellung allein nicht immer eindeutig erkennbar; vgl. „Satzbauhelfer" (S. 82). Kasuszeichen und Präpositionen verdeutlichen aber die Kennzeichnung der Funktion; und sie können deshalb auch die „Stellungsregeln" zum Teil aufheben.

Das Kasuszeichensystem

Im Deutschen gibt es *vier Kasus*:

>   Nominativ   (d**er** Mann)
>   Akkusativ   (d**en** Mann)
>   Dativ   (d**em** Mann)
>   Genitiv   (d**es** Mann**es**)

Die Kasuszeichen unterscheiden sich im *Singular* und im *Plural*:

	Singular	Plural
Nominativ:	d**er** Mann	d**ie** Männer
Akkusativ:	d**en** Mann	d**ie** Männer
Dativ:	d**em** Mann(e)	d**en** Männer**n**
Genitiv:	d**es** Mann**es**	d**er** Männer

Im Deutschen ordnet man die Nomen im Singular drei *Genusklassen* zu; man bezeichnet sie als *maskulin, neutral* und *feminin* (Maskulinum, Neutrum, Femininum). Jede Genusklasse hat eigene Kasuszeichen.

	maskulin	neutral	feminin
Nominativ:	d**er** Tisch	d**as** Bett	d**ie** Tafel
Akkusativ:	d**en** Tisch	d**as** Bett	d**ie** Tafel
Dativ:	d**em** Tisch(e)	d**em** Bett	d**er** Tafel
Genitiv:	d**es** Tisch**es**	d**es** Bett**es**	d**er** Tafel

Träger der Kasuszeichen sind Pronomen und *Adjektive/Partizipien*, die den Nomen als *Attribute* vorausgehen (S. 91). Das Demonstrativpronomen mit Kasuszeichen (d**er**/-**as**/-**ie**) wird als *bestimmter Artikel* (S. 193) und das unbestimmte Zahladjektiv (**ein**) als *unbestimmter Artikel* (S. 193) gebraucht.
Ergänzt wird die Kennzeichnung von Funktionen durch *Präpositionen* (S. 108). Die Kasuszeichen nach Präpositionen signalisieren die Ankoppelung der Präposition an das folgende Nomen.

> *in* d**er** Stadt, *durch* d**en** Park, *aus* d**em** Haus, *wegen* d**es** Wetter**s**

Einige Präpositionen können die Kasuszeichen agglutinieren (in**s** Haus, zu**m** Zug) oder assimilieren (a**m** Fluß, vo**m** Bahnhof).

5. Beschreibungsebene: Erweiterung des Wortmaterials

Der Wörtervorrat kann mit formalen Mitteln nahezu unbegrenzt erweitert werden; und zwar
I. durch Anfügungen, wie *Endungen, Präfixe* und *Suffixe* und/oder
II. durch lose und feste *Wortzusammensetzungen*.
Viele Wortstämme ändern dabei ihren Stammvokal zum Umlaut (**ä, äu, ö, ü**).

17

1 Einführung und Übersicht

Zur Erweiterung des Wortmaterials und zur Anpassung an Funktionen gebraucht man:
   a. *Endungen* zur Bildung von
      Personalformen (S. 21) im Prädikat: ich geh**e**, er fisch**t**
      Infinitiven (S. 197): komm**en**, buch**en**
      Partizipformen: Partizip I (S. 201): wein**end**, wärm**end**; Partizip II (S. 202): passier**t**, befohl**en**
      Präteritumformen (S. 30): er arbei**tete**
      Pluralform der Nomen (S. 151): die Frau**en**
      Kasuszeichen (S. 104): d**es** Mann**es**, nach Haus**e**
      Attributzeichen (S. 106): das groß**e** Haus, in einem schön**en** Garten
      Komparationsformen (S. 161): schön**er**, am schnell**sten**
      Verbalnomen (S. 144): die Fahr**t**, die Lieb**e**
   b. *Präfixe* (Vorsilben) zur Bildung von Partizip II-Formen (S. 202): **ge**fahren
      zur Erweiterung des Wortmaterials (S. 204):
      bekommen, **ver**kaufen;
      Urwald, **un**glücklich
   c. *Suffixe* (Nachsilben) zur Anpassung (s. S. 206 ff.)
      an die Prädikatsfunktion: beschön**igen**, telefon**ieren**
      an die Attributfunktion: monat**lich**, dort**ig**
      zur Kennzeichnung modifizierter Wortinhalte: ein**sam**, leb**haft**, straf**bar**, einfluß**reich**
      zur Bildung von Nomen und Verbalnomen: die Krank**heit**, die Hoff**nung**
   d. *Verbzusätze* (S. 59) als lose Wortzusammensetzung zur Kennzeichnung modifizierter oder veränderter Wortinhalte:
      hin/bringen, **mit**/bringen, **zu**/bringen, **unter**/bringen, **fort**/bringen
   e. *agglutinierte Attribute* als feste Wortzusammensetzung zum Ausdruck differenzierter oder abweichender Inhalte:
      Fahrzeug, **Kraft**fahrzeug, **Zulassungs**stelle, **Kraftfahrzeug**zulassungsstelle

6. Beschreibungsebene: Satzinhalte und Äußerungsformen

Ein Satz beschreibt immer einen Sachverhalt. Wenn ein Sachverhalt in einer Zeit abläuft, ist es ein *Geschehen*.
   Die Reisenden steigen in den Bus ein. Der Bus fährt ab.
Wenn ein Sachverhalt eine Zeitlang unverändert andauert, ist es ein *Sein* (Zustand).
   Der Junge ist in der Schule.
   Dichter Nebel liegt über dem Tal.
   Das Buch liest sich gut.
Wenn die im Subjekt genannte Person das Geschehen absichtlich oder unabsichtlich beeinflußt (steuert), ist das Geschehen eine *Handlung*.
   Der Mann zündet sich eine Pfeife an.
Wenn die im Subjekt genannte Person das Geschehen nicht beeinflussen kann, oder wenn im Subjekt eine Sache genannt wird, ist es ein *Vorgang*.
   Ich habe heute einen Brief *bekommen*.
   Der Zug verläßt den Bahnhof.
   Brave Kinder *werden gelobt*.

Zusammenfassung:

Sachverhalt = $\begin{cases} \text{Geschehen = Handlung oder Vorgang} \\ \text{Sein (oder Zustand)} \end{cases}$

Einführung und Übersicht 1

Personen oder Sachen, durch die ein Sachverhalt entsteht, sind die *Rollen* (vergleichbar mit den Rollen der Schauspieler, die im Theaterstück ein Geschehen darstellen). Die Rollen treten im Satz als *Subjekt* und als *Objekte* auf.

Die **Mutter** hat ihrer **Tochter** eine **Puppe** zum Geburtstag geschenkt.

Arten sprachlicher Äußerungen

Man teilt dem Gesprächspartner einen Sachverhalt mit *(Mitteilung)*.
Vater arbeitet in einer Fabrik.
Morgen reise ich nach Madrid.
Man fragt den Gesprächspartner nach einem Sachverhalt *(Entscheidungsfrage)*.
Arbeitet Vater jetzt in einer Fabrik? – Ja./Nein.
Reist du morgen nach Madrid? – Ja./Nein.
Die Kinder schlafen schon, oder nicht? – Doch, sie schlafen schon.
Oder man will seinen Informationsstand vervollständigen *(Ergänzungsfrage)*.
Wo arbeitet Vater jetzt? – **In einer Fabrik.**
Wann reist du nach Madrid? – **Morgen.**
Wohin reist du morgen? – **Nach Madrid.**
Man fordert den Partner zu einem bestimmten Verhalten auf *(Aufforderung)*.
Lies mal diesen Brief!
Ihr geht jetzt zu Bett, Kinder!
Alles aussteigen! Der Zug fährt nicht weiter.

Subjektive Äußerungen des Sprechenden

Der Sprechende stellt einen Sachverhalt als *Tatsache* dar.
Jetzt regnet es.
Er kann aber auch seine *subjektive Einstellung* zum Sachverhalt signalisieren; z.B. Verärgerung, Enttäuschung, Bedauern, Vermutung usw.
Jetzt regnet es **doch** schon wieder. / **Leider** regnet es schon wieder.
Ich glaube, daß morgen das Wetter besser wird.
Ihr **werdet** euch hier (doch) **sicher** wohlfühlen.
Hoffentlich gefällt es euch hier. / **Ich hoffe,** euch gefällt es hier.
Rolf behauptet, er **hätte** mich gestern nicht gesehen.

19

1 Einführung und Übersicht

Übersicht über die wichtigsten Grammatikausdrücke (vgl. „Wegweiser", S. 9)

1. **Beschreibungsebene:** Sprachmaterial (Worttypen)
    Verb, Nomen, Adjektiv, Adverb, Pronomen

2. **Beschreibungsebene:** der Satz und seine Struktur
    zum Satzbau: *Vorfeld, Satzfeld, Nachfeld; Stellplatz; Verbindungsteil*
    zu den Funktionsteilen: *Prädikat, Prädikatsergänzung, Subjekt, Objekt, Angabe, Modalglied*
    zu den Wortformen im Prädikat: *Personalform, Infinitform (Infinitiv, Partizip)*
    zu den Zeit- und Modalformen im Prädikat: *Präsens, Präteritum, Perfekt, Plusquamperfekt, Futur; Konjunktiv; Passiv*

3. **Beschreibungsebene:** das Satzglied und seine Struktur
    Gliedsatz; Gliedkern, Attribut, Attributsatz; Modalattribut

4. **Beschreibungsebene:** Merkmale und Kennzeichen
    Singular, Plural
    Genusklassen: maskulin, neutral, feminin
    Kasuszeichen: Nominativ, Akkusativ, Dativ, Genitiv
    Präposition; Konjunktion

5. **Beschreibungsebene:** Erweiterung des Sprachmaterials
    Endung; Präfix, Suffix

6. **Beschreibungsebene:** Satzinhalte und Äußerungsformen
    Sachverhalt; Geschehen (Handlung, Vorgang), Sein; Rolle, Mitteilung, Frage, Aufforderung

Das Prädikat 2

A Die Personalformen im Prädikat

Personalformen sind formale *Kennzeichen des Prädikats.* Sie treten nur im Prädikat auf (S. 76) und stellen dort den formalen Bezug zum Subjekt her (S. 66). Beim Präsens (S. 40) werden die Personalformen mit folgenden Endungen gebildet:

-e, -en, -t, -st

Diese Endungen werden an die Wortstämme (S. 142) angefügt und verteilen sich auf die grammatischen „Personen" (1. Person, 2. Person, 3. Person Singular und Plural vgl. S. 175), wie folgt:

Singular:	ich	*** e	Plural:	wir	*** en
	du	*** (e)st		ihr	*** (e)t
	er/es/sie	*** (e)t		sie	*** en

*** = Wortstamm

(lern)		(das Zelt)	
ich lerne wir lernen		ich zelte wir zelten	
du lernst ihr lernt		du zeltest ihr zeltet	
er lernt sie lernen		er zeltet sie zelten	

(geh)		(der Fisch)	
ich gehe wir gehen		ich fische wir fischen	
du gehst ihr geht		du fischst ihr fischt	
er geht sie gehen		er fischt sie fischen	

Bei Wortstämmen auf **-d** oder **-t** wird zwischen den Endungen, die mit einem Konsonanten anlauten, ein **-e-** eingefügt: du bad**e**st, er/ihr bad**e**t; du arbeit**e**st, er/ihr arbeit**e**t; du antwort**e**st, er/ihr antwort**e**t

Bilden Sie mit den Präsensstämmen Personalformen!

(1) Kenn_ du Herrn Müller? (2) Gewiß kenn_ ich ihn. (3) Er wohn_ in unserem Haus. (4) Wir seh_ ihn fast jeden Tag, wenn er von der Arbeit zurückkomm_. (5) Er arbeit_ in einem Architektenbüro. (6) Fahr_ ihr manchmal zum Camping? (7) Ja, sicher. Im Sommer fahr_ wir fast alle Wochenenden hinaus. (8) Fähr_ deine Freundin auch mit? (9) Natürlich, sie lieb_ das Zelten ebenso wie ich. (10) Wo zelt_ ihr meistens? (11) Wir fahr_ ins Gebirge und zelt_ an einem Bergsee. (12) Gib_ es dort im See auch Fische? (13) Sicher, ich nehm_ meine Angel immer mit und wenn ich Glück hab_ und die Fische anbeiß_, fang_ ich auch ein paar.

Ü1
Richtig:

wie Übung 1

(1) Ich dank_ Dir für Deinen Brief. (2) Heute schreib_ ich Dir etwas über meinen Alltag. (3) Wie Du weiß_, wohn_ ich jetzt in München, wo ich an der Uni Jura studier_. (4) Ich bewohn_ hier zusammen mit einer Studienkollegin ein möbliertes Zimmer, nicht allzu weit weg von der Uni. (5) Das Zimmer kost_ 600 Mark monatlich. (6) Das ist ziemlich viel, aber dafür brauch_ ich kein Fahrgeld, um zur Uni zu kommen.
(7) Ich steh_ morgens immer um 7 Uhr auf und mach_ anschließend etwas Gymnastik, damit ich körperlich fit bleib_. (8) Man sitz_ doch sonst den ganzen Tag in der Uni oder in der Bibliothek und arbeit_. (9) Da brauch_ man schon etwas Bewegung. (10) Meine Zimmerkameradin lieb_ die Bewegung nicht so sehr

Ü2
Richtig:

2 Das Prädikat

und bleib_ lieber etwas länger im Bett liegen. (11) Wenn ich aus dem Bad komm_, bereit_ ich ein kleines Frühstück vor. (12) Das mach_ wir abwechselnd, damit jeder mal drankomm_. (13) Gewöhnlich um halb 9 Uhr geh_ wir aus dem Haus; die Vorlesungen beginn_ im allgemeinen um 9 Uhr. (14) Unterwegs treff_ wir meistens noch die anderen Kollegen, mit denen wir zusammen die Vorlesung besuch_.
(15) Mittags nach der Vorlesung geh_ die meisten in die Mensa zum Essen oder in die Cafeteria. (16) Dort kost_ das Essen nicht so viel. (17) Nachmittags hab_ ich fast immer Seminar, oder ich geh_ in die Bibliothek und les_. (18) Manchmal geh_ ich auch gleich heim und bereit_ meine Seminararbeit vor. (19) Nächste Woche hab_ ich ein Referat zu halten_. (20) Das mach_ natürlich eine Menge Arbeit. (21) Manchmal komm_ ich ziemlich spät nach Hause. (22) Oft sitz_ ich und meine Zimmerkollegin noch mit anderen Studienkollegen zusammen, und wir diskutier_ oder unterhalt_ uns über alles mögliche. (23) Abends um 11 oder 12 Uhr fall_ ich dann todmüde ins Bett.

Bei Wortstämmen auf **-el** wird in der 1. Person Singular Präsens und im Konjunktiv I (S. 43) das **-e-** abgeworfen, bei Wortstämmen auf **-er-** kann das **-e-** abgeworfen werden.
   hand**el**n: ich handle änd**er**n: ich ändere / ich ändre

 Handeln Sie mit Obst und Gemüse? – Nein, ich *handle* nur mit Gemüse.
 Wollen Sie Ihren Plan ändern? – Ja, ich *ändere/ändre* meinen Plan.

Ü3 Richtig:

Bilden Sie mit den Präsensstämmen die Personalformen!

Was für ein Hobby haben Sie? –

  sammeln: Ich . . . Briefmarken.
  angeln: Ich . . . .
  wandern: Ich . . . an den Wochenenden.

Die Verbstämme und Personalformen der Verben „**haben**", „**sein**" und „**werden**" sind im Präsens (S.øø) unregelmäßig:

(haben)		(sein)		(werden)	
ich habe	wir haben	ich **bin**	wir **sind**	ich werde	wir werden
du **hast**	ihr habt	du **bist**	ihr **seid**	du **wirst**	ihr werdet
er **hat**	sie haben	er **ist**	sie **sind**	er **wird**	sie werden

Über den Gebrauch dieser Verben als „Hilfsverben" zur Bildung der zusammengesetzten Zeitformen und Modalformen: S. 147

Ü4 Richtig:

Setzen Sie die Personalformen ins Prädikat ein! („Satzbauhelfer")

(1) das Verb „sein"
 a. Was Sie von Beruf? – Ich Bankkaufmann.
 b. Was Ihr Vater? – Er Lehrer.
 c. Wo Ihre Kinder jetzt? – Sie in der Schule.
 d. – Hallo, Karl! Von wo rufst du an? Wo du jetzt?
  – Ich hier in Köln. zu Hause alles in Ordnung?
  – Ja, es alles o.k.
  – Was machen die Kinder? sie noch auf?
  – Sie schon zu Bett. Wann du wieder zurück?
  – Morgen ich wieder zurück. Mein Zug um 18.30 Uhr in Stuttgart, Hauptbahnhof.

Das Prädikat 2

— Gut. Ich hole dich dort ab. Ich pünktlich am Zug. Die Kinder schon ganz ungeduldig.
— Ja? Ich ja morgen wieder bei euch. Also bis dann. Macht's gut und auf Wiedersehen!
— Auf Wiedersehen! Wir froh, wenn du wieder da.

(2) das Verb „haben"
   a. du keinen Wagen? — Nein, ich keinen, aber mein Vater einen.
   b. Sie bald Urlaub? — Nein, ich erst im Sommer. Ich jetzt noch viel zu tun.
   c. Wo ihr diese schöne Vase her? — Die ich von einem Freund.
   d. ihr Hunger, Kinder? — Nein, wir nur Durst.

(3) das Verb „werden"
   a. Ob das Wetter bis morgen schön? — Es sicher schön.
   b. Zieh dich warm an, sonst du krank! — Ich nicht so schnell krank.
   c. Eva Karls Frau. Sie heiraten nächste Woche.
   d. Kurze Röcke wieder Mode.
   e. Wir müssen jetzt aber wirklich gehen. In einer Stunde es schon Tag.
   f. Du kannst sehr gut malen. Du sicher einmal berühmt.
   g. Deine Arbeit sicher ein großer Erfolg.
   h. Es Frühling. Die ersten Blumen kommen schon durch den Schnee.
   i. Wenn du weiter so viel rauchst, du nicht alt.
   j. In dieser schlechten Luft mir übel.

Modalverben (S. 47) und **Präteritumstämme** (S. 30) bilden die Personalformen mit folgenden Endungen:

-en, -t, -st

Sie verteilen sich wie folgt auf die grammatischen Personen:

Singular:	ich	***	Plural:	wir	*** (e)n
	du	*** st		ihr	*** t
	er/es/sie	***		sie	*** (e)n

Modalverben		Präteritumstämme	
ich **will**	wir **woll**en	ich **lernte**	wir **lernte**n
du **will**st	ihr **woll**t	du **lernte**st	ihr **lernte**t
er **will**	sie **woll**en	er **lernte**	sie **lernte**n
ich **möchte**	wir **möchte**n	ich **ging**	wir **ging**en
du **möchte**st	ihr **möchte**t	du **ging**st	ihr **ging**t
er **möchte**	sie **möchte**n	er **ging**	sie **ging**en

Bilden Sie mit den Modalverben und den Präteritumstämmen die Personalformen!

Ü5

(1) Die Jungen woll_ heute auf den Fußballplatz gehen. (2) Hans möcht_ mitgehen, (3) aber seine Schwester will_ nicht mit. (4) Sie möcht_ mit ihrer Freundin Helga zum Schwimmen. (5) Kann_ sie gut schwimmen? (6) Ja, kann_ du schwimmen? (7) Nein, noch nicht richtig, aber ich will_ es jetzt endlich lernen. (8) Dürf_ wir jetzt gehen? (9) Ja, ihr dürf_. (10) Wann soll_ wir wieder heimkommen? (11) Ihr müß_ auf jeden Fall zum Abendessen wieder hier sein.

2 Das Prädikat

Ü6 wie Übung 5

(1) Im vergangenen Monat war_ wir in Paris. (2) Es war_ eine Busfahrt mit der Volkshochschule. (3) Sie dauerte_ drei Tage. (4) Am Abreisetag fuhr_ wir in aller Frühe los. (5) Die Fahrt ging_ über Köln und Aachen. (6) An der Grenze wurde_ wegen der Paßkontrolle kurz Halt gemacht, (7) dann ging_ es weiter. (8) Am späten Nachmittag kam_ wir in Paris an. (9) Wir übernachtete_ in einem kleinen Hotel in Doppelzimmern. (10) Ich wohnte_ mit einem netten, jungen Mann in einem Zimmer. (11) Das Zimmer war_ einfach, aber hübsch. (12) Wir hatte_ auch eine Dusche. (13) In der Nacht schlief_ ich nicht besonders gut. (14) Es war_ zuviel Lärm auf der Straße. (15) Am nächsten Morgen ging_ wir zum Frühstück. (16) Danach begann_ eine Rundfahrt durch Paris. (17) Der Verkehr auf den Straßen war_ fürchterlich. (18) Unser Busfahrer zeigte_ sich als wahrer Fahrkünstler. (19) Am Nachmittag besuchte_ wir den Louvre. (20) Einige von unserer Reisegruppe wollte_ aber zum Montmartre. (21) Abends ging_ ich mit einigen Bekannten in ein Kabarett. (22) Wir sah_ dort ein tolles Programm. (...)

Ü7 wie Übung 5

(1) Hatte_ du schon Urlaub? (2) Nein, ich hatte_ noch keinen. (3) Ich wollte_ eigentlich nächste Woche wegfahren, aber der Chef hat keine Erlaubnis gegeben. (4) War_ du schon mal in Paris? (5) Ja, im letzten Jahr war_ ich mit meiner Schwester dort. (6) War_ ihr auch im Louvre? (7) Nein, unsere Zeit war_ zu knapp. (8) Wir wollte_ uns vor allem die Stadt ansehen. (9) Wir konnte_ gar nicht alles anschauen, was wir eigentlich wollte_.

Die **Konjunktive I und II** (S. 43) bilden die Personalformen mit folgenden Endungen:
  -e, -en, -et, -est
Sie verteilen sich auf die grammatischen „Personen" (S.øø) wie folgt:

Singular:	ich	*** e	Plural:	wir	*** en
	du	*** est		ihr	*** et
	er/es/sie	*** e		sie	*** en

Beim Konjunktiv I werden die Endungen an Präsensstämme (S. 21), beim Konjunktiv II an Präteritumstämme (S. 30) angefügt.

Konjunktiv I		Konjunktiv II	
ich **gehe**	wir **gehen**	ich **ginge**	wir **gingen**
du **gehest**	ihr **gehet**	du **gingest**	ihr **ginget**
er **gehe**	sie **gehen**	er **ginge**	sie **gingen**

Die Personalformen für „ich", „wir" und „sie" sind beim Konjunktiv I mit den Präsensformen identisch; ebenso sind die Personalformen für „wir" und „sie" beim Konjunktiv II mit den Präteritumformen identisch. Das ist auch so beim Konjunktiv II, wenn er mit „schwachen" Präteritumstämmen gebildet wird. Da sind alle Konjunktiv II-Formen mit den Präteritumformen identisch; S. 30.

Ü8 Bilden Sie mit den Konjunktiven die Personalformen!

Mir wurde erzählt,
(1) du ging_ nächste Woche in Urlaub. (2) ..., ihr hätte_ nächsten Montag keine Schule. (3) ..., deine Eltern käm_ nächste Woche zu Besuch.

Das Prädikat 2

in aller Frühe — very early (4)

Wir werden

(4) ..., dein Bruder hab_ einen neuen Wagen. (5) ..., du wär_ letzte Woche krank gewesen. (6) ..., Sie sei**en** unser neuer Mitarbeiter. (7) ..., Sie hätte_ früher bei der Firma Fischer & Co. gearbeitet. (8) ..., der Chef hab_ sich gestern den ganzen Tag geärgert. (9) ..., deine Schwester liebte_ moderne Musik. (10) ..., Ihre Firma stellte_ neue Mitarbeiter ein. (11) ..., ihr arbeitete_ jetzt in München. (12) ..., daß der Minister Ihre Fabrik besichtigt hab_. (13) ..., daß die Benzinpreise wieder gestiegen sei_. (14) ..., daß man jetzt mehr für den Umweltschutz tun woll_. (15) ..., daß die medizinische Fakultät keine Studienbewerber mehr aufnehmen könn_. (16) ..., daß die Steuern in den nächsten Jahren gesenkt werden sollte_. (17) ..., daß in den Bergen in den letzten Tagen viel Schnee gefallen sei_. (18) ..., daß die Post die Telefongebühren gesenkt hab_. (19) ..., daß sich die politische Lage bald bessern würd_.

Die Personalformen beim Imperativ

Der **Imperativ** drückt eine Aufforderung aus (S. 213ø), die direkt an den Gesprächspartner gerichtet ist. Der Imperativ für die Anrede „du" ist identisch mit dem Präsensstamm ohne Umlaut. Der Imperativ kann mit -e erweitert werden.

    Komm(e) schnell! **Lauf**(e) bitte etwas schneller!

Verben mit dem Stammvokal -e, der sich in der 2. und 3. Person zu -i- verändert (S. 32), bilden den Imperativ mit dem -i-Stamm ohne die Endung -e-.

    ich n**e**hme, du n**imm**st: **Nimm** bitte Platz!
    ich g**e**be,   du **gib**st   **Gib** mir bitte die Zeitung!
    ich l**e**se,   du **lies**t: **Lies** mal diesen Brief!

Bei Wortstämmen auf -**el** oder -**er** entfällt das -e der Stammsilbe; der Imperativ erhält die Endung -**e**.

    samm**e**ln: Samml**e** die Äpfel auf!
    fei**e**rn: Feir**e** nur deinen Geburtstag schön!

Ebenso bei den meisten Wortstämmen, die nach einem Konsonanten auf -**n** oder -**m** ausgehen.

    rechn**e**n: Rechn**e** die Aufgabe noch einmal durch! (vgl. Rechenbuch)
    zeichn**e**n: Zeichn**e** ein Haus! (vgl. Zeichenlehrer)
    atm**e**n: Atm**e** tief ein! (vgl. Atem)

Wortstämme auf -**d** oder -**t** erhalten beim Imperativ ein -**e**.

    ba**d**en: Bad**e** regelmäßig!
    ra**t**en: Rat**e** mal, wer gekommen ist!

Der Imperativ für die Anrede „ihr" ist mit der Präsensform identisch:

    ihr **geht**:   **Geht** ein bißchen schneller!
    ihr **kommt**: **Kommt** pünktlich nach Hause!

Der Imperativ für die Anrede „Sie" ist mit der 3. Person Plural identisch. Das Personalpronomen wird dem Prädikat nachgestellt.

    Sie kommen: Kommen **Sie**!

Drücken Sie Aufforderungen mit dem Imperativ aus!

(1) Du gehst heute früh zu Bett. (2) Ihr bringt mir aus der Stadt Brot mit. (3) Du nimmst jetzt deine Tabletten. (4) Du sammelst die Äpfel auf. (5) Ihr lest jetzt einmal diesen Brief. (6) Sie begleiten bitte den Gast zum Bahnhof. (7) Du gibst dem Kellner ein Trinkgeld. (8) Du fährst morgen in die Stadt und bringst mir die bestellten Sachen mit. (9) Sie schreiben bitte den

2 Das Prädikat

Brief und bringen ihn zur Post. (10) Du bleibst heute zu Hause und paßt auf das Kind auf. (11) Ihr hebt mir bitte etwas von dem Kuchen auf. (12) Sie kommen jetzt bitte herein und nehmen Platz.

Die Personalformen bei mehrfach besetztem Subjekt

Wenn das Subjekt von mehreren mit „**und**" verbundenen Nomen oder Pronomen besetzt ist, ist die Personalform Plural.
    Meine Mutter und mein Bruder woll**en** mich heute besuchen.

Bei zusammengehörigen Begriffen ist die Personalform Singular.
    Sein ganzes Hab und Gut ist verloren.

Ebenso auch, wenn mehrere Infinitive das Subjekt besetzt haben.
    Lärmen und Singen ist während der Nachtstunden verboten.

Ü 10 Bilden Sie die Personalformen!

(1) Mein Vater und ich, wir arbeit_ bei derselben Firma. (2) Wir und ihr hab_ die gleichen Interessen. (3) Du und Eva, ihr gehör_ zu unseren Freunden. (4) Ihr und eure Freunde, ihr könn_ an unserem Ausflug teilnehmen. (5) Haus und Hof (sein) . . . ihnen genommen worden. (6) Stehenbleiben und Herumlungern (sein) . . . verboten.

Sind in einem mehrfach besetzten Subjekt unterschiedliche grammatische Personen (S. 175) mit „**oder**", „**entweder . . . oder**" oder „**weder . . . noch**" verbunden, richtet sich die Personalform nach dem Subjektteil, das ihr am nächsten steht.

    Geh**st** du *oder ich* heute einkaufen?
    Weder ich noch **mein Bruder ist** faul.
    Heute hab**e** *weder* **ich** *noch mein Bruder* gearbeitet.
    Entweder **du** geh**st** heute zu unseren Eltern *oder ich*.
    Entweder geh**e ich** heute zu unseren Eltern *oder du*.

Ü 11 Setzen Sie die Personalformen ein!

(1) *gehen:* . . . du heute zum Schwimmen oder Karl? (2) *sollen:* . . . Eva oder ich morgen zu dir kommen? (3) *sein:* Nicht ich, sondern mein Bruder . . . heute im Büro. (4) *bleiben:* Entweder . . . ich zu Hause oder du. (5) *fahren:* Entweder Eva . . . die Kinder in die Schule oder ich. (6) *gehen:* Nicht du, sondern ich . . . arbeiten. (7) *bleiben:* Nicht ich, sondern du . . . hier. (8) *kennen:* Weder ich noch meine Kinder . . . Sie. (9) *haben:* Weder meine Freundin noch ich . . . dich im Theater gesehen. (10) *sprechen:* . . . dein Freund Englisch oder du?

Personalformen in Relativsätzen, die von Personalpronomen abhängen

Bei Relativsätzen (S. 99), die von Personalpronomen der 1. oder der 2. Person (S. 175) abhängen, wird das Personalpronomen wiederholt, damit die Personalform mit dem Subjekt übereinstimmt.
    Hans sagt: Du solltest *mir,* **der** ich dir immer geholfen habe, dankbar sein.
    Eva sagt: Du solltest *mir,* **die** ich dir immer geholfen habe, dankbar sein.

Ü 12 Setzen Sie das Personalpronomen ein, das der Personalform entspricht!

(1) Peter, ich schenke dir, der . . . immer so gerne fotografierst, ein paar Filme zum Geburtstag. (2) Frau Müller sagte zu ihrer Tochter: Du, die . . . mir im Hause kaum hilfst, kannst auch mal etwas für mich tun. (3) Ihr, die

Das Prädikat 2

. . . nun schon so lange kostenlos bei uns wohnt, könntet jetzt auch mal etwas zur Miete beitragen. (4) Hans, ich schenke dir, der . . . ja Briefmarken sammelst, alle Marken, die ich bekommen kann. (5) Der Lehrer hat euch, die . . . so fleißig lernt, so gelobt.

B Die Stellung der Personalformen

Die Personalform markiert bei den **Satztypen A** und **B** (S. 80) den Anfang des Satzfelds (**P¹**).
  Der Satztyp A räumt vor der ersten Prädikatsstelle (**P¹**) im Vorfeld einen Stellplatz für ein Satzglied oder einen Gliedsatz ein; das ist der Stellplatz (A) (S. 85); vgl. „Satzbauhelfer".

	(A)	P¹	——— Satzfeld ———
Satztyp A:	Morgen	**ziehe**	ich aus meiner alten Wohnung aus.
	Wo	**hast**	du deine neue Wohnung?
B:		**Hilfst**	du mir morgen beim Umzug?
		Hätte	ich morgen frei, (würde ich dir gerne helfen.)

Beim **Satztyp C** (S. 80) markiert die *Personalform* das Ende des Satzfelds (**P**). Der Anfang des Satzfelds wird von einem Verbindungsteil (**V**) markiert; das ist eine Konjunktion (S. 120), ein Relativpronomen oder ein Relativadverb (S. 182, 173), oder auch ein Satzglied mit einem Fragewort.

Satztyp C:	V	——— Satzfeld ———	P
(ich habe gehört,)	**daß**	du eine neue Wohnung	**hast**
(das ist der Junge,)	**dem**	ich Klavierstunden	**gebe**
(das ist das Dorf,)	**wo**	ich zur Schule	**ging**
(wissen Sie,)	**welches** Gebäude	das Amtsgericht	**ist**?
(ich weiß nicht genau,)	um **wieviel** Uhr	der Zug	**fährt**

Setzen Sie die Personalformen in die Sätze ein!

(1) *fahre:* In der nächsten Woche ich auf Skiurlaub. (2) *fahren:* Wohin Sie? (3) *fahre:* Ich nach Österreich. (4) *gibt:* In der Gegend von Villach es ausgezeichnete Wintersportmöglichkeiten. (5) *fährt:* Ihre Frau nicht mit? (6) *fährt:* Leider nein. Sie später. (7) *wissen, können:* Sie ja, wir unser Geschäft nicht schließen. (8) *muß:* Irgend jemand immer dableiben. (9) *wird:* Sie zu Ostern wegfahren. (10) *bleibe:* Dann ich zu Hause im Geschäft. (11) *verstehe:* Ja, ich. (12) *hat, ist:* Wenn man ein Geschäft, man immer angebunden. (13) *kenne, hatten:* Ich das von zu Hause, wo meine Eltern auch ein Geschäft. (14) *konnte:* Nie die Familie gemeinsam in die Ferien fahren. (15) *hatten, ist:* Wenn wir als Kinder Ferien, entweder mein Vater oder meine Mutter mit uns Kindern weggefahren. (16) *freuten, konnten*: Wir Jungen uns immer, wenn wir mit dem Vater fahren. (17) *hatte, ist:* Meine Schwester es lieber, wenn die Mutter mit uns gefahren. (18) *wünsche:* Ich Ihnen jetzt schon viel Spaß im Urlaub. (19) *werde, faulenze, müssen:* Danke. Ich Ihnen mal schreiben, wenn ich und Sie arbeiten. (20) *bekommen, können, arbeite:* Aber irgendwann Sie ja auch Urlaub und sich erholen, während ich.

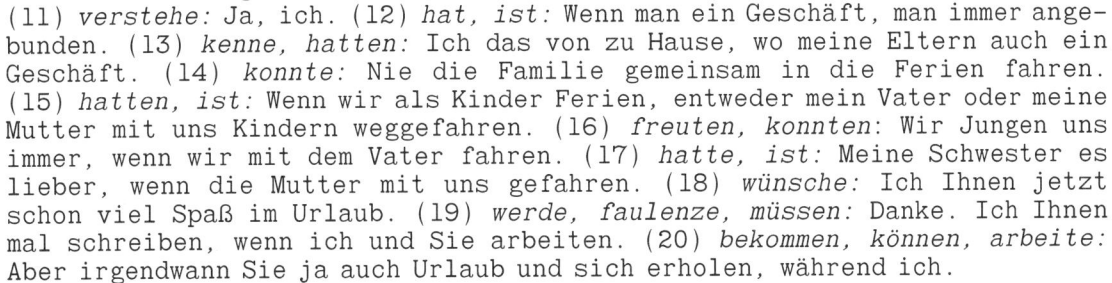

Stellung der Personalform bei mehrfach besetztem Prädikat

Beim Satztyp C ist die Prädikatsstelle (**P**) oft mehrfach besetzt, wenn bei Nebensätzen (S. 96, 99) das Prädikat mit zusammengesetzten Zeit- oder Modalformen gebildet wird (z.B. Perfekt, Futur,

2 Das Prädikat

Passiv und bei Modalverben). Die Personalform tritt dann ans Ende der Wortgruppe im Prädikat. Verbzusätze werden mit der Personalform, dem Partizip bzw. mit dem Infinitiv graphisch verbunden. (vgl. „Satzbauhelfer")

... V		Satzfeld		P
..., **daß**	der Zug hier mit Verspätung			an**kommt**
..., **daß**	der Minister seinen Rücktritt			eingereicht **hat**
..., **wann**	du wieder aus dem Urlaub			zurückkommen **wirst**
..., **ob**	sich Vater einen neuen Wagen			anschaffen **will**
..., **wo**	ihr von der Polizei			kontrolliert worden **seid**

Ü 14
Richtig:

Setzen Sie die Personalformen in die Sätze ein!

(1) *kann:* Wißt ihr, wo man hier ein Hotelzimmer finden? (2) *ist:* In der Zeitung stand, daß die Straße über den Brennerpaß gesperrt worden. (3) *haben:* Dort kommt die Dame, die wir neulich kennengelernt. (4) *wird:* Hast du schon eine Ahnung, was die Fahrt kosten? (5) *müsse:* Hans sagte mir, daß er sich nächste Woche zur Prüfung anmelden. (6) *muß:* Da ich mich noch bei der Uni anmelden, muß ich schon morgen nach München fahren. (7) *bekomme:* Ob ich wohl einen Studienplatz an der medizinischen Fakultät? (8) *wirst:* Wann du wohl mit deinem Studium fertig werden? (9) *hätte:* Fritz behauptet, daß er mich gestern in einem Nachtclub gesehen. (10) *bin, habe:* Du kannst doch bezeugen, daß ich gestern zu Hause gewesen und bis in die Nacht gearbeitet.

Zwei oder mehr Infinitive im Prädikat

Wenn auf der Prädikatsstelle (**P**) mehr als ein Infinitiv steht (S. 197), besetzt die Personalform den Stellplatz ⑩. Prädikatsergänzung (**E**) (S. 63) und/oder Präpositionalobjekt (**Op**) (S. 68) werden von Personalform und Infinitiven eingeschlossen. (vgl. „Satzbauhelfer")

V		Satzfeld	⑩	⑪ / ⑫		P
..., **daß**	ihr mir den Brief		**hättet**			übergeben können
..., **daß**	du nicht so lange		**hättest**	auf mich		zu warten brauchen
..., **daß**	der Einbrecher		**hätte**	die Flucht		ergreifen wollen
..., **daß**	der Junge das Tier		**hätte**	in Ruhe		lassen sollen

Ü 15
Richtig:

Verwenden Sie die Konjunktion „daß"! Achten Sie auf die Stellung der Personalform!

(1) Ich bin sicher, du hättest dich an unserem Geschäft beteiligen können. (2) Die Nachbarin sagte, Sie hätten auf Ihre Kinder besser aufpassen müssen. (3) Wir sind der Meinung, der Politiker hätte seinen Rücktritt erklären müssen. (4) Ich glaube, du hättest den Arzt sofort kommen lassen müssen. (5) Ich habe gehört, unser Chef wird schon morgen nach Amerika abreisen müssen.

C Die Besetzung der zweiten Prädikatsstelle (P²)

Die zweite Prädikatsstelle (**P²**) wird von folgenden Wörtern oder Wortformen besetzt (vgl. „Satzbauhelfer"):
von *„unfesten Verbzusätzen"* (S. 59)
von *Partizipien II* (S. 202) bei den zusammengesetzten Zeitformen (S. 33) und beim Passiv (S. 39)
von *Infinitiven* (S. 197) beim Futur und beim Gebrauch von Modalverben (S. 47) und modal gebrauchten Verben (S. 50).

Das Prädikat 2

Ⓐ P¹	Satzfeld	P²
wir *fahren*	morgen um 15.45 Uhr von München	**ab**
ich *bin*	vor einem Jahr schon einmal in München	**gewesen**
ich *habe*	dort einen alten Klassenkameraden	**getroffen**
er *wird*	nächste Woche am Blinddarm	**operiert**
ich *werde*	ihn nächste Woche in München	**besuchen**
ich *muß*	ihm heute unbedingt noch einen Brief	**schreiben**
er *braucht*	sich wegen der Operation keine Sorgen	**zu machen**

Setzen Sie bei den folgenden Satztypen A und B das Prädikat ein!

(1) *können empfehlen:* Was Sie mir zum Lesen? (2) *ist gefallen:* Gestern Nacht sehr viel Schnee. (3) *steigen ein:* Sie bitte schnell in den Zug! (4) *sind abgefallen:* Von den schönen Blumen alle Blüten. (5) *fängt an:* Wann bei euch der Unterricht wieder? (6) *habt gefunden:* ihr in Paris ein schönes Zimmer? (7) *haben zurechtgefunden:* Wir uns in dieser großen Stadt eigentlich recht gut. (8) *geht her:* Der Hund brav neben seinem Herrn.

Ü 16

Mehrfach besetzte zweite Prädikatsstelle (P²)

Wenn die zweite Prädikatsstelle (**P²**) mehrfach besetzt ist, wird eine bestimmte Reihenfolge eingehalten. Vgl. folgende Beispielsätze.

Der Zug muß gerade	**angekommen sein.**
	(er ist ... angekommen)
Ich muß das Geld	**liegen gelassen haben.**
	(ich habe ... liegen gelassen)
	(ich lasse ... liegen)
Das Mädchen muß seiner Mutter	**waschen helfen.**
	(es hilft ... waschen)
Ich habe dich gestern	**kommen hören.**
	(ich höre ... kommen)
Meine Mutter hat mich nicht	**tanzen gehen lassen wollen.**
	(sie will ... tanzen gehen lassen)
	(sie läßt ... tanzen gehen)
	(ich gehe ... tanzen)

Über die Stellung der Personalformen beim Satztyp C: S. 27

Setzen Sie die Verben ins Prädikat! (Satztyp A: vgl. „Satzbauhelfer")

(1) *lassen:* Du hättest das Geld besser liegen sollen. (2) *können:* Dein Bruder wird uns bei der Finanzierung unseres Projektes helfen. (3) *arbeiten:* Samstags haben wir nur vormittags zu brauchen. (4) *lernen:* Ihr werdet in der Schule lesen, schreiben und rechnen müssen. (5) *worden:* Der Regenschirm hier wird sicher stehen gelassen sein. (6) *kommen:* Peter wird uns bestimmt nicht sehen können, wenn wir den Hintereingang benutzen. (7) *hören:* Du hättest uns im Nebenzimmer bestimmt nicht sprechen können, wenn du nicht gelauscht hättest. (8) *worden:* Die Geldbörse auf dem Tisch muß hier von einem Gast liegen gelassen sein.

Ü 17

2 Das Prädikat

Ü 18
Richtig:

Setzen Sie die Verben ins Prädikat! Zur Stellung der Personalformen vgl. Übung 15, S. 28 (Satztyp C: vgl. „Satzbauhelfer")

(1) *sollen:* Ob wir das Geld besser hätten liegen lassen? (2) *helfen:* Ob uns dein Bruder bei der Finanzierung unseres Projekts wird können? (3) *brauchen:* Habe ich nicht schon erzählt, daß wir samstags nur vormittags haben zu arbeiten? (4) *beobachten:* Ob wir morgen von unserem Tribünenplatz aus die Spieler werden gut können? (5) *müssen:* Ich sagte euch schon, daß wir auch früher als Kinder in der Schule haben viel lesen, schreiben und rechnen lernen. (6) *gelassen:* Ich glaube, daß der Regenschirm hier stehen worden ist. (7) *sehen:* Ob uns Peter wird kommen können, wenn wir den Hintereingang benutzen? (8) *liegen:* Hans meinte, daß er seine Geldbörse auf dem Tisch im Lokal hat lassen.

D Die Zeit- und Modalformen im Prädikat

Bei den Zeit- und Modalformen werden die einfachen Zeitformen nur von den Wortstämmen gebildet; das sind die Präsens- und die Präteritumformen:

Präsens:	er **geh**t... er **fähr**t... ab er **lern**t... er **spiel**t... mit	**Präteritum:**	er **ging**... er **fuhr**... ab er lern**te**... er spiel**te**... mit

und die Konjunktivformen; sie werden von den Präsens- und Präteritumstämmen abgeleitet:

Konjunktiv I:	er **geh**e... er **fahr**e... ab er **lern**e... er **spiel**e... mit	Konjunktiv II:	er **ging**e... er **führ**e... ab er **lern**te... er **spiel**te... mit

Beachten Sie: das Präteritum und der Konjunktiv II sind bei den „schwachen" Formen identisch.

Die „zusammengesetzten" Zeitformen, die mit den Verben „haben", „sein" oder „werden" (S. 145) und mit einer Partizipform (S. 202) bzw. mit einer Infinitivform (S. 197) gebildet werden, sind das Perfekt, das Plusquamperfekt und das Futur:

Perfekt:	er hat gespielt	er ist gefahren
Plusquamperfekt:	er hatte gespielt	er war gefahren
Futur:	er wird spielen	er wird fahren

1. Die einfachen Zeitformen
Präsens: (zum Gebrauch, S. 40)

Ü 19
Richtig:

Setzen Sie Präsensformen ins Prädikat ein!

(1) *kommen:* Ich aus Berlin. Woher Sie? (2) *wohnen:* Wir in München. (3) *arbeiten:* Mein Mann dort. (4) *machen:* Was er? (5) *leiten:* Er eine große Elektrofirma. (6) *haben:* Sie Kinder? (7) *studieren:* Ja, einen Sohn. Er an der Fachhochschule Maschinenbau. (8) *treiben:* Was für einen Sport er? (9) *spielen:* Er am liebsten Handball. (10) *lernen:* Ich Sprachen. (11) *gehen:* Ich gerne schwimmen. (12) *zelten:* Wir am Wochenende häufig am Chiemsee. (13) *wandern:* Wir viel. (14) *erinnern:* Ja, ich mich.

Das Prädikat 2

Folgende starke Verben verändern in der 2. und 3. Person Singular (du/er/es/sie) ihren Präsensstamm (vgl. Verbtabelle, S. 32).
Dabei wird der Stammvokal

e zu **i** bei: *brechen, essen, geben, gelten, helfen, messen, nehmen, sprechen, sterben, treffen, treten, verderben, vergessen, werben, werfen*
e zu **ie** bei: *befehlen, empfehlen, geschehen, lesen, stehlen*
a zu **ä** bei: *blasen, braten, fahren, fallen, fangen, graben, halten, laden, lassen, raten, schlafen, schlagen, tragen, wachsen, waschen*
au zu **äu** bei: *laufen, saufen*
o zu **ö** bei: *stoßen*

Setzen Sie Präsensformen ins Prädikat ein!

Ü 20

(1) *fahren:* Im Sommer mein Bruder nach Spanien. Ich nicht mit. (2) *lesen:* du gern Romane? — Nicht so sehr. Ich lieber Krimis. (3) *sprechen:* Sie Englisch? — Nicht so gut. Meine Schwester besser. (4) *helfen:* Ich dir bei der Arbeit. — Danke. Hans mir schon. (5) *laufen:* Im Winter ich oft Ski. Mein Bruder lieber Schlittschuh. (6) *halten:* der Schnellzug hier? — Nein, hier keine Schnellzüge. (7) *sprechen:* hier jemand Deutsch? — Ja, ich Deutsch. (8) *schlafen:* Wo euer Sohn? — Er natürlich in seinem Zimmer. (9) *halten:* Vor unserem Haus gerade ein Taxi. (10) *raten:* Du nicht, wer da kommt.

Bilden Sie Präsensformen und setzen Sie sie ins Prädikat ein!

Ü 21

(1) *gehen, sein:* Wenn man in München durch die Kaufingerstraße, dort viel Betrieb. (2) *schieben:* Die Menschenmassen sich durch die Straße. (3) *kaufen:* Viele Leute ein. (4) *sein, schauen:* Andere aber, es wohl die meisten, sich nur die Schaufensterauslagen an. (5) *sehen, machen:* Oft man auf der Straße Straßenmusikanten, die zu ihrem Vergnügen Musik. (6) *finden:* Offenbar sie ihre Musik schön. (7) *meinen, wissen:* Ob das auch die Vorübergehenden, man nicht. (8) *geben, bleiben, hören:* Auf jeden Fall es immer Leute, die bei den Musizierenden stehen und zu. (9) *kommen:* Vielleicht das nur von der menschlichen Neugierde. (10) *werfen, stellen:* Ab und zu ein Passant auch mal ein Geldstück in den Hut, den die Musikanten immer zu diesem Zweck auf. (11) *geben:* Auf jeden Fall es auf der Kaufingerstraße, der großen Fußgängerstraße Münchens, immer etwas zu sehen. (12) *werden:* Dadurch viele Münchner, viele Touristen und ausländische Gäste angelockt.

Präteritum: (zum Gebrauch, S. 41)

Bilden Sie schwache Präteritumformen (S. 23) und setzen Sie sie ins Prädikat ein!

Ü 22

(1) *lernen:* Ich Deutsch in der Schule. (2) *arbeiten:* Wir Schüler immer zusammen. (3) *lernen:* Ich damals auch einen deutschen Schüler kennen. (4) *anfreunden:* Mit ihm ich mich. (5) *wandern:* An den Wochenenden wir oft zusammen mit anderen Schulkameraden. (6) *sammeln, interessieren:* Unterwegs wir beide interessante Steine, denn wir uns sehr für Geologie. (7) *baden:* Wenn das Wetter schön war, wir in einem nahegelegenen See. (8) *machen:* Das uns große Freude. (9) *marschieren:* Oft wir erst spät nach Hause. (10) *warten:* Unsere Pensionswirtin schon ungeduldig mit dem Essen auf uns.

2 Das Prädikat

Folgende „starke" Verben haben Präteritumstämme mit veränderten Stammvokalen (vgl. Verbtabelle, S. 34):

Präsensstamm	Präteritumstamm	Präsensstamm	Präteritumstamm
-e-/-i-	**-a-**	**-a-/-e-/-ei-**	**-i-**
bef**eh**l/en (bef**ieh**lt)	bef**a**hl	b**eiß**/en	b**i**ß
beg**inn**/en	beg**a**nn	f**a**ng/en	f**i**ng
b**i**nd/en	b**a**nd	g**eh**/en	g**i**ng
b**i**tt/en	b**a**t	gl**ei**ch/en	gl**i**ch
br**ech**/en (br**i**cht)	br**a**ch	gr**ei**f/en	gr**i**ff
und andere		und andere	
-a-/-au-/-ei-	**-ie-**	**-ie-**	**-o-**
br**a**t/en (br**ä**t)	br**ie**t	b**ie**g/en	b**o**g
f**a**ll/en (f**ä**llt)	f**ie**l	fl**ie**g/en	fl**o**g
h**a**lt/en (h**ä**lt)	h**ie**lt	fl**ie**h/en	fl**o**h
h**ei**ß/en	h**ie**ß	fl**ie**ß/en	fl**o**ß
l**au**f/en (l**äu**ft)	l**ie**f	fr**ie**r/en	fr**o**r
und andere		und andere	
-a-	**-u-**	**Beachten Sie:**	
gr**a**b/en (gr**ä**bt)	gr**u**b		
l**a**d/en (l**ä**dt)	l**u**d	**sein (bin/ist)**	**war**
sch**a**ff/en	sch**u**f	w**e**rden (w**i**rd)	**wurd**e
schl**a**g/en (schl**ä**gt)	schl**u**g		
tr**a**g/en (tr**ä**gt)	tr**u**g		
und andere			

Ü 23
Richtig:

Setzen Sie Präteritumformen ins Prädikat ein!

(1) *sein:* Letztes Wochenende wir in den Bergen. (2) *fahren:* Am Freitag Mittag ich mit meiner Familie los. (3) *sein:* Nach zwei Stunden Fahrt wir mitten in den Bergen. (4) *halten:* Ich vor einem Bauernhaus, um ein Quartier für das Wochenende zu finden. (5) *bekommen:* Wir hatten Glück und zwei Zimmer. (6) *schlafen, sein:* In der Nacht wir sehr gut, denn der Tag doch recht anstrengend. (7) *gehen, steigen:* Am nächsten Morgen nach dem Frühstück wir los und auf einen der Berge. (8) *sein:* Das Wetter schön, aber die Luft noch kühl. (9) *werden:* Doch beim Aufstieg auf den Berg uns sehr bald warm. (10) *kommen, ziehen:* Als wir oben am Gipfel an, ein paar Wolken auf. (11) *sehen:* Von oben wir hinunter ins Tal. (12) *sein:* Die Aussicht wunderbar. (13) *steigen:* Nach einer Rast wir wieder ins Tal hinunter. (14) *sein:* Der erste Tag sehr schön, und wir sehr müde. (15) *gehen:* Nach dem Abendessen die Kinder gleich zu Bett. (16) *sitzen, trinken, unterhalten:* Meine Frau und ich noch eine Weile mit den Wirtsleuten zusammen, ein paar Bier und uns.

Das Prädikat 2

Verben mit Mischformen

Folgende Verben haben „schwache" Präteritumformen, verändern aber ihren Wortstamm (Verben mit Mischformen):

Präsensstamm	Präteritumstamm
brenn/en	brannte
kenn/en	kannte
send/en	sandte
wend/en	wandte
bring/en	brachte
denk/en	dachte
wiss/en (ich/er weiß)	wußte

Setzen Sie Präteritumformen ins Prädikat ein!

(1) *kennen, rennen:* du den Jungen, der eben hier vorbei? (2) *erkennen:* Er dich. (3) *wenden:* Ich mich in der Angelegenheit direkt an den Chef. (4) *entsenden:* Das ist der neue Botschafter, den die Regierung in unser Land. (5) *bringen:* Wann der Briefträger das Päckchen? (6) *verbringen:* Letztes Jahr ich meinen Urlaub in Italien. (7) *wissen:* Sie das nicht? (8) *denken:* Noch lange ich über das Problem nach. (9) *senden:* Wir Ihnen gestern die Rechnung. (10) *wissen, rennen:* Die Frau sich nicht mehr zu helfen und zur nächsten Polizeiwache.

Ü 24
Richtig:

2. Die zusammengesetzten Zeitformen

Die zusammengesetzten Zeitformen Perfekt und Plusquamperfekt signalisieren Vergangenheit (S. 41).
Das *Perfekt* wird mit dem Präsens von „**haben**" oder „**sein**" und dem Partizip II gebildet. Meistens wird das Perfekt mit „haben" gebildet: Verben, die eine Fortbewegung, eine Orts- oder Zustandsveränderung ausdrücken, werden allgemein mit „sein" gebildet.
Ausnahmen: „sein" und „bleiben":
    er **ist** ... gewesen; er **ist** ... geblieben.
Das Partizip II besetzt bei den Satztypen A und B (S. 80) die zweite Prädikatsstelle (**P²**); vgl. „Satzbauhelfer".

P¹	Satzfeld	P²
unsere Klasse **hat**	im letzten Monat einen Ausflug	**gemacht**
unser Lehrer **ist**	mit uns nach Köln	**gefahren**

Das *Plusquamperfekt* wird mit dem Präteritum von „**haben**"/„**sein**" und dem Partizip II analog zum Perfekt gebildet. Zum Gebrauch S. 41

wir **hatten**	uns im Café Excelsior	**verabredet**
wir **waren**	schon lange nicht mehr dort	**gewesen**

2 Das Prädikat

Bei einigen „starken" Verben sind Präsensstämme und Partizip II-Stämme identisch, bei anderen weichen sie voneinander ab. (Vgl. Verbtabelle S. 32)

Präsens	Partizip II	Präsens	Partizip II
a- (-ä-)	-a-	-e-	-a-
brat/en (brät)	ge/brat/en	geh/en	ge/gang/en
fahr/en (fährt)	ge/fahr/en		
fall/en (fällt)	ge/fall/en	-e- (-ie-/-i-)	-o-
fang/en (fängt)	ge/fang/en	befehl/en (befiehlt)	befohl/en
grab/en (gräbt)	ge/grab/en	brech/en (bricht)	ge/broch/en
halt/en (hält)	ge/halt/en	helf/en (hilft)	ge/holf/en
lad/en (lädt)	ge/lad/en	werd/en (wird)	ge/word/en
schlag/en (schlägt)	ge/schlag/en		
e-	-e-	-i-	-e-
ess/en (ißt)	ge/gess/en	bitt/en	ge/bet/en
les/en (liest)	ge/les/en		
geb/en (gibt)	ge/geb/en	-i-	-u-
		bind/en	ge/bund/en
-o-	-o-	find/en	ge/fund/en
komm/en	ge/komm/en		
		-ei-	-i-
-au-	-au-	beiß/en	ge/biss/en
lauf/en (läuft)	ge/lauf/en	gleich/en	ge/glich/en
		greif/en	ge/griff/en
-ei-	-ei-		
heiß/en	ge/heiß/en	-ie-	-o-
		bieg/en	ge/bog/en
		flieg/en	ge/flog/en
sein (bin, ist)	ge/wes/en	frier/en	ge/fror/en
		zieh/en	ge/zog/en

Für weitere Partizip II-Formen vgl. Tabelle, S. 56 ff..

Folgende Verben (Verben mit Mischformen) bilden die Partizip-II-Formen wie die „schwachen" Verben, verändern aber ihren Wortstamm (S. 58):

Präsens	Partizip II	Präsens	Partizip II
-e-	-a-	-i-	-a-
brenn/en	ge/brann/t	bring/en	ge/brach/t
kenn/en	ge/kann/t		
send/en	ge/sand/t	-i-	-u-
wend/en	ge/wand/t	wiss/en	ge/wuß/t
denk/en	ge/dach/t	(ich/er weiß)	

Zur Bildung der Partizip II-Formen S. 202

Das Prädikat 2

Perfekt: (zum Gebrauch, S. 41)

Setzen Sie Perfektformen mit „haben" ins Prädikat!

Ü 25

(1) *heiraten:* Wann Sie? – Wir im letzten Jahr. (2) *finden (-fund-):* Wir hier in der Nähe eine Wohnung. (3) *beziehen (-zog-):* Gestern wir sie. (4) *suchen:* Sie sehr lange nach einer Wohnung? (5) *lesen (-les-):* Ja, jeden Tag ich die Wohnungsanzeigen in den Zeitungen. (6) *dauern, finden (-fund-):* Ziemlich lange es, bis wir eine geeignete Wohnung. (7) *inserieren:* Sie auch einmal selbst? (8) *geben (-geb-), melden:* Natürlich ich mehrere Inserate auf, aber es sich niemand. (9) *helfen (-holf-):* Ihnen Ihre Freunde bei der Wohnungssuche nicht? (10) *helfen, finden:* Natürlich sie mir, aber sie nichts Passendes.

Setzen Sie Perfektformen mit „sein" ins Prädikat!

Ü 26

(1) *wandern:* Gestern wir lange. (2) *fahren (-fahr-):* Zuerst wir mit dem Zug. (3) *fahren:* Von wo ihr ab? (4) *steigen (-stieg-):* Wir in München am Ostbahnhof ein. (5) *steigen:* In Prien wir dann aus. (6) *gehen (-gang-):* Dann wir ein Stück am Ufer des Chiemsees entlang. (7) *laufen (-lauf-):* Wir mehrere Stunden durch eine wunderschöne Landschaft. (8) *kehren:* Am Ende unserer Wanderung wir in ein Gasthaus ein. (9) *fahren:* Spät am Abend wir wieder mit dem Zug nach München zurück. (10) *kommen (-komm-):* Wir kurz vor Mitternacht wieder nach Hause zurück.

Plusquamperfekt: (zum Gebrauch, S. 41)

Setzen Sie Plusquamperfektformen ins Prädikat!

Ü 27

(1) *essen (-gess-):* Wir kamen zu spät in die Pension zurück. Die Gäste schon alle. (2) *diktieren:* Als ich eine Stunde zu spät ins Büro kam, der Chef meiner Kollegin schon alle Briefe. (3) *verkaufen:* Als meine Frau wieder in das Pelzgeschäft ging, man den Pelzmantel schon. (4) *reparieren:* Als ich zur Werkstatt zurückkam, man meinen Wagen schon. (5) *fangen (-fang-):* Als wir nach Hause gehen wollten, es bereits an zu regnen. (6) *räumen:* Wir gingen nach dem Frühstück auf unser Hotelzimmer zurück, da das Zimmermädchen unser Zimmer bereits auf. (7) *bringen (-brach-):* Wir wollten unser Gepäck vom Hotel holen, aber man es bereits zum Bahnhof.

Setzen Sie Plusquamperfektformen mit „sein" ins Prädikat ein!

Ü 28

(1) *fahren (-fahr-):* Wir kamen zum Bahnhof, da unser Zug schon ab. (2) *ziehen (-zog-):* Ich bin gestern in meine neue Wohnung eingezogen. Mein Vormieter einen Tag vorher aus. (3) *gehen (-gang-):* Wir saßen noch um Mitternacht zusammen. Die meisten Partygäste schon heim. (4) *gehen:* Als ich heimkam, mein Bruder schon zu Bett. (5) *passieren:* Was eigentlich, daß ihr euch so sehr gestritten habt? (6) *werden (-word-):* Als der Arzt am nächsten Morgen den Patienten noch einmal besuchte, sein Zustand schon erheblich besser.

Futur: (zum Gebrauch, S. 42)

Das Futur wird mit dem Präsens von „**werden**" + Infinitiv gebildet.
Der Infinitiv besetzt bei den Satztypen A und B (S.øø) die zweite Prädikatsstelle (**P²**); vgl. „Satzbauhelfer".

2 Das Prädikat

Man unterscheidet zwei Futurformen: das Futur I und das Futur II. Das **Futur I** wird mit dem Infinitiv gebildet, das **Futur II** mit dem Infinitiv und einem Partizip II:

Futur I: er **wird** bald nach Berlin **fahren**
Futur II: er **wird** schon nach Berlin **gefahren sein**
Das Futur I signalisiert eine Vermutung; der Sachverhalt ist erst in Zukunft zu erwarten.
Das Futur II signalisiert ebenfalls eine Vermutung; der Sachverhalt ist bereits vergangen.
Zum Gebrauch beider Futurformen S. 42; über die Stellung der Wörter in einem mehrfach besetzten Prädikat S. 29.

(A)	P¹	Satzfeld	P²
mein Freund	**wird**	mit Sicherheit die Prüfung	**bestehen**
mein Freund	**wird**	die Prüfung bestimmt	**bestanden haben**

Ü 29 Setzen Sie Futurformen ins Prädikat ein! (Futur I)

(1) *beginnen*: Morgen wir mit der Arbeit. (2) *arbeiten*: Ich mit mehreren Kollegen zusammen. (3) *fahren*: Nächste Woche mein Kollege nach München. (4) *treffen*: Er dort mit seinem Professor zusammen. (5) *besprechen*: Sie die Projekte, die wir vorhaben. (6) *stimmen*: Die Adresse, die ich Ihnen gegeben habe, hoffentlich noch. (7) *rufen*: Mein Kollege mich heute abend an. (8) *sein*: Inzwischen er in München.

Ü 30 Setzen Sie Futurformen ins Prädikat ein! (Futur II) (S. 29 „mehrfach besetzte Prädikatsstelle")

(1) *passieren*: Was ist da vorne los? — Da ein Unfall. (2) *geben*: Sicher es wieder Verletzte. (3) *benachrichtigen*: Man die Polizei sicher schon. (4) *kommen*: Fritz ist heute früh nach Köln gefahren. Inzwischen er dort sicher schon an. (5) *bessern*: Das Wetter ist heute wirklich miserabel. — Keine Sorge, bis morgen früh es sich sicher wieder. (6) *bringen*: Dort kommt Hans. Er wohl seine Freundin nach Hause. (7) *fahren*: Bei unseren Nachbarn ist niemand zu Hause. Sie bestimmt schon in Urlaub. (8) *bleiben, fahren*: Den Sohn habe ich aber heute schon gesehen. — Der vielleicht zu Hause. Er nicht mit seinen Eltern mit.

Ü 31 Ersetzen Sie das Präsens und das Perfekt durch Futurformen!

(1) Was tust du morgen? (2) Ich gehe in die Staatsbibliothek und arbeite einige Bücher für meine Seminararbeit durch. (3) Wann bist du damit fertig? (4) Ich habe die Bücher bestimmt bis zum Abend durchgearbeitet. (5) Ich hole dich dann von der Bibliothek ab. (6) Wir fahren dann zusammen zu Petra. (7) Das geht nicht; (8) denn meine Freundin holt mich ab. (9) Wir gehen heute abend zusammen ins Theater. (10) Schade, da ist wohl nichts zu machen.
(11) Er ist gestern nicht in der Schule gewesen. (12) Sie ist in Urlaub gefahren. (13) Sie hat sich von ihrem Mann getrennt. (14) Ihm ist es zu spät gewesen. (15) Er hat keine Zeit gehabt. (16) Sie haben kein Geld gehabt. (17) Sie ist spazieren gegangen. (18) Er hat viel zu tun gehabt.

Das Prädikat 2

3. Die Modalformen

Konjunktiv I: (zum Gebrauch, S. 43)

Einige Personalformen des Konjunktivs I sind mit einigen Formen des Präsens identisch (S. 30). In diesen Fällen werden ersatzweise die Personalformen des Konjunktivs II verwendet. Wenn diese aber mit dem Präteritum identisch sind (S. 30), gebraucht man die zusammengesetzten Formen mit „würde" + Infinitiv, sofern der Konjunktiv nicht schon aus dem Rede-/Textzusammenhang erkennbar ist. Die Ersatzformen gebraucht man bei folgenden „grammatischen Personen":

Konjunktiv I = **Präsens**	Konjunktiv II = **Präteritum**	**Ersatzform**
ich lerne	ich lernte	ich **würde** ... *lernen*
wir lernen	wir lernten	wir **würden** ... *lernen*
sie lernen	sie lernten	sie **würden** ... *lernen*

Setzen Sie die Konjunktiv I-Formen bzw. die Ersatzformen dafür ein! (S. 43) Leiten Sie Ihre Äußerungen ein mit

    a. Ich habe gehört, ...
    b. Ich habe gehört, daß ...

Ü 32

(1) *lernen:* Ihr Mann Japanisch. (2) *spielen:* Eure Fußballmannschaft nächsten Samstag in Traunstein. (3) *wohnen:* Dein Bruder bei euren Eltern. (4) *arbeiten:* Er zur Zeit bei Siemens. (5) *studieren:* Ihre Tochter Fremdsprachen. (6) *sein:* Sie an einer Dolmetscherschule. (7) *heiraten:* Paul nächste Woche die Tochter eines Fabrikanten. (8) *treffen:* Der Botschafter heute den Außenminister. (9) *machen:* Wir nächste Woche einen Ausflug in die Berge. (10) *sprechen:* Die Leute auf dem Lande nur Dialekt.

Setzen Sie die Vergangenheitsformen des Konjunktivs I ein! Leiten Sie Ihre Äußerung ein mit

    a. Man hat mir erzählt, ...
    b. Man hat mir erzählt, daß ...

Ü 33

(1) Euer Vater hat sich einen neuen Wagen gekauft. (2) Ihr habt neulich einen schönen Ausflug in die Berge gemacht. (3) Die Jungen waren in der Nähe von Innsbruck zum Skifahren. (4) Sie haben dort viele Sportkameraden getroffen. (5) Euch hat es dort sehr gut gefallen. (6) Das Wetter war sehr schön. (7) Viele Kinder sind dort auch Schlittschuh gelaufen. (8) Eines der Kinder ist dabei gestürzt und hat sich den Fuß gebrochen. (9) Es ist sofort ins Krankenhaus gekommen, wo der Bruch gleich eingerichtet worden ist. (10) Danach ist sein Fuß eingegipst worden.

wie Übung 33

Ü 34

(1) Ich muß mich zur Prüfung anmelden. (2) Es können nicht alle Studienbewerber angenommen werden. (3) Sie sollen sofort zum Chef kommen. (4) Er will mit Ihnen etwas Wichtiges besprechen. (5) Die Arbeitgeber sollen mehr Lohn zahlen. (6) Die Gewerkschaft will diesen Streik unterstützen.

wie Übung 33

Ü 35

(1) Die Autofahrer haben gestern am Grenzübergang lange warten müssen. (2) Einige haben nicht die Grenze passieren dürfen, weil ihre Papiere nicht in Ordnung waren. (3) Jeder mußte seinen Paß vorzeigen und konnte dann erst über die Grenze weiterfahren. (4) Ein Autofahrer wollte protestieren, es half aber nichts, er mußte an der Grenze zurückbleiben.

2 Das Prädikat

Konjunktiv II: (zum Gebrauch, S. 43)

Statt der Konjunktiv II-Formen, die mit den „schwachen" Präteritumformen identisch sind, gebraucht man meistens die zusammengesetzten Formen mit „**würde**" + Infinitiv. Wenn aber der Konjunktiv II aus dem Rede-/Textzusammenhang deutlich hervorgeht, kann man auf die Ersatzformen verzichten, vor allem bei Modalverben (S. 47) und bei Bedingungssätzen (Konditionalsätzen) auf Platz Ⓐ im Vorfeld (vgl. „Satzbauhelfer") ohne Konjunktion (S. 97).

Präteritum	=	Konjunktiv II	**Ersatzformen**
ich kaufte		ich kaufte	ich **würde** ... *kaufen*
du kauftest		du kauftest	du **würdest** ... *kaufen*
er kaufte		er kaufte	er **würde** ... *kaufen*
wir kauften		wir kauften	wir **würden** ... *kaufen*
ihr kauftet		ihr kauftet	ihr **würdet** ... *kaufen*
sie kauften		sie kauften	sie **würden** ... *kaufen*

Ich an deiner Stelle **würde** mir diesen Wagen nicht **kaufen**.
Kaufte ich mir diesen Wagen, müßte ich einen Kredit aufnehmen.
Wollte ich mir diesen Wagen *kaufen*, müßte ich mir zuerst Geld leihen.

„Starke" Verben bilden den Konjunktiv II mit dem Präteritumstamm (vgl. Verbtabelle, S. 56 ff.); sie verändern dabei den Stammvokal zum „Umlaut". Diese Konjunktiv II-Formen nehmen die Personalformen des Konjunktivs an (S. 24).

Präteritum	**Konjunktiv II**
sie kamen	sie k**ä**men
sie zogen	sie z**ö**gen
sie fuhren	sie f**ü**hren

Bei Verben mit Stammvokalen, die keinen „Umlaut" haben, ist das Präteritum identisch mit dem Konjunktiv II. Zur Kennzeichnung des Konjunktiv II werden hier auch die Ersatzformen mit „würde" verwendet, sofern der Konjunktiv nicht aus dem Rede-/Textzusammenhang erkennbar ist.

Präteritum	=	Konjunktiv II	**Ersatzformen**
sie gingen		sie gingen	sie **würden** ... *gehen*
sie schrieben		sie schrieben	sie **würden** ... *schreiben*

In der Umgangssprache werden beim Satztyp A (vgl. „Satzbauhelfer") die „starken" Konjunktiv II-Formen seltener gebraucht; an ihrer Stelle gebraucht man die Ersatzformen, außer bei „haben" und „sein".

Ich *hielte* die Hitze nicht aus. / Ich **würde** die Hitze nicht **aushalten**.
Wenn wir jetzt Urlaub hätten, *lägen* wir am Strand in der Sonne. / Wenn wir jetzt Urlaub hätten, **würden** wir am Strand in der Sonne **liegen**.

Ü 36
Richtig:

Setzen Sie die Konjunktiv II-Formen oder die Ersatzformen ein! Beginnen Sie Ihre Äußerungen mit
    a. Ich dachte, ...
    b. Ich dachte, daß ...

(1) *arbeiten*: Sie bei MAN in Augsburg. (2) *bereiten*: du dich auf dein Examen vor. (3) *funktionieren*: der Apparat nicht. (4) *stimmen*: die Rechnung. (5) *fahren*: ihr mit dem Wagen in Urlaub. (6) *bleiben*: dein Freund länger in Hamburg. (7) *haben*: ihr in Österreich ein Ferienhaus. (8) *verstehen*: der Mann Deutsch. (9) *bekommen*: wir heute einen freien Nachmittag. (10) *sein*: Fritz jetzt an der Universität in Bonn.

Das Prädikat 2

Setzen Sie die Vergangenheitsformen des Konjunktiv II ein! Beginnen Sie Ihre Äußerungen mit
    a. Ich war der Meinung, ...
    b. Ich war der Meinung, daß ...

Ü 37

(1) *lernen:* deine Kinder in der Schule besser als meine. (2) *sein:* Sie im letzten Jahr in Amerika. (3) *studieren:* Ihr Sohn Medizin. (4) *verkaufen:* Sie im letzten Jahr Ihr Haus. (5) *siegen:* eure Mannschaft beim letzten Spiel. (6) *machen:* du auch von mir ein Foto. (7) *kommen:* Sie aus Hamburg und nicht aus Berlin. (8) *bleiben:* Hans länger in Paris. (9) *gewinnen:* dein Bruder im Fußballtoto. (10) *lesen:* Sie das Buch aus.

wie Übung 37

Ü 38

(1) *sollen:* Ihr euer Haus nicht verkaufen. (2) *können:* dein Sohn die Prüfung bestehen. (3) *müssen:* der Autofahrer nach dem Unfall anhalten. (4) *dürfen:* ihr nicht so lange in dem kalten Wasser bleiben. (5) *brauchen:* du nicht so lange auf deine Freundin zu warten. (6) *sollen:* du dich auch an der Diskussion beteiligen. (7) *dürfen:* du das nicht tun. (8) *können:* du deiner Mutter ruhig helfen.

Passiv: (zum Gebrauch, S. 45)

Das Passiv ist eine Modalform; mit dem Passiv modifiziert man das Aussagethema (vgl. Subjekt, S. 66). Es wird mit dem Verb „**werden**" + Partizip II gebildet. Mit dem Verb „werden" werden alle Personal-, Zeit-, Modal- und Infinitformen (S. 197) gebildet. Das Partizip II von „werden" wird dabei zu „**worden**" verkürzt.

Präsens:	er wird ...	gelobt
Präteritum:	er wurde ...	gelobt
Perfekt:	er ist ...	gelobt **worden**
Plusquamperfekt:	er war ...	gelobt **worden**
Futur I:	er wird ...	gelobt werden
Futur II:	er wird ...	gelobt **worden** sein
Konjunktiv I:	er werde ...	gelobt
	er sei ...	gelobt **worden**
Konjunktiv II:	er würde ...	gelobt
	er wäre ...	gelobt **worden**
Infinitiv I:	gelobt werden	
Infinitiv II:	gelobt **worden** sein	
Partizip II:	gelobt **worden**	

mit Modalverben (S.øø)

Präsens:	er will ...	gelobt werden
	er will ...	gelobt **worden** sein
Präteritum:	er wollte ...	gelobt werden
	er wollte ...	gelobt **worden** sein
Perfekt:	er hat ...	gelobt werden wollen
Plusquamperfekt:	er hatte ...	gelobt werden wollen
Futur I:	er wird ...	gelobt werden wollen
Futur II (keine Form)		

Setzen Sie die Passivformen für das Präsens ins Prädikat ein!

Ü 39

(1) *verkaufen:* Morgen mein alter Wagen. (2) *bezahlen:* Heute die Rechnung. (3) *unterschreiben (-schrieb-):* Wann der Kaufvertrag? (4) *benachrichtigen:*

2 Das Prädikat

Richtig: Ihr Freund noch? (5) *holen:* Meine Schwester vom Bahnhof ab. (6) *laden (-lad-):* wir zu der Feier ein? (7) *kontrollieren:* Die Autofahrer an der Grenze genau? (8) *bringen (-brach-):* Wann das Zimmer in Ordnung?

Ü 40 Richtig: wie Übung 39

(1) *fahren (-fahr-):* Auf dieser Straße immer sehr schnell. (2) *singen (-sung-):* Bei der Feier viel. (3) *tanzen:* bei der Party auch? (4) *diskutieren:* Unter Studenten oft stundenlang. (5) *reden, sagen:* Es dabei viel, aber nichts. (6) *arbeiten, feiern:* Morgen nicht, sondern. (7) *sprechen (-sproch-), tun (-tan-):* Heutzutage viel von Umweltschutz, aber es nichts.

Ü 41 Richtig: Setzen Sie die Passivformen für das Perfekt ins Prädikat ein!

(1) *reservieren:* für uns im Restaurant ein Tisch? (2) *rufen (-ruf-):* Du heute nachmittag an. (3) *fotografieren:* Du eben. (4) *begrüßen:* Wir im Hotel von einer jungen Dame. (5) *nehmen (-nomm-):* Wir von einem Autofahrer nach München mit. (6) *wählen:* Ich neulich für ein Jahr zum Vorsitzenden des Vereins.

Ü 42 Richtig: Setzen Sie die Passivformen für das Perfekt ins Prädikat ein! Leiten Sie Ihre Äußerungen ein mit „Wissen Sie, ob ...?"

(1) *buchen:* der Flug nach New York (2) *besorgen:* die Flugkarte für den Chef (3) *verkaufen:* das Hotel schon (4) *sperren:* die Straße nach Rosenheim (5) *bezahlen:* die Miete für den nächsten Monat schon (6) *operieren:* der Patient schon (7) *eröffnen:* die Messe schon (8) *reparieren:* die Straße schon

Ü 43 Richtig: Setzen Sie die Perfektformen der Modalverben (S.øø) ein, indem Sie die Äußerungen mit den Passivausdrücken verändern!

(1) *wollen:* Wir sind jetzt nicht aufgehalten worden. (2) *müssen:* Der Verletzte ist sofort am Unfallort operiert worden. (3) *dürfen:* Er ist nicht in die Klinik transportiert worden. (4) *können:* Der Verbrecher ist noch nicht gefaßt worden. (5) *sollen:* Das Hausdach ist neu gedeckt worden. (6) *müssen:* Dieses Kapitel des Romans ist neu geschrieben worden. (7) *dürfen:* Dieses Tor ist nachts nicht geöffnet worden.

E Der Gebrauch der Zeitformen

Zum Gebrauch der Zeitformen muß man folgende Zeitaspekte unterscheiden:
1. die *Äußerungszeit*; das ist die Zeit, in der sich der Sprecher/Schreiber äußert; sie ist immer als Gegenwart anzusehen.
2. die *Berichtszeit*; das ist die Zeit, über die sich der Sprecher/Schreiber äußert; sie kann Gegenwart, Vergangenheit oder Zukunft sein.
3. die *Bezugszeit* (relative Zeit): sie signalisiert die zeitliche Beziehung der berichteten Ereignisse untereinander, d.h. ob etwas gleichzeitig, vorher oder danach geschehen ist.

Die genaue zeitliche Information ist meist nur aus **Temporalangaben** (At) (S. 70) zu entnehmen; sie kann aber auch aus dem Rede-/Textzusammenhang erschlossen werden.

Präsens (S. 21): Der beschriebene Sachverhalt ist
    1. immer geltend: Die Sonne **geht** im Osten **auf**.
    2. gegenwärtig ablaufend: Ich **lese** die Zeitung.
    3. unmittelbar bevorstehend
       mit Temporalangabe (At): Ich **komme** gleich **zurück**.

Das Prädikat 2

    4. noch andauernd
       mit Temporalangabe (At):   Wir **wohnen** *schon zehn Jahre* hier.
    5. gerade begonnen und
       weiter andauernd: Wir **bleiben** *drei Wochen* hier.
    6. bevorstehend
       mit Temporalangabe (At):   *Morgen* **kommt** Onkel Paul.

Präteritum (S. 30) ist die übliche Zeitform für zusammenhängende Schilderungen von vergangenen Ereignissen:
    Morgens **ging** ich gewöhnlich um 7 Uhr aus dem Haus und **fuhr** mit dem Bus ins Büro. Dort **wartete** stets eine Menge Arbeit auf mich. . . . (usw.)

In einigen Sprechsituationen wird Präteritum statt Präsens gebraucht; z.B. wenn sich der Sprecher auf eine zurückliegende Situation bezieht.
    Herr Ober! Ich **bekam** noch ein Bier! (zur Erinnerung an eine frühere Bestellung, die noch nicht ausgeführt wurde)
    Wie **hieß** noch der Junge, mit dem du gerade gesprochen hast? (Ich wußte es, habe es aber vergessen.)

Bei „haben/sein/werden", sowie bei den Modalverben (S. 47) und den Funktionsverben wird statt des Perfekts das Präteritum gebraucht.
    Hans **war** zu Mittag nicht *zu Hause*. Er **hatte** noch im Büro *zu tun*.
    Wir **konnten/wollten/durften/sollten/mochten** nicht länger *bleiben*.
    Der Komiker **brachte** die Zuhörer *zum Lachen*.

Perfekt (S. 33) signalisiert vergangene Sachverhalte, besonders in Kurzäußerungen, so z.B. in Dialogen.
    Was **hast** du gestern **gemacht**? – Ich **habe** Briefe **geschrieben**.

Das Perfekt signalisiert auch Sachverhalte, die noch in der Zukunft liegen. Temporalangaben (At) verdeutlichen die Zeitlage.
    Bis morgen **habe** ich das Buch **ausgelesen**.

In zusammenhängenden Schilderungen (vgl. Präteritum) wird das Perfekt in einleitenden oder abschließenden Feststellungen verwendet.
    Letzte Nacht **ist** in einem Supermarkt **eingebrochen worden**. Die Täter *stiegen* nach Geschäftsschluß durch ein Dachfenster *ein*. . . . (usw.) . . . Bis heute **hat** die Polizei noch keine Spur von ihnen **gefunden**.

Plusquamperfekt (S. 33) signalisiert einen Sachverhalt, der zeitlich vor einem anderen vergangenen Sachverhalt liegt.
    Hans *trat* gestern seine Stelle als Bankkaufmann an. Im letzten Monat **hatte** er bei der Handelskammer seine Prüfung **abgelegt**.
    Als ich zu Müllers *kam*, **hatte** die Feier schon **angefangen**.

Setzen Sie die geeigneten Zeitformen ins Prädikat ein!

Ü44 Richtig:

(1) *gehen*: Mein Vater jeden Tag ins Büro. (2) *kommen*: Auf dieser Straße Sie am schnellsten zum Bahnhof. (3) *fahren*: Nächste Woche wir in Urlaub. (4) *buchen*: Ich den Flug schon im Reisebüro. (5) *besuchen, liegen*: Als ich neulich meinen Freund, er krank im Bett. (6) *haben*: Er Grippe. (7) *studieren*: Ich schon vier Jahre an der Universität. (8) *schließen, gehen*: Wenn ich mein Studium ab, ich zur Industrie. (9) *verdienen*: Dort man am meisten. (10) *sein, wissen*: Wann ich aber genau mit meinem Studium fertig, ich noch nicht.

wie Übung 44

Ü45

(1) *machen*: Was Sie gestern? (2) *sein*: Wir alle im Theater. (3) *gehen*: Wie es Ihrer Familie? (4) *arbeiten*: Danke. Meine Tochter jetzt in einem Geschäft

2 Das Prädikat

für Damenoberbekleidung. (5) *anfangen:* Im letzten Monat sie dort. (6) *wissen, sein:* Wie Sie, Hans im letzten Jahr mit seiner Frau an der Nordsee in Urlaub. (7) *treffen:* Wir sie dort am Strand. (8) *unterhalten:* Ich mich mit ihr. (9) *sein:* Sie eine lebenslustige junge Frau.

Ü 46 wie Übung 44

(1) *sein:* Ich am 3. Februar 1960 geboren. (2) *kommen:* Mit 6 Jahren ich in die Grundschule. (3) *bleiben:* Dort ich bis zur 4. Klasse. (4) *besuchen:* Danach ich das Gymnasium in Rosenheim. (5) *bestehen, bewerben:* Nachdem ich das Abitur, ich mich um einen Studienplatz für Geographie an der Universität in München. (6) *wechseln:* Nach vier Semestern ich das Studienfach. (7) *nehmen:* Ich das Studium der Völkerkunde auf. (8) *behalten:* Mein ursprüngliches Studienfach Geographie ich als Nebenfach bei. (9) *studieren:* Außer diesen beiden Fachgebieten ich zur Zeit im Nebenfach auch noch Soziologie. (10) *lernen:* Neben dem Studium ich auch Fremdsprachen. (11) *beschäftigen:* Im Augenblick ich mich mit Türkisch. (12) *lernen:* Lateinisch, Englisch und Französisch ich ja schon in der Schule.

Futur (S. 35) weicht vom Gebrauch in anderen Sprachen ab.
Es signalisiert
1. Ankündigungen, Voraussagen, Versprechen
    Nächstes Jahr **werden** Neuwahlen **stattfinden**.
    Ich **werde** nicht lange bei dieser Firma **bleiben**.
    Morgen **werde** ich dir bestimmt das Buch **zurückbringen**.
2. einen Entschluß oder eine Versicherung
    Diesen Fehler **werde** ich nicht noch einmal **machen**.
    Das **wird** mir nicht noch einmal **passieren**.
3. eine nachdrückliche Aufforderung, leichte Drohung (S. 212)
    Ihr **werdet** jetzt ins Bett **gehen**, Kinder!
    Das **wirst** du nicht noch einmal **tun**!
4. eine Vermutung, oft zusammen mit einem Modalglied (M) (S. 73)
    In ein paar Jahren **wird** es uns (bestimmt) besser **gehen**.
    Mutter **wird** jetzt (wohl) in der Küche **sein**.
    Hans **wird** jetzt (sicher) schon seine Prüfung **gemacht haben**.

ich werde...	wir werden...	= Absicht, Plan, (betont:) Versprechen
werde ich...?	werden wir...?	= Ungewißheit
du wirst...	ihr werdet...	= Voraussage, Vermutung, (betont:) Aufforderung
er wird...	sie werden...	= Vermutung, (betont:) Bestimmtheit, Überzeugung

Ü 47 Drücken Sie mit Hilfe des Futurs die folgenden Sachverhalte aus!

(1) *als Ankündigung:* Die Wahlergebnisse erfahren wir in den Abendnachrichten. (2) *als Versprechen:* Ich bringe dir morgen dein Geld zurück. (3) *als Voraussage:* Wenn Sie nicht sorgfältiger arbeiten, bleiben Sie nicht lange bei unserer Firma. (4) *als Aufforderung:* Ihr kommt sofort zu mir! (5) *als Vermutung:* Hans ist jetzt schon auf dem Heimweg. (6) *als Vermutung:* Peter ist gestern nicht gekommen. Er war verhindert. (7) *als Vermutung:* Das Telegramm habe ich vor drei Stunden abgeschickt. Inzwischen hat es Peter schon bekommen. (8) *als Voraussage:* Der Regen hört bald auf. (9) *als Vermutung:*

… Deine Schwester war bei ihrem Verlobten. (10) *als Versprechen:* Bis morgen abend habe ich dir dein Geld zurückgebracht. (11) *als Voraussage:* Bei der Party lernst du viele interessante Leute kennen. (12) *als Ankündigung:* Nächstes Jahr fahren wir nach Frankreich in Urlaub.

Welche subjektiven Einstellungen lesen Sie aus den folgenden Äußerungen heraus?
    a. *Aufforderung?* b. *Ungewißheit?* c. *Besorgnis?* d. *Hoffnung?*
    e. *Überzeugung?* f. *Vermutung?* g. *Versprechen?* h. *Voraussage?*

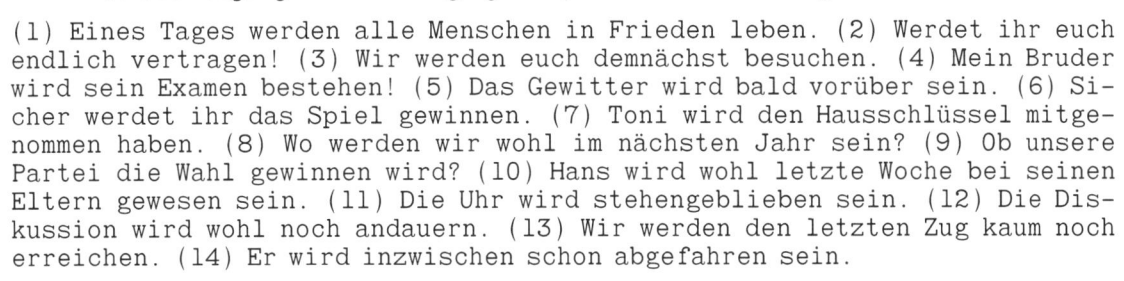

Ü 48

(1) Eines Tages werden alle Menschen in Frieden leben. (2) Werdet ihr euch endlich vertragen! (3) Wir werden euch demnächst besuchen. (4) Mein Bruder wird sein Examen bestehen! (5) Das Gewitter wird bald vorüber sein. (6) Sicher werdet ihr das Spiel gewinnen. (7) Toni wird den Hausschlüssel mitgenommen haben. (8) Wo werden wir wohl im nächsten Jahr sein? (9) Ob unsere Partei die Wahl gewinnen wird? (10) Hans wird wohl letzte Woche bei seinen Eltern gewesen sein. (11) Die Uhr wird stehengeblieben sein. (12) Die Diskussion wird wohl noch andauern. (13) Wir werden den letzten Zug kaum noch erreichen. (14) Er wird inzwischen schon abgefahren sein.

F Gebrauch der Konjunktive

Konjunktiv I (S. 37) wird gebraucht, wenn man Fremdinformationen weitergibt. Der Sprecher/Schreiber signalisiert so, daß er sich nicht für die Richtigkeit verbürgen kann/will. Der Konjunktiv I ist die typische Form in Presseberichten. (vgl. das Modalverb „sollen", S. 47) Solche Äußerungen werden häufig mit einer Quellenangabe eingeleitet:
    Ich habe gehört/gelesen/erfahren, (daß) . . .
    Wie aus gewöhnlich gut unterrichteter Quelle zu erfahren war, . . .
    In der Zeitung stand, (daß) . . .
    Wie aus dem Ministerium verlautet/verlautete, . . .
In alltäglichen, banalen Redesituationen steht es dem Sprechenden frei, ob er den Konjunktiv I gebrauchen will oder nicht.

Geben Sie folgende Äußerungen als Fremdinformationen weiter! Leiten Sie Ihre Äußerungen mit einer Quellenangabe ein! Siehe oben!

Ü 49

(1) Der Wirtschaftsminister hat letzte Woche um seine Entlassung gebeten. (2) Er ist gestern von seinem Posten zurückgetreten. (3) Der Regierungschef wird morgen den Nachfolger nominieren. (4) Heute wird dem zurückgetretenen Minister vom Präsidenten die Entlassungsurkunde ausgehändigt. (5) Der Präsident wird dann später dem neuen Minister die Ernennungsurkunde überreichen. (6) Das Kabinett ist heute morgen zusammengetreten, um die neue Lage zu erörtern.

Konjunktiv II (S. 38) signalisiert, daß die Äußerung ein Gedankenspiel ausdrückt und nicht den Tatsachen entspricht.
Bei den einfachen Konjunktiv II-Formen kann der beschriebene Sachverhalt noch als möglich oder wahrscheinlich angenommen werden.
    Bei klarem Wetter **sähe** man jetzt die Berge. Leider ist es heute trübe.
    Mit unseren Personalausweisen **könnten** wir jetzt über die Grenze. Leider haben wir sie aber nicht dabei.
Die zusammengesetzten Konjunktiv II-Formen (S. 38) signalisieren, daß der beschriebene Sachverhalt nicht mehr realisierbar ist:
    Wir *wären* noch länger in Urlaub geblieben, wenn unser Geld **gereicht hätte**.

2 Das Prädikat

Der Konjunktiv II signalisiert so
1. eine nicht erfüllbare Bedingung („irrealer" Bedingungssatz; (S. 136):
   Bei besserem Wetter / Wenn das Wetter besser **wäre, hätten** wir einen Ausflug *gemacht*.
2. einen (kaum erfüllbaren) Wunsch („Wunschsatz"):
   Hätten wir doch mehr Zeit! / Wenn wir doch mehr Zeit **hätten**!
   Wäre ich doch nicht vorzeitig von der Schule gegangen! / Wenn ich doch nicht vorzeitig von der Schule gegangen **wäre**!
3. einen gedachten, nicht realen Vergleich:
   Du gehst, als **hättest** du einen Stock verschluckt. / ..., *als ob/als wenn* du einen Stock verschluckt **hättest**.
4. einen angenommenen, nicht mehr realisierbaren Sachverhalt:
   Wenn du gestern bei der Feier auch dabei **gewesen wärest, hätte** ich mich sehr **gefreut**.
5. einen Sachverhalt, für dessen Verwirklichung die Voraussetzungen fehlen:
   Ich habe zu wenig Zeit, *als daß* ich mir ein Hobby leisten **könnte**.
6. einen Sachverhalt, der noch eintreten kann:
   Ich bin mit der Arbeit soweit, daß ich sie abschließen **könnte**.
7. daß etwas nicht eingetreten ist, was man eigentlich erwartet hat:
   Der Mann hat den Wagen repariert, *ohne daß* er Geld **verlangt hätte**.
8. zweifelnde Fragen:
   Ob ich etwas gewonnen **hätte**, wenn ich ein Los **gekauft hätte**?
9. höfliche Zurückhaltung bei
   Bitten: **Wäre** es wohl möglich, das Fenster zu schließen?
   Könnten Sie bitte das Fenster **schließen**?
   Feststellungen: Das **dürfte** eben der neue Chef **gewesen sein**.
   Die Fahrt **dürfte** zwei Stunden **dauern**.
   Vorschlägen: Ich an deiner Stelle **würde** das nicht **tun**.
   Ich **wüßte** was Besseres.
10. eine abschließende Feststellung:
    Das **hätten** wir jetzt **erledigt**.
    Das **wäre** jetzt alles.

Ü 50 Äußern Sie Ihre gegenteilige Meinung!
Beispiel: Ich bleibe zu Hause.
– Ich (an Ihrer/deiner Stelle) *bliebe* nicht zu Hause. / ... *würde* nicht zu Hause *bleiben*.

(1) Ich gehe zum Schwimmen. (2) Herr Müller verkauft sein Haus. (3) Wir mieten uns einen Wagen. (4) Die Jungen gehen auf den Berg. (5) Ich habe mein Motorrad verkauft. (6) Hans hat seine Skier verschenkt. (7) Wir sind durch den Wald gewandert. (8) Die Mädchen sind abends allein nach Hause gegangen. (9) Ihr geht bei diesem regnerischen Wetter zu Fuß. (10) Sie haben Ihren Nachbarn bei der Polizei angezeigt.

Ü 51 Sagen Sie, daß Sie etwas anderes gedacht haben.
Beispiel: Fritz kommt aus Berlin. (Hamburg)
– Ich habe gedacht, er *käme* aus Hamburg.

(1) Hans ist noch nicht verheiratet. (schon) (2) Das ist eine Schule. (Krankenhaus) (3) Wir waren in Rom. (Paris) (4) Der Ausländer spricht Italienisch. (Spanisch) (5) Wir haben ein Ferienhaus in Österreich. (in der Schweiz) (6) Dieser Wein kommt aus Frankreich. (aus Spanien) (7) Die Geschäfte schließen um 17 Uhr. (erst um 18 Uhr) (8) Ich interessiere mich für moderne Musik. (klassische Musik)

Das Prädikat 2

Äußern Sie Ihre Meinung!
Beispiel: Paul besteht seine Prüfung sicher nicht.
        Wenn er sie *bestünde*, *würde* ich mich sehr *wundern*.

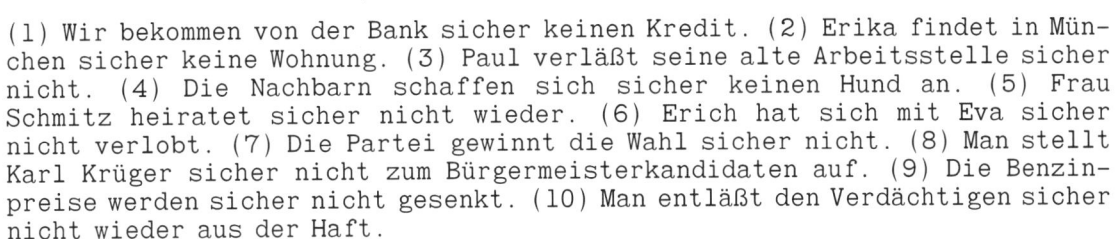

Ü 52

(1) Wir bekommen von der Bank sicher keinen Kredit. (2) Erika findet in München sicher keine Wohnung. (3) Paul verläßt seine alte Arbeitsstelle sicher nicht. (4) Die Nachbarn schaffen sich sicher keinen Hund an. (5) Frau Schmitz heiratet sicher nicht wieder. (6) Erich hat sich mit Eva sicher nicht verlobt. (7) Die Partei gewinnt die Wahl sicher nicht. (8) Man stellt Karl Krüger sicher nicht zum Bürgermeisterkandidaten auf. (9) Die Benzinpreise werden sicher nicht gesenkt. (10) Man entläßt den Verdächtigen sicher nicht wieder aus der Haft.

Antworten Sie nach folgendem Beispiel!
        Kommen Sie mit? – Ich *käme* gern *mit*, wenn ich Zeit *hätte*. /
        Ich *würde* gern *mitkommen*, wenn ich Zeit *hätte*.

Ü 53

(1) Gehen Sie heute ins Theater? (2) Kommt ihr mit zum Schwimmen? (3) Gehen Sie zum Skifahren? (4) Schreibst du wieder Gedichte? (5) Treibt ihr Sport? (6) Liest du viel? (7) Besuchen Sie Fremdsprachenkurse in der Volkshochschule? (8) Spielst du mit mir Tischtennis?

G Der Gebrauch des Passivs

Passiv (S. 39) ist eine Ausdrucksvariante bei der Beschreibung von Sachverhalten. Mit dem Passiv wird eine Äußerung der Sprechsituation oder dem Redezusammenhang angepaßt. Diese Anpassung bestimmt die Wahl des Subjekts (S. 66) und bewirkt auch eine Änderung der Satzstruktur (S. 77).

    (1) Den Fotoapparat hat mir **Vater** geliehen.
    (2) **Der Fotoapparat** ist mir (*von Vater*) geliehen worden.
    (3) Den Fotoapparat habe **ich** von Vater geliehen bekommen. (S. 71)

Satz (1) drückt eine Handlung aus; Subjekt „Vater";
Satz (2) drückt einen Vorgang aus (Passiv); Subjekt „der Fotoapparat";
Satz (3) drückt ebenfalls einen Vorgang aus (kein Passiv); Subjekt „ich"
Alle Sätze beschreiben denselben Sachverhalt.
    Die Sätze unterscheiden sich nur in den unterschiedlichen Aussageaspekten; diese kommen in dem jeweiligen Subjekt zum Ausdruck.
Im Satz (1) ist vom „Vater" die Rede, im Satz (2) vom „Fotoapparat" und im Satz (3) vom Sprechenden („ich").
    Durch Änderung des Aussageaspekts im Satz (2) entsteht eine veränderte Satzstruktur (S. 77). Das Nomen „Fotoapparat" besetzt die Subjektstelle und das Verb „leihen" mit seinen Passivformen die Prädikatsstellen. Das als Subjekt im Satz (1) genannte Nomen „Vater" ist dabei entbehrlich und nur noch eine strukturunabhängige Personenangabe (Ap) (S. 71).
Im Satz (1) wird der Sachverhalt als Handlung, in den Sätzen (2) und (3) wird er als Vorgang dargestellt. (S. 18)
„Passivsätze" sind stets Vorgangsdarstellungen.
Für die Umformung in „Passivsätze" gilt die Faustregel:
    „Das Akkusativobjekt (Oa) des Ausgangssatzes wird Subjekt (S), wenn das Prädikat mit Passivformen besetzt wird. Das ursprüngliche Subjekt des Ausgangssatzes wird mit der Präposition „von", manchmal auch mit der Präposition „durch" gekennzeichnet".

    Ausgangssatz: **Hans** (S) liebt Eva (Oa).
    Passivsatz: **Eva** (S) wird von Hans (Ap) geliebt.

2 Das Prädikat

Ü 54 *Richtig:*

Ändern Sie den Aussageaspekt entsprechend obiger Regel! Verzichten Sie auf die Personenangabe.

(1) Wir waschen morgen Wäsche. (2) Holt jemand die Koffer vom Bahnhof ab? (3) Ich bringe die Kinder zur Schule. (4) Die Zeitungsfrau bringt uns täglich die Zeitung ins Haus. (5) Benutzt ihr noch das alte Fahrrad? (6) Ja, wir brauchen es noch. (7) Die Sekretärin hat mich beim Chef angemeldet. (8) Man hat für mich bereits einen Flug nach Berlin gebucht. (9) Der Vorsitzende wird morgen um 10 Uhr die Versammlung eröffnen. (10) Haben Sie den Brief an die Firma Siemens schon abgeschickt? (11) Müllers haben uns zu einer Party eingeladen. (12) Professor Meier wird mich morgen in Mathematik prüfen.

Manchmal kann der Aussageaspekt auf das im Prädikat genannte Geschehen gerichtet sein. Das Satzsubjekt ist in der Personalform enthalten.

> Heute **wird** in der Fabrik nicht **gearbeitet**.
> (vgl. *Man* arbeitet heute in der Fabrik nicht.)

Ü 55 *Richtig:*

Richten Sie den Aussageaspekt auf das Geschehen; vgl. obiges Beispiel!

(1) Auf der Autobahn fährt man schnell. (2) In unserer Stadt baut man viel. (3) In dieser Fabrik streikt man schon seit einer Woche. (4) Auf dem Schießstand schießt man scharf. (5) Gestern hat man in der Bank eingebrochen. (6) Bei uns ißt man zum Frühstück nicht viel. (7) Bei unserer Jubiläumsfeier hat man bis in die Nacht gesungen und getanzt. (8) Man half dem Verletzten sofort. (9) Warum hat man nicht auf mich gewartet? (10) In diesem Zugabteil raucht man nicht. Es ist ein Nichtraucherabteil.

In folgenden Fällen ist *kein Passiv* möglich:
1. wenn ein Reflexivpronomen oder ein reflexiv gebrauchtes Personalpronomen die Objektstelle besetzt (S. 177, 174);
   Fritz duscht **sich** gerade.   Wir freuen **uns** über deinen Besuch.
   Ich helfe **mir** selbst.   Ich putze **mir** die Zähne.
2. wenn im Objekt ein Körperteil der Person genannt wird, die als Subjekt im Satz bezeichnet wird;
   Er legte *seiner Freundin* den Arm um die **Hüfte**.
3. wenn zum Akkusativobjekt (Oa) ein eigenes Prädikat gehört (Objektsprädikat vgl. S. 52);
   Wir haben *dich* heute nacht **kommen** hören.
4. wenn das Verb „lassen" im Prädikat steht und das vom Akkusativobjekt (Oa) abhängige Prädikat als Passiv aufgefaßt werden kann;
   Der Lehrer läßt *einen Aufsatz* **schreiben**.
   (*Ein Aufsatz* wird geschrieben.)
5. bei Sätzen mit einem Struktursubjekt (ss) (S. 66);
   Es hat geregnet. – Mir gefällt **es** hier gut. – Uns geht **es** schlecht. – **Es** handelt sich um deine Zukunft.
6. bei Sätzen mit Prädikatsobjekt (**E**o) (S. 69);
   Peter hat **den Mut** verloren. – Du hast **dein Wort** gebrochen.
7. wenn der Satz ein Sein beschreibt (S. 18);
   Wir **haben** einen neuen Wagen. – Ich **kenne** deinen Vater. – Er **besitzt** ein schönes Haus. – Das Zimmer **kostet** pro Nacht 75 Mark.
8. wenn Vorgänge mit den Verben „bekommen, erfahren, erhalten" bezeichnet werden.
   Heute habe ich einen Brief **bekommen**. – Von wem hast du die Neuigkeit **erfahren**? – Die bestellten Waren haben wir inzwischen **erhalten**.

Das Prädikat 2

Ändern Sie bei folgenden Äußerungen den Aussageaspekt! Bei einigen Äußerungen ist das nicht möglich. Welche sind das?

Ü 56

(1) Ein Großfeuer hat alle Fabrikgebäude zerstört. (2) Eine Batterie treibt den kleinen Motor an. (3) Der Sanitäter hat dem Verletzten den Kopf verbunden. (4) Hier findet jeden Montag eine Versammlung statt. (5) Peter legte seiner Freundin den Arm auf die Schulter. (6) Beim Skilaufen habe ich mir das Bein gebrochen. (7) Von wem hast du das Telegramm bekommen? (8) Mein Kollege hat vor drei Stunden das Telegramm an mich abgeschickt. (9) Ich habe mir meine Englischkenntnisse selbst angeeignet. (10) Man versteht in der ganzen Welt Englisch. (11) Wo spricht man in Europa überall Deutsch? (12) Den Regenschirm hat ein Gast gestern hier stehen lassen.

Passiv mit Modalverben und mit modal gebrauchten Verben (S. 47, 50)

Beim Passiv mit Modalverben und mit modal gebrauchten Verben steht der ganze Passivausdruck im Satztyp A und B (S. 80) an zweiter Prädikatsstelle (**P²**). (vgl. „Satzbauhelfer")

	P¹	⎯⎯	P²
Das alte Haus	wird		verkauft.
Das alte Haus	*muß*		**verkauft werden**.
Das alte Haus	*braucht* nicht		**verkauft zu werden**.
Das alte Haus	ist		abgerissen worden.
Das alte Haus	*mußte*		**abgerissen werden**.
Das alte Haus	*brauchte* nicht		**abgerissen zu werden**.

Setzen Sie die Modalverben oder die modal gebrauchten Verben ins Prädikat!

Ü 57

(1) *dürfen:* Hier wird nicht geraucht. (2) *müssen:* Morgen wird unbedingt Wäsche gewaschen. (3) *sollen:* Mein Sohn wird in der Schule angemeldet. (4) *dürfen:* Hier wird nicht geparkt. (5) *sollen:* Morgen wird das Sportfest eröffnet. (6) *müssen:* Vor dem Verlassen des Hotels werden die Zimmerschlüssel an der Reception abgegeben. (7) *müssen:* Meine Mutter wird vom Bahnhof abgeholt. (8) *können:* Jetzt wird das Paket von der Post abgeholt. (9) *müssen:* Der Verletzte ist sofort nach dem Unfall ins Krankenhaus gebracht worden. (10) *können:* Der flüchtige Autofahrer wurde kurz nach dem Unfall festgenommen. (11) *dürfen:* Der Kuchen wurde ganz aufgegessen. (12) *sollen:* Die Arbeit wurde gestern abgeschlossen. (13) *brauchen:* Das Tor wird nachts nicht abgeschlossen. (14) *brauchen:* Die Formulare sind nicht ausgefüllt worden. (15) *scheinen:* Das alte Gebäude ist abgerissen worden. (16) *scheinen:* Die Straße wird endlich repariert.

H Die Modalverben

Modalverben sind ein besonderer Verbtyp; ihre Wortstämme sind **keine** Imperative (S. 25). Sie besetzen das Prädikat, ohne die Satzstruktur zu verändern (S. 77) und signalisieren unterschiedliche Aspekte.
Die Modalverben bilden die Personal- und die Zeitformen (S. 21, 30). Das begleitende Verb steht als Infinitiv an zweiter Prädikatsstelle (**P²**).

	P¹	⎯⎯⎯⎯	P²
Wir	*gehen*	jetzt nach Hause.	
Wir	**müssen**	jetzt nach Hause	*gehen*.

2 Das Prädikat

Stammformen der Modalverben sind:

Präsensstamm/Singular (Konjunktiv I)	Präteritumstamm (Konjunktiv II)	Partizip II-Stamm („Ersatzinfinitiv")
dürfen/darf *(dürfe)*	durfte *(dürfte)*	gedurft *(dürfen)*
können/kann *(könne)*	konnte *(könnte)*	gekonnt *(können)*
mögen/mag *(möge)*	mochte *(möchte)*	gemocht *(mögen)*
müssen/muß *(müsse)*	mußte *(müßte)*	gemußt *(müssen)*
wollen/will *(wolle)*	wollte *(wollte)*	gewollt *(wollen)*
sollen *(solle)*	sollte *(sollte)*	gesollt *(sollen)*

Die zusammengesetzten Zeitformen zum Ausdruck der Vergangenheit werden immer mit dem „Ersatzinfinitiv" gebildet. Wenn ein Modalverb das Prädikat allein besetzt, wird das Partizip II gebraucht.

    Peter *hätte* sein Motorrad nicht verkaufen **müssen**.
    Diese schwierige Mathematikaufgabe *habe* ich nicht **gekonnt**.

Beim Satztyp C (S. 80) besetzt die Personalform den Stellplatz ⑩ auf dem Satzfeld, wenn mehr als ein Infinitiv im Prädikat steht; vgl. „Satzbauhelfer")

    V ——— Satzfeld ——— ⑩ — ⑪/⑫ P
    Er sagte, *daß* er letzte Woche plötzlich **habe** nach Köln *fahren müssen*.

Bei den Modalverben unterscheidet man zwei Gebrauchsweisen:
1. der Gebrauch in objektiven Äußerungen
Der Sprecher/Schreiber stellt einen Sachverhalt objektiv dar. Das Modalverb signalisiert, in welcher Beziehung die im Subjekt genannte Person/Sache zu dem Sachverhalt steht.
    Fritz **darf/kann/möchte/muß/will/soll** jetzt nach Hause *gehen*.
2. der Gebrauch in subjektiven Äußerungen
Der Sprecher/Schreiber signalisiert mit einem Modalverb seine subjektive Einstellung, z.B. Vermutung, Zweifel usw.
    Fritz **kann/könnte/dürfte/sollte** jetzt in der Schule *sein*.
    Fräulein Müller **will** an einer Hochschule *studiert haben*.

Ü 58 Richtig:

Setzen Sie „können" ins Prädikat und drücken Sie damit aus, in welchem Verhältnis die im Subjekt genannte Person/Sache zu dem Sachverhalt steht!

(1) *Möglichkeit:* Ich komme morgen bei euch vorbei. (2) *Möglichkeit:* Wir helfen euch morgen bei der Gartenarbeit. (3) *Fähigkeit:* Fräulein Meier schreibt sehr schnell Maschine. (4) *Fähigkeit:* Du schwimmst nicht gut. (5) *Erlaubnis:* Ihr kommt jetzt herein. (6) *Möglichkeit:* Der Kopierapparat stellt auch farbige Kopien her. (7) *Möglichkeit:* Die Einbrecher sind noch nicht gefaßt worden. (8) *Möglichkeit:* Ich habe keine Telefonverbindung nach Leipzig bekommen. (9) *günstige Voraussetzung:* Bei gutem Wetter trocknet die Wäsche schnell. (10) *günstige Voraussetzung:* Mit diesem dicken Pullover erkältest du dich bestimmt nicht.

Ü 59 Richtig:

Setzen Sie „dürfen" ins Prädikat!

(1) *Erlaubnis:* Die Kinder gehen jetzt spielen. (2) *Verbot:* Hier parken die Autos nicht. (3) *Berechtigung/Befugnis:* Mit 18 Jahren wählen die Jugendlichen schon. (4) *höfliches Angebot zur Hilfeleistung (als Frage):* Ich helfe Ihnen in den Mantel. (5) *höfliche Bitte um Erlaubnis (als Frage):* Ich öffne das Abteilfenster. (6) *sachgerechte Behandlung:* Butter wird nur im Kühlhaus gelagert. (7) *sachgerechte Behandlung:* Ein Schnitzel brät nur kurz.

Das Prädikat 2

(8) *sachgerechte Behandlung:* Die Wäsche wird nicht gekocht.

Setzen Sie „müssen" ins Prädikat!

(1) *Pflicht:* Die Kinder gehen in die Schule. (2) *Notwendigkeit:* Alle Verkehrsteilnehmer beachten die Verkehrsregeln. (3) *Pflicht:* Ich gehe jetzt ins Büro. (4) *Natur, Veranlagung:* Raubtiere jagen ihre Beute. (5) *Veranlagung:* Kinder spielen. (6) *sachgerechtes Erfordernis:* Das Fleisch brät noch eine halbe Stunde, bis es fertig ist. (7) *sachgerechte Erfordernis:* Der Salat wird gründlich gewaschen, bevor er zubereitet wird. (8) *notwendige Folge:* Bei dieser Hitze wird die Milch ja schnell sauer.

Ü60

Setzen Sie „sollen" ins Prädikat!

(1) *Auftrag:* Ich richte Ihnen viele Grüße von meinen Eltern aus. (2) *Auftrag/Aufforderung:* Frau Schmitz kommt sofort zum Chef. (3) *allgemeingültige Pflicht:* Man hilft armen Menschen. (4) *Belehrung:* Du paßt im Straßenverkehr auf. (5) *Belehrung:* Ihr sitzt nicht zu lange vor dem Fernseher. (6) *Wunsch:* Du fühlst dich bei uns wohl. (7) *Versprechen:* Sie sind mit meiner Arbeit zufrieden. (8) *Empfehlung (Konjunktiv II):* Du gehst einmal zum Arzt. (9) *Empfehlung (Konj. II):* Ihr seht euch einmal den Film an. (10) *Voraussetzung (Konj. II):* Eine Sekretärin kann Fremdsprachen. (11) *Absicht, Plan:* Morgen wird Wäsche gewaschen. (12) *Sinn, Zweck einer Sache:* Das Bild stellt einen weiblichen Akt dar. (13) *abschließende Feststellung (auch mit Konj. II):* Das genügt für heute.

Ü61

Setzen Sie „wollen" ins Prädikat!

(1) *Absicht:* Ich gehe heute ins Kino. (2) *Wille:* Ich warte nicht immer auf dich. (3) *Absicht:* Hattest du mir nicht ein Buch geschenkt? (4) *Bestimmung:* Dieses Buch unterhält den Leser. (5) *Erfordernis:* Der Motor wird regelmäßig gewartet. (6) *Erfordernis:* Diese Pflanzen werden zweimal täglich gegossen. (7) *Ungeduld:* Der Regen hört heute überhaupt nicht mehr auf. (8) *Ungeduld:* Bei diesem Wetter trocknet die Wäsche gar nicht.

Ü62

Setzen Sie „mögen" als Prädikat ein!

(1) *Neigung/Abneigung:* Jetzt ich ein Glas Apfelsaft, vorhin ich es noch nicht. (2) *Wunsch (Konj. II):* Laßt mich in Ruhe! Ich jetzt schlafen. (3) *Wunsch (Konj. II):* Meine Frau einmal Ägypten kennenlernen. (4) *Auftrag (höflicher Ausdruck; Konj. I oder II):* Herr Dr. Meier einen Augenblick warten. (5) *Antipathie:* Der Chef mich nicht. (6) *Sympathie:* Wir unsere Nachbarn sehr.

Ü63

Signalisieren Sie mit „können", Ihre subjektive Einstellung!

(1) *Vermutung aufgrund eigener Kenntnis der Umstände:* Unsere Gäste sind jetzt schon zu Hause. (2) *Vermutung:* Fritz war 1983 in Japan. (3) *zurückhaltende Vermutung (Konj. II):* Das war eben der Briefträger. (4) *ungeduldige Erwartung (Konj. II):* Der Bus kommt jetzt wirklich. (5) *Ungeduld (Konj. II):* Der Regen hört bald auf.

Ü64

wie Übung 64 mit „dürfen"!

(1) *Ungeduld:* Der Zug kommt nun bald. (2) *Vermutung aufgrund eigener Erfahrungen (Konj. II):* Diese Reisenden sind Japaner. (3) *Vermutung (Konj. II):* Unser Zug trifft in etwa einer halben Stunde in Frankfurt ein.

Ü65

2 Das Prädikat

Ü 66
Richtig:

wie Übung 64 mit „müssen"!

(1) *Vermutung, Schlußfolgerung:* Diese Leute sind sehr reich. (2) *Vermutung, Schlußfolgerung:* Das Kind hat Fieber. (3) *Zuspruch/Trost (mit Negation):* Du bist immer gleich enttäuscht, wenn dir etwas nicht sofort gelingt. (4) *(eindringliche) Empfehlung/Aufforderung (auch mit Konj. II und dem Modalglied „unbedingt"):* Du siehst dir den Film an. (5) *Empfehlung:* Ihr fahrt einmal nach Paris.

Ü 67
Richtig:

wie Übung 64 mit „sollen"!

(1) *Zweifel (mit Konj. II):* Liegt hier ein Fehler vor? (2) *Zweifel (mit Konj. II):* Kann der Ausländer wirklich kein Deutsch verstehen? (3) *Empfehlung (mit Konj. II und dem Modalglied „einmal"):* Du liest diesen Roman.

Ü 68
Richtig:

wie Übung 64 mit „wollen"!

(1) *Zweifel, Skepsis:* Unser Nachbar war im letzten Jahr in Amerika. (2) *starker Vorwurf (mit der Intonation einer Frage):* Sie sind Sekretärin und können nicht einmal stenographieren? (3) *starker Vorwurf:* Du bist mein Freund und hintergehst mich?

Ü 69
Richtig:

wie Übung 64 mit „mögen"!

(1) *Vermutung aufgrund von Überlegungen:* Das Schloß ist mehr als 500 Jahre alt. (2) *Gleichmut:* Der Revisor kommt zur Inspektion. Mir ist nicht bange.

Das Modalverb „**sollen**" signalisiert auch, daß der Sprecher/Schreiber eine Fremdinformation weitergibt, wie beim Gebrauch des Konjunktiv I (S. 43). Beim Gebrauch des Modalverbs „sollen" wird im allgemeinen keine Quellenangabe genannt.

    Im Norden **soll** es im Winter sehr kalt *sein*.
    Unser Nachbar **soll** sein Haus *verkauft haben*.
    vgl.: Frau Müller erzählte mir, *daß* unser Nachbar sein Haus *verkauft habe*.

Ü 70
Richtig:

Geben Sie folgende Informationen weiter!

(1) Morgen findet hier eine Sportveranstaltung statt. (2) Das Wetter wird besser. (3) Die Straße zum Grenzübergang ist gestern gesperrt worden. (4) Die Firma Motz hat Konkurs gemacht. (5) Der Bürgermeister hat gestern einen großen Empfang im Rathaus gegeben. (6) Es sind viele prominente Gäste gekommen. (7) Unter den vielen Gästen war auch ein Staatssekretär. (8) Solche Veranstaltungen kosten die Bürger unserer Stadt eine Menge Geld. (9) Alle Nobelhotels in der Stadt und der näheren Umgebung waren ausgebucht. (10) Auch ausländische Pressevertreter waren bei dem Empfang anwesend.

I Modal gebrauchte Verben

Einige Verben können den Inhalt einer Äußerung modifizieren.
Beim Gebrauch dieser Verben wird der Infinitiv mit dem Prädikatssignal „**zu**" gekennzeichnet.

    Bei dem Diavortrag **bekamen** wir viele interessante Fotos **zu** sehen.
    Sie **brauchen** *nicht* auf mich **zu** warten.
    Du **brauchst** *nur* **zu** fragen, wenn du etwas wissen willst.
    Die Ruine **droht** ein**zu**stürzen.
    Ich **habe** in der Stadt noch etwas **zu** erledigen.

Das Prädikat 2

Peter **half** mir hier ein Zimmer **zu** finden.
Die Nachbarn **scheinen** nicht zu Hause **zu** sein.
Der Redner **war** gut **zu** verstehen.
Der kleine Junge **weiß** sich **zu** benehmen.

Zum Gebrauch einiger dieser Verben:
„**brauchen**" steht in Sätzen mit einer *Negation* und drückt den Gegensatz zu „müssen" und „sollen" aus.

Mußt du morgen arbeiten?
Nein, morgen **brauche** ich **nicht zu arbeiten**.
Müssen die Kinder heute in die Schule / nicht in die Schule?
Nein, heute **brauchen** sie **nicht** in die Schule.

Beim Ausdruck der Vergangenheit steht, wie bei den Modalverben (S. 47), statt des Partizips II der „Ersatzinfinitiv".

Wir **haben** gestern *nicht zu arbeiten* **brauchen**.

In nachlässiger Umgangssprache wird häufig die Präposition „zu" weggelassen.

Du **brauchst** nicht **(zu) kommen**, wenn du nicht willst.
Sie **brauchen** nur **(zu) sagen**, was Ihnen nicht gefällt.

Verneinen Sie die Fragen mit dem Verb „brauchen"!

Ü71

(1) Mußt du heute ins Büro gehen? (2) Müssen Sie nach Genf fliegen? (3) Sollen wir die Polizei rufen? (4) Soll ich den Arzt holen? (5) Mußt du morgen heimfahren? (6) Soll ich dich nach Hause bringen? (7) Soll Ihnen mein Kollege ein Taxi bestellen? (8) Mußt du morgen früh aufstehen? (9) Müssen Sie jeden Tag einkaufen gehen? (10) Soll ich morgen zeitig bei Ihnen sein? (11) Mußtest du deinen Eltern Miete zahlen? (12) Haben Sie sich oft über Ihre Kinder ärgern müssen?

„**haben**" mit nachfolgendem Infinitiv + „**zu**" signalisiert Zwang oder Pflicht/Notwendigkeit, etwas zu tun, ebenso auch gutes Benehmen; vgl. „müssen".

Heute abend **habe** ich noch viel **zu tun**.

Sagen Sie, was man allgemein von den angegebenen Personen erwartet!

Ü72

(1) *Kinder:* den Eltern gehorchen – viel lernen – in die Schule gehen – Hausaufgaben machen (2) *ein Student:* studieren – Vorlesungen besuchen – Fachbücher lesen (3) *eine Hausfrau:* den Haushalt führen – die Wohnung in Ordnung halten – Essen für die Familie kochen (4) *ein Arbeitnehmer:* pünktlich zur Arbeit kommen – seine Arbeit gewissenhaft machen (5) *ein Politiker:* für das Wohl des Landes und seiner Bürger sorgen – persönliche Interessen zurückstellen

„**sein**" mit nachfolgendem Infinitiv + „**zu**" signalisiert den Zwang, die Pflicht oder die Notwendigkeit, etwas zu tun oder zu unterlassen; vgl. „müssen" mit dem Passiv.

Bei der Zugkontrolle **sind** die Fahrkarten vor**zu**zeigen.
(... müssen die Fahrkarten vorgezeigt werden.)

Es signalisiert auch die Fähigkeit/Unfähigkeit, etwas zu tun; vgl. „können" mit dem Passiv.

Die Handschrift **war** nicht mehr **zu** entziffern.
(... konnte nicht mehr entziffert werden.)

Formen Sie die Sätze um! („sein" + Infinitiv)

Ü73

(1) Man muß Fehler verbessern. (2) Man mußte das Material noch einmal genau prüfen. (3) Man konnte den Redner gut verstehen. (4) Man kann dich als Mitarbeiter nicht ersetzen. (5) Man kann die Sorgen der Eltern gut verstehen. (6) Niemand kann ein solch teures Auto bezahlen. (7) Man kann deine Schuld

2 Das Prädikat

nicht beweisen. (8) Man muß die Angelegenheit unbedingt regeln. (9) Dieses zähe Fleisch kann man unmöglich essen. (10) Man konnte dich am Telefon nur sehr schwer verstehen.

Ü74 Äußern Sie allgemeine Forderungen!

(1) abends die Haustür abschließen (2) vor Abfahrt des Zuges die Wagentüren schließen (3) die Miete pünktlich zahlen (4) den Rechnungsbetrag sofort überweisen (5) die Übungen sorgfältig machen und auf Fehler überprüfen (6) im Winter die Bürgersteige vom Schnee räumen (7) beim Verlassen des Raumes das Licht ausschalten (8) nach Gebrauch die Flasche wieder gut verschließen (9) Lebensmittel immer kühl aufbewahren (10) angebrochene Konserven möglichst bald verbrauchen

„**scheinen**" mit nachfolgendem Infinitiv + „**zu**" drückt eine Vermutung aus, die sich auf offensichtlichem Anschein begründet („den Anschein haben"); dieser Ausdruck wird nur im Präsens oder Präteritum gebraucht.

Unsere Nachbarn **scheinen** verreist **zu** sein. Alle Fensterläden sind zu.

Ü75 Drücken Sie Ihre Vermutung aus! („scheinen" + Infinitiv)

(1) Peter ist offenbar nicht zu Hause. (2) Müllers sind offenbar schon aus dem Urlaub zurückgekehrt. (3) Du warst offenbar geistesabwesend. (4) Das Wetter bessert sich offenbar. (5) Ihr seid offenbar sehr müde. (6) Peter hat sich offenbar einen neuen Wagen gekauft. (7) Die Wohnung ist offenbar schon vermietet. (8) Die beiden jungen Leute sind offenbar verheiratet. (9) Die Gäste wollen offenbar schon nach Hause gehen. (10) Sie erinnern sich offenbar nicht mehr an mich. (11) Du bist heute offenbar sehr schlecht gelaunt. (12) Der Bus ist offenbar schon weg.

„**pflegen**" mit einem Infinitiv + „**zu**" signalisiert eine Gewohnheit oder etwas Übliches; dieser Ausdruck wird nur im Präsens und im Präteritum gebraucht.

Nach dem Essen **pflege** ich ein wenig **zu** ruhen.

Ü76 Beschreiben Sie folgende Sachverhalte als gewohnheitsmäßig, üblich!

(1) Ich scherze nicht. (2) Im Sommer regnet es hier häufig. (3) Wir gehen abends immer früh zu Bett. (4) Mein Kollege kommt gewöhnlich 5 Minuten vor Arbeitsbeginn ins Büro. (5) Nach dem Essen trinken wir gewöhnlich noch einen Kaffee. (6) Gewöhnlich lese ich vor dem Einschlafen noch etwas. (7) Während der großen Pause tollen die Kinder auf dem Schulhof herum. (8) Sonntags schlafe ich länger. (9) Unsere Eltern sind in den Sommerferien immer mit uns an die See gefahren. (10) Wir haben die ganze Zeit dort verbracht.

„**helfen**", „**lassen**" und die Verben der Wahrnehmung „**hören**", „**sehen**" können zusammen mit einem Infinitiv stehen. Die beiden Prädikatsstellen (P^1 und P^2) eines Satzsystems werden in diesem Fall von zwei unterschiedlichen Prädikaten besetzt, wodurch „verschränkte" Satzstrukturen entstehen. (vgl. S. 79)
Die Vergangenheitsformen werden statt mit dem Partizip II mit dem „Ersatzinfinitiv" gebildet; vgl. Modalverben, S. 48.

Mein Kollege sucht ein Zimmer. Ich helfe ihm dabei.
= Ich **helfe** meinem Kollegen ein Zimmer **suchen**.
Ich **habe** meinem Kollegen ein Zimmer *suchen* **helfen**.

Das Prädikat 2

Die Nachbarskinder spielten in unserem Garten. Wir lassen das zu.
= Wir **lassen** die Nachbarskinder in unserem Garten **spielen**.
  Wir **haben** die Nachbarskinder in unserem Garten *spielen* **lassen**.
Jemand spricht im Nebenzimmer. Ich höre das.
= Ich **höre** jemanden im Nebenzimmer **sprechen**.
  Ich **habe** jemanden im Nebenzimmer *sprechen* **hören**.
Jemand kommt ins Haus. Wir sehen das.
= Wir **sehen** jemanden ins Haus **kommen**.
  Wir **haben** jemanden ins Haus *kommen* **sehen**.

Dem Verb „**helfen**" folgt der Infinitiv ohne „zu", wenn das im Infinitiv genannte Geschehen eine Zeitlang andauert (durativ).
  Ich **helfe** euch Kirschen **pflücken**. (beim Kirschenpflücken)
Wenn vor dem Objekt der bestimmte Artikel steht, wird der Infinitiv mit „zu" angeschlossen, d.h. ein Infinitivsatz wird angeschlossen. (vgl. S. 198)
  vgl. Ich **helfe** dir Betten **machen**. (= beim Bettenmachen)
       Ich **helfe** dir, die Betten für die Gäste **zu** *machen*.
       Ich **habe** dir **geholfen**, die Betten für die Gäste **zu** *machen*.
Ebenso auch, wenn das mit dem Infinitiv bezeichnete Geschehen auf einen Zeitpunkt beschränkt (perfektiv) ist.
       Ich **helfe** dir, hier ein Zimmer **zu** *finden*.
       Ich **habe** dir **geholfen**, hier ein Zimmer **zu** *finden*.

Bieten Sie Ihre Hilfe an!
    Du putzt Gemüse? – Ich helfe dir Gemüse putzen.
    Du putzt das große Fenster? – Ich helfe dir, das große Fenster zu putzen.

Ü 77

(1) Du putzt Schuhe? (2) Ihr wascht Wäsche? (3) Du bereitest das Mittagessen vor? (4) Ihr repariert Fahrräder? (5) Du wäschst deinen Wagen? (6) Ihr füllt Formulare aus? (7) Ihr tragt Zeitungen aus? (8) Du verteilst Flugblätter? (9) Ihr räumt den Schnee vor eurem Haus? (10) Du deckst den Tisch?

Bilden Sie mit den Lösungssätzen der Übung 77 das Perfekt!

Ü 78

Wenn „**lassen**" zusätzlich das Prädikat besetzt, folgt ein Infinitiv (ohne „zu"); die Vergangenheitsformen von „lassen" werden, wie bei den Modalverben (vgl. S.øø), statt mit dem Partizip II mit dem „Ersatzinfinitiv" gebildet.
       Ich **lasse** mir die Haare **schneiden**.
       Ich **habe** mir die Haare *schneiden* **lassen**.
Beim Satztyp C (vgl. S. 80 und „Satzbauhelfer") besetzt die Personalform den Platz ⑩, wenn Vergangenheitsformen oder das Futur gebildet werden.

Sie tun folgende Tätigkeiten nicht selbst, sondern lassen sie tun. Äußern Sie sich entsprechend!

Ü 79

(1) Ich wasche die Wäsche. (2) Ich rasiere mich. (3) Ich decke den Tisch. (4) Ich bestelle ein Taxi. (5) Ich entwickle den Film. (6) Ich vergrößere die Fotos. (7) Ich ändere mein Kleid. (8) Ich quittiere die Rechnung. (9) Ich schreibe einen Brief an die Firma Holzmann. (10) Ich untersuche die Flüssigkeit im Labor.

Drücken Sie die Lösungssätze der Übung 79 mit dem Perfekt aus!

Ü 80

2 Das Prädikat

Ü 81 Leiten Sie die Lösungssätze der Übung 79 und 80 ein mit „Fritz sagt, daß . . ."!
  a. Fritz sagt, daß sich Helga ihren Zopf abschneiden läßt.
  b. Fritz sagt, daß sich Helga ihren Zopf hat abschneiden lassen.

Ü 82 Sie fordern jemanden auf, etwas zu veranlassen.
  Die Fenster müssen geputzt werden.
  Lassen Sie/Laß/Laßt die Fenster putzen!

(1) Der Brief muß noch unterschrieben werden. (2) Deine Miete muß noch überwiesen werden. (3) Der Rasen muß noch gemäht werden. (4) Der Schnee vor dem Haus muß weggeräumt werden. (5) Ihr Wagen muß repariert werden. (6) Für Herrn Meier muß im Hotel „Vier Jahreszeiten" ein Zimmer reserviert werden.

Ü 83 Sie haben nichts gegen folgende Wünsche. Äußern Sie sich entsprechend!
  Hans und Peter möchten Tischtennis spielen.
  Ich lasse sie Tischtennis spielen.

(1) Helga will in die Disko gehen. (2) Der Hund will ins Haus kommen. (3) Die Leute wollen hier arbeiten. (4) Der Junge möchte mit meinem Fahrrad fahren. (5) Der Wagen hinter uns will überholen. (6) Der Junge will sein Zelt in unserem Garten aufschlagen. (7) Peter will mit unserer Katze spielen. (8) Die Nachbarin möchte in meinem Wagen mitfahren.

Ü 84 Man macht Sie auf etwas aufmerksam, was offensichtlich vergessen worden ist. Reagieren Sie entsprechend!
  Da liegt ja dein Buch auf dem Tisch!
  Ach ja, ich habe es dort liegen lassen.

(1) Dein Fahrrad steht ja noch vor der Haustür! (2) Deine Jacke hängt ja noch über dem Stuhl! (3) Da steckt ja noch der Hausschlüssel in der Tür! (4) Da stehen ja noch deine Hausschuhe unter dem Tisch! (5) Da liegt ja deine Brieftasche neben dem Telefon! (6) Da liegen ja noch deine Bücher auf dem Schreibtisch! (7) Da hängt ja noch dein Handtuch am Fenster! (8) Da steht ja dein Regenschirm an der Haustür!

Ü 85 Wenn „**lassen**" das Prädikat allein besetzt, folgt es bei der Bildung der Zeit- und Modalformen den üblichen Regeln; vgl. S. 30.

Sagen Sie, warum etwas so ist, wie es ist!
  Die Tür ist noch offen. Ich habe sie offen gelassen.

(1) Das Fenster ist noch zu. . . . (2) Der Hund ist noch draußen. . . . (3) Das Treppenlicht ist noch an. . . . (4) Die Suppe ist noch auf dem Herd. . . . (5) Der Kuchen ist noch im Ofen. . . . (6) Der Mantel ist noch im Flur. . . . (7) Der Wagen ist noch in der Garage. . . . (8) Der Fernseher ist noch eingeschaltet. . . . (9) Einige Äpfel hängen noch am Baum. . . . (10) Meine Brieftasche liegt noch auf dem Schreibtisch. . . .

Ü 86 Formen Sie folgende Äußerungen über Wahrnehmungen ins Perfekt um!

(1) Meine Schwester hörte jemanden im Hausflur sprechen. (2) Hören Sie die Kinder im Kindergarten singen? (3) Vorhin hörte ich jemanden aus dem Haus gehen. (4) Ich sehe dort hinten deinen Bruder in den Bus steigen. (5) Wir sehen niemanden das Haus verlassen.

Das Prädikat 2

J Die Funktionsverben

Einige Verben haben die Aufgabe, als Funktionsverben Prädikatsstellen zu besetzen, ohne ein Geschehen/Sein (vgl. S. 18, 142) zu beschreiben. In diesem Fall nennt eine Prädikatsergänzung (**E**) das Geschehen/Sein (vgl. S. 63).

    Der Lehrer **fragt** den Schüler.
    Der Lehrer **stellt** dem Schüler **Fragen**.
    Ich **räume** mein Zimmer **auf**.
    Ich **bringe** mein Zimmer **in Ordnung**.

Mit dem Gebrauch von Funktionsverben und Prädikatsergänzungen verlagert sich die Beschreibung des Geschehens/Seins auf die Prädikatsergänzung. Das Funktionsverb signalisiert dabei Entwicklungsphasen oder Aspekte eines Geschehens/Seins, z.B. Beginn, Dauer, Ende oder Abschluß.

    Der Zug **setzt** sich **in Bewegung**. (Beginn)
    Du **hältst** dein Zimmer **in Ordnung**. (Dauer)
    Der Fahrer **hat** seinen Wagen **zum Stehen gebracht**. (Ende, Abschluß)

Welches Funktionsverb paßt zu den Prädikatsergänzungen? Bilden Sie Sätze!

    a. ablegen b. abschließen c. ausrichten d. ausüben e. äußern

(1) Grüße . . . (2) einen Beruf . . . (3) seine Meinung . . . (4) einen Vertrag . . . (5) eine Prüfung . . .

    f. begehen g. beginnen h. bekommen i. bereiten j. bewahren

(6) einen Fehler . . . (7) Ruhe . . . (8) eine Arbeit . . . (9) Freude . . . (10) einen Stoß . . .

    k. ergreifen l. erregen m. fallen n. fassen o. geben p. genießen

(11) Ansehen . . . (12) einen Rat . . . (13) die Flucht . . . (14) Mißtrauen . . . (15) aus der Rolle . . . (16) einen Auftrag . . . (17) einen Entschluß . . .

Ü 87
Richtig:

wie Übung 87

    a. geraten b. halten c. machen d. nehmen

(1) in Angriff . . . (2) einen Vortrag . . . (3) in Schwierigkeiten . . . (4) einen Vorschlag . . .

    e. schließen f. schöpfen g. stehen h. stellen i. treffen j. treiben

(5) Bedingungen . . . (6) Handel . . . (7) ein Abkommen . . . (8) zur Verfügung . . . (9) Verdacht . . . (10) eine Entscheidung . . .

    k. treten l. tun m. üben n. verfolgen o. vollstrecken p. vornehmen q. ziehen

(11) die Konsequenzen . . . (12) eine Operation . . . (13) ein Urteil . . . (14) Zurückhaltung . . . (15) in Verbindung . . . (16) jemandem einen Gefallen . . . (17) ein Ziel . . .

Ü 88
Richtig:

2 Das Prädikat

K Die Stammformen der „starken" Verben

Bei „starken" Verben (vgl. auch S. 34) unterscheidet man drei Gruppen:

I. Gruppe: unterschiedliche Stammvokale im Präsensstamm, im Präteritumstamm und im Partizip II-Stamm. Konjunktiv II-Formen mit * sind in mündlichen Äußerungen weitgehend außer Gebrauch. Verben mit + bilden auch „schwache" Formen, aber veränderte Bedeutung.

Präsensstamm /mit Vokalwechsel		Präteritumstamm (Konjunktiv II)		Partizip II-Stamm
hängen+		hing		gehangen
gebären	/ gebiert	gebar	(gebäre*)	geboren
bergen	/ birgt	barg	(bärge*)	geborgen
bersten	/ birst	barst	(bärste*)	geborsten
gelten	/ gilt	galt	(gölte*)	gegolten
schelten	/ schilt	schalt	(schölte*)	gescholten
helfen	/ hilft	half	(hülfe)	geholfen
	ebenso: *sterben, werben, verderben, werfen*			
brechen	/ bricht	brach	(bräche)	gebrochen
	ebenso: *sprechen, stechen, erschrecken+, treffen*			
nehmen	/ nimmt	nahm	(nähme)	genommen
stehlen	/ stiehlt	stahl	(stähle)	gestohlen
	ebenso: *empfehlen*			
befehlen	/ befiehlt	befahl	(beföhle*)	befohlen
gehen		ging		gegangen
sinnen		sann	(sänne*)	gesonnen
	ebenso: *beginnen, rinnen*			
trinken		trank	(tränke)	getrunken
	ebenso: *dingen, dringen, gelingen, klingen, ringen, schlingen, schwingen, singen, sinken, springen, stinken, wringen, zwingen*			
finden		fand	(fände)	gefunden
	ebenso: *binden, schwinden, winden, schinden*			
schwimmen		schwamm	(schwömme*)	geschwommen
	ebenso: *spinnen, gewinnen*			
sitzen		saß	(säße)	gesessen
bitten		bat	(bäte)	gebeten
liegen		lag	(läge)	gelegen

Ü 89

Setzen Sie die Verben ins Prädikat! Welche Zeitabschnitte sind gemeint?: Gegenwart, Vergangenheit, Zukunft?

(1) *hängen (Perf.):* Wo ist mein Mantel? Eben ___ er noch hier am Haken. (2) *verbergen (Präs.):* Was hast du da? Du ___ etwas vor mir! (3) *bergen (Perf.):* Die Rettungsmannschaft ___ bei der Aktion drei verletzte Bergsteiger. (4) *zerbersten (Prät.):* Als das Boot gegen die Klippen geschleudert wurde, ___ es völlig. (5) *gelten (Präs.):* Die Vereinbarungen, die wir getroffen haben, ___ nicht mehr. (6) *helfen (Perf.):* Gestern ___ ich meinem Vater bei der Gartenarbeit. (7) *aufnehmen (Perf.):* Wir ___ bei der Bank einen Kredit. (8) *kaputtgehen (Perf.):* Bei dem Sturz ___ mir die Uhr. (9) *sinken (Prät.):* Nach der Kollision ___ beide Schiffe. (10) *hinüberschwimmen (Prät.):* Wir ___ zur Insel. (11) *sitzen (Präs.):* Dein neuer Anzug ___ gut.

II. Gruppe: gleiche Stammvokale im Präsensstamm und im Partizip II-Stamm. Konjunktiv II-Formen mit * sind in mündlichen Äußerungen weitgehend außer Gebrauch. Verben mit + bilden auch „schwache" Formen, aber veränderte Bedeutung.

Das Prädikat 2

Präsensstamm /mit Vokalwechsel	Präteritumstamm (Konjunktiv II)	Partizip II-Stamm
b**a**cken+ / b**ä**ckt	b**u**k (b**ü**ke*)	geb**a**cken
h**a**lten / h**ä**lt	h**ie**lt (h**ie**lte)	geh**a**lten
ebenso: *fallen, lassen*		
sch**a**ffen	sch**u**f (sch**ü**fe)	gesch**a**ffen
w**a**schen / w**ä**scht	w**u**sch (w**ü**sche*)	gew**a**schen
ebenso: *wachsen*		
schl**a**fen / schl**ä**ft	schl**ie**f (schl**ie**fe)	geschl**a**fen
ebenso: *blasen, braten, raten*		
f**a**hren / f**ä**hrt	f**u**hr (f**ü**hre)	gef**a**hren
ebenso: *graben, laden, schlagen, tragen*		
h**au**en+	h**ie**b (h**ie**be*)	geh**au**en
l**au**fen / l**äu**ft	l**ie**f (l**ie**fe)	gel**au**fen
m**e**ssen / m**i**ßt	m**a**ß (m**ä**ße)	gem**e**ssen
ebenso: *fressen, vergessen, essen* (Partizip II: *gegessen*)		
gen**e**sen	gen**a**s (gen**ä**se*)	gen**e**sen
g**e**ben / g**i**bt	g**a**b (g**ä**be)	geg**e**ben
ebenso: *treten*		
s**e**hen / s**ie**ht	s**a**h (s**ä**he)	ges**e**hen
ebenso: *lesen*		
h**ei**ßen	h**ie**ß (h**ie**ße)	geh**ei**ßen
k**o**mmen	k**a**m (k**ä**me)	gek**o**mmen
st**o**ßen / st**ö**ßt	st**ie**ß (st**ie**ße)	gest**o**ßen
r**u**fen	r**ie**f (r**ie**fe)	ger**u**fen

wie Übung 89

Ü 90
Richtig:

(1) *schaffen (Präs.)*: Ob wir die Arbeit bis morgen abend noch? (2) *schlafen (Präs.)*: Im Sommer wir nicht so lange wie im Winter. (3) *raten (Präs.)*: Du es bestimmt nicht, wer heute gekommen ist. (4) *fahren (Prät.)*: Unser Zug über Würzburg nach Frankfurt. (5) *laufen (Präs.)*: der Motor jetzt wieder regelmäßig? (6) *abgeben (Perf.)*: Der Postbote gerade ein Päckchen für dich. (7) *aussehen (Präs.)*: Du heute aber sehr schick. (8) *vorbeikommen (Präs.)*: Wann du mal wieder bei uns? (9) *zustoßen (Perf.)*: Wo die Kinder nur bleiben? Hoffentlich ihnen nichts. (10) *anrufen (Präs.)*: Ich dich morgen abend bestimmt.

III. Gruppe: gleiche Stammvokale im Präteritumstamm und im Partizip II-Stamm. Konjunktiv II-Formen mit * sind in mündlichen Äußerungen weitgehend außer Gebrauch. Verben mit + haben auch „schwache" Formen, aber veränderte Bedeutung.

Präsensstamm /mit Vokalwechsel	Präteritumstamm (Konjunktiv II)	Partizip II-Stamm
w**ä**gen+	w**o**g (w**ö**ge*)	gew**o**gen
ebenso: *gären+*		
s**au**fen / s**äu**ft	s**o**ff (s**ö**ffe*)	ges**o**ffen
s**au**gen	s**o**g (s**ö**ge*)	ges**o**gen
ebenso: *schnauben+*		
dr**e**schen / dr**i**scht	dr**o**sch (dr**ö**sche*)	gedr**o**schen
ebenso: *quellen, schwellen, melken, schmelzen, fechten, flechten*		
st**e**hen	st**a**nd (st**ä**nde)	gest**a**nden

57

2 Das Prädikat

h**e**ben	h**o**b	(h**ö**be*)	geh**o**ben
ebenso: *bewegen+, pflegen+, scheren+, weben+*			
str**ei**chen	str**i**ch	(str**i**che)	gestr**i**chen
ebenso: *bleichen+, gleichen, schleichen, weichen+, kreischen+; pfeifen, greifen, kneifen, schleifen+; schneiden, leiden; reiten, gleiten, schreiten, streiten; reißen, beißen, scheißen, schleißen, schmeißen, spleißen*			
bl**ei**ben	bl**ie**b	(bl**ie**be)	gebl**ie**ben
ebenso: *preisen, reiben, schreiben, schreien, schweigen, steigen, weisen, zeihen, speien, treiben; meiden, scheiden*			
r**ie**chen	r**o**ch	(r**ö**che*)	ger**o**chen
ebenso: *kriechen; triefen; sieden; schießen, fließen, genießen, gießen, schließen, sprießen, verdrießen*			
b**ie**gen	b**o**g	(b**ö**ge)	geb**o**gen
ebenso: *frieren, stieben, fliegen, fliehen, schieben, verlieren, wiegen; bieten, ziehen*			
erl**ö**schen / erlischt	erl**o**sch	(erl**ö**sche*)	erl**o**schen
schw**ö**ren+	schw**u**r	(schw**ü**re*)	geschw**o**ren
t**u**n	t**a**t	(t**ä**te)	get**a**n
l**ü**gen	l**o**g	(l**ö**ge*)	gel**o**gen

Ü 91 wie Übung 89

(1) *bestehen (Perf.):* du die Prüfung? (2) *abheben (Perf.):* Das Flugzeug gerade vom Boden. (3) *leiden (Prät.):* Der alte Mann jahrelang an einer schweren Krankheit. (4) *aufschinden (Perf.):* Bei dem Sturz ich mir das linke Knie. (5) *riechen (Präs.):* es hier nicht nach Benzin? (6) *abbiegen (Präs.):* Da vorn an der Kreuzung wir nach links. (7) *schwören (Perf.):* Wir sind sicher, daß der Zeuge einen Meineid. (8) *tun (Perf.):* „Ich das nicht", versicherte der Junge.

L Verben mit Mischformen

Folgende Verben bilden Mischformen. Sie verändern im Präteritum und beim Partizip II ihren Verbstamm, verhalten sich aber sonst wie „schwache" Verben (S.øø).

Präsensstamm	Präteritumstamm (Konjunktiv II)		Partizip II-Stamm
br**e**nnen	br**a**nnte	(br**e**nnte)	gebr**a**nnt
ebenso: *kennen, nennen, rennen*			
s**e**nden+	s**a**ndte	(s**e**ndete)	ges**a**ndt
ebenso: *wenden+*			
br**i**ngen	br**a**chte	(br**ä**chte)	gebr**a**cht
ebenso: *denken*			
m**a**hlen	m**a**hlte	(m**a**hlte)	gem**a**hlen
ebenso: *salzen* (Partizip II auch: *gesalzt*)			
st**e**cken+	st**a**k	(st**ä**ke*)	gest**e**ckt
sch**a**llen+	sch**o**ll	(sch**ö**lle*)	gesch**a**llt
w**i**ssen / weiß	w**u**ßte	(w**ü**ßte)	gew**u**ßt

Ü 92 wie Übung 89

(1) *brennen (Prät.):* Als wir heimkamen, im Wohnzimmer Licht. (2) *kennen (Perf.):* Sie den jungen Mann eben? (3) *ernennen (Perf.):* Der Vorsitzende

Das Prädikat 2

mich zu seinem Stellvertreter. (4) *absenden (Prät.):* Wir heute die bestellten Waren an Sie. (5) *wissen (Präs.):* Mein Kollege ein besseres Hotel als das hier. (6) *nachdenken (Prät.):* Der Schüler lange, bis er die richtige Antwort fand. (7) *zuwenden (Prät.):* Mein Nachbar sich mir und fragte mich etwas.

Setzen Sie die Verbformen ins Prädikat! Finden Sie heraus, ob Sie „schwache" oder „starke" Formen verwenden müssen!

Ü 93

(1) *festbacken (Perf.):* Der nasse Schnee an den Skiern. (2) *bewegen (Perf.):* Was hat dich dazu, diesen Mantel zu kaufen? (3) *schaffen (Perf.):* Der junge Maler hat schon einige beachtenswerte Kunstwerke. (4) *schaffen (Prät.):* Mein Vater sein ganzes Leben in der Fabrik. (5) *anschwellen (Prät.):* Nach dem Wespenstich mein Arm dick. (6) *erschrecken (Perf.):* Der laute Knall die Kinder. (7) *erschrecken (Perf.):* Auch ich von dem Knall sehr. (8) *hängen (Perf.):* Wer die Wäsche auf den Trockenboden? (9) *hängen (Perf.):* Die Wäsche die ganze Nacht dort. (10) *pflegen (Prät.):* Die Krankenschwester den Patienten bis zu seiner Genesung. (11) *quellen (Prät.):* Viel Blut aus der Wunde des Verletzten. (12) *löschen (Prät.):* Die Feuerwehr den Brand schnell. (13) *erlöschen (Perf.):* Der Vulkan ist schon seit langer Zeit.

M Die „Verbzusätze"

Verbzusätze sind Wörter, die zusammen mit Wortstämmen den Kerninhalt der Wörter modifizieren oder verändern. Im Satz besetzen sie die zweite Prädikatsstelle (**P²**) (vgl. „Satzbauhelfer"). Ein Verbzusatz wird mit einem Infinitiv oder einem Partizip graphisch verbunden, ebenso auch beim Satztyp C (S. 80 und „Satzbauhelfer"), wenn der Verbzusatz mit der Personalform zusammentrifft.

	P¹	Satzfeld	**P²**
halten:	der Zug *hält*	hier 10 Minuten	
abhalten:	er *hält*	mich von der Arbeit	**ab**
anhalten:	das Wetter *hält*	noch eine Weile	**an**
aushalten:	er *hält*	die Schmerzen nicht	**aus**
einhalten:	er *hält*	den Vertrag bestimmt	**ein**
kurzhalten:	der Vater *hält*	seine Kinder	**kurz**
offenhalten:	er *hält*	sich einen Ausweg	**offen**
standhalten:	das Material *hält*	allen Beanspruchungen	**stand**
vorhalten:	sie *hält*	ihm seine Fehler	**vor**
zuhalten:	er *hält*	das Loch	**zu**

	P¹	Satzfeld	**P²**
	der Zug *hat*	hier 10 Minuten	gehalten
	er *hat*	mich von der Arbeit	**ab**gehalten
	das Wetter *wird*	noch eine Weile	**an**halten

	V	Satzfeld	**P**
…,	*weil*	er die Schmerzen nicht	**aus**hält
…,	*ob*	das Material wirklich	**stand**hält

2 Das Prädikat

Ü 94
Richtig:

Setzen Sie die Verben mit den Verbzusätzen ins Prädikat!

(1) *abhängen (Präs.)*: Der Erfolg im Leben vom Glück und vom Fleiß. (2) *hereinbrechen (Prät.)*: Plötzlich ein Unwetter. (3) *wegnehmen (Perf.)*: Warum du dem Jungen den Ball? (4) *kaputtgehen (Perf.)*: Fritz sagte, daß gestern seine Schuhe. (5) *brachliegen (Präs.)*: Seit vielen Jahren das Land hier. (6) *anfangen (Perf.)*: Wann du mit deinem Studium? (7) *einschlafen (Perf.)*: die Kinder schon? (8) *bekanntgeben (Fut.)*: Peter morgen seine Verlobung. (9) *anrufen (Perf.)*: Stimmt es, daß Hans heute nachmittag? (10) *ansprechen (Passiv Prät.)*: Auf der Straße ich von einem fremden Mann.

Die Verbzusätze „**durch-, hinter-, über-, um-, unter-, voll-, wider-, wieder-**" können sich auch fest mit einem Wortstamm verbinden (feste Verbzusätze); sie verhalten sich dann wie Präfixe und erhalten niemals den Wortton; solche Zusammensetzungen haben eine von „unfesten Zusammensetzungen" abweichende Bedeutung.

durchschneiden:	Ich schneide das Brot **durch**.
*durch*schneiden:	Der Schiffsbug *durch*schnitt die Wellen.
hinterlassen:	Er läßt mich nicht **hinter**. (z.B. hinter das Haus)
*hinter*lassen:	Er *hinter*läßt seinen Kindern ein Vermögen.
übersetzen:	Wir setzen über den Fluß **über**.
*über*setzen:	Ich *über*setze den Text ins Deutsche.
umfahren:	Er hat mit seinem Wagen einen Pfosten **um**gefahren.
*um*fahren:	Es ist besser, wir *um*fahren die Ortschaft.
unterbringen:	Wir bringen dich bei meiner Firma **unter**.
*unter*richten:	Unser Lehrer *unter*richtet Deutsch und Englisch.
vollgießen:	Gieß bitte das Glas richtig **voll**.
*voll*bringen:	Trotz aller Mühen haben wir nichts *voll*bracht.
widerspiegeln:	Die Sonne spiegelt sich im Wasser des Sees **wider**.
*wider*sprechen:	Du hast dir eben *wider*sprochen.
wiedergeben:	Hat er dir das Buch **wieder**gegeben?
*wieder*holen:	*Wieder*hole bitte deine Frage!

Ü 95
Richtig:

Setzen Sie die Verben ins Prädikat! Unterscheiden Sie dabei „unfeste" und „feste Verbzusätze"!

(1) *widersprechen (Imperativ)*: mir nicht immer! (2) *überwerfen (Perf.)*: Mein Kollege sich mit dem Chef. (3) *unterbrechen (Passiv Prät.)*: Die Rede immer wieder durch lauten Beifall. (4) *umfahren (Perf.)*: Der Radfahrer die Verkehrsinsel. (5) *umgehen (Perf.)*: Ihr alle Schwierigkeiten geschickt. (6) *umfahren (Perf.)*: Du mit deinem Fahrrad den Jungen. (7) *übernehmen (Perf.)*: Wir eine schwierige Aufgabe. (8) *überwerfen (Prät.)*: Sie sich schnell den Bademantel und ging zur Wohnungstür.

N Das Sprachmaterial im Prädikat

Außer Verben können auch andere Worttypen, wie Nomen, Adjektive usw. das Prädikat besetzen. Diese Wörter bezeichnen ein Geschehen/Sein, das von ihrer Grundbedeutung bestimmt wird.

Verben (Worttyp, dessen Wortstamm immer auch Imperativ ist):
lern:	das Kind **lern**t in der Schule gut (Partizip II: ge**lern**t)
komm:	wann **komm**st du nach Hause? (Partizip II: ge**komm**en)

Nomen (Worttyp, der Personen/Sachen bezeichnet):
Buch:	ich **buch**e einen Flug (Partizip II: ge**buch**t)
Zelt:	wir **zelt**en hier (Partizip II: ge**zelt**et)
Haus:	die Leute **haus**en in einer Hütte (Partizip II: ge**haus**t)

Das Prädikat 2

Blätter: er **blätter**t im Buch (Partizip II: ge**blätter**t)
ich **blättr**e

Namen (von Personen mit besonderen Merkmalen); Endsilben bestimmter Namen werden dabei als Personalform mitverwendet):
Morse: ich **morse**; der Funker **mors**t (Partizip II: ge**mors**t)
Röntgen: ich **röntge**; der Arzt **röntg**t (Partizip II: ge**röntg**t)

Adjektive (Worttyp, der eine Eigenschaft oder eine Menge/Anzahl bezeichnet):
grün: die Wiesen **grün**en schon (Partizip II: ge**grün**t)
kühl: Weißwein wird vor dem Trinken ge**kühl**t
besser: sein Zustand **besser**t sich (Partizip II: ge**besser**t)

Adverbien (nur wenige und immer mit Präfixen; S.øø):
nein: er hat meine Frage ver**nein**t
nicht: wir haben das Unkraut ver**nicht**et
ja: sie be**ja**ht das Leben

Pronomen („du", „Sie" mit -z- zur Anpassung an die Funktion):
du: wir **du**zen / **sie**zen uns – er hat mich ge**du**zt

Ausdrücke (aus Prädikatsergänzungen ins Prädikat hinübergewechselt):
wir bleiben hier *über Nacht*: wir **übernacht**en hier
ich hatte *Langeweile*: ich **langweil**te mich
wir waren beim *Frühstück*: wir **frühstück**ten
er gab keine *Antwort*: er **antwort**ete nicht
er machte eine *Wallfahrt* nach . . .: er **wallfahrt**ete nach . . .
ich stellte einen *Antrag* auf etwas: ich be**antrag**te etwas

Berufsbezeichnungen, die eine charakteristische Tätigkeit kennzeichnen:
Schneider: meine Frau **schneider**t ihre Kleider selbst
Gärtner: mein Mann **gärtner**t in seiner Freizeit
Arzt: mein Freund hat sich beim Sport verletzt; wir haben ihn gleich an Ort und Stelle ver**arzt**et

Diese Worttypen nehmen, mit Ausnahme der „starken" Verbstämme, die „schwachen" Präteritum- und Partizip II-Formen an (S. 202). Einige Wortstämme verändern den Stammvokal zum Umlaut. Sie werden auch durch Präfixe oder „Verbzusätze" erweitert.
rot: das Mädchen er**röt**ete

Setzen Sie die Wortstämme ins Prädikat ein!

(1) *Trommel (Prät.):* Die Kinder mit den Fäusten gegen die Tür. (2) *frei (Perf.):* Die Gefangenen sich selbst be_. (3) *Feder (Präs.):* Die Autositze gut. (4) *Feuer (Prät.):* Der Trainer seine Mannschaft an. (5) *Land (Perf.):* Das Flugzeug ist sicher. (6) *frisch:* Ich muß meine Deutschkenntnisse wieder etwas auf_. (7) *Luft (Präs.):* Ich jetzt das Zimmer. (8) *Heft (Imperativ):* Sie bitte die Rechnungen im Ordner ab. (9) *Forst (Passiv Präs.):* Dieses Waldstück hier bald wieder auf_. (10) *dicht (Passiv):* Die Wasserleitung muß unbedingt neu ab_ werden. (11) *leer (Perf.):* du schon den Mülleimer aus_? (12) *kühl:* Ist der Wein schon genügend? (13) *Kreis (Präs.):* Siehst du, wie dort der Greifvogel über dem Waldstück? (14) *Seil (Präs.):* Beim Bergsteigen ist es wichtig, daß man sich richtig an_. (15) *Knopf (Perf.):* Du deinen Mantel nicht richtig. (16) *Raum (Perf.):* Ich mein Zimmer schon auf_. (17) *Bürger:* Nach fünf Jahren Aufenthalt durfte der Ausländer ein_ werden. (18) *Mund (Präs.):* Die Donau ins Schwarze Meer. (19) *Antrag (Perf.):* Ich beim Finanzamt Steuerermäßigung be_. (20) *Auftrag (Passiv Perf.):* Ich be_, Ihnen diese Akten persönlich zu übergeben.

Ü 96
Richtig:

2 Das Prädikat

Das Sprachmaterial für die „Verbzusätze"

Verbzusätze (S. 59) können aus folgendem Sprachmaterial bestehen:
Präpositionen: der Zug fährt jetzt **ab**
er trägt ein Gedicht **vor**
Adverbien: sie kommt aus dem Haus **heraus**
er ist gestolpert und **hin**gefallen
Adjektive: ich habe einen Fehler **fest**gestellt
wie schlagt ihr heute die Zeit **tot**?
Nomen: nimmst du an dem Sportwettkampf **teil**?
im Karneval steht die ganze Stadt **kopf**
Verben: gehen wir jetzt ein bißchen **spazieren**?
wo hast du Paul **kennen**gelernt?

Ü 97 Setzen Sie die „Verbzusätze" ins Prädikat!

(1) *acht:* Gebt auf der Straße! (2) *aus:* Die Kinder müssen vorsichtig aus dem Bus steigen. (3) *wach:* Ich habe die halbe Nacht gelegen. (4) *mit:* Kommt ihr mit uns? (5) *zusammen:* Ich arbeite schon lange mit Hans. (6) *gut:* Können Sie mir den Betrag schreiben? (7) *kaputt:* Warum hast du dein Spielzeug gemacht? (8) *Haus:* Wir müssen mit unserem Geld halten. (9) *Rad:* Kannst du fahren? (10) *stehen:* Die Uhr ist geblieben. (11) *lieb:* Wir haben diese Stadt gewonnen. (12) *los:* Laß bitte meinen Arm! (13) *warm:* Der Motor muß erst laufen. (14) *an:* Wann ist der Zug gekommen? (15) *raus:* Der Wirt hat die Randalierer geworfen. (16) *vorbei:* Kommst du morgen bei uns? (17) *übel:* Ich hoffe, du nimmst meine Bemerkung nicht. (18) *zuwider:* Ich rate euch, nicht den Gesetzen zu handeln. (19) *hinterher:* Ich habe gesehen, wie der Hund seinem Herrn lief. (20) *irre:* Wir bemerkten, daß die alte Frau eine ganze Zeit ging.

Die Satzglieder 3

Satzglieder sind Strukturteile eines Satzes. Sie unterscheiden sich durch ihre Funktionen. Diese Funktionen sind an bestimmten Merkmalen (Stellung und/oder Kasusformen, Präpositionen oder Konjunktionen) erkennbar.
> Meine Freunde / haben / mich / gestern nachmittag / in meiner Wohnung / besucht.

A Die strukturabhängigen und die strukturunabhängigen Satzglieder

Bei den Satzgliedern unterscheidet man zwei Arten:
strukturabhängige Satzglieder; ohne sie ist ein Satz unvollständig und weitgehend unverständlich. (vgl. die Satzstrukturen, S.77)
*struktur**un**abhängige Satzglieder;* sie sind für die Satzstruktur entbehrlich. Für die Information sind sie meistens unentbehrlich.
Im obigen Beispiel sind folgende Satzglieder strukturabhängig:
> Meine Freunde / haben / mich / besucht.

Struktur**un**abhängig sind folgende Satzglieder:
> gestern nachmittag / in meiner Wohnung

Unterstreichen Sie die strukturabhängigen Satzglieder! Welche strukturunabhängigen Satzglieder sind für die Information unentbehrlich?

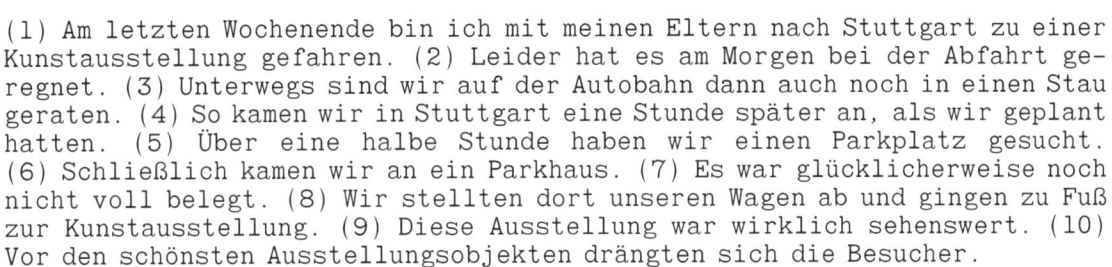

Ü 98
Richtig:

(1) Am letzten Wochenende bin ich mit meinen Eltern nach Stuttgart zu einer Kunstausstellung gefahren. (2) Leider hat es am Morgen bei der Abfahrt geregnet. (3) Unterwegs sind wir auf der Autobahn dann auch noch in einen Stau geraten. (4) So kamen wir in Stuttgart eine Stunde später an, als wir geplant hatten. (5) Über eine halbe Stunde haben wir einen Parkplatz gesucht. (6) Schließlich kamen wir an ein Parkhaus. (7) Es war glücklicherweise noch nicht voll belegt. (8) Wir stellten dort unseren Wagen ab und gingen zu Fuß zur Kunstausstellung. (9) Diese Ausstellung war wirklich sehenswert. (10) Vor den schönsten Ausstellungsobjekten drängten sich die Besucher. (11) Nur mit Mühe konnten wir sie sehen. (12) Wir haben uns ungefähr drei Stunden darin aufgehalten. (13) Zwischendurch haben wir in dem neueingerichteten Cafe eine Kaffeepause eingelegt. (14) Das Mittagessen hatten wir ausfallen lassen. (15) Nach der Ausstellung haben wir noch einen Bummel durch die Stadt gemacht und uns Geschäfte angesehen. (16) Am Abend saßen wir dann zum Abendessen in einem feinen Restaurant. (17) Es war ziemlich spät, als wir wieder heimfuhren. (18) Erst um Mitternacht kamen wir nach Hause, wo wir gleich todmüde ins Bett fielen. (19) Trotz der Anstrengungen war es alles in allem ein wunderschöner Tag. (20) Wir werden noch lange daran zurückdenken.

B Die Prädikatsergänzungen (E)

Prädikatsergänzungen (**E**) sind strukturabhängige Satzglieder. Sie besetzen den Platz ⑫ auf dem Satzfeld; vgl. „Satzbauhelfer")
> Die Kinder *haben* . . . (?) **Hunger**.
> Wir *machen* . . . (?) **einen Spaziergang**.
> Köln *liegt* . . . (?) **am Rhein**.
> Der Lehrer *stellte* dem Schüler . . . (?) **schwierige Fragen**.

Es gibt zwei Typen von Prädikatsergänzungen:
austauschbare Prädikatsergänzungen:
> Die Kinder *haben* **Hunger / Durst / Langeweile**.
> Wir *machen* **einen Spaziergang / Urlaub / Feierabend**.
> Köln *liegt* **am Rhein / in Westdeutschland / verkehrsgünstig**.

63

3 Die Satzglieder

feste Prädikatsergänzung:
> Der Mann *leistete* dem Verletzten **Hilfe**.
> Der Komiker *brachte* die Leute **zum Lachen**.
> Der Chef *stellte* mich **zur Rede**.

Ü 99 Welches ist die geeignete Prädikatsergänzung? Setzen Sie sie auf Platz ⑫ ein! (vgl. „Satzbauhelfer")

Richtig:

> a. *gut* b. *schnell* c. *in Frage* d. *Mut* e. *große Freude* f. *in voller Blüte* g. *in Ordnung* h. *Grüße* i. *Platz* j. *in Bewegung*

(1) Mein Vater hat mir zu meinem Vorhaben gemacht. (2) Ein Kauf dieses Wagens kommt gar nicht. (3) Ich finde diesen Roman. (4) Nehmen Sie bitte! (5) Ich soll dir von meinem Vater ausrichten. (6) Der Wagen fährt sehr. (7) Wann bringst du endlich dein Zimmer? (8) Dein Geschenk hat mir wirklich bereitet. (9) Der Zug setzt sich langsam (10) Die Obstbäume stehen jetzt.

> k. *in Angriff* l. *einer medizinischen Kontrolle* m. *an einem toten Punkt* n. *ein Abkommen* o. *allgemeine Anerkennung* p. *in Kenntnis* q. *Abstand* r. *krank* s. *Freude* t. *Gefahr*

(11) Die Leichtathleten unterliegen laufend. (12) Wir werden von einer Anzeige bei der Polizei nehmen. (13) Ich möchte dir gerne bereiten. (14) Wann nimmst du dein Projekt? (15) Der neue Roman fand bei den Kritikern. (16) Die Verhandlungen sind angelangt. (17) Die Bergsteiger laufen ständig, von herabfallenden Steinen getroffen zu werden. (18) Die beiden Staaten haben endlich geschlossen. (19) Ich werde den Chef von diesem Vorfall setzen. (20) Der ständige Fluglärm über unserem Haus macht mich noch.

Prädikatsergänzungen unterscheiden sich

1. nach ihrem *Inhalt*, ihrer *Bedeutung*:

Lokalergänzung (**El**): Herr Meier wohnt **in der Schulstraße**.
Er stammt **aus Hamburg**.
Sein Sohn geht **auf die Universität**.
Temporalergänzung (**Et**): Die Fahrt dauert **zwei Stunden**.
Ehrlich währt **am längsten**.
Modalergänzung (**Em**): Ich fühle mich **krank**.
Der Mann ist **verletzt**.
Wir sind **deiner Meinung**.
Kausalergänzung (**Ek**): Der Unfall geschah **aus Unvorsichtigkeit**.

2. nach der *Kasusform*:

Prädikatsnominativ (**En**): Peter ist **mein bester Freund**.
Er arbeitet **als technischer Assistent**.
Prädikatsakkusativ (**Ea**): Man bezeichnet Sie **als einen fähigen Mitarbeiter**.

3. nach der *Funktion* innerhalb einer Satzstruktur (vgl. S. 77): Das Prädikat wird von einem Funktionsverb besetzt.(vgl. S. 55)
Prädikatssubjekt (**Es**): **Ein Unwetter** zieht auf.
Prädikatsobjekt (**Eo**): Du tust deinem Freund **Unrecht**.

Ü 100 Fügen Sie die Prädikatsergänzungen auf Platz ⑫ ein! (vgl. „Satzbauhelfer")

Richtig:

(1) *in den Kindergarten*: Seit wann geht ihr Kind schon? (2) *einkaufen*: Wann ist deine Mutter gegangen? (3) *aus Berlin*: An deiner Sprache höre ich, daß du kommst. (4) *bei meinen Verwandten*: Während des Studiums wohnte ich. (5) *ein Unfall*: In der Zeitung stand, daß gestern auf der Salzburger Straße wieder

Die Satzglieder 3

passiert ist. (6) *ein peinliches Mißgeschick:* Der Gastwirt entschuldigte sich bei seinen Gästen, daß dem Koch in der Küche passiert ist. (7) *Unrecht:* Frau Braun erzählte, daß ihrem Sohn im Leben oft widerfahren ist. (8) *ein Tanzwettbewerb:* In der Zeitung stand, daß morgen abend ab 20 Uhr in der Stadthalle stattfinden soll. (9) *großer Schaden:* Im letzten Jahr ist wieder durch Waldbrände angerichtet worden. (10) *Anerkennung:* Erst im hohen Alter ist dem Dichter zuteil geworden. (11) *keinen Schuß:* Die Polizeibeamten hatten bei der Verfolgung der Verbrecher abgegeben. (12) *die Flucht:* Die Einbrecher haben ergriffen. (13) *den Beweis:* Für die Richtigkeit Ihrer Theorie müssen Sie noch erbringen. (14) *einen Gefallen:* Könntest du mir tun? (15) *sein Wort:* Peter hatte mir gegeben, daß er uns helfen wolle.

In einigen Satzstrukturen (S. 77) beziehen sich die Prädikatsergänzungen inhaltlich auf das Objekt und nicht auf das Subjekt (S. 66); sie besetzen ebenfalls den Platz ⑫ auf dem Satzfeld. (vgl. „Satzbauhelfer")

    Ich halte *deine Tochter* **für sehr intelligent**.
    (= Ich meine, daß deine Tochter sehr intelligent ist.)

Formen Sie die Äußerung nach dem obigen Beispiel um!

(1) *bezeichnen als:* Hans hat gesagt, daß du faul seiest. (2) *gut finden:* Ich meine, daß der Roman gut ist. (3) Ich sehe es gern, wenn du fröhlich bist. (4) Ich glaubte, du wärest zu Hause. (5) Hörst du, ob die Kinder im Nebenzimmer sind. (6) *finden:* Fritz sagte, dein Führerschein war auf dem Küchentisch.

Das Sprachmaterial in Prädikatsergänzungen (E)

Als Prädikatsergänzungen stehen

1. *Nomen* (mit Attributen)
    Nominativ als Prädikatssubjekt (**E**s): Heute findet *ein Tennisturnier* statt.
    als Prädikatsnominativ (**E**n): Herr Schneider ist *ein guter Lehrer*.
    Akkusativ als Prädikatsobjekt (**E**o): Die Kinder haben *großen Durst*.
    als Prädikatsakkusativ (**E**a): Er nannte Therese *einen Dummkopf*.
    Genitiv (**E**g): Wir sind ganz *Ihrer Meinung*.
    Dativ (**E**d): Mode unterliegt *dem Wechsel der Zeit*.
    mit Präposition (**E**p): Wir nehmen jetzt das Projekt *in Angriff*.

2. *Pronomen „es"*
    Nominativ (**E**n) für ein Nomen: Wer ist da? – Ich bin **es**.
    als Modalergänzng (**E**m) für ein Adjektiv: Wir sind *müde*, und die Kinder sind **es** auch.

3. *Adjektiv* als Modalergänzung (**E**m): Du bist *fleißig*.
    mit Präposition: Ich halte Gustav *für intelligent*.

4. *Adverbien* als Lokalergänzung (**E**l): Wir wohnten *dort drüben*.
    als Modalergänzung (**E**m): Wir haben dich *gern*.

5. *Verben* als Lokalergänzung (**E**l) mit dem Infinitiv: Wir gehen jetzt *schwimmen*.
    als Modalergänzung (**E**m) mit dem Partizip I: Der Film war *aufregend*.
    mit dem Partizip II: Wir sind schon zehn Jahre *verheiratet*.
      Das Essen schmeckt *angebrannt*.
      Das Buch habe ich von meinem Vater *geschenkt* bekommen.

3 Die Satzglieder

Ü 102
Richtig:

Geben Sie den Sätzen mit Hilfe von Prädikatsergänzungen einen Sinn! (Bei einigen Sätzen sind mehrere Lösungen möglich.)

a. für teuer b. entzückend c. versorgt d. ein guter Arzt e. einen Spaziergang f. zu Diensten g. ohne Bedeutung h. Ingenieur i. falsch j. deiner Ansicht

(1) Die Nachricht war. (2) Ich halte das Kleid. (3) Dein Hut ist. (4) Die Kinder sind, wenn uns mal etwas passieren sollte. (5) Herr Schmidt ist. (6) Dr. Müller ist. (7) Wollen wir jetzt machen? (8) Ich bin vollkommen. (9) Ich stehe Ihnen gern. (10) Der Fall ist.

k. in Angriff l. es m. einen Betrüger n. die Flucht o. ein Konzert p. einkaufen q. gern r. von gestern s. langweilig t. aufregend

(11) Hier soll morgen stattfinden. (12) In der Zeitung stand, daß bei Eintreffen der Polizei die Diebe ergriffen. (13) Sie haben meinen Kollegen genannt. (14) Wann wird der Neubau genommen? (15) Mein Vater ist Beamter, und ich werde auch. (16) Wir fanden das Gemälde. (17) Ich trinke Wein. (18) Meine Frau ist gegangen. (19) Die Zeitung war. (20) Der Krimi war.

C Subjekt / Objekt

Subjekt und Objekt sind strukturabhängige Satzglieder (S. 77). Sie nennen die Personen/Sachen, die den beschriebenen Sachverhalt verwirklichen.

    Eva, Peter: Eva liebt Peter.
    Peter, Eva, Blumen: Peter schenkt Eva Blumen.
    Benzin: Benzin stinkt.

Wenn eines dieser Satzglieder fehlt, ist der Satz unvollständig und die Äußerung unverständlich.

Das Subjekt (S)

Im Subjekt wird die Person/Sache genannt, über die man spricht und die daher Thema der Äußerung ist. Die Wahl des Subjekts ist entscheidend für die Art der Satzstruktur.
Kennzeichen für das Subjekt ist die Kasusform „*Nominativ*" (S. 104).

Die *Stellung* des Subjekts (vgl. „Satzbauhelfer")
Das Subjekt besetzt Platz ④ im Satzfeld; als Personalpronomen oder Pronomen „man" besetzt es Platz ①. Zur Stellung der Satzglieder auf Platz Ⓐ im Vorfeld; S.øø.

Ü 103
Richtig:

Setzen Sie die Nomen/Pronomen und die Personalformen in die Sätze ein!

(1) *Herr Müller / werden:* Weißt du, ob nächstes Jahr pensioniert? (2) *welcher Architekt / haben:* Wissen Sie zufällig, den Plan für das Haus der Kunst in München entworfen? (3) *du / haben:* Gestern mir doch versprochen, mich vom Büro abzuholen. (4) *dein Vater / haben:* dir das Fahrrad geschenkt? (5) *ihr / werden:* Wann morgen zum Schwimmen fahren? (6) *Peter / haben:* Gerade lese ich, daß gestern Eva geheiratet. (7) *der Angeklagte / haben:* Nach vielen Verhören endlich seine Tat gestanden. (8) *man / müssen:* Bei einer Reise ins Ausland immer seinen Reisepaß mit sich führen. (9) *mein Freund / haben:* Bei der gestrigen Prüfung mit sehr guten Noten abgeschnitten. (10) *Sie / können:* mir bitte Ihre genaue Anschrift und Ihre Telefonnummer geben?

Das Struktursubjekt (ss)

In einigen Satzstrukturen (S. 77) wird die Subjektstelle von einem *Struktursubjekt* besetzt; dieses bezieht sich auf *keine* Person/Sache. Es besetzt die Subjektstelle nur, um den Strukturplan zu ver-

Die Satzglieder 3

vollständigen. Einige Verben erhalten so eine modifizierte Wortbedeutung. Als Struktursubjekt wird das Pronomen **„es"** eingesetzt. Im Satzfeld besetzt das Struktursubjekt den Platz ① (vgl. Satzbauhelfer").

   Gestern hat **es** den ganzen Tag geregnet.
   Was gibt **es** heute zu essen?

Setzen Sie das Struktursubjekt „es" in die Sätze ein!

(1) Wie gefällt Ihnen hier in Bremen? (2) Mir gefällt hier sehr gut. (3) Wie geht Ihrer Familie? (4) Danke für die Nachfrage. Ihr geht ausgezeichnet. (5) In diesem Gartenstuhl sitzt sich sehr bequem. (6) Hat nicht eben an der Haustür geklopft? (7) Wie spät ist? (8) Jetzt ist gerade halb fünf. (9) Gestern hat geregnet. (10) Im Herbst wird bei uns schon sehr kalt. (11) Bald wird Winter. (12) Schneit in dieser Gegend im Winter viel? (13) Im Gebüsch hat eben geraschelt. (14) wird ein Igel gewesen sein. (15) Hier gibt viele Igel. (16) In diesem Land läßt sich gut leben. (17) Wen möchten Sie sprechen? Worum handelt sich? (18) Handelt sich um das Angebot, das Sie uns unterbreitet haben? (19) Ihm geht um das Wohl der Menschen. (20) Jetzt schlägt aber dreizehn! (Ausruf der Empörung)

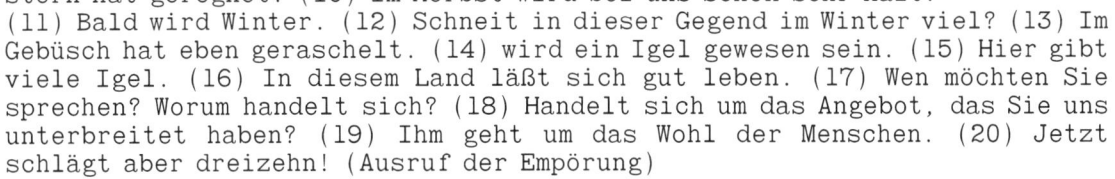

Ü 104

Das Pronomen **„es"** kündigt als Korrelat einen Subjektsatz im Nachfeld an und ist dann Struktursubjekt (vgl. „Satzbauhelfer" und S. 82).

   Es ist nicht sicher, *ob wir nächste Woche nach Berlin fahren können.*
   Stimmt **es**, *daß der Dollar weiter im Kurs gestiegen ist*?

Das Prädikatssubjekt (Es)

Wenn ein Nomen, das ein Geschehen bezeichnet oder ein Verbalnomen (S. 92, 144) Subjekt ist, ist dies ein Prädikatssubjekt, also eine Prädikatsergänzung (**E**) (S. 63). Das Prädikat selbst wird dann immer von einem Funktionsverb (S. 55) besetzt, wie z.B. „geschehen", „passieren", „überkommen" u.a.
Ein Prädikatssubjekt besetzt Platz ⑫ (vgl. „Satzbauhelfer").

   Gestern ist kurz nach Mitternacht auf der Kreuzung Salzburger Straße – Schillerstraße **ein schwerer Verkehrsunfall** passiert.

Setzen Sie die Prädikatssubjekte in die Sätze ein!

(1) *Unkorrektheiten:* In der Firma sind bei der Prüfung der Bücher zutage getreten. (2) *erhebliche Fehler:* Wie sich bald herausstellte, sind dem Buchhalter bei der Eingabe von Daten in den Computer unverständlicherweise mehrfach unterlaufen. (3) *kein solcher Fall:* Seit die Buchführung mit Computern erfolgt, ist bei der Firma bisher aufgetreten. (4) *Übereinstimmung:* Bei der Besprechung der Firmenleitung herrschte in der Beurteilung dieses Vorfalls einhellig. (5) *eine gründliche technische Kontrolle:* Wie bekannt ist, erfolgt bei den neuen Fahrzeugen vor dem endgültigen Verlassen der Werkshalle. (6) *Ordnung:* Der Betriebsleiter sagte seinen Mitarbeitern, daß in seinem Betrieb unter allen Umständen zu herrschen habe. (7) *betretenes Schweigen:* Nachdem er das gesagt hatte, herrschte unter den anwesenden Mitarbeitern. (8) *große Veränderungen:* In den letzten Jahren sind durch die Entwicklungen auf dem Gebiet der Mikroelektronik auch in den Büros und in den Verwaltungen vor sich gegangen. (9) *ein Gewitter:* Als wir in unserem Urlaubsort ankamen, zog von Westen her über dem Tal auf. (10) *ein Unwetter:* In der Nacht ging dann in der ganzen Gegend nieder. (11) *unheimliche Stille:* Danach ist überall eingetreten. (12) *Gefahren:* In der Großstadt lauern auf den Straßen für die Kinder und die alten Leute überall.

Ü 105

67

3 Die Satzglieder

Die Objekte

Objekte sind strukturabhängige Satzglieder. In einem Satz können bis zu zwei Objektstellen besetzt werden. Wenn eine Satzstruktur zwei Objektstellen enthält, unterscheidet man zwischen dem „direkten Objekt" und dem „indirekten Objekt".

direktes Objekt: Peter verkauft ..(?).. seinen **Wagen**.
Wir helfen ..(?).. unserem **Nachbarn**.
Eva spricht ..(?).. **mit** ihrem **Freund**.
indirektes Objekt: Peter schenkt ..(?).. seiner **Freundin** Blumen.
Ich werde ..(?).. meinen **Vater** um etwas Geld bitten.

Im Deutschen bezeichnet man die Objekte nach ihren formalen Merkmalen; diese sind Kasusformen (S. 104) und Präpositionen (S. 108):

Akkusativobjekte (Oa): ich lese **einen Roman/ein Gedicht**
Dativobjekte (Od): ich antworte **meinem Lehrer/meiner Mutter**
Genitivobjekte (Og): ich erinnere mich **eines Vorfalls**
Präpositionalobjekte (Op): ich denke **an dich/an meine Heimat**

Die Stellung der Objekte auf dem Satzfeld (vgl. „Satzbauhelfer" und S. 82)
Akkusativobjekte (Oa) besetzen Platz ⑦ auf dem Satzfeld; Personalpronomen und das Reflexivpronomen „sich" sowie reflexiv gebrauchte Personalpronomen (so) (S. 82) besetzen als Akkusativobjekte Platz ② auf dem Satzfeld.
Dativobjekte (Od) besetzen Platz ⑥ auf dem Satzfeld; Personalpronomen und das Reflexivpronomen „sich" sowie reflexiv gebrauchte Personalpronomen (od) (S. 82) besetzen als Dativobjekte Platz ③ auf dem Satzfeld.
Genitivobjekte (Og) und Präpositionalobjekte (Op) besetzen immer Platz ⑪ auf dem Satzfeld.
Von diesen Regeln abweichende Stellungen der Objekte: S. 84.

Ü 106
Richtig:

Ordnen Sie die Objekte in die Sätze ein!

(1) *den Jungen:* Hast du gesehen, wie der Hund unseres Nachbarn gebissen hat?
(2) *mit dem Chef:* Mein Kollege sagte, daß er morgen wegen einer Gehaltserhöhung sprechen will. (3) *an dich:* Ich habe gestern den ganzen Tag gedacht. (4) *mir:* Wird er es heute abend auch wieder zurückbringen? (5) *an unsere Lehrer:* Erinnerst du dich noch? (6) *an sie:* Ich kann mich noch gut erinnern. (7) *dem Radfahrer:* Der Autofahrer konnte wegen zu hoher Geschwindigkeit nicht mehr ausweichen. (8) *über deine Zukunftspläne:* Hast du in der letzten Zeit eigentlich schon einmal nachgedacht? (9) *mir:* Letzte Woche hat Ihre Firma die Rechnung zugeschickt. (10) *sein Grundstück:* Soviel ich weiß, hat unser Nachbar an eine Baufirma verkauft. (11) *dein Wörterbuch / es:* Kann ich vielleicht mal haben? — Ja, wenn du mir gleich wieder zurückgibst. (12) *auf unsere Hilfe/darauf:* Wie ich meine, sind die Leute bei der Wohnungssuche angewiesen. — Ich glaube nicht, daß sie unbedingt angewiesen sind.

Das Strukturobjekt (so)

In einigen Satzstrukturen wird die Objektstelle von einem *Strukturobjekt* besetzt. Dieses bezieht sich auf *keine* Person/Sache, sondern vervollständigt nur die Satzstruktur. Es gibt dem Verb eine modifizierte Bedeutung.
Strukturobjekte sind das Pronomen „**es**", das Reflexivpronomen „**sich**" oder reflexiv gebrauchte Personalpronomen. Sie besetzen Platz ② auf dem Satzfeld.

Heute hast du **es** aber sehr eilig.
Hans hat **sich** gestern bei dem kalten Wetter erkältet.
Freust du **dich** schon auf die Ferien?

Die Satzglieder 3

Vervollständigen Sie die Satzstrukturen mit dem Pronomen „es" als Strukturobjekt!

Ü 107
Richtig:

(1) Ich verstehe nicht, warum du ausgerechnet heute so eilig hast! (2) Ich komme oft hierher, denn diese schöne Berglandschaft hat mir sehr angetan. (3) Ich meine wirklich gut mit dir. (4) Habe ich dir mit der Entscheidung nicht leicht gemacht? (5) Du wirst in deinem Beruf einmal weit bringen. (6) Auf wen hast du mit deinen Anspielungen abgesehen?

Vervollständigen Sie die Satzstrukturen mit dem Reflexivpronomen „sich" bzw. mit einem reflexiv gebrauchten Personalpronomen als Strukturobjekt!

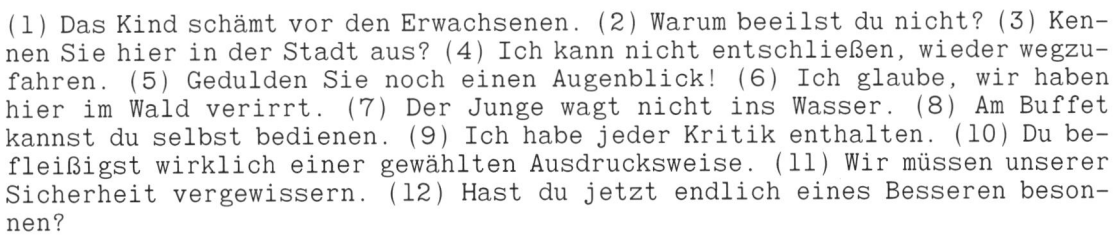

Ü 108
Richtig:

(1) Das Kind schämt vor den Erwachsenen. (2) Warum beeilst du nicht? (3) Kennen Sie hier in der Stadt aus? (4) Ich kann nicht entschließen, wieder wegzufahren. (5) Gedulden Sie noch einen Augenblick! (6) Ich glaube, wir haben hier im Wald verirrt. (7) Der Junge wagt nicht ins Wasser. (8) Am Buffet kannst du selbst bedienen. (9) Ich habe jeder Kritik enthalten. (10) Du befleißigst wirklich einer gewählten Ausdrucksweise. (11) Wir müssen unserer Sicherheit vergewissern. (12) Hast du jetzt endlich eines Besseren besonnen?

Das Prädikatsobjekt (Eo)

Wenn an der Objektstelle ein Nomen (S. 150) steht, das keine Person/Sache bezeichnet, ist dies ein Prädikatsobjekt (**E**o), also eine Prädikatsergänzung (**E**) (S. 69). Im Prädikat steht dabei häufig nur ein Funktionsverb (S. 55). Ein Prädikatsobjekt besetzt Platz ⑫ auf dem Satzfeld (vgl. „Satzbauhelfer").

        Kannst du mir **einen Gefallen** tun?
        Ich versichere dir, daß ich bestimmt **Wort** halten werde.
        Als wir kamen, haben alle Kinder **die Flucht** ergriffen.

Setzen Sie die Prädikatsobjekte in die Sätze ein!

Ü 109
Richtig:

(1) *peinliche Fragen*: Der Richter hat dem Zeugen bei der Vernehmung gestellt. (2) *ein volles Geständnis*: Bei der Polizei hat der Verdächtige nach stundenlangen Verhören endlich abgelegt. (3) *einen Kaufvertrag*: Die Geschäftsleute wollen morgen abschließen. (4) *großen Schaden*: Das Unwetter hat in der letzten Nacht in unserer Gegend angerichtet. (5) *ein neues Theaterstück*: Gestern hat man im Stadttheater aufgeführt. (6) *Geduld*: Bei einer solchen Arbeit muß man viel aufbringen. (7) *Grüße*: Ich soll Ihnen von meinen Eltern ausrichten. (8) *ein Geschäft*: Du mußt noch viel lernen, bis du später einmal führen kannst. (9) *Auskunft*: Der Beamte dort drüben kann Ihnen sicher über die Abfahrtzeiten der Züge geben. (10) *eine Besprechung*: Haben Sie morgen nachmittag im Verlag? (11) *eine Erkältung*: Das Kind hat sich bei diesem schlechten Wetter geholt. (12) *Vorwürfe*: Warum machen Sie mir immer? (13) *Verdacht*: Als sich der Mann an meinem Wagen zu schaffen machte, schöpfte ein Vorübergehender und alarmierte die Polizei. (14) *ein günstiges Angebot*: Die Firma hat uns vor kurzem unterbreitet. (15) *eine Panik*: Die Explosion hat unter den Passanten verursacht. (16) *Bedenken*: Zu Ihrem Plan möchte ich doch vorbringen.

Das Sprachmaterial im Subjekt und in den Objekten

Folgende Worttypen und -formen können Subjekt oder Objekt sein:

    Nomen: Die **Kinder** schlafen noch. – Ich werde die **Kinder** wecken.
    Pronomen: Wirst **du mich** zu deiner Hochzeit einladen?

69

3 Die Satzglieder

Pronomen:	Hat **mich** heute nachmittag **jemand** angerufen?
	Wen habt **ihr** in der Disko gesehen?
Pronominal-	
adverbien:	**Worüber** habt ihr euch unterhalten? Über Sport?
	Nein, **darüber** haben wir uns nicht unterhalten.
Adjektive:	Wir kennen den **Fremd**en/die **Fremd**e nicht.
	Ich liebe das **Gut**e und das **Schön**e.
Infinitive:	Mir macht das **Schwimmen** Spaß.
Partizipien:	Kennen Sie die **Reisend**en / den **Verletzt**en?

Ü 110
Richtig:

Setzen Sie das angegebene Sprachmaterial in die unbesetzten Strukturstellen ein!

(1) *die Arbeiter:* Seit gestern streiken. (2) *ein interessanter Film:* Gestern habe ich im Kino gesehen. (3) *Ihr Brief:* Ich danke Ihnen. (4) *dein neuer Wagen:* Bist du zufrieden? (5) *der verstorbene Seniorchef:* Bei der Trauerfeier gedachte man. (6) *jemand:* Hat nach mir gefragt? (7) *etwas Wichtiges:* Ist gestern passiert? (8) *nichts Neues:* Hast du in der Firma erfahren? (9) *niemand Bekanntes:* Wir haben im Theater getroffen. (10) *niemand:* Du hast doch hoffentlich etwas von unserem Vorhaben erzählt. (11) *niemand:* Hast du wirklich gestritten? (12) *ich:* Sicherlich kennen Sie nicht mehr. (13) *du:* Kann ich irgendwie helfen? (14) *ich:* Meine Mutter hat sich gestern sehr geärgert. (15) *du:* Ist der Lehrer zufrieden? (16) *krank (Mann):* Geht es heute besser? (17) *gut und schön (Sache):* Mein Onkel liebte schon immer. (18) *teuerst-, best- (Sache):* Nicht immer ist auch. (19) *dick (Mann):* Kennst du, der da in der Sonne liegt? (20) *krank (Frau):* Der Arzt hat über ihre Behandlung gesprochen. (21) *gut (Sache):* Du sollst Böses vergelten. (22) *schwimmen:* Mein Vater hat immer gesagt, daß ein gesunder Sport ist. (23) *reisen (Frau):* Der Beamte fragte, wohin sie fahren wolle. (24) *verletzt (Mann):* Wußten Sie, wer war?

Wenn Satzsysteme die Subjekt- oder Objektstelle besetzen, sind dies Subjekt- bzw. Objektsätze; S. 96

Subj.: Gestern ist **der Abbruch des Hauses** beschlossen worden.
Gestern ist beschlossen worden, *daß das Haus abgebrochen werden soll.*
Obj.: Wir haben uns sehr **über euren Besuch** gefreut.
Wir haben uns sehr *(darüber)* gefreut, *daß ihr uns besucht habt.*

D Die Angaben (A)

Angaben sind struktur**un**abhängige Satzglieder, sie gehören zu keinem Satzstrukturplan und werden als zusätzliche Information in Sätze eingefügt. Angaben geben die Zeit, den Ort und die Umstände an, die ein Geschehen/Sein begleiten. Sie stehen auf Platz ⑤ im Satzfeld, oft aber auch auf Platz Ⓐ im Vorfeld; (vgl. „Satzbauhelfer").

Die Angaben unterscheiden sich durch ihre Inhalte:
*Lokal*angaben (Al) nennen den Ort. Frage: *wo?*
    Die Pensionsgäste nehmen *im Speisesaal* ihr Essen ein.
    Wir lernen *hier* Deutsch.

*Temporal*angaben (At) nennen die Zeit. Die Zeitformen im Prädikat signalisieren nur, ob etwas vergangen ist oder nicht (S. 30 ff.).
Frage nach dem *Zeitraum*, nach dem *Zeitpunkt*, nach der *Zeitfolge* von Sachverhalten: *wann?*
    Am Sonntag verkehren die Busse nicht.
    Am Anfang eines jeden Semesters suchen viele Studenten Zimmer.
    Zuerst machte Fritz das Abitur, *dann* begann er seine Lehre bei der Bank.

Die Satzglieder 3

Frage nach der *Zeitdauer*: *wie lange?*
    Wir bleiben *übers Wochenende* in unserem Ferienhaus.
    Die Geschäfte sind *von Sonnabend nachmittag bis Montag morgen* geschlossen.
Frage nach *Zeitintervallen*: *wann?*, *wie oft?*
    Wir fahren *jedes Wochenende* in die Berge.
Frage nach dem *Beginn* oder *Ende* eines Zeitraumes: *ab wann?*, *seit wann?*, *von wann ab?*, *bis wann?* usw.
    Ab morgen rauche ich nicht mehr.
    Ich arbeite *seit zehn Jahren* bei dieser Firma.
    Der Chef ist *bis Ende nächster Woche* verreist.

*Kausal*angaben (Ak) nennen den *Grund* oder die *Ursache*. Frage: *warum?*, *weshalb?*, *weswegen*, *wieso?*
    Die Sportveranstaltung fällt *wegen schlechten Wetters* aus.
    Bei Barzahlung erhalten Sie 2% Skonto.

*Modal*angaben (Am) nennen die *Umstände*. Frage: *wie?*, *auf welche Weise?*
    Er hat auf meine Frage *schnell* geantwortet.
    Mein Junge fährt regelmäßig *mit dem Fahrrad* in die Schule.
    Heute geht Petra *allein* in die Disko.

Wenn mehrere Angaben im Satzfeld den Platz ⑤ besetzen, stehen sie gewöhnlich in der Reihe:
At – Ak – Am – Al
    Wir sind *gestern nachmittag mit dem Bus* nach Salzburg gefahren.
Häufig werden Angaben, vor allem Temporalangaben (At), durch Satzsysteme ausgedrückt; vgl. Temporalsätze u.a. S.øø.
    Als ich noch zur Universität ging, wohnte ich bei meinen Verwandten.

Setzen Sie die Angaben ein!
    a. auf Platz ⑤ und, wenn möglich,
    b. auf Platz Ⓐ (vgl. „Satzbauhelfer")

Ü 111
Richtig:

(1) *im Sommer*: Wir fahren nach Spanien. (2) *morgen*: Die Frankfurter Buchmesse wird eröffnet. (3) *um 14.45 Uhr*: Unser Zug fährt vom Hauptbahnhof ab. (4) *mit Beginn der Ferienzeit*: Auf den Autobahnen setzt ein lebhafter Urlauberverkehr nach dem Süden ein. (5) *in zehn Minuten*: Die Maschine aus Rom trifft hier ein. (6) *bei den Vorbereitungen zum Start der Raumfähre*: Die Techniker fanden noch einige Mängel an den Antriebsaggregaten. (7) *auf nächste Woche*: Der Start mußte verschoben werden. (8) *bis Ende des Monats*: Die Instandsetzung der Straße wird abgeschlossen. (9) *wegen starken Nebels*: Die Maschine konnte nicht auf dem Flugplatz landen. (10) *schnell*: Die Kinder sind nach Hause gelaufen. (11) *ohne Ergebnis*: Die Verhandlungen sind abgebrochen worden. (12) *heftig*: Eben hat jemand an die Tür geklopft.

*Personen*angaben (Ap) sind eine Sondergruppe; sie nehmen das Dativzeichen an, in einigen Fällen die Präposition „**für**".
Frage: *wem?* oder *für wen?*
Personenangaben mit Dativzeichen stehen auf Platz ③ im Satzfeld, wenn sie Personalpronomen, auf Platz ⑥, wenn sie Nomen sind. Diese können aber auch auf Platz Ⓐ im Vorfeld stehen.

Personenangaben nennen Personen, zu deren Gunsten/Schaden etwas geschieht oder geschehen ist.
    Peter hat *mir* den Brief ins Deutsche übersetzt.
    Peter hat *für mich* den Brief ins Deutsche übersetzt.
    Der Hoteldiener hat *den Gästen* die Koffer zum Taxi gebracht.

3 Die Satzglieder

Dem Mädchen / Mir ist leider die Tasse zerbrochen.
Jetzt hast du *mir* die Uhr kaputt gemacht.

In emotionalen Äußerungen wird die Personenangabe nur für die 1. Person gebraucht und steht nur auf Platz ③ im Satzfeld.

Komm *mir* ja pünktlich nach Hause!
Daß du *mir* mit deinem neuen Motorrad ja nicht zu schnell fährst!
Du bist *mir* vielleicht ein schöner Freund!

Wenn Dativobjekt (od) und Personenangabe (Ap) Personalpronomen sind, stehen beide auf Platz ③ im Satzfeld.

Fritz wollte dein Fahrrad haben. Daß du es *mir ihm* ja nicht wieder leihst!

Personenangaben in emotionalen Ausrufen werden nur für die 2. Person gebraucht. Stellung Platz ③.

Das war *dir* vielleicht ein Fest!
Da fährt *euch* doch der Kerl auf der falschen Straßenseite!

Ü 112 Setzen Sie die angegebenen Personen als Personenangabe in die Sätze ein!

(1) *ich:* Kannst du für den Ausflug ein paar Brote machen? (2) *eine Dame:* Ein höflicher Junge hält die Tür auf. (3) *seine Tochter:* Herr Müller richtet eine neue Wohnung ein. (4) *ich:* Daß die Leute unseren Streit mitgehört haben, ist sehr unangenehm. (5) *ich:* Kannst du aus der Stadt eine Illustrierte besorgen? (6) *ich:* Daß du dem Hauswirt ja pünktlich deine Miete bezahlst, sagte der Vater zu seinem Sohn. (7) *ich:* Paß auf! Falle nicht aus dem Fenster! (8) *du:* Das war vielleicht ein schickes Auto! (9) *für / du:* Bleib hier! Ich gehe schon zur Post. (10) *für / ihr:* Ihr könnt heute abend ruhig ins Kino gehen. Ich passe auf eure Kinder auf.

Folgende Worttypen und Wortformen stehen in den Angaben:
Nomen mit dem Akkusativ- und dem Genitivzeichen oder mit einer Präposition:

Ich gehe *jeden* Tag ins Büro.
Des Abends sitzen wir vor dem Fernseher.
Wir müssen schon *am frühen Morgen* aufstehen.

Adjektive:

Die Tochter lernt *fleißig* Englisch.
Für Sie mache ich *schnell* einen Kaffee.

Adverbien:

Heute besuchen uns die Eltern.
Hans geht *gern(e)* in die Schule.

Partizipien:

Die Touristen lagen *dösend* in der Sonne.
Das Mädchen lief *erschreckt* zu seiner Mutter.
Es verbarg sich, laut *schluchzend,* hinter der Schürze seiner Mutter.

Angaben mit eigenem Satzsystem sind Gliedsätze. (S.øø)

Ü 113 Setzen Sie die angegebenen Wörter als Angaben in die Sätze ein!

(1) *die ganze Woche:* Ich habe schwer arbeiten müssen. (2) *ein Tag:* Du wirst sicher einen guten Partner fürs Leben finden. (3) *eilig:* Der Mann verließ das Geschäft. (4) *gern:* Ich helfe dir bei der Gartenarbeit. (5) *begeistert:* Die Zuschauer klatschen dem Komiker Beifall. (6) *glücklich:* Die beiden Verliebten schlossen sich nach langer Trennung in die Arme. (7) *wegen des schlechten Wetters:* Wir sind gestern zu Hause geblieben. (8) *erschrocken:* Als das Erdbeben einsetzte, liefen die Leute aus ihren Häusern. (9) *mit heulender Sirene:* Krankenwagen fuhren durch die Straßen.

Die Satzglieder 3

E Die Modalglieder (M)

Modalglieder sind struktur**un**abhängig. Sie signalisieren die subjektive Einstellung des Sprechers/ Schreibers zum Sachverhalt, z.B. Überraschung, Skepsis, Anteilnahme, Desinteresse, Bewunderung, Ironie, Emotionen; vgl. auch die Modalattribute, S. 170.
Modalglieder stehen meistens auf Platz ⑤, ⑩ oder ⑫ im Satzfeld, oder sie leiten den Satz auf Platz Ⓐ im Vorfeld ein. Einige werden den Sätzen vorgeschaltet, ohne im Satz einen Stellplatz zu besetzen. (vgl. „Satzbauhelfer")

auf Platz ⑤: Du schreibst uns *hoffentlich* aus dem Urlaub.
auf Platz ⑩: Peter sollte jetzt *eigentlich* zu Hause sein.
auf Platz ⑫: Ich habe Peter gestern in der Disko *wohl* erkannt.
auf Platz Ⓐ: *Leider* habe ich Ihren neuen Roman noch nicht gelesen.
vorgeschaltet: *Angenommen,* du bestehst die Prüfung nicht, was machst du dann?

Das Sprachmaterial in den Modalgliedern

In Modalgliedern stehen folgende Worttypen und Wortformen:
Partizipien: angenommen, anscheinend u.a.
Adjektive: besser, natürlich, schön u.a.
Adverbien: also, leider, immer, sehr, vielleicht u.a.
Konjunktionen: aber, denn
Ausdrücke: gottlob, Gott sei Dank u.a.

Setzen Sie die Modalglieder ein! (vgl. „Satzbauhelfer")

Ü 114
Richtig:

(1) *also* (betont, Platz ⑤ oder Platz Ⓐ ; Schlußfolgerung):
  Ich habe euch zu Hause nicht angetroffen; ihr müßt weg gewesen sein.
(2) *also* (unbetont Platz Ⓐ; antreibend, drängend):
  Gehen wir jetzt oder nicht?
(3) *angeblich* (unbetont Platz ⑤, betont Platz Ⓐ):
  Hans war gestern nicht zu Hause.
(4) *angenommen* (vorgeschaltet):
  Die Bank gibt uns keinen Kredit, was dann?
(5) *auch* (betont Platz ⑤):
  Helga will es nicht, und ich will es nicht.
(6) *auch* (betont Platz ⑩):
  Ich arbeite, und meine Frau arbeitet.
(7) *auch immer* (in vorgeschalteten Gliedsätzen, Platz ⑩):
  Wo ich hinkomme, die Leute sind freundlich zu mir.
(8) *beinahe* (Platz ⑤):
  Der alte Mann wäre die Treppe hinuntergefallen.
(9) *besser* (Platz ⑩):
  Wir wären gestern zu Hause geblieben.
(10) *bloß* (unbetont Platz ⑩; verstärkend):
  Frage mich nicht, warum ich das gemacht habe!
(11) *denn* (unbetont Platz ⑤):
  Wann kommt Herr Müller nach Hause?
(12) *doch* (unbetont Platz ⑤; Vorfeld unbesetzt; Begründung):
  Hans ist zu seinen Eltern gefahren; ahnte er, daß sie sehnsüchtig auf ihn warteten.
(13) *doch* (betont Platz ⑤; bittend):
  Du hilfst mir?
(14) *eigentlich* (Platz ⑩):
  Wo arbeiten Sie?

73

3 Die Satzglieder

(15) *eigentlich* (Platz ⑩ oder Ⓐ; zurückgestelltes Vorhaben):
Ich wollte morgen auf Urlaub fahren, muß es aber auf nächste Woche verschieben.
(16) *eigentlich* (Platz Ⓐ; resignierend):
Alle unsere Bemühungen waren vergebens.

Ü 115 wie Übung 114

(1) *einmal / doch einmal* (Platz ⑩; Ermutigung):
Besuchen Sie mich!
(2) *einmal* (Platz ⑩; gemilderte Aufforderung):
Kommt her! Ich zeige euch etwas.
(3) *erst* (Platz ⑩; später, als erwartet):
Ich habe den Fernseher eingeschaltet, als die Nachrichten vorbei waren.
(4) *etwa* (Platz ⑩; besorgte Frage):
Willst du jetzt abreisen?
(5) *glücklich* (unbetont, Platz ⑤; zu guter Letzt):
Warum habt ihr mit dem Weggehen so lange gewartet? Jetzt regnet es.
(6) *glücklicherweise* (Platz ⑤ oder Platz Ⓐ; zum Glück):
Es gibt auch anständige Menschen.
(7) *hoffentlich* (Platz ⑤ oder Platz Ⓐ):
Wir werden morgen bei unserem Ausflug gutes Wetter haben.
(8) *immerhin* (Platz ⑩ oder Platz Ⓐ; Hinweis):
So kannst du nicht mit Herrn Müller sprechen. Er ist dein Lehrer.
(9) *ja* (unbetont Platz ⑤; Überraschung):
Es schneit!
(10) *leider* (Platz ⑤ oder Platz Ⓐ; bedauernd):
Ich kann morgen nicht mit euch mitfahren.
(11) *vermutlich* (Platz ⑤ oder Platz Ⓐ):
Das Verbrechen war schon seit langem geplant.
(12) *natürlich* (Platz ⑤ oder Platz Ⓐ; Vorwurf):
Du hast in der Schule wieder einmal nicht aufgepaßt.
(13) *offenbar* (Platz ⑤ oder Platz Ⓐ; wie es scheint):
Nein, das meinte ich nicht. Sie haben mich mißverstanden.
(14) *noch* (unbetont Platz ⑩; befürchtend):
Du erkältest dich, wenn du dich nicht warm anziehst.
(15) *nun* (Platz Ⓐ oder Platz ⑤):
Wir haben jetzt alles vorbereitet. Das Fest kann beginnen.
(16) *nun einmal* (Platz ⑩; resignierend):
Die politische Lage ist so. Man kann nichts ändern.
(17) *nur* (unbetont Platz ⑩; sich selbst fragend):
Wer mag die Blumen geschickt haben?
(18) *nur* (Platz Ⓐ; einschränkend):
Ich käme gerne mit, ich kann nicht von hier weg.

Ü 116 wie Übung 114

(1) *schon* (unbetont Platz ⑩; emotional bekräftigend):
Du wirst sehen, was du mit deiner Faulheit erreichst.
(2) *schon* (unbetont Platz ⑩; beruhigend):
Deine Prüfung wird gutgehen.
(3) *schön* (Platz ⑩; ermahnend):
Paß in der Schule auf! Und arbeite mit!

Die Satzglieder 3

(4) *sehr* (Platz ⑩; nicht verstärkend, häufig in Floskeln):
Ich freue mich, Sie kennengelernt zu haben.
(5) *selbstverständlich* (Platz ⑤ oder Platz Ⓐ):
Ich werde dir bei deinen Problemen helfen.
(6) *sicher(lich)* (Platz ⑤ oder Platz Ⓐ; vermutend):
Du hast davon gehört, daß Paul und Inge geheiratet haben.
(7) *so* (betont Platz ⑩; ohne Umstände):
Sie brauchen nicht anzuklopfen. Sie können ins Zimmer gehen.
(8) *so* (unbetont Platz ⑩; verallgemeinernd):
Erzähl mal, was du machst!
(9) *unglücklicherweise* (Platz ⑤ oder Platz Ⓐ; bedauernd):
Die Leute waren im Haus, als der Brand ausbrach.
(10) *zweifellos* (Platz ⑤ oder Platz Ⓐ):
Peter ist ein begabter Schüler.
(11) *vielleicht* (Platz Ⓐ oder Platz ⑤):
Fritz ist zu seiner Freundin gegangen.
(12) *vielleicht* (Platz ⑩; verstärkend):
Gestern hat es hier geregnet, du glaubst es kaum.
(13) *vielmehr* (Platz Ⓐ oder Platz ⑩; berichtigend, präzisierend):
Peter hat nicht gekündigt, ihm ist gekündigt worden.
(14) *wirklich* (Platz ⑤; zweifelnd fragend):
Ist das wahr?
(15) *wohl* (betont Platz ⑫; bekräftigend):
Ich habe gemerkt, daß ihr über mich gesprochen habt.
(16) *ziemlich* (Platz ⑫; verstärkend):
Die Strapazen der Reise haben uns mitgenommen.
(17) *zweifellos* (Platz ⑩ oder Platz Ⓐ; überzeugend):
Du hast mit deiner Meinung recht.

4 Der Satz

A Die Grundstruktur

Sprachliche Äußerungen bringen Sachverhalte zum Ausdruck. Diese Sachverhalte spiegeln sich in Sätzen und in ihren Strukturteilen wider.
Alle Satzstrukturen basieren auf einer Grundstruktur, die folgende Strukturteile enthält:
Prädikat (+ Prädikatsergänzung) + Subjekt + Objekt 1 + Objekt 2
In folgendem Beispiel ist die Grundstruktur vollständig ausgenutzt:
Eva hat Fritz ihr Foto geschenkt.
Satzstruktur: Prädikat („hat geschenkt") + Subjekt („Eva") + Objekt 1 („ihr Foto") + Objekt 2 („Fritz")
Die Strukturformel ist demnach: **P** + S + O_1 + O_2
Über die Stellung der einzelnen Strukturteile in einem Satz S. 80.

Es kommt vor, daß die Grundstruktur unvollständig ist. In diesem Fall wird sie mit den Pronomen „**es**" und/oder „**sich**" aufgefüllt. Diese sind dann Struktursubjekt (S. 66) oder Strukturobjekt (S. 68).
    Eben hat **es** an der Tür geklopft.
    Meine Kopfschmerzen haben **sich** gegeben.
    Hier handelt **es sich** um ein seltenes Tier.

Oft muß der Inhalt eines Prädikats in der Grundstruktur durch ein zusätzliches Satzglied ergänzt werden; dieses ist dann eine **Prädikatsergänzung** (**E**) (S. 63).
    Ich bringe mein Zimmer . .(?). . **in Ordnung.**

Ü 117

Bilden Sie mit dem Verb „fallen" und den angegebenen Strukturteilen Sätze! Beachten Sie die Bedeutungsänderung im Prädikat! (S = Subjekt; ss = Struktursubjekt; O = Objekt; so = Strukturobjekt; **E** = Prädikatsergänzung)
    Bem.: Prädikatssubjekt (**E**s) und Prädikatsobjekt (**E**o) werden bei dieser formalen Übung nicht berücksichtigt.

(1) *Perfekt:* S das Kind (2) *Perfekt:* S zwei Soldaten (3) *Perfekt:* S viel Schnee (4) *Präsens:* S der Vorhang (5) *Präsens:* S das Barometer (6) *Präsens:* S der Baum (7) *Perfekt:* S die Festung (8) *Perfekt:* S die Grenzen (9) *Präsens:* S die Benzinpreise (10) *Perfekt:* S böse Worte (11) *Perfekt:* S die Entscheidung (12) *Perfekt:* S ein Schuß
(13) *Perfekt:* S die Leute / **E** in Angst und Schrecken (14) *Präsens:* S die Pferde / **E** in Trab (15) *Präsens:* S die Tür / **E** ins Schloß (16) *Perfekt:* S das alte Haus / **E** in Trümmer (17) *Perfekt:* S Licht / **E** in die Kamera (18) *Präsens:* S diese Weihnachten / **E** auf ein Wochenende (19) *Präsens:* S Diebstahl / **E** unter das Strafgesetz

Ü 118

wie Übung 117, mit dem Verb „geben"

(1) *Präsens:* S die Kuh / O viel Milch (2) *Präsens:* S zwei mal zwei / O vier (3) *Präsens:* ss es / O viele Vögel (4) *Präsens:* ss es / O Kartoffelsuppe (5) *Präsens:* ss es / O Regen (6) *Perfekt:* ss es / O ein Unglück (7) *Perfekt:* S meine Magenschmerzen / so sich (8) *Präsens:* S Peter / so sich / **E** gelassen (9) *Perfekt:* S ich / so sich / **E** viel Mühe (10) *Präsens:* S mein Bruder / O ein Buch / O seine Freundin (11) *Präsens (Situation am Telefon):* Einen Moment! S ich / O Herr Schulz / O Sie (12) *Perfekt:* S ich / O das Paket O **E** zur Post (13) *Perfekt:* S die junge Mutter / O ihr Kind / **E** in Pflege (14) *Perfekt:* S der Lektor / O das Manuskript / **E** in Druck (15) *Präsens:* S ich / O fünf Eier / **E** in den Teig (16) *Präsens:* S die Schauspielerin / **E**o ein Interview (17) *Präsens:* S ich / O Sie / **E**o eine Chance (18) *Perfekt:* S die Firma / O ich / **E**o eine positive Antwort

Im Prinzip ist die Grundstruktur eines Satzes viergliedrig (**P** + S + O + O), wenn eine Prädikatsergänzung (S. 66) hinzutritt, kann sie auch fünfgliedrig (**P** + **E** + S + O + O) sein.

Der Satz 4

Die Satzstrukturen

Man unterscheidet folgende Satzstrukturen (vgl. auch „Satzbauhelfer"):
Eingliedrige Satzstrukturen: Sie treten fast nur beim Gebrauch von Imperativen auf, bei denen das Subjekt schon in der Personalform enthalten ist.

P:	Schweig! – Steigt ein!

Zweigliedrige Satzstrukturen:

P + S:	Das Kind schläft. – Der Motor läuft.
P + ss:	Regnet es?
P + Es:	Ein Gerücht geht um.
P + Oa:	Mich friert.
P + Od:	Mir schwindelt.

Dreigliedrige Satzstrukturen:

P + S + Oa:	Das Pferd hat den Reiter abgeworfen.
P + so + S:	Fritz hat sich erkältet.
P + ss + Oa:	Es gibt fünf Kontinente.
P + S + Od:	Hans hat mir geholfen.
P + ss + Od:	Es dämmert mir.
P + S + Op:	Ich warte auf dich.
P + ss + Op:	Es geht um unsere Zukunft.
P + Od + Op:	Mir graut vor dem Examen.
P + E + S:	Das Gesetz tritt in Kraft.
P + Es + so:	Die Schmerzen haben sich gegeben.
P + El + S:	Wir wohnen in Bremen.
P + Et + ss:	Es ist fünf Uhr.
P + Em + S:	Der Tisch ist gedeckt.
P + Em + ss:	Es ist dunkel.
P + Eo + S:	Die Kinder machen Krach.
P + En + S:	Mein Vater ist Arzt.
P + Es + so:	Die Sitzung zieht sich hin.
P + Em + Od:	Mir ist kalt.
P + Es + Od:	Mir schmerzt der Kopf. (vgl. Ich habe Kopfschmerzen.)
P + Es + Ek:	Das Feuer entstand durch Fahrlässigkeit.
P + Es + El:	Das Konzert findet im Kurpark statt.

Viergliedrige Satzstrukturen:

P + S + Oa + Oa:	Das Auto kostet mich eine Menge Geld.
P + S + Oa + Od:	Ich gebe dir mein Fahrrad.
P + S + so + Od:	Wir widmen uns unseren Kindern.
P + S + Oa + Op:	Wir warnen dich vor dem Betrüger.
P + S + so + Op:	Ich habe mich über dein Geschenk gefreut.
P + ss + so + Op:	Es handelt sich um unsere Kinder.
P + S + Oa + Og:	Man hat den Direktor seines Postens enthoben.
P + S + Od + Op:	Ich danke Ihnen für Ihr Schreiben vom 5.3.
P + ss + Od + Op:	Mir geht es um deine Zukunft.
P + E + S + Oa:	Ich habe mein Zimmer in Ordnung gebracht.
P + E + S + so:	Der Zug setzt sich in Bewegung.
P + El + S + Oa:	Ich habe die Zeitung auf den Tisch gelegt.

4 Der Satz

P	+ El	+ S	+ so:		Das Hotel befindet sich in der Bahnhofstraße.
P	+ El	+ ss	+ Oa:		Mich zieht es in den Süden.
P	+ Em	+ S	+ Oa:		Peter hat Eva lieb.
P	+ Em	+ S	+ so:		Hans fühlt sich krank. — Er hat es schwer.
P	+ En	+ S	+ so:		Eva fühlt sich als Dame.
P	+ Ea	+ S	+ Oa:		Ich betrachte dich als meinen Freund.
P	+ E	+ S	+ Od:		Die Tochter geht ihrer Mutter zur Hand.
P	+ El	+ S	+ Od:		Das Kind klettert seiner Mutter auf den Schoß.
P	+ El	+ ss	+ Od:		Mir gefällt es hier.
P	+ Em	+ S	+ Od:		Ich bin dir dankbar.
P	+ Em	+ ss	+ Od:		Dir geht es gut.
P	+ Eo	+ S	+ Od:		Ich leiste dir Gesellschaft.
P	+ Eo	+ S	+ so:		Die Frau hat sich das Leben genommen.
P	+ E	+ S	+ Op:		Ich bin mit meinem Chef ins reine gekommen.
P	+ E	+ ss	+ Op:		Mit dem Patienten geht es zu Ende.
P	+ Em	+ S	+ Op:		Petra ist auf dich eifersüchtig.
P	+ Em	+ ss	+ Op:		Um mich steht es schlecht.
P	+ Eo	+ S	+ Op:		Auf deinen Besuch lege ich großen Wert.
P	+ Em	+ S	+ Og:		Der Mann ist des Betrugs verdächtig.
P	+ En	+ S	+ Og:		Er wurde aller Schwierigkeiten Herr.
P	+ Em	+ Em	+ S:		Die alte Vase ist dreihundert Mark wert.
P	+ Es	+ El	+ so:		Die Schlägerei hat sich vor dem Wirtshaus abgespielt.

Fünfgliedrige Satzstrukturen:

P	+ S	+ so	+ Oa	+ Op:		Mein Freund hat sich von mir Geld geliehen.
P	+ E	+ S	+ Oa	+ Od:		Hans will mir seinen Wagen zur Verfügung stellen.
P	+ E	+ S	+ so	+ Oa:		Ich habe mir deinen Rat zu Herzen genommen.
P	+ E	+ S	+ Oa	+ Op:		Ich werde dich vor den Leuten in Schutz nehmen.
P	+ Em	+ S	+ Oa	+ Op:		Ich werde Sie mit meinem Chef bekannt machen.
P	+ Em	+ S	+ so	+ Op:		Du machst dich über mich lustig.
P	+ Em	+ S	+ Oa	+ Og:		Der Richter sprach den Angeklagten des Mordes schuldig.
P	+ Eo	+ S	+ so	+ Op:		Ich nehme mir mit der Arbeit Zeit.
P	+ E	+ Em	+ S	+ Oa:		Wir haben dich als einen guten Schüler in Erinnerung.
P	+ Em	+ El	+ ss	+ so:		Auf dem Stuhl sitzt es sich bequem.
P	+ Em	+ El	+ ss	+ Od:		Hier gefällt es mir gut.

Ü 119 Übersetzen Sie obige Sätze in Ihre Muttersprache. Vergleichen Sie, welche Satzstrukturen mit den Satzstrukturen in Ihrer Muttersprache übereinstimmen und wo sie davon abweichen.

Ü 120 Bilden Sie mit den angegebenen Strukturteilen Sätze und formulieren Sie sie zu sinnvollen Äußerungen, indem Sie strukturunabhängige Satzglieder (vgl. Angaben, S. 70) hinzufügen. Verwenden Sie dabei die für die Äußerung geeigneten Zeitformen (S. 30 ff.).

Richtig:

(1) abfahren / Zug (2) einstürzen / Hausruine (3) schneien / es (4) stocken / Verkehr (5) drohen / Gefahr (6) geschehen / ein Unglück (7) frieren / ich (8) haben / wir / ein schöner Garten (9) treffen / Petra / ihr Freund (10) schämen / sich / Inge (11) verspäten / sich / wir (12) helfen / Paul / sein Vater (13) gefallen / dein neuer Wagen / ich (14) gehören / der Wagen / unser Chef (15) gelingen / Experiment / der Forscher (16) kämpfen / unsere Sportler / der Sieg (17) arbeiten / der Autor / neuer Roman (18) warten / die Leute / der Bus (19) bezichtigen / man / mein Kollege / der Betrug (20) fal-

Der Satz 4

len / in Ohnmacht / die Frau (21) treten / in Kraft / das neue Gesetz
(22) wohnen / in Salzburg / mein Onkel (23) gehen / schwimmen / meine Freunde
(24) verlängern / bis Mittwoch / man / der Film (25) dauern / eine Stunde /
die Fahrt (26) aussehen / gut / du (27) zeigen / Mut / die Jungen (28) machen
/ die Betten / meine Frau (29) sagen / die Wahrheit / der Junge (30) sein /
Dr. Meier / ein guter Arzt

wie Übung 120

Ü 121
Richtig:

(1) sein / ein voller Erfolg / das Fest (2) schlagen / es / zehn (3) sein /
deiner Meinung / ich (4) hinziehen / sich / die Arbeit (5) zittern / die Knie
/ ich (6) dauern / bis in die Nacht / die Party (7) geschehen / aus Unvorsichtigkeit / der Unfall (8) leihen / meine Schwester / ich / ihr Fahrrad (9) erklären / der Lehrer / du / die Regeln (10) vorziehen / ich / Wein / Bier
(11) erinnern / ich / du / dein Versprechen (12) absehen / es / der Mann /
mein Geld (13) fehlen / es / ich / Geld (14) nehmen / beim Wort / ich / Sie
(15) setzen / sich / in Bewegung / der Zug (16) abholen / von der Post / wir
/ das Paket (17) begeben / sich / der Minister / die Botschaft (18) befinden
/ sich / über den Wolken / das Flugzeug (19) begeben / sich / der Redner / das
Podium (20) behandeln / freundlich / die Leute / ich
(21) behandeln / der Arzt / ich (22) haben / satt / ich / die Arbeit (23) stehen / gut / finanziell / sich / Peter (24) benehmen / schlecht / sich / der
Junge (25) haben / gut / es / du (26) stellen / zur Verfügung / mein Vater /
sein Wagen / ich (27) sehen / ähnlich / Inge / ihre Mutter (28) sein / zu
langweilig / das Buch / ich (29) machen / ein Spaß / mein Sohn (30) abstatten
/ ein Besuch / der Direktor / der Minister

wie Übung 120

Ü 122
Richtig:

(1) sein / gespannt / ich / dein Bericht (2) sein / überzeugt / wir / deine
Unschuld (3) stehen / schlecht / es / der Kranke (4) sein / überdrüssig / die
Frau / ihr Leben (5) sein / wert / eine Menge Geld / der Schmuck (6) sein / zu
Hause / in Stuttgart / Frau Müller (7) erzählen / Hans / wir / seine Reise /
viel Interessantes (8) unterhalten / sich / ich / mein Vater / meine Reisepläne (9) nehmen / in Schutz / ich / du / die Angriffe (10) machen / aufmerksam / ich / Sie / ein Irrtum (11) machen / bekannt / ich / du / mein Kollege
(12) machen / verantwortlich / wir / Sie / der Schaden (13) machen / lustig /
du / ich (14) sein / überlegen / an Kraft / der Büffel / der Löwe (15) sein /
bewußt / keine Schuld / sich / ich (16) fahren / gut / es / sich auf dieser
Straße (17) gefallen / gut / es / bei euch / ich (18) sein / voll des Lobes /
deine Mutter / du

„Verschränkte" Satzstrukturen

Manchmal sind die Prädikatsstellen von zwei unterschiedlichen Prädikaten besetzt, von denen
sich das eine auf das Subjekt und das andere auf das Objekt bezieht. Hier greifen dann zwei Satzstrukturen ineinander, z.B. beim Ausdruck von Wahrnehmungen und beim Gebrauch der Verben
„lassen", „bitten" und anderen (S. 50 f.); dies sind „verschränkte" Satzstrukturen.

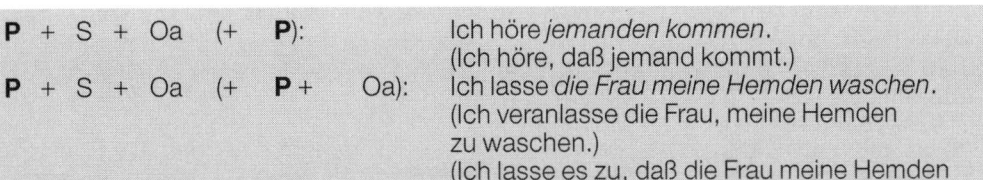

P + S + Oa (+ **P**):	Ich höre *jemanden kommen*.
	(Ich höre, daß jemand kommt.)
P + S + Oa (+ **P** + Oa):	Ich lasse *die Frau meine Hemden waschen*.
	(Ich veranlasse die Frau, meine Hemden
	zu waschen.)
	(Ich lasse es zu, daß die Frau meine Hemden
	wäscht.)

4 Der Satz

P + S + Oa (+ **P** + **E**I):	Ich sehe *Hans ins Haus kommen.* (Ich sehe, daß Hans ins Haus kommt.) Ich habe *zwei Anzüge im Schrank hängen.* (Ich habe zwei Anzüge; sie hängen im Schrank.)
P + S + Oa (+ **P** + Od):	Ich bitte *dich, mir zu helfen.* (Ich bitte dich. Hilf mir!)
P + S + Oa (+ **P** + **E**I):	Ich bitte *dich, nach Hause zu kommen.* (Ich bitte dich. Komm nach Hause!)
P + S + Od (+ **P** + Oa):	Ich rate *dir, einen Arzt aufzusuchen.* (Ich rate dir. Such einen Arzt auf!)

(S. 77 und Infinitivsätze, S. 198)

Ü 123 Sie nehmen folgende Sachverhalte wahr oder haben sie wahrgenommen. Äußern Sie sich entsprechend! Achten Sie auf die Zeitformen!

(1) *sehen:* Der Bus kommt. (2) *fühlen:* Dein Herz schlägt. (3) *hören:* Die Vögel singen im Wald. (4) *hören:* Über unser Hotel sind nachts Flugzeuge hinweggeflogen. (5) *sehen:* Das Unheil ist gekommen. (6) *hören:* Die Nachbarn sind nach Hause gekommen. (7) *nicht sehen:* Die Schwierigkeiten sind auf uns zugekommen. (8) *hören:* Ein Wagen ist gekommen und wieder weggefahren.

Ü 124 Formen Sie die Äußerungen, die Bitten oder Ratschläge enthalten, um!

(1) *raten:* Du solltest sorgfältiger arbeiten. (2) *bitten:* Möchtest du mir in der Werkstatt helfen? (3) *bitten:* Bitte schreiben Sie mir diesen Text noch einmal ab! (4) *raten:* Sie sollten dieses Buch gründlich lesen. (5) *raten:* Ihr Sohn sollte sich einmal bei der Firma Schmidt bewerben. (6) *bitten:* Schließen Sie bitte die Haustür ab, wenn Sie nachts nach Hause kommen! (7) *raten:* Du solltest nicht so viel rauchen, wenn du gesund bleiben willst. (8) *raten:* Sie sollten sich nicht überarbeiten, wenn Ihnen Ihre Gesundheit lieb ist.

B Die Satztypen

Im Deutschen unterscheidet man vier Satztypen, die von der Stellung des Prädikats (S. 21) bestimmt werden. Die Stellung der Satzglieder richtet sich nach den Prädikatsstellen (S. 27, 28).

	Vorfeld	Satzfeld	(Nachfeld)
Satztyp A	.... **P¹**	.... (**P²**)	(........)
Satztyp B	**P¹**	.... (**P²**)	(........)
Satztyp C	**V**	.... **P**	(........)
Satztyp D		.... **P**	(........)

Bei den *Satztypen A und B* besteht das Prädikat meist aus zwei Teilen (**P¹** und **P²**), die im Satz an zwei exponierten Stellen stehen.
Vor, zwischen und hinter den Prädikatsstellen entstehen so drei Felder, die die Satzglieder aufnehmen: das *Vorfeld*, das *Satzfeld*, das *Nachfeld*.
Das Nachfeld kann bei allen Satztypen auftreten.
Beim *Satztyp C* steht vorn, statt eines Prädikatsteils, ein Verbindungsteil (**V**); das ist z.B. eine Konjunktion (S. 120), ein Relativpronomen (S. 182), ein Relativadverb (S. 173) oder ein Satzglied mit einem Fragewort.

Der Satz 4

Im Vorfeld und im Nachfeld kann nur ein Satzglied oder ein Gliedsatz stehen.

Die Satztypen im einzelnen

Den **Satztyp A** bilden Mitteilungssätze und Fragesätze mit Fragewörtern (Ergänzungsfragen S. 212).
      Unser Zug **fährt** morgen um 18.30 Uhr von hier **ab**.
      Wann **fährt** unser Zug morgen von hier **ab**?

Den **Satztyp B** bilden Entscheidungsfragen (S. 212), Imperativsätze (S. 25) und Konditionalsätze ohne einleitende Konjunktion (S. 136).
    Seid ihr gestern abend im Theater **gewesen**?
    Steigen Sie bitte schnell **ein**!
    Sollte Hans nicht pünktlich **kommen**, (fahren wir ohne ihn weg.)

Den **Satztyp C** bilden die Gliedsätze (S. 96) und die Attributsätze (S. 99).
    Als wir gestern vom Urlaub **zurückkamen**, (hat uns Fritz vom Bahnhof abgeholt).
    (Wer ist der Mann,) **den** du gestern in München **getroffen hast**?
    (Ich möchte gern wissen,) **was** du über mich **denkst**.
    (Ich bin gekommen,) **um** dir bei der Arbeit **zu helfen**.

Den **Satztyp D** bilden die Infinitivsätze (S. 200) und die Partizipsätze (S. 203).
    (Wir hoffen,) Sie bald in unserem neuen Haus *begrüßen* **zu können**.
    (Die Zurückbleibenden standen), lebhaft mit den Taschentüchern **winkend**, (auf dem Bahnsteig und schauten dem Zug nach.)

Bestimmen Sie bei folgenden Sätzen den Satztyp! (vgl. „Satzbauhelfer")   **Ü 125** Richtig:

(1) Wenn zwei heiraten wollen, gehen sie zum Standesamt. (2) Sie bestellen dort das Aufgebot. (3) Was brauchen sie dazu? (4) Sie brauchen dazu vor allem Urkunden. (5) Das sind die Geburtsurkunde und der Nachweis der Staatsangehörigkeit. (6) Im Rathaus wird dann am Schwarzen Brett das Aufgebot ausgehängt. (7) Vielleicht fragen Sie, (8) ob das überall so Brauch ist. (9) In der Bundesrepublik ist das überall so. (10) Das Aufgebot wird im Rathaus ausgehängt, (11) um die Öffentlichkeit über die Absicht der Heiratswilligen zu informieren.

Setzen Sie die Prädikate ein! (vgl. „Satzbauhelfer")   **Ü 126** Richtig:

(1) *geht / traut*: Am Hochzeitstag das Brautpaar mit zwei Trauzeugen zum Standesamt, wo es der Standesbeamte. (2) *sind*: Danach die beiden verheiratet. (3) *schließt an*: Für die meisten jungen Paare sich dann oder ein paar Tage später die kirchliche Trauung. (4) *gibt / verzichten*: Es aber auch viele Paare, die auf eine kirchliche Trauung. (5) *vorausgehen muß / wird gewünscht / ist / dazugehört*: Die kirchliche Trauung, der nach dem Gesetz die standesamtliche, zumeist aus Gründen der Tradition und weil es so romantisch und eben zu einer richtigen Hochzeit. (6) *spielen*: Glaubensfragen dabei nur noch selten eine Rolle.

wie Übung 126   **Ü 127** Richtig:

(1) *finden zusammen*: Nach der Trauung sich die Familien und Freunde des neuvermählten Paares zu einer Feier. (2) *zieht zurück / begibt*: Nach altem Brauch sich das Brautpaar im Laufe des Nachmittags oder Abends von der Feier und sich auf die Hochzeitsreise. (3) *variieren*: In verschiedenen Gegenden Deutschlands und bei den unterschiedlichen sozialen Schichten die Hochzeitsbräuche.

81

4 Der Satz

C Die Stellung der Satzglieder auf dem Satzfeld (vgl. „Satzbauhelfer")

Auf dem Satzfeld sind *12 Stellplätze* erkennbar, die von Satzgliedern besetzt werden. Die angegebenen Zahlen regeln die Reihenfolge der Satzglieder.
Stellungsfeste Satzglieder besetzen die **rot** markierten Stellplätze (Stellplatz ①, ②, ③ und ⑪, ⑫).
Stellungsvariable Satzglieder besetzen die **blau** markierten Stellplätze (Stellplatz ④, ⑤, ⑥, ⑦).
Die **grün** markierten Stellplätze sind **offene** Plätze, die in bestimmten Äußerungen von stellungsvariablen Satzgliedern besetzt werden (Stellplatz ⑧, ⑨, ⑩).
Der *Stellplatz* Ⓐ im Vorfeld des Satztyps A (S. 80) nimmt das Satzglied auf, das den Rede-/Textzusammenhang herstellt (S. 85).
Der *Stellplatz* Ⓩ im Nachfeld nimmt vor allem Gliedsätze und sonstige Nachträge auf (S. 86).

```
P¹/V . . . . . . . . . . . . . . . . . . . . . . . . . . . . . ./. . . . . . . . . . . . . . . . . . . . . . . . . . . . . . P²/P
_____ Kontaktbereich _____/_____ Informationsbereich _____
_____ Satzfeld _____
```

Auf dem Satzfeld gibt es zwei Bereiche: den *Kontaktbereich* und den *Informationsbereich*.
Im Kontaktbereich stehen Satzglieder, die Bekanntes, vorher Erwähntes enthalten. Im Informationsbereich stehen Satzglieder, die die neue Information enthalten und Äußerungsanlaß sind.

Die Stellplätze im einzelnen

Auf den **festen Stellplätzen** ①, ②, ③ stehen in der angegebenen Reihenfolge Personalpronomen, wenn sie Subjekt (s), Akkusativobjekt (oa) und Dativobjekt (od) sind; das unbestimmte Pronomen „**man**" besetzt ebenfalls den Stellplatz ①.
Auf den **Stellplätzen** ④, ⑥, ⑦ stehen in der angegebenen Reihenfolge Subjekt (S), Dativobjekt (Od) und Akkusativobjekt (Oa).
Auf dem **Stellplatz** ⑤ stehen die Angaben (A).
Die Satzglieder auf den Stellplätzen ④ – ⑦ können in die offenen **Stellplätze** ⑧, ⑨, ⑩ hinüberwechseln, wenn sie einen höheren Mitteilungswert erhalten und im Informationsbereich herausgehoben werden sollen.
Auf den **festen Stellplätzen** ⑪, ⑫ stehen in der angegebenen Reihenfolge das Präpositionalobjekt (Op / pronominal: op), das Genitivobjekt (Og) und Prädikatsergänzungen (**E**) jeder Art.
   Bem.: Niemals sind alle Stellplätze gleichzeitig besetzt, sondern immer nur einige wenige; die Stellplatzziffern regeln nur die Reihenfolge der Satzglieder untereinander.

Zur Intonation

Mit der Stellung geht bei mündlichen Äußerungen auch die Intonation einher. Sie kann bestimmte Umstellungen aufheben, ist aber für den Intonationsverlauf eines Satzes (Sprechtakte) und für den Äußerungszweck entscheidend.
   Erklärung der Betonungszeichen (vgl. „Satzbauhelfer"):
      . = tonlos
      ○ = unbetont
      ● = leicht betont
      ▽ = Satzton, stärkster Ton in einem „neutral" geäußerten Satz
      ▼ = Schwerton, stärkster Ton einer Äußerung, wenn ein bestimmter Einzelinhalt des Satzes hervorgehoben werden soll

Intonationsregel 1

Personalpronomen auf Platz ①, ②, ③ und Ⓐ schließen sich tonlos/unbetont an den 1. Prädi-

Der Satz 4

katsteil an und bilden mit ihm eine Lautgruppe, einen „Sprechtakt". Artikel und Präpositionen schließen sich ebenfalls tonlos dem folgenden Wort an.

    Gibst du mir / das Buch? – Habe ich es dir / nicht schon gegeben?
    ● . ○/ . ▼   ● .○ . ●/ ○ ○ .▼ .

Intonationsregel 2

Wenn die Plätze ⑧ – ⑩ unbesetzt bleiben, sind alle Satzglieder gleich gewichtig, da ihre Inhalte bekannt oder aus dem Redezusammenhang verständlich sind. Bei solchen „neutralen", mündlichen Äußerungen ist der Satzton (▼) als stärkster Akzent hörbar. Der Satzton liegt auf dem 2. Prädikatsteil (**P²**), wenn diese Prädikatsstelle besetzt ist, andernfalls liegt er auf dem ersten Prädikatsteil. Beim Satztyp C (S. 80 und „Satzbauhelfer"), bei dem der Satz mit dem vollständigen Prädikat das Satzfeld abschließt, liegt der Satzton auf dem sinntragenden Teil des Prädikats (**P**).

    Beispiele:
Hast du gestern deiner Freundin die Blumen geschickt? –
● ○● . ○ . ● . . ● . . . ▼ ? –
Ja, ich habe sie ihr gestern geschickt.
●○ ● . ● ○ . . ▼
Ja, ich habe sie gestern meiner Freundin geschickt.
●, ○ ○ . . ○ . ○ . ● . . ▼
Ja, ich habe ihr gestern die Blumen geschickt.
●○ ● .. ○ . . ● . ▼
Ich sagte bereits, daß ich ihr gestern die Blumen geschickt habe.
    ○ ○ ○ . . ● . . ▼ ○ .

Lesen Sie die Sätze laut und markieren Sie Betonungszeichen! (S. 82)   **Ü 128** Richtig:

(1) Hat dein Freund schon ein Zimmer gefunden? – Gestern habe ich ihm im Hotel ein Zimmer besorgt. (2) Haben eure Kunden die bestellten Waren schon bekommen? – Nein, wir können sie erst morgen liefern. (3) Wie bekommen die Bauarbeiter ihren Lohn? – Die Firma zahlt ihn freitags aus. (4) Sie suchen Arbeit? Wissen Sie nicht, daß das Arbeitsamt offene Stellen vermittelt? (5) Die Bibliothek hat mir mitgeteilt, daß ich die entliehenen Bücher schnellstens zurückgeben soll. (6) Ist das Päckchen an deine Eltern schon fort? – Ja, gestern habe ich es ihnen geschickt.

Stellen Sie die Präpositionalobjekte (Op) auf Platz ⑪ und setzen Sie Betonungszeichen!   **Ü 129** Richtig:

(1) *auf mich:* Habt ihr gestern etwa gewartet? (2) *an seinem neuen Roman:* Der Schriftsteller hat mehrere Jahre gearbeitet. (3) *vor dem Hochwasser:* Die Bewohner der Ortschaft sind geflüchtet. (4) *über die hohen Preise:* Die Hausfrauen klagen überall in der Welt. (5) *auf seinen Erfolg:* Der junge Mann vertraut unerschütterlich. (6) *um euer schönes Haus:* Weißt du, daß euch eure Nachbarn beneiden? (7) *um etwas Geld:* Peter kam zu mir und wollte mich wieder einmal bitten. (8) *auf einen Fehler:* Ich muß Sie leider aufmerksam machen.

Intonationsregel 3

Wenn der Platz ⑫ besetzt ist – dort stehen nur Prädikatsergänzungen (**E**) –, wechselt der Satzton (▼) zur Prädikatsergänzung über.
    vgl. Ich habe meinem Freund das Buch geschenkt.
        ○ ● . ○ . ○ . ● . ▼
    Ich habe meinem Freund das Buch zum Geschenk gemacht.
        ○ ● . ○ . ● ○ . ▼ .○

4 Der Satz

Ü 130

Lesen Sie die Sätze laut und markieren Sie jeweils den Satzton!

(1) Darf ich Sie auf etwas aufmerksam machen? (2) Während der Debatte hatte der Abgeordnete mehrmals ums Wort gebeten. (3) Wie heißen Sie noch? Ich komme nicht mehr auf Ihren Namen. (4) Hier ist gerade ein Lastwagen um die Ecke gebogen. (5) Der Chef hat meinen Kollegen zum Abteilungsleiter befördert.

Intonationsregel 4

In mündlichen Äußerungen erhält das Satzglied, das einen höheren Aussagewert hat, den **Schwerton** (▼). Der Satzton (▼) bleibt dabei erhalten. In schriftlichen und auch in mündlichen Äußerungen wechselt das Satzglied mit Schwerton (▼) seinen Stellplatz und besetzt einen der Stellplätze im Informationsbereich (Platz ⑧, ⑨, ⑩). (vgl. „Satzbauhelfer").

Beispiele:
Im folgenden Satz sind alle Inhalte gleichgewichtig. Der Satzton (▼) liegt auf dem Prädikat oder, wenn vorhanden, auf der Prädikatsergänzung.

    Sicher hat Karl gestern seinem Freund ein Buch geschenkt.
    ● . ○ ● ○ . ○ . ● ○ ● . ▼
    Sicher hat Karl gestern seinem Freund ein Buch zum Geschenk gemacht.
    ● . ○ ● ○ . ○ . ● ○ ● . ▼ . ○

In folgenden Sätzen wird derselbe Sachverhalt beschrieben. Jedoch wird in jedem der Sätze ein anderes Satzglied durch Schwerton (▼) hervorgehoben, weil jedem der Sätze eine andere Sprech- oder Fragesituation zugrunde liegt. Der Satzton (▼) bleibt immer erhalten.
Mündliche Äußerung (ohne Stellenwechsel):

    Sicher hat Karl gestern seinem Freund das Buch geschenkt.
    ● . ○ ● ○ . ○ . ○ ○ ▼ . ▼
    . . . zum Geschenk gemacht.
    . . ▼ . ○

    Sicher hat Karl gestern seinem Freund das Buch geschenkt.
    ● . ○ ● ○ . ▼ ○ ● . ▼
    . . . zum Geschenk gemacht.
    ○ . ▼ . ○

Mündliche/schriftliche Äußerung (mit Stellenwechsel auf Platz ⑩):
    Sicher hat Karl gestern das Buch seinem Freund geschenkt.
    ○ . ▼ . ▼
    . . . seinem Freund zum Geschenk gemacht.
    ○ . ▼ . ○ . ▼ . ○
    Sicher hat Karl seinem Freund das Buch gestern geschenkt.
    ▼ . ▼
    . . . gestern zum Geschenk gemacht.
    ▼ . . ▼ . ○

Ü 131

Stellen Sie die angegebenen Satzglieder in den Informationsbereich. (vgl. „Satzbauhelfer"). Lesen Sie die Sätze laut und markieren Sie in jedem Satz den Schwerton (▼)!

(1) Wahrscheinlich wird Peter morgen seinen Eltern die Sachen bringen.
a. die Sachen b. seinen Eltern c. morgen d. morgen die Sachen
(2) Hast du gestern den Kindern den Ball gegeben?
a. den Ball b. den Kindern c. gestern d. gestern den Ball e. gestern den Kindern
(3) Ich glaube, daß Hans nächste Woche dem Lehrer das Buch zurückbringen wird.
a. das Buch b. dem Lehrer c. nächste Woche d. nächste Woche das Buch

Der Satz 4

e. *nächste Woche dem Lehrer*   f. *Hans dem Lehrer das Buch*
(4) Hat Heinz heute seine Mutter um Taschengeld gebeten?
a. *um Taschengeld*   b. *heute*   c. *Heinz seine Mutter*
(5) Hat Herr Müller neulich seiner Nachbarin die schönen Blumen schicken lassen?
a. *die schönen Blumen*   b. *seiner Nachbarin*   c. *neulich*   d. *neulich seiner Nachbarin*   e. *Herr Müller seiner Nachbarin die schönen Blumen*   f. *Herr Müller seiner Nachbarin*
(6) Die Polizei meldete, daß der Dieb gestern nacht von einigen Passanten gesehen worden ist.
a. *gestern nacht*   b. *der Dieb*   c. *von einigen Passanten*

Wiederholen Sie die Übung ohne Stellenwechsel! Achten Sie auf den Schwerton!

Ü 132

D Das Vorfeld mit dem Stellplatz Ⓐ

Der Satztyp A (vgl. „Satzbauhelfer") steht in Rede- / Textzusammenhängen und unterscheidet sich von den anderen Satztypen durch ein externes Feld, das Vorfeld mit dem Stellplatz Ⓐ; Platz Ⓐ nimmt das Satzglied auf, das den Rede-/Textzusammenhang herstellt, unabhängig von der Funktion im Satz.
Es treten solche Satzglieder/Gliedsätze (vgl. S. 96) ins Vorfeld, deren Inhalt den Hörenden/Lesenden auf die folgende Mitteilung vorbereitet oder einstimmt.

> **Gestern** bin ich auf dem Sportplatz gewesen. **Dort** habe ich ein schönes Handballspiel gesehen.

Bei Ergänzungsfragen (vgl. S. 212) besetzen Fragewörter („w-Wörter") den Platz Ⓐ im Vorfeld.

> **Wann** warst du auf dem Sportplatz?
> **Wo** hast du das Handballspiel gesehen?
> **Welche Vereine** haben dort gespielt?
> **Wie** ist das Spiel ausgegangen?

Die Konjunktionen „**und**", „**aber**", „**oder**" und „**denn**" werden, wenn sie Satzsysteme verbinden, den Satzsystemen *zwischengeschaltet*; sie stehen *isoliert* und beanspruchen daher keinen Stellplatz. (vgl. S. 116)

> *Vater* ging jeden Tag in die Fabrik, **und** *Mutter* mußte sich um ihren Haushalt kümmern.

Bei Satzsystemen, die mit „und" verbunden werden, kann das Vorfeld auch für den angeschlossenen Satz gelten, wenn beide Sätze dasselbe Subjekt haben und dieses normalerweise ins Vorfeld des angeschlossenen Satzes treten sollte.

> Heute fährt *Vater* weg, **und** morgen abend ist *er* wieder zurück.
> Heute fährt *Vater* weg **und** ist morgen abend wieder zurück.

Wenn ein Vorfeld für beide Sätze gilt, werden beim schriftlichen Ausdruck die Satzsysteme nicht durch **Komma** voneinander getrennt.

Wenn in einigen Redesituationen das Vorfeld nicht mit einem Satzglied besetzt wird, wird der unbesetzte Stellplatz Ⓐ mit dem inhaltsleeren Pronomen „es" besetzt, das hier *„Platzfüller"* ist, um den Satztyp A zu erhalten, z.B. bei kurzen Feststellungen, Urteilen und ähnlichem.

> **Es** haben sich gestern zum Vortrag viele Zuhörer eingefunden.
> vgl.:
> Gestern haben sich zum Vortrag viele Zuhörer eingefunden.
> Haben sich gestern zum Vortrag viele Zuhörer eingefunden?

Lesen Sie einen Text und unterstreichen Sie dort alle Satzglieder/Gliedsätze, die den Platz Ⓐ im Vorfeld besetzt haben. Stellen Sie dabei fest, wie damit die Textanschlüsse hergestellt worden sind.

Ü 133

4 Der Satz

Ü 134
Richtig:

Im folgenden Text, einem Lebenslauf, beginnen die Sätze mit dem Subjekt auf Platz (A) im Vorfeld. Tauschen Sie diese, wo Sie es für besser halten, gegen andere Satzglieder aus dem Satzfeld aus, damit der Text flüssig zu lesen ist!

Ich wurde am 11. Mai 1960 in Bremen geboren. Ich verbrachte meine Kindheit in Münster in Westfalen. Ich trat nach vierjährigem Besuch der Grundschule 1970 in die Realschule in Münster ein. Ich begann nach Abschluß der Realschule mit der „Mittleren Reife" im Jahre 1976 in Münster die Lehre als Bankkaufmann. Ich besuchte während meiner Lehrzeit die Berufsfachschule. Ich arbeitete nach meiner Lehre in einer Filiale der Deutschen Bank in Rheine in Westfalen als Bankangestellter. Ich wurde 1982 zum Wehrdienst eingezogen. Ich ging dann nach meiner Entlassung aus der Bundeswehr zu meiner Bank zurück und arbeite dort weiterhin als Bankangestellter in der Effektenabteilung.

Ü 135
Richtig:

wie Übung 134

Meine Tochter studiert in Frankfurt am Main Jura. Sie ist jetzt im 6. Semester. Sie wohnt zusammen mit einer Studienkollegin in einem Studentenwohnheim. Sie bereitet sich zur Zeit auf ihr Staatsexamen vor. Sie möchte nach ihrem Studium am liebsten Anwältin werden. Sie wird voraussichtlich ein paar Jahre in der Anwaltspraxis meines Bruders in Wiesbaden arbeiten können. Sie möchte sich aber eines Tages selbständig machen und eine eigene Anwaltspraxis gründen. Es werden sicherlich bis dahin noch einige Jahre vergehen.

Ü 136
Richtig:

wie Übung 134
Glätten Sie den folgenden Text über ein aktuelles Problem durch Umstellung der Satzglieder auf Platz (A) im Vorfeld!

Das Problem der Gastarbeiterkinder

Viele deutsche Firmen waren in den sechziger Jahren gezwungen, ausländische Arbeitskräfte anzuwerben. Es war die Zeit der Hochkonjunktur und der Vollbeschäftigung. Es war für viele Firmen unmöglich, deutsche Arbeitskräfte zu bekommen, weil es mehr freie Arbeitsplätze als Arbeitskräfte gab. Die Bergwerke, die Autoindustrie, die Bauunternehmen und viele Dienstleistungsbetriebe waren besonders davon betroffen. Die Firmen holten ihre Arbeitskräfte aus Ländern wie Italien, der Türkei, Jugoslawien und Spanien. Die Zahl der Gastarbeiter, wie man sie nannte, stieg im Laufe der Jahre auf über zwei Millionen an. Viele Gastarbeiter sind inzwischen fünfzehn und mehr Jahre in der Bundesrepublik. Viele haben ihre Familien nachkommen lassen, und eine große Anzahl von Gastarbeiterkindern sind in der Bundesrepublik aufgewachsen oder wurden hier geboren. Staat und Gesellschaft haben für diese Kinder besondere Verantwortung. Denn die heranwachsenden Gastarbeiterkinder haben es besonders schwer. Sie fühlen sich zum einen in der Bundesrepublik zu Hause, werden aber nicht als Einheimische angesehen, und man begegnet ihnen andererseits in ihrem Heimatland bereits mit Zurückhaltung. Sie gelten so in der Bundesrepublik wie auch in ihrer Heimat mehr oder weniger als Fremde.

E Das Nachfeld mit dem Stellplatz (Z)

Unabhängig vom Satztyp (vgl. S. 80 und „Satzbauhelfer") können alle Sätze einen Stellplatz im Nachfeld für ein Satzglied oder für einen Gliedsatz (Satztyp C), sowie auch für einen Attributsatz (vgl. S. 99) einräumen.

Der Satz 4

1. *Satzglieder*
als Nachtrag: Weißt du, **daß** wir *ein Ferienhaus* **haben** *direkt am See*?
                  Morgen **will** *Karl* zu uns **kommen** *mit seiner Freundin*.
bei Vergleichen: Wir **haben** *in diesen Ferien* mehr **erlebt** *als in den letzten*.
zur Berichtigung: Heute **kann** ich nicht zu euch kommen, *erst morgen*.
                  Die Feier **eröffnet** *nicht der Landrat, sondern der Minister*.

2. *Gliedsätze*
      Wir **sind** noch **geblieben**, *weil es uns hier gefällt*.
      Wann **fängst** du endlich **an**, *deine Sachen in Ordnung zu halten*?

3. *Attributsätze*, die Teil des letzten Satzglieds auf dem Satzfeld sind
      Hast du *das Kleid* **gekauft**, *das wir neulich im Schaufenster gesehen haben*?
Satzsysteme im Nachfeld werden im schriftlichen Ausdruck durch Komma vom übrigen Satzsystem getrennt.

Ordnen Sie die vorgegebenen Satzglieder bzw. Gliedsätze oder Attributsätze auf Platz (7) ins Nachfeld ein!

Ü 137 Richtig:

(1) *als es zu regnen anfing*: Wir waren gerade zu Hause angekommen. (2) *als hätten wir uns schon eine Ewigkeit nicht mehr gesehen*: Mir kommt es vor. (3) *als daß ich darauf verzichten würde*: Ich esse Eis zu gern. (4) *als vor dem Fernseher zu sitzen*: Du tust den ganzen Abend nichts anderes. (5) *bis meine Frau von zu Hause anruft*: Ich bleibe noch bei euch. (6) *damit etwas aus dir wird*: Ich lasse dich an der Universität studieren. (7) *doch anstrengend*: Ich erzählte Horst, daß unsere Reise sehr schön war. (8) *ohne die Zeche zu bezahlen*: Der Gast hatte das Wirtshaus verlassen. (9) *sofern nichts dazwischen kommt*: Ich werde euch morgen besuchen. (10) *sondern im Parterre*: Wir wohnen nicht im 1. Stock. (11) *sondern Deutsch*: Ich bin nicht hierher gekommen, um Englisch zu lernen. (12) *und nach London*: Rudolf sagte, daß er im Sommer nach Paris fahren will. (13) *wie jeder andere auch*: Gestern war ein arbeitsreicher Tag. (14) *den wir neulich kennengelernt haben*: Hast du den Jungen wiedergetroffen?

F Die Negation von Sachverhalten

Wenn man einen Sachverhalt in Abrede stellt, ihn also als nicht gegeben, nicht bestehend beschreibt, wird „**nicht**" oder „**kein**" + Kasuszeichen (vgl. S. 104) gebraucht.
„nicht" besetzt Platz (10) auf dem Satzfeld (vgl. „Satzbauhelfer").
      Wir sehen dich **nicht**.
      Ich habe gestern leider **nicht** auf dich warten können.

Folgende Sachverhalte bestehen nicht. Äußern Sie das mit der Negation „nicht"!

Ü 138 Richtig:

(1) Mein Vater arbeitet heute. (2) Hans fährt morgen nach München. (3) Wir können auf dich warten. (4) Der Taschendieb ist gestern gefaßt worden. (5) Die Kinder schlafen. (6) Ich habe den Brief an meinen Freund abgeschickt. (7) Ich wundere mich darüber, daß du den Wagen gekauft hast. (8) Der Nachbar hat mich gegrüßt. (9) Wir haben den Polizisten nach dem Weg gefragt. (10) Die Eltern haben sich um ihren Sohn gesorgt. (11) Dieses Restaurant ist sonntags geöffnet. (12) Daniela hat uns zu ihrem Geburtstag eingeladen. (13) Mein Bruder interessiert sich für Literatur. (14) Ich bin heute nachmittag ins Kino gegangen. (15) Gestern hat den ganzen Tag die Sonne geschienen. (16) Hattest du die Absicht gehabt, uns zu besuchen? (17) Wir wollen auf unserem Recht bestehen. (18) Inge ist mit ihrem Schicksal zufrieden.

4 Der Satz

Ü 139
Richtig:

Äußern Sie folgende Fragen in der negativen Form und bestätigen Sie den nicht zutreffenden Sachverhalt! Verwenden Sie in den Antworten möglichst Pronomen!
    Vorgabesatz: Kommt Peter heute?
    Ihre Frage: Kommt Peter heute nicht?
    Bestätigung: Nein, er kommt heute nicht.

(1) Willst du dem Jungen das Buch schenken? (2) Bleibt ihr heute abend zu Hause? (3) Hast du gestern auf mich gewartet? (4) Hast du den Film gesehen? (5) Hat der Chef von mir gesprochen? (6) Interessieren Sie sich für moderne Kunst? (7) Ist dieser Platz frei? (8) Kannst du mir helfen? (9) Haben Sie die Prüfung bestanden? (10) Freut ihr euch auf die Schule? (11) Gefällt dir mein neuer Wagen? (12) Schreibst du den Brief an deine Freundin? (13) Hat Ihr Chef Wort gehalten? (14) Du willst morgen nach Hamburg fahren? (15) Sind Sie in Berlin geboren? (16) Sie sind der Direktor dieser Schule? (17) Hast du bei der Diskussion das Wort ergriffen?

Ü 140
Richtig:

Die Sachverhalte in den Gliedsätzen bestehen nicht. Setzen Sie in die Gliedsätze „nicht" ein!

(1) Ich habe gehört, daß sich dein Vater den teuren Wagen kaufen will. (2) Stimmt es, daß meine Bilder deinem Freund gefallen haben? (3) Paul meint, daß du die Prüfung bestehen wirst. (4) Wer hat gesagt, daß wir gestern zu Hause gewesen wären? (5) Ich bin sicher, daß sich die Leute richtig verhalten haben. (6) Wie oft habe ich dir gesagt, daß du meinen Wagen waschen sollst.

Beim Satztyp C steht „nicht" vor der Personalform, wenn der Satz ein Präpositionalobjekt (Op) und/oder eine Prädikatsergänzung (**E**) enthält.
    Ich habe ihm geschrieben, daß ich morgen **nicht** werde nach Bonn kommen können.
    Der Richter wird dir vorhalten, daß du **nicht** hättest Fahrerflucht begehen dürfen.

Ü 141
Richtig:

Die Sachverhalte in den Gliedsätzen bestehen nicht. Setzen Sie in die Gliedsätze „nicht" ein!

(1) Hans sagte, daß er lange auf die Nachricht von seiner Firma habe warten müssen. (2) Eva meinte, daß ich dich hätte zur Rede stellen sollen. (3) Die Passanten sagten aus, daß der Dieb habe die Flucht ergreifen wollen. (4) Ich meine, daß ihr dem Chef von unseren Absichten hättet Bescheid geben sollen. (5) Vater sagte, daß wir morgen werden nach München fahren können.

Wenn ein Prädikatssubjekt (**E**s vgl. S. 67) oder ein Prädikatsobjekt (**E**o vgl. S. 69) verneint wird, vor dem der unbestimmte Artikel oder kein Artikel steht, besetzt „**kein**" + Kasuszeichen als vorangestelltes Attribut (vgl. S. 91) denselben Stellplatz wie das Prädikatssubjekt bzw. das Prädikatsobjekt. In diesem Fall trifft der ganze Sachverhalt nicht zu.

Ü 142
Richtig:

Folgende Sachverhalte bestehen nicht. Setzen Sie „kein" ein!

(1) Ich habe Hunger. (2) Heute machen wir einen Spaziergang. (3) Wir haben Zeit. (4) Gestern ist hier ein Unfall passiert. (5) Meiner Frau ist gestern in der Küche ein Malheur passiert. (6) Die Kinder haben den ganzen Tag Ruhe gehalten. (7) Hast du Lust, mit uns zu kommen? (8) Hast du Sorgen wegen der kommenden Prüfungen? (9) Morgen findet hier ein Konzert statt. (10) Spielt es denn eine Rolle, ob die Leute zufrieden sind oder nicht?

Ein nicht identifiziertes Objekt wird stets mit „**kein**" + Kasuszeichen verneint. „kein" ist unbetont.
    Er gibt mir Geld.   Er gibt mir **kein** Geld.
    . ● ○ ▼   . ● ○ ○ ▼

Der Satz 4

Sie kauft sich *ein* Kleid.   Sie kauft sich **kein** Kleid.

Verneinen Sie die Objekte!

Ü 143

(1) Ich habe hier in dieser Stadt einen Freund. (2) Hast du Briefmarken dabei? (3) Kannst du mir heute aus der Stadt eine Zeitung mitbringen? (4) Ich tue Zucker in den Kaffee. (5) Rauchst du Zigarren? (6) Möchten Sie ein Bier? (7) Wer von euch möchte Kuchen haben? (8) Wir besitzen in Österreich ein Ferienhaus.

Wenn bei einer Äußerung der Sachverhalt nur zum Teil zutrifft, wird der unzutreffende Teil des Satzes verneint. Die Negation kann sich auf das ganze Satzglied (vgl. S. 63) oder nur auf ein Attribut (vgl. S. 91) beziehen.
„**nicht**" steht auf demselben Stellplatz wie das Satzglied. Der verneinte Inhalt erhält den Schwerton (vgl. S.øø); auf Platz Ⓩ im Nachfeld folgt die Berichtigung.

Nicht ich wollte dich besuchen, sondern meine **Schwes**ter.

Wir wollten **nicht** mit dem **Wa**gen fahren, sondern mit dem **Zug**.

Wir wollten doch **nicht** mit **mei**nem Wagen fahren, sondern mit **dei**nem.

Das ist nicht der Wagen meines **Va**ters, sondern der meines **On**kels.

Das ist nicht **dein** Füller, sondern **mei**ner.

Verneinen Sie den nicht zutreffenden Teil des Sachverhalts, und schließen Sie die angegebene Berichtigung an. Achten Sie bei mündlichen Äußerungen auf den Schwerton!

Ü 144

(1) *eine Postkarte:* Ich habe Hans gestern einen Brief geschrieben. (2) *ein Segelboot:* Wir haben am Wallersee ein Motorboot. (3) *einen Videorecorder:* Mein Vater hat mir zum Geburtstag einen Computer geschenkt. (4) *Pfeife:* Vater raucht Zigarren. (5) *nur Rindfleisch:* Seit einiger Zeit mag Petra Schweinefleisch. (6) *einen Sohn:* Frau Braun hat eine Tochter bekommen. (7) *selbst gemacht:* Sie hat ihr Kleid gekauft. (8) *du:* Ich habe heute bei der Arbeit einen Fehler gemacht. (9) *euch:* Erich will uns morgen besuchen. (10) *Peter:* Das Fahrrad, das dort an der Hauswand steht, gehört mir.

wie Übung 144: Der nicht zutreffende Teil des Sachverhalts ist in einem Attribut enthalten.

Ü 145

(1) *blau:* Deine Schwester hatte gestern das rote Kleid an. (2) *billig:* Ihr habt in dem teuren Hotel gewohnt. (3) *eine Versicherungsagentur:* Mein Bruder ist der Leiter eines Reisebüros. (4) *China:* Das sind Studenten aus Japan. (5) *3. Stock:* Die Wohnung des Direktors liegt im 1. Stock. (6) *rechts:* Fahren Sie die zweite Straße links! (7) *Mutter:* Das ist Ilses Regenschirm. (8) *Frau:* Ich habe mit Herrn Müller gesprochen. (9) *dort hinten:* Ich wohne in diesem Haus. (10) *dein:* Das ist mein Mantel. (11) *vier:* Unsere Nachbarn haben drei Kinder.

Der nicht zutreffende Teil des Sachverhalts ist in einem Attribut enthalten. Das Satzglied steht mit dem unbestimmten Artikel oder ohne Artikel. Setzen Sie das Negationsattribut „kein" ein!

Ü 146

(1) *schlecht:* In der Schule war ich ein guter Schüler. (2) *klein:* Unser Dorf liegt an einem großen See. (3) *leicht:* Der alte Mann leistet schwere Arbeit. (4) *grün:* Ich werde mir ein blaues Kleid kaufen. (5) *groß:* Unser Bäcker bäckt

4 Der Satz

kleine Brötchen. (6) *schlau:* Meine Mutter sagte immer, daß ich ein dummes Kind gewesen sei.

Ü 147
Richtig:

Der nicht zutreffende Teil des Sachverhalts ist in einem agglutinierten Attribut enthalten. (vgl. S. 18) Verneinen Sie diese Attribute mit „nicht" oder mit „kein" + Kasuszeichen!

(1) *Haus:* Herr Schröder ist Gutsverwalter. (2) *Kalb:* Das ist Schweinefleisch. (3) *Gänse:* Die Marktfrau verkauft Hühnereier. (4) *Liebe:* Felix hat einen Geschäftsbrief geschrieben. (5) *Fabrik:* Ich sehe da hinten ein Stadttor. (6) *Zeichen:* Das ist sicher ein Rechenblock. (7) *Winter:* Ich ziehe heute einen Sommermantel an. (8) *Roggen:* Der Bäcker hier bäckt bestimmt Weißbrot.

Die Struktur der Satzglieder 5

A Der Gliedkern und die Attribute

Satzglieder setzen sich aus einem oder mehreren Wörtern zusammen. Der funktionstragende Teil ist der Gliedkern. Die Wörter, die sich um den *Gliedkern* gruppieren, sind *Attribute*.
    Der Bruder meiner Kollegin / *hat* / seiner **Frau** / **von** seiner letzten **Geschäftsreise** / einige hübsche **Andenken** / *mitgebracht*.

Aufgabe der Attribute ist es, den Inhalt von Wörtern näher zu erläutern (ein **großer** Wagen), zu identifizieren (**dieser** Wagen), zu charakterisieren (ein **schöner** Wagen), einzugrenzen (**nur** mit diesem Wagen) und vieles andere mehr.
Auch in einem Satzglied (Gliedkern + Attribute) gibt es eine Stellordnung. Attribute sind entweder dem Gliedkern *vorangestellt* oder *nachgestellt*. Einem vorangestellten Attribut kommt im allgemeinen noch eine besondere Aufgabe zu, nämlich das Funktionskennzeichen (Kasusform oder Präposition vgl. S. 104, 106) für den Gliedkern anzunehmen.

vorangestellt Attribut mit Funktionskennz.	– **Gliedkern** –	*nachgestellt* Attribut
der alte, verrostete	**Wagen**	in der Garage
ein klein**er**	**Junge**	auf der Straße
auf der breiten, verkehrsreichen	**Straße**	in der Stadtmitte

Außerdem unterscheidet man die Attribute an ihren Funktionskennzeichen:
Genitivattribut: das Haus **meines Vaters, Kölns** Oberbürgermeister
Präpositionalattribut: die Tiere **im Wald**, die Zeitung **von heute**
Konjunktionalattribut: die Welt **als Lebensraum**
    Bemerkung: Wenn ein Genitivattribut vorangestellt wird, verliert das folgende Nomen den Artikel und damit auch das Funktionskennzeichen (Kasusform).
    Ich kenne **Kölns** Oberbürgermeister / **den** Oberbürgermeister **von Köln**.
    Ich bin in **Vaters** Arbeitszimmer / **im** Arbeitszimmer **von Vater**.

Ebenso unterscheidet man die Attribute an ihren Inhalten:
Lokalattribut: der Zug **nach Hamburg**, wir **in Bayern**
Temporalattribut: die **heutige** Zeitung, die Woche **vor Ostern**
Possessivattribut: **mein** Zimmer, der Herr **des Hauses**, **Erikas** Freund
und andere

Eine besondere Art von Attribut ist die Apposition; das ist ein Attribut mit dem gleichen Kasuszeichen wie der Gliedkern:
    Kennen Sie **Herrn** Müller, **den** *Direktor der hiesigen Maschinenfabrik*?

Adjektive oder Partizipien als Attribute vor Nomen erhalten die Attributzeichen **-e** oder **-en**, *wenn ihnen ein Kasuszeichen vorangeht* (vgl. S. 106).
Die Endung **-e** nehmen sie nur vor Nomen im Nominativ Singular und vor neutralen und femininen Nomen auch im Akkusativ Singular an. In allen anderen Fällen erhalten sie die Endung **-en**.

Kasuszeichen vor dem Attribut:
    d**er** alte Mann: Kennst du d**en** alt**en** Mann?   –   mit d**em** alt**en** Mann
    d**ie** junge Frau: Kennst du d**ie** junge Frau?   –   mit d**er** jung**en** Frau
Wenn attributiven Adjektiven und Partizipien *kein Kasuszeichen vorangeht*, erhalten sie die Kasuszeichen.

Kein *Kasuszeichen vor dem Attribut*:
    stark**er** Kaffee: Ich trinke gern stark**en** Kaffee.
    ein klein**es** Lokal: Ich kenne hier ein hübsch**es**, klein**es** Lokal.

5 Die Struktur der Satzglieder

Ü 148

Setzen Sie die Wörter als Attribute ein.

(1) *alt, verfallen, auf dem Berg:* Wir wollen die Burg besichtigen. (2) *neu, am See:* Wir haben in dem Hotel gewohnt. (3) *mein Sohn:* Gestern habe ich mit dem Lehrer gesprochen. (4) *Vater:* Das hier ist der Hobbyraum. (5) *Paul, neu:* Bist du schon einmal mit dem Motorrad gefahren? (6) *der Zug:* Die Reisenden warten auf die Ankunft. (7) *in Oberbayern:* Bad Reichenhall ist ein Kurort. (8) *hiesig:* Ich bin vier Jahre ins Gymnasium gegangen. (9) *nächst, rechts:* Das Büro ist die Tür. (10) *mein:* Hast du Bruder gesehen?

Ü 149

wie Übung 148

(1) *bewacht:* ein Parkplatz – auf einem Parkplatz (2) *städtisch:* die Behörde – bei der Behörde (3) *polizeilich:* eine Kontrolle – bei der Kontrolle (4) *vergangen:* die Nacht – in der Nacht (5) *verschneit:* eine Straße – auf einer Straße (6) *lang, streng:* ein Winter – während eines Winters (7) *rot:* ein Anorak – mit einem Anorak (8) *geraubt:* das Geld – mit dem Geld (9) *unfrankiert:* ein Brief – für einen Brief (10) *beschädigt:* ein Haus – in dem Haus

Attribute bei Verbalnomen

Wird in weiterführender Rede ein bekannter oder vorher beschriebener Sachverhalt erwähnt, erfolgt dies durch ein Satzglied, in dem alle notwendigen Informationen enthalten sind. Gliedkern ist bei diesen Satzgliedern ein Verbalnomen (S. 144).

Gestern ist von der Grenzpolizei am Grenzübergang nach Österreich ein Schmuggler verhaftet worden.

In der Zeitung wurde ausführlich über **die gestrige Verhaftung eines Schmugglers am Grenzübergang nach Österreich durch die Grenzpolizei** berichtet.

Satzstruktur	Struktur des Satzglieds
Prädikat: *... ist ... verhaftet worden*	**Gliedkern** (Verbalnomen): die *Verhaftung*
Subjekt: *ein Schmuggler* ist verhaftet worden	**Genitivattribut** zum Gliedkern: die Verhaftung *eines Schmugglers*
Temporalangabe (At): *gestern*	**Temporalattribut** zum Gliedkern: die *gestrige* Verhaftung
Lokalangabe (Al): am Grenzübergang *nach Österreich*	**Lokalattribut** zum Gliedkern: am Grenzübergang *nach Österreich*
Personenangabe (Ap): *von der Grenzpolizei*	**Präpositionalattribut** zum Gliedkern: *durch die Grenzpolizei*

Alle Informationen, auf die man sich bezieht, können in den Attributbereich eines Verbalnomens übernommen werden. Das Prädikat des Beziehungssatzes wird durch ein Verbalnomen als Gliedkern wiedergegeben.

Bei Passivsätzen wird „von" im Attribut mit „**durch**" getauscht.

Der Schüler wurde *vom* Lehrer gelobt. – das Lob des Schülers **durch** den Lehrer

Funktionsverben (S. 55) werden meist nicht als Gliedkern übernommen; an ihre Stelle treten die festen Prädikatsergänzungen als Gliedkern:

die Kinder *treiben Unfug*: der **Unfug** der Kinder

dagegen:

der Arzt *leistete sofort Hilfe*: die **sofortige Hilfeleistung** des Arztes

das Gesetz wird *in Kraft gesetzt*: die **Inkraftsetzung** des Gesetzes

Die übrigen Satzglieder werden, meist mit dem gleichen Funktionskennzeichen, als Attribute übernommen. Nicht übernommen werden Struktursubjekt (ss S. 66) und Strukturobjekte (so S. 68).

Die Struktur der Satzglieder 5

Passivformen kommen in einem Satzglied nicht zum Ausdruck.
    der Forscher *hat* einen neuen Virus *entdeckt*:
                           die **Entdeckung** des Forschers
    ein neuer Virus *ist* (von dem Forscher) *entdeckt worden*:
                           die **Entdeckung** eines neuen Virus (durch den Forscher)
    im Motor *klopft es dauernd*: das **dauernde Klopfen** im Motor
    der Zug *hat sich verspätet*: die **Verspätung** des Zuges
    du *hast dich erkältet*: deine **Erkältung**

Welche Information ist folgenden Äußerungen vorausgegangen?
Beispiel:
    Wegen der verspäteten Ankunft der Gäste hat die Party später begonnen.
    Die Gäste sind verspätet angekommen.

Ü 150
Richtig:

(1) Der Bau der neuen Schule durch die Firma Aicher beginnt im kommenden Frühjahr. (2) Die Entlassung von hundert Arbeitern der Maschinenfabrik hat bei der Gewerkschaft zu Protesten geführt. (3) Die jetzige Aufstellung der neuen Fußballnationalmannschaft ist von den Fußballfreunden mit Skepsis kommentiert worden. (4) Gegen den gestrigen Freispruch des Angeklagten durch das Amtsgericht hat die Staatsanwaltschaft Berufung eingelegt. (5) Der Anruf meiner Eltern aus ihrem Urlaubsort war gegen zehn Uhr abends. (6) Die heutige Absperrung der Straße wegen einer zu erwartenden Demonstration hat den Verkehr erheblich behindert. (7) Ich verhandle gerade mit der Bank über die Aufnahme eines Kredits zur Finanzierung meines neuen Bauvorhabens. (8) Die Gewährung eines Darlehens durch die Bank ist mit erheblichen Formalitäten verbunden.

wie Übung 150

Ü 151
Richtig:

(1) Mit der Ausstellung seiner Bilder in der Kunsthalle will der junge Maler seine Werke einem breiteren Publikum bekannt machen. (2) Beim Zusammensetzen des reparierten Motors ist dem Mechaniker ein Fehler unterlaufen. (3) Trotz der Verschärfung der Kontrollen an der Grenze ist der Reiseverkehr nicht zurückgegangen. (4) In den letzten Jahren hat die Gefährdung der Kinder durch den ständig wachsenden Verkehr auf unseren Straßen erheblich zugenommen. (5) Die dauernde Verschmutzung der Flüsse und Seen durch Industrieabwässer stellen eine nicht zu unterschätzende Gefahr für die Umwelt dar. (6) Die abendliche Beleuchtung der Schloßruine soll dem Fremdenverkehr dienen. (7) Durch die Verzögerung des Abflugs unserer Maschine vom Frankfurter Rhein-Main-Flughafen wegen eines Maschinenschadens sind unsere Reisepläne erheblich durcheinandergeraten. (8) Der Irrtum der Wissenschaftler bei ihren physikalischen Experimenten hätte zu unabsehbaren Folgen führen können.

wie Übung 150

Ü 152
Richtig:

(1) Die plötzliche Änderung der Wetterlage war nicht vorauszusehen. (2) Über den Versprecher des Fernsehansagers haben wir uns alle sehr amüsiert. (3) Mir fielen die Widersprüche in der Berichterstattung verschiedener Zeitungen bei der Beurteilung der Lage besonders auf. (4) Die Annäherung der Meinungen über die Zukunftsaussichten einer europäischen Einigung unter den Delegierten des Europarats ist zu begrüßen. (5) Die gestrige Abstimmung über die neue Gesetzesvorlage der Bundesregierung in der letzten Plenarsitzung des Bundestags hat zur Ablehnung der Gesetzesvorlage geführt. (6) Zu der Feier der Thronbesteigung des neuen Monarchen sind viele ausländische Staatsmänner in die Hauptstadt angereist. (7) Das Angebot neuartiger Baumaschinen der deutschen Baumaschinenindustrie auf der letzten Hannover-Messe

5 Die Struktur der Satzglieder

hat bei ausländischen Messebesuchern großes Interesse gefunden. (8) Sie werden sich sicher für die Durchsage einer wichtigen Verkehrsmeldung der Autofahrersendung für den Bereich um München interessieren.

Ü 153 Richtig:

Setzen Sie die Äußerungen fort, indem Sie die vorangegangene Information in die weiterführende Rede übernehmen und in einem Satzglied unterbringen.
  Information: *Die Straße nach Erding ist heute gesperrt worden.*
  Aufgabe: Die... hat zu erheblichen Verkehrsbehinderungen geführt.
  Lösung: *Die heutige Sperrung der Straße nach Erding* hat zu erheblichen Verkehrsbehinderungen geführt.

(1) *Das Wohnhaus ist durch eine Gasexplosion beschädigt worden.* Infolge der ... ist das Wohnhaus unbewohnbar geworden. (2) *Die Gewerkschaft hat mit einem Generalstreik gedroht.* Die ... hat bei den Unternehmern Beunruhigung hervorgerufen. (3) *Die Regierung hat fälschungssichere Personalausweise eingeführt.* Mit der ... wird man die Kriminalität besser bekämpfen können. (4) *An der Münchner Allee sind neue Verkehrsschilder zur Geschwindigkeitsbegrenzung aufgestellt worden.* Mit ... will man vor allem für die Fußgänger eine größere Verkehrssicherheit erreichen. (5) *In der letzten Zeit sind dort durch Kraftfahrzeuge viele Fußgänger gefährdet worden.* Man will mit den neuen Verkehrsschildern die ... herabsetzen. (6) *Der Staat fördert die Ausbildung von Schülern und Studenten.* Die ... muß unbedingt verbessert werden. (7) *Der Bürgermeister hat heute das Sportfest eröffnet.* Nach der ... begannen die Sportwettkämpfe. (8) *Der Hausbesitzer will sein altes Wohnhaus renovieren.* Man kann sicher sein, daß sich nach der ... die Wohnungsmieten erhöhen werden. (9) *Die starken Regengüsse der letzten Tage haben in Bayern viele Straßen überflutet.* Infolge der ... ist mit Verkehrsbehinderungen zu rechnen. (10) *Wie die Zeitungen berichten, haben die Außenminister der Paktstaaten ein neues Handelsabkommen vereinbart.* Man ist allerdings skeptisch, ob die ... wirklich zu einer Erleichterung des Handelsverkehrs zwischen den Staaten beitragen kann.

Ü 154 Richtig:

wie Übung 153: Das Verbalnomen ist jeweils angegeben.

(1) *der Rücktritt:* Wie aus gut unterrichteter Quelle zu erfahren war, beabsichtigt der Wirtschaftsminister von seinem Amt zurückzutreten. Der ... wird zwangsläufig eine Umbildung des Kabinetts zur Folge haben. (2) *der Verkauf:* Haben Sie bei dem Gespräch gehört, ob das Hotel verkauft werden soll? — Nein, von einem ... war nicht die Rede. (3) *der Gewinn:* Unsere Schwimmer haben beim letzten Wettkampf zwei Silbermedaillen gewonnen. Der ... ist für Sportler immer ein großes Erfolgserlebnis. (4) *die Abreise:* Übermorgen wollen wir abreisen: Vor ... müssen wir noch einiges erledigen. (5) *die Annahme:* Der Bankbeamte hat den Scheck angenommen. Allerdings hat er vor der ... die Unterschrift genau geprüft. (6) *das Schlafengehen:* Die Kinder wollen jetzt schlafen gehen. — Sage ihnen aber, daß sie sich vor ... noch waschen und die Zähne putzen müssen. (7) *die Ankunft:* Der Zug ist pünktlich angekommen. Vor ... drängten sich die Leute auf dem Bahnsteig. (8) *der Beginn:* Wann beginnt die Vorstellung? — Das weiß ich nicht. Ich glaube aber, daß der ... in der Zeitung steht. (9) *unser Wiedersehen:* Sehen wir uns bald wieder? Ich freue mich schon auf .... (10) *sofortige Bezahlung:* Sie müssen die Waren nicht sofort bezahlen, doch gewähren wir Ihnen bei ... 2% Skonto.

Die Struktur der Satzglieder 5

Attribute im allgemeinen

Wörter jeden Worttyps können mit Attributen ausgestattet werden, wenn ihr Inhalt näher erläutert, identifiziert, charakterisiert oder eingegrenzt werden soll. Als Attribut kann jeder geeignete Worttyp verwendet werden.

Welche Wörter sind Attribute? Unterstreichen Sie die Sinngruppen!

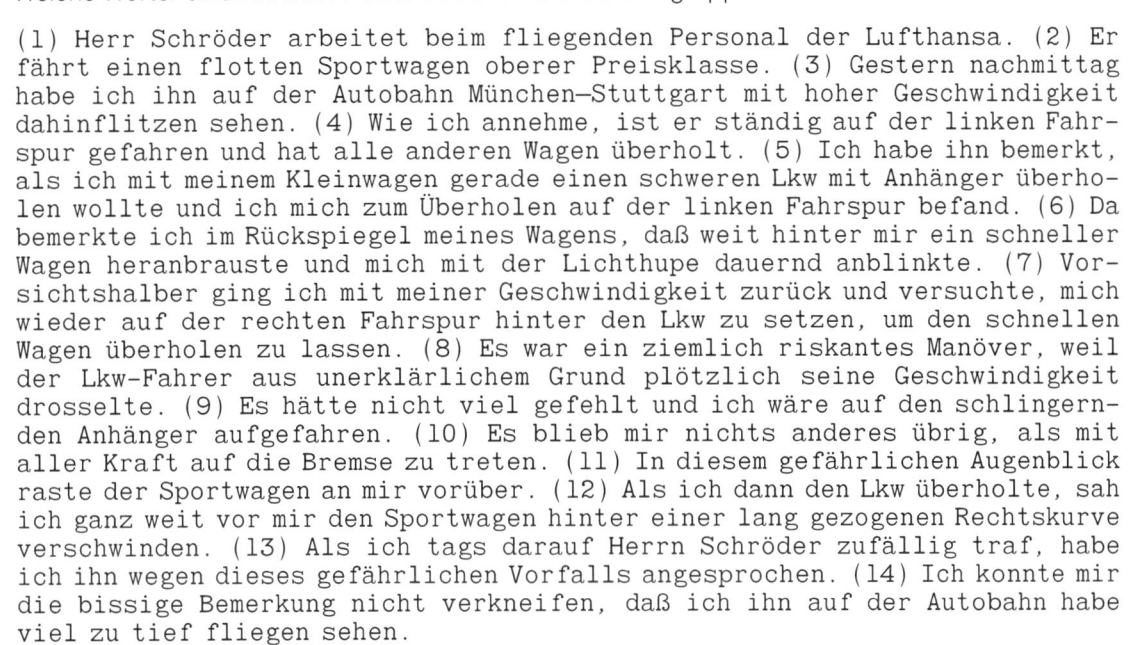

Ü 155
Richtig:

(1) Herr Schröder arbeitet beim fliegenden Personal der Lufthansa. (2) Er fährt einen flotten Sportwagen oberer Preisklasse. (3) Gestern nachmittag habe ich ihn auf der Autobahn München–Stuttgart mit hoher Geschwindigkeit dahinflitzen sehen. (4) Wie ich annehme, ist er ständig auf der linken Fahrspur gefahren und hat alle anderen Wagen überholt. (5) Ich habe ihn bemerkt, als ich mit meinem Kleinwagen gerade einen schweren Lkw mit Anhänger überholen wollte und ich mich zum Überholen auf der linken Fahrspur befand. (6) Da bemerkte ich im Rückspiegel meines Wagens, daß weit hinter mir ein schneller Wagen heranbrauste und mich mit der Lichthupe dauernd anblinkte. (7) Vorsichtshalber ging ich mit meiner Geschwindigkeit zurück und versuchte, mich wieder auf der rechten Fahrspur hinter den Lkw zu setzen, um den schnellen Wagen überholen zu lassen. (8) Es war ein ziemlich riskantes Manöver, weil der Lkw-Fahrer aus unerklärlichem Grund plötzlich seine Geschwindigkeit drosselte. (9) Es hätte nicht viel gefehlt und ich wäre auf den schlingernden Anhänger aufgefahren. (10) Es blieb mir nichts anderes übrig, als mit aller Kraft auf die Bremse zu treten. (11) In diesem gefährlichen Augenblick raste der Sportwagen an mir vorüber. (12) Als ich dann den Lkw überholte, sah ich ganz weit vor mir den Sportwagen hinter einer lang gezogenen Rechtskurve verschwinden. (13) Als ich tags darauf Herrn Schröder zufällig traf, habe ich ihn wegen dieses gefährlichen Vorfalls angesprochen. (14) Ich konnte mir die bissige Bemerkung nicht verkneifen, daß ich ihn auf der Autobahn habe viel zu tief fliegen sehen.

Setzen Sie die Apposition ein!

Ü 156
Richtig:

(1) *der Direktor der Chemiefabrik Schmutzer & Co.*: Kennen Sie Herrn Dr. Poller? (2) *der Bäckermeister*: Wo wohnt hier Blech? (3) *Herr Binder*: Ich möchte Ihren Abteilungsleiter sprechen. (4) *drei Flaschen*: Wieviel kostet Wein? (5) *drei Kilo*: Tomaten kosten 3.80 Mark. (6) *das Bundesland*: Frankfurt am Main liegt in Hessen. (7) *meine Schwägerin*: Wir fahren zu Irmgard. (8) *der 25.5.*: Heute ist Samstag. (9) *der 16.6.*: Wir fahren am Donnerstag wieder nach Hause. (10) *der Professor*: Haben Sie den letzten Aufsatz von Müller gelesen?

Abgerückte Appositionen

Einige Pronomen können sich vom Gliedkern trennen, wenn sie Apposition sind und der Gliedkern Platz Ⓐ im Vorfeld besetzt oder umgekehrt. Das gilt auch für Appositionen, die mit „als" angeschlossen werden.

   Wir alle freuen uns auf deinen Besuch.
   Wir freuen uns **alle** auf deinen Besuch.
   Alle freuen **wir** uns auf deinen Besuch.
   Die Verantwortung für die Klasse tragen **Sie als Lehrer**.
   Sie tragen **als Lehrer** die Verantwortung für die Klasse.
   Als Lehrer tragen **Sie** die Verantwortung für die Klasse.

5 Die Struktur der Satzglieder

Ü 157
Richtig:

Trennen Sie die Appositionen von ihren Gliedkernen, indem Sie einen Teil des Satzglieds ins Vorfeld auf Platz Ⓐ stellen! Probieren Sie alle Möglichkeiten durch!

(1) Früher haben wir uns als Kinder auch immer auf Weihnachten gefreut.
(2) Auch von unseren Onkeln und Tanten erhielt jeder von uns ein Geschenk.
(3) Morgen werden wir alle einen Ausflug machen. (4) In einer Demokratie tragen die Abgeordneten als die gewählten Volksvertreter eine große Verantwortung.

B Die Gliedsätze

Ein Satzglied nimmt nur eine begrenzte Zahl von Attributen auf. Wenn ein Satzglied mehr Informationen aufnehmen muß, wird das Satzglied zu einem Gliedsatz ausgebaut, d.h. also, ein Gliedsatz ist ein Satzglied mit einem eigenen Satzsystem. Gliedsätze werden mit dem Satztyp C (S. 80) gebildet, also von einer Konjunktion (S. 120) eingeleitet, die Funktion und Inhalt des Gliedsatzes signalisiert.

Das gestrige Sportfest mußte *wegen eines plötzlich aufziehenden Unwetters* abgebrochen werden.
Das gestrige Sportfest mußte abgebrochen werden, **weil während der Veranstaltung plötzlich ein Unwetter aufgezogen war.**

Die Stellordnung der Satzglieder im Satzfeld bleibt auch im Gliedsatz erhalten. Häufig werden Gliedsätze auf Platz Ⓩ bereits im Satzfeld oder im Vorfeld durch ein Korrelat angekündigt (S.øø). Korrelate besetzen den Stellplatz, der der Funktion des Gliedsatzes entspricht.

Gliedsätze unterscheiden in ihrer Funktion und/oder in ihrem Inhalt:
Subjektsätze mit oder ohne Korrelat „es": das Korrelat „es" besetzt die Subjektstelle auf Platz ① im Satzfeld (vgl. S. 82).

Mich hat (**es**) geärgert, **daß du mich bei dem Streit nicht unterstützt hast.**
Es hat mich geärgert, **daß . . .**

Objektsätze mit oder ohne Korrelat „**es**": „es" besetzt Platz ② im Satzfeld.
Platz Ⓐ im Vorfeld kann „es" als Objekt nicht besetzen (S. 68).

Ich habe (**es**) sehr bedauert, **daß du nicht zu unserem Fest gekommen bist.**

Wenn Objektsätze für ein Präpositionalobjekt (Op) stehen, werden sie von dem Korrelat „**da**" + Präposition auf Platz ⑪ im Satzfeld angekündigt. In einigen Fällen ist das Korrelat entbehrlich. (S. 172)

Der Chef hat **darauf** bestanden, **daß heute Überstunden gemacht werden.**
Ich hatte **damit** gerechnet, **daß Petra an unserem Ausflug teilnimmt.**

Korrelate zu Objektsätzen, die für ein Präpositionalobjekt (Op) stehen, können auch Platz Ⓐ im Vorfeld besetzen.

Damit habe ich schon lange gerechnet, **daß hier einmal ein Unfall passiert.**
Dafür können wir nicht garantieren, **daß Sie mit Ihrem neuen Wagen keine Panne haben werden.**

Wenn Angaben zu Gliedsätzen erweitert werden, entstehen aus Temporalangaben (At) Temporalsätze, aus Modalangaben (Am) Modalsätze, aus Kausalangaben (Ak) Kausalsätze usw.
Die Konjunktion, die den Gliedsatz einleitet (S. 120 ff.), signalisiert den Inhalt des Gliedsatzes.

Temporalsatz: **Als ich in die Schule ging,** mußte ich viel lernen.
                Seit wir hier wohnen, geht es mir gesundheitlich viel besser.
Modalsatz: Man schaltet den Motor ab, **indem man diesen Knopf betätigt.**
Kausalsatz: Wir müssen ins Haus, **weil es gleich zu regnen anfängt.**
Finalsatz: Ich habe dir das Geld gegeben, **damit du dir etwas Schönes kaufen kannst.**
Bedingungssatz: **Wenn Sie sofort zahlen,** gebe ich Ihnen 2% Skonto.

Die Struktur der Satzglieder 5

Setzen Sie die angegebenen Sätze als Gliedsätze ein! Achten Sie dabei auf den Gebrauch der Personalpronomen!

Ü 158

(1) *Mein Onkel kam gestern abend hier an:* Als . . ., haben wir ihn vom Bahnhof abgeholt. (2) *Der Raketenstart ist geglückt:* Die Techniker haben sich darüber gefreut, daß . . . (3) *Karl hatte die Handelsschule besucht:* Nachdem . . ., trat er in eine Exportfirma ein. (4) *Unsere Sportler hatten sich sehr angestrengt:* Unsere Sportler haben leider keine Medaille erringen können, obwohl . . . (5) *Amerika wurde 1492 entdeckt:* Bevor . . ., kannte man nur drei Kontinente. (6) *Die Demonstranten schrien laut:* Einige Demonstranten störten die Wahlversammlung, indem . . . (7) *Die Frau nahm ihr Kind bei der Hand:* Die Frau lief mit ihrem Kind über die Straße, indem . . . (8) *Niemand (!) hörte zu:* Der Harmonikaspieler spielte, ohne daß . . . (9) *Vater hält seinen Mittagsschlaf:* Ihr Kinder müßt ruhig sein, während . . . (10) *Wir schauten gerade einem interessanten Fußballspiel zu:* Während . . ., ging unser Fernseher kaputt. (11) *Die Autofähre ist repariert:* Die Autofähre verkehrt wieder, sobald . . . (12) *Die Miete ist nicht zu teuer:* Wenn . . ., nehmen wir die Wohnung. (13) *Die Straßen sind naß:* Sie müssen vorsichtig fahren, wenn . . . (14) *Heute nacht ist in den Bergen genügend Schnee gefallen:* Wenn . . ., gehen wir zum Skifahren.

Bedingungssätze ohne einleitende Konjunktion „wenn/falls" (Satztyp B)

Bedingungssätze können in bestimmten Fällen ohne Konjunktion gebildet werden. In diesem Fall gehört der Gliedsatz zum Satztyp B (S. 80) und steht auf Platz Ⓐ im Vorfeld.

Formen Sie die Gliedsätze (Satztyp C) zum Satztyp B um!

Ü 159

(1) *Wenn Sie die Miete bis zum Monatsende nicht zahlen,* müssen Sie ausziehen. (2) *Falls ich kein Taxi finden sollte,* muß ich eben zu Fuß gehen. (3) *Falls mir mein Vater kein Geld schickt,* müssen wir auf unsere Reise verzichten. (4) *Wenn der letzte Zug schon abgefahren sein sollte,* bleibe ich hier über Nacht. (5) *Wenn Sie mich mit Ihrem Wagen zum Bahnhof gebracht hätten,* hätte ich den Zug noch bekommen können. (6) *Wenn du deine Arznei nicht regelmäßig nimmst,* hilft sie dir nicht.

Infinitivsätze

Wenn Subjekt oder Objekt im Gliedsatz mit dem Subjekt/Objekt im übergeordneten Satz identisch ist, wird der Gliedsatz zu einem Infinitivsatz (Satztyp D; S. 80) verkürzt.

(Ich hoffe, *daß ich dich bald wiedersehe.*)
Ich hoffe, **dich bald wiederzusehen**.
(Ich habe dich gebeten, *daß du mir bei der Arbeit hilfst.*)
Ich habe dich gebeten, **mir bei der Arbeit zu helfen**.
(Ich rate dir, *daß du so etwas nicht noch einmal tust.*)
Ich rate dir, **so etwas nicht noch einmal zu tun**.

In einem Infinitivsatz ist die Subjektstelle unbesetzt; vor dem Infinitiv steht als Prädikatssignal die Präposition **„zu"** (S. 198).

Zum Ausdruck der Vergangenheit wird der Infinitiv von „haben/sein" mit dem Partizip II verwendet (Infinitiv II; S. 197).

Ich freue mich, Sie **wiedergetroffen zu haben**.

5 Die Struktur der Satzglieder

Ü 160
Richtig:

Schließen Sie die Vorgaben als Gliedsätze (Satztyp D, Infinitivsätze) an!

a. *nicht mehr rauchen*
b. *keinen Alkohol mehr trinken*
c. *nicht mehr so spät ins Bett gehen*   (1) Ich habe mir vorgenommen
d. *mehr arbeiten*   (2) Ich habe mich entschlossen
e. *mehr Sport treiben*   (3) Ich habe dich gebeten
f. *zu den Menschen freundlich sein*   (4) Du hast mir versprochen
g. *sich nicht mehr über andere ärgern*
h. *pünktlich zur Arbeit kommen*

Ü 161
Richtig:

Formen Sie die Aufforderungen in Bitten um! Leiten Sie Ihre Äußerungen ein mit „Ich bitte dich, ..."

(1) Komm bitte heute bei mir vorbei! (2) Leih mir bitte etwas Geld! (3) Glaube mir bitte! (4) Bring bitte vom Bäcker ein Brot mit! (5) Unterschreibe bitte den Brief an Tante Elli!

Ü 162
Richtig:

Drücken Sie mit der Einleitung „Ich bin froh, ..." Ihre Erleichterung aus! (vgl. den Ausdruck „Gott sei Dank! als Modalglied)

(1) Ich habe mein Examen endlich hinter mir. (2) Ich habe jetzt in der Feriensaison noch ein Zimmer in einer Pension bekommen. (3) Ich habe den letzten Zug nach Hause noch erreicht. (4) Ich war neulich doch noch beim Arzt. (5) Ich war gestern rechtzeitig zu Hause.

Ü 163
Richtig:

Drücken Sie mit der Einleitung „Ich hoffe, ..." Ihre positive Erwartung aus. (vgl. das Modalglied „hoffentlich")

(1) Morgen bin ich endlich wieder zu Hause. (2) Ich bekomme bald etwas Geld von meinem Vater. (3) Ich sehe euch bald wieder. (4) Ich gerate auf der Autobahn nicht in einen Stau. (5) Ich finde in der Stadt einen Parkplatz.

Ü 164
Richtig:

Leiten Sie Ihre Äußerung ein mit „Ich will (es) jedenfalls versuchen, ..."! Das Modalglied „sicher" entfällt.

(1) Hier finde ich sicher einen Arbeitsplatz. (2) Ich bekomme sicher ein Stipendium. (3) Ich rufe dich heute abend sicher von Paris aus an. (4) Ich bekomme die beiden Flaschen Wein sicher zollfrei über die Grenze. (5) Sicher bekomme ich heute noch einen Platz in der Maschine nach Paris.

Ü 165
Richtig:

Leiten Sie die Äußerungen ein
    a. mit „Ich verspreche dir, ...";
    b. mit „Ich verspreche Ihnen, ..."! (Für die Übung b. müssen die Pesonalpronomen in den Sätzen der veränderten Anredeform angepaßt werden.) Das Modalglied „bestimmt" entfällt.

(1) Ich rufe dich bestimmt morgen abend aus Paris an. (2) Ich schicke dir aus Frankreich bestimmt eine schöne Ansichtskarte. (3) Ende der Woche bin ich bestimmt wieder bei dir. (4) Ich gebe dir bestimmt rechtzeitig Nachricht, wann mein Flugzeug in München-Riem eintrifft. (5) Ich werde bestimmt immer an dich denken und dich nicht vergessen.

Die Geschehen/Sein, die in Subjektsätzen als Infinitivsätze beschrieben werden, beziehen sich auf keine bestimmte Person, sondern gelten allgemein. Das Korrelat **„es"** auf Platz (A) im Vorfeld oder auf Platz (1) im Satzfeld kündigt den Subjektsatz an.
    Es ist notwendig, *abends die Haustür abzuschließen.*
    Hier ist **es** verboten, *Müll abzuladen.*

Die Struktur der Satzglieder 5

Formen Sie folgende Verbote in Gliedsätze (Satztyp D) um und leiten Sie diese mit „Es ist nicht erlaubt, ..." / „Es ist verboten, ..." ein! (Die Negation entfällt.)

Ü 166

(1) Hier darf man nicht parken. (2) Hier darf man nicht fotografieren. (3) Im Krankenhaus darf man nicht rauchen. (4) Im Wald darf man kein Feuer machen. (5) In diesem Fluß darf man nicht baden. (6) Auf dieser Straße darf man nicht schneller als 50 km/h (Kilometer in der Stunde) fahren.

Formen Sie folgende Feststellungen in Gliedsätze (Satztyp D) um und leiten Sie diese mit „Es ist nicht leicht, ..." / „Es ist schwer, ..." ein.

Ü 167

(1) Im Sommer findet man in den bekannten Feriengebieten nur schwer eine Unterkunft. (2) Bei einem solchen Lärm kann man nur schwer einschlafen. (3) Zu Semesterbeginn bekommt man als Student in den Universitätsstädten nur schwer ein Zimmer. (4) Mit dir kann man nur schwer auskommen. (5) Philosophische Texte kann man nur schwer verstehen.

C Die Attributsätze

Auch Attribute können nur begrenzt Wörter aufnehmen. Wenn im Attribut mehr Informationen stehen sollen, wird ein Attributsatz gebildet. Ein Attributsatz ist also ein Attribut mit eigenem Satzsystem. Attributsätze werden mit dem Satztyp C (S. 80) gebildet. Verbindungsteil (S. 82) ist entweder ein Relativpronomen (S. 182), ein Fragewort oder auch eine Konjunktion (S. 120). Die Stellordnung der Satzglieder im Satzfeld bleibt erhalten (vgl. „Satzbauhelfer").

(1) Der *neugeplante* Flughafen *10 km außerhalb von München* kann voraussichtlich in 7 Jahren in Betrieb genommen werden.
Der Flughafen, *der neu geplant worden ist* und *10 km außerhalb von München* **im Erdinger Moos in der Nähe der netten kleinen Stadt Erding angelegt werden soll,** kann voraussichtlich in 7 Jahren in Betrieb genommen werden.

(2) Ich habe die Hoffnung *auf Entspannung der politischen Lage* noch nicht aufgegeben.
Ich habe die Hoffnung noch nicht aufgegeben, *daß sich* **in naher Zukunft** *die politische Lage entspannen wird.*

Ein Attributsatz ist ein nachgestelltes Attribut (Beispielsatz 1); wenn das Satzglied am Ende des Satzfelds steht, besetzt der Attributsatz häufig den Platz Ⓩ im Nachfeld (Beispielsatz 2 und „Satzbauhelfer")

Setzen Sie die Sätze (Satztyp C) als Attributsätze ein!

Ü 168

(1) *die ich im Urlaub gemacht habe*: Möchtet ihr die Fotos sehen? (2) *den du mir gegeben hast*: Der Film war schon belichtet. (3) *wo wir gewohnt haben*: Auf diesem Foto kannst du das Hotel sehen. (4) *mit dem du gesprochen hast*: Wer war der Junge? (5) *der rechts von mir steht*: Der Junge ist der jüngste Sohn des Hotelbesitzers. (6) *mit dem ihr auf dem See gefahren seid*: Habt ihr das Segelboot gemietet oder ist es euer eigenes? (7) *daß wir bald eine neue Wohnung finden*: Der Wunsch wird nicht so schnell in Erfüllung gehen. (8) *wer hat dir den Rat gegeben*: Du hast meine Frage noch nicht beantwortet. (9) *mit wem du Inge in der Diskothek gesehen hast*: Willst du mir die Frage nicht beantworten? (10) *die ich nicht beantworten kann*: Du hast mir da Fragen gestellt.

Konjunktionalsätze als Attribut

Wie Gliedsätze (S. 99) können auch Attributsätze mit Konjunktionen (S. 120) oder mit Fragewörtern eingeleitet werden.

5 Die Struktur der Satzglieder

Ü 169 Richtig:

Setzen Sie die Sätze als Attribute ein!

(1) *seine Theorie trifft zu*: Der Wissenschaftler ist den Beweis noch schuldig geblieben. (2) *wann sich die politische Lage bessern wird*: Niemand kann die Frage beantworten. (3) *die Wirtschaft wird sich bald von der Krise erholen*: Die Hoffnung hat sich leider als trügerisch erwiesen. (4) *Kommt der Zug aus Berlin auf diesem Bahnsteig an?* Mir konnte niemand Auskunft geben. (5) *die Menschen sind im Grunde gut*: Mein Glaube ist nicht so leicht zu erschüttern.

Infinitivsätze als Attribut

Wenn ein Konjunktionalsatz Attribut ist und das Subjekt vorher schon erwähnt wurde oder in einem weiteren Attribut (z.B. in einem Possessivpronomen) enthalten ist, wird der Attributsatz zu einem Infinitivsatz (Satztyp D, S. 80 und „Satzbauhelfer") verkürzt.

(Ihr Wunsch, *daß Sie einmal nach Japan reisen wollen,* soll sich bald erfüllen.)
Ihr Wunsch, **einmal nach Japan zu reisen,** soll sich bald erfüllen.
(Ich kann dir die Bitte, *daß ich für dich beim Chef ein gutes Wort einlegen soll,* leider nicht erfüllen.)
Ich kann dir die Bitte, **für dich beim Chef ein gutes Wort einzulegen,** leider nicht erfüllen.
(Hast du meinen Rat, *daß du dich bei der Firma bewerben sollst,* schon befolgt?)
Hast du meinen Rat, **dich bei der Firma zu bewerben,** schon befolgt?

Ü 170 Richtig:

Setzen Sie die vorgegebenen Sätze als Attribute (Satztyp D) ein!

(1) *mein Sohn möchte in Ihrer Firma arbeiten*: Mein Sohn hat den Wunsch. (2) *ihr verkauft euer Haus*: Habt ihr über meinen Vorschlag gesprochen? (3) *wir haben Sie kennengelernt*: Für uns war es eine große Freude. (4) *ich besuche euch in der nächsten Zeit*: Ich werde mein Versprechen bestimmt halten. (5) *wir dürfen in Ihrem Wagen mitfahren*: Wir nehmen Ihr Angebot dankend an. (6) *du willst uns helfen*: Du hast dein Versprechen nicht gehalten. (7) *die Schulabgänger finden hier Lehrstellen*: Die Schwierigkeiten für die Schulabgänger sind allgemein bekannt. (8) *die Eltern sehen ihre Kinder wieder*: Die Freude der Eltern ist nur zu verständlich. (9) *die Firma entläßt einige Mitarbeiter*: Haben Sie schon von der Absicht der Firma gehört?

Der Relativsatz

Relativsätze werden von Relativpronomen (S. 182) eingeleitet. Sie sind beim Satztyp C Verbindungsteil **(V)** (vgl. „Satzbauhelfer") und vertreten im Relativsatz das Wort, auf das sie sich beziehen, und kennzeichnen dessen Funktion im Relativsatz.

Das Relativpronomen ist im Relativsatz

Subjekt:	der *Wagen,* **der** mir gefällt
	(Mir gefällt *der Wagen.*)
Akkusativobjekt:	der *Wagen,* **den** ich gekauft habe
	(Ich habe *den Wagen* gekauft.)
Dativobjekt:	der *Mann,* **dem** ich den Wagen abgekauft habe
	(Ich habe *dem Mann* den Wagen abgekauft.)
Präpositionalobjekt:	der *Mann,* **mit dem** ich gesprochen habe
	(Ich habe *mit dem Mann* gesprochen.)
Genitivattribut:	der *Wagen,* **dessen** Besitzer ich nicht kenne
	(Ich kenne den Besitzer *des Wagens* nicht.)
	der *Wagen,* **mit dessen Besitzer** ich gesprochen habe
	(Ich habe *mit dem Besitzer des Wagens* gesprochen.)

Die Struktur der Satzglieder 5

Für die übrigen Genusklassen (S. 150) treten die entsprechenden Relativpronomen ein (S. 182).

Setzen Sie die Sätze als Relativsätze ein!

Ü 171

(1) *ich habe dir neulich das Buch geliehen*: Hast du das Buch schon ausgelesen? (2) *der Junge möchte mit dir sprechen*: Kennst du den Jungen? (3) *ich habe die Briefe unterschrieben*: Haben Sie die Briefe schon zur Post gebracht? (4) *sie liegen dort auf dem Schreibtisch*: Wem gehören die Bücher? (5) *du arbeitest zur Zeit für die Firma*: Was ist das für eine Firma? (6) *ich habe Ihren Brief heute erhalten*: Ich danke Ihnen für Ihren Brief vom 5. März. (7) *ich bin früher mit dem Mädchen zusammen zur Schule gegangen*: Ich habe das Mädchen geheiratet. (8) *wir haben die Freundin deines Kollegen neulich in der Eisdiele „Florenz" gesehen*: Ist das nicht dein Kollege? (9) *wir waren am Sonntag mit dem Sohn von Frau Müller im Schwimmbad*: Wir gehen jetzt zu Frau Müller. (10) *wir sind zur Geburtstagsfeier deines Freundes eingeladen worden*: Wie alt wird denn dein Freund?

Wenn sich Relativsätze auf Pronomen beziehen, richtet sich das Kasuszeichen nach dem natürlichen Geschlecht der Personen, auf das sich die Pronomen beziehen.

     *Hier ist ein*e**r**, **der** dich sprechen möchte.
     *Hier ist ein*e, **die** dich sprechen möchte.

Nach den unbestimmten Pronomen **„jemand/niemand, jedermann"** folgt das Relativpronomen mit maskulinen Kasuszeichen.

     Ist hier jemand, **der** mir helfen kann?
     Hier ist niemand, **der** dir helfen könnte.
     Jedermann, **der** hier lebt, ist mit seiner Lage unzufrieden.

wie Übung 171

Ü 172

(1) *kommt hier jemand aus Stuttgart?*: Ist hier jemand? (2) *jemand kennt sich mit Computern aus*: Kennst du jemanden? (3) *einer kann den Fernseher bestimmt reparieren*: Ich weiß einen. (4) *alle haben sich zu dem Kurs angemeldet*: Sind alle gekommen? (5) *manche können sich keinen Urlaub leisten*: Es gibt manche. (6) *den möchtest du kennenlernen*: Ist das der? (7) *die verstehen kein Deutsch*: Hier gibt es viele. (8) *die spricht perfekt Türkisch*: Hier wohnt eine. (9) *der versteht Arabisch*: Ist hier jemand? (10) *der war schon in Ägypten*: Dort ist einer.

Nach den unbestimmten Pronomen **„etwas/nichts"** und nach Pronomen, die sich auf Sachen oder Sachverhalte beziehen, wird der Relativsatz mit dem Relativpronomen **„was"** eingeleitet.

     Ich weiß *etwas,* **was** dich interessieren könnte.
     Ich habe *nichts* gesehen, **was** wir gebrauchen könnten.
     War es *das,* **was** du uns sagen wolltest?
     Das war *alles,* **was** ich euch sagen wollte.

Wenn bei unbestimmten Pronomen Adjektive/Partizipien als Attribute stehen, die sich auf Sachen oder Sachverhalte beziehen und mit Kasuszeichen der neutralen Genusklasse versehen sind (S. 150), wird der Relativsatz mit **„das"** eingeleitet.

     Ich habe dir *etwas Wichtiges* mitzuteilen, **das** uns alle betrifft.

wie Übung 171

Ü 173

(1) *das interessiert uns*: Hier gibt es nichts. (2) *das hast du bestimmt noch nicht gesehen*: Ich habe hier etwas Schönes. (3) *ich weiß es noch nicht*: Es gibt nichts Neues. (4) *wir kennen es noch nicht*: Zeige uns etwas Interessantes. (5) *das wird euch freuen*: Ich sage euch etwas. (6) *ich kann es nicht halten*: Ich verspreche nichts.

5 Die Struktur der Satzglieder

Relativsätze werden mit den Pronomen **„wer"** (für Personen) oder **„was"** (für Sachen oder Sachverhalte) angeschlossen, wenn sie sich auf unbestimmte, nicht genannte Personen/Sachen/Sachverhalte beziehen. Die Relativsätze stehen zusammen mit dem Bezugswort, einem Demonstrativpronomen (S.øø) auf Platz (A) im Vorfeld. Wenn Relativpronomen und Bezugswort die gleichen Kasuszeichen haben, ist das Bezugswort entbehrlich.

Wer lügt, **(der)** stiehlt auch. (Sprichwort)
Wer mir hilft, **dem** helfe ich auch.
Was ich nicht weiß, **(das)** macht mich nicht heiß. (Sprichwort)

Ü 174 Formen Sie die Sätze nach folgendem Beispiel um!
Richtig:
Wenn mir jemand vertraut, dann vertraue ich ihm auch.
Wer mir vertraut, dem vertraue ich auch.

(1) Wenn noch jemand eine Frage hat, dann möge er mich fragen. (2) Wenn mir etwas gefällt, dann kaufe ich es auch. (3) Wenn etwas kaputt ist, dann muß es repariert werden. (4) Wenn jemand dumm ist, dann ist ihm auch nicht zu helfen.

Wenn sich der Relativsatz auf einen lokalen Ausdruck (Lokalergänzung oder Lokalangabe) bezieht, wird er mit den Relativadverbien **„wo, wohin, woher"** eingeleitet. Stimmen die lokalen Beziehungen überein, ist das Lokaladverb als Bezugswort entbehrlich.

Das ist das *Land,* **wo** ich geboren bin / **woher** ich komme / **wohin** ich fahren möchte.
Ich arbeite *(dort),* **wo** auch schon mein Vater gearbeitet hat.
Ich möchte *dorthin,* **wo** du letztes Jahr warst.

Wenn sich der Relativsatz auf einen unbestimmten, nicht genannten Ort bezieht, besetzt der Relativsatz mit dem Bezugswort (Lokaladverb) den Platz (A) im Vorfeld, bei übereinstimmenden lokalen Beziehungen ist das Bezugswort entbehrlich.

Wo Sie wohnen, **(dort/da)** möchte ich auch wohnen.
Wo ihr hinfahrt, **(dort/da)** möchte ich auch gerne hinfahren.
Wohin ihr fahren wollt, **(dorthin)** möchte ich auch gerne fahren.

Ü 175 Setzen Sie die Vorgabesätze als Attributsätze ein!
Richtig:

(1) wir waren letztes Wochenende schon dort: Wir fahren an den See. (2) ich habe schon das letzte Mal dort übernachtet: Ich war in dem Hotel. (3) ich komme auch gerade daher: Kommt ihr auch daher? (4) dort hat schon mein Vater studiert: Ich gehe an die Universität. (5) ich bin schon dort gewesen: Du warst sicher noch nicht dort. (6) ich war letztes Jahr dort: Mein Kollege fährt im Urlaub dorthin.

Satzattribute („Kommentierende Attribute")

Es gibt auch Attributsätze, die sich auf eine vollständige Äußerung, also einen Satz beziehen. Sie werden mit dem Pronomen **„was"** oder mit dem Adverb **„wo"** + Präposition eingeleitet. Solche lose angefügten Attributsätze kommentieren die vorhergehende Äußerung.

Mein Freund ist meiner Einladung nicht gefolgt, **was** mich ziemlich geärgert hat.
Gisela und Horst haben geheiratet, **worüber** wir uns alle freuten.

Ü 176 Fügen Sie die jeweils folgenden Sätze als kommentierende Attribute an.
Richtig:

(1) An den Grenzen nach Frankreich und den Benelux-Ländern hat man die Grenzkontrollen für Touristen aufgehoben. Das erleichtert natürlich den Reiseverkehr erheblich. (2) Mein Bruder hat in seinem Leben viele Fehler ge-

Die Struktur der Satzglieder 5

macht. Er wird natürlich nicht gern daran erinnert. (3) Einstein hat die Relativitätstheorie entwickelt. Die moderne Physik ist dadurch entscheidend beeinflußt worden. (4) Meine Freundin hat den Streit angefangen. Sie wird das aber sicher niemals zugeben. (5) Die freie Meinungsäußerung gehört zu den fundamentalen Menschenrechten. In der Verfassung eines jeden freien Landes sollte das ausdrücklich festgelegt werden.

6 Die Funktionskennzeichen

Die Funktionen von Satzgliedern und Attributen sind an verschiedenen Merkmalen und Kennzeichen erkennbar.
Merkmal einer Funktion im Satz ist die Stellung innerhalb eines Satzes (vgl. „Satzbauhelfer"). *Kennzeichen* einer Funktion im Satz sind verschiedene formale Anfügungen (Präfixe, Suffixe und Endungen). Im mündlichen Ausdruck ist die Satzintonation ein wichtiges Kennzeichen für Funktionen. Häufig treten mehrere Merkmale und Kennzeichen gleichzeitig auf (Redundanz der Kennzeichnung).

Die Funktionen im Satz sind zu erkennen
an der *logischen Beziehung*
    Meine kleine, weiße *Maus* hat eure *Katze* gefressen.
    Unser *Zimmer* bringt das *Hausmädchen* in Ordnung.
an der *Intonation*
    Die alte Frau ist glücklich gestorben.
    . ○ . ● . ▼   . ▼
    Die alte Frau ist glücklich gestorben.
    . ○ . ● . ○ . . ▼
an der *Stellung* im Satz
    Hat die *Lehrerin* ihre *Schülerin* gelobt?
    Hat die *Schülerin* ihre *Lehrerin* gelobt?
an den *Funktionskennzeichen* (Kasuszeichen und/oder Präposition)
    D**en** Brief hat eben *ein Junge* gebracht.
    Wir haben **auf** *den Brief* schon lange gewartet.
    Die Kinder freuen sich **auf** *Weihnachten*.
    Letztes Jahr haben *sie* sich **über** *die Geschenke* sehr gefreut.
    *Ein**es** Tages* wird es uns besser gehen.
    Wir sind *ein**en** Tag* in London gewesen.

A Die Kasuszeichen

Kasuszeichen sind die auffälligsten Funktionskennzeichen im Deutschen. Meistens gehen sie dem Nomen voraus, das sie kennzeichnen.
Funktionskennzeichen treten vor allem
an die *Artikel* (S. 192) und an die Negationspartikel „kein-" (S. 88):
    D*er Geschäftsmann* hat *ein**en** Wagen* zur Verfügung.
    Ich besitze *kein**en** Wagen*.
an *Pronomen*:
    Dieser Wagen hat früher einmal *eur**em** Chef* gehört.
    Wir haben niemand**en** gesehen.
an *Adjektive* und *Partizipien*:
    Ich bin ein Freund *alt**er** Musik*.
    Das ist *verschmutzt**es** Wasser*.

Die Funktionskennzeichen 6

Das Deutsche verfügt über fünf Kasuszeichen **-e, -m, -n, -r, -s**.
Diese verteilen sich auf die Genusklassen (S. 150) und Kasus wie folgt:

	Singular			Plural
	„maskuline" Kennzeichen	„neutrale" Kennzeichen	„feminine" Kennzeichen	
Nominativ	-(e)**r***	-(a/e)**s***	-(i)**e**	-(i)**e**
Akkusativ	-(e)**n**			
Dativ	-(e)**m**		-(e)**r**	-(e)**n**
Genitiv	-(e)**s**			-(e)**r**

* Bei den „maskulinen" Nomen im Nominativ Singular und bei den „neutralen" Nomen im Nominativ/Akkusativ Singular erhalten „ein", „kein" und die Possessivpronomen **kein** Kasuszeichen. Das Kasuszeichen geht dann auf ein Attribut über (S. 91).
beim Nominativ:
Vor der Haustür steht ein (klein**er**) *Junge*/ein (klein**es**) *Mädchen*.
Wo steht euer (schön**es**) *Ferienhaus*?
beim Akkusativ:
Ich sehe vor der Tür kein (klein**es**) *Mädchen* stehen.

Bei „maskulinen" und „neutralen" Nomen im Singular erhält das Nomen das Genitivzeichen -(e)**s**; im Plural erhalten alle Nomen das Dativzeichen -(e)**n**, sofern ein Nomen nicht ohnehin auf **-n** endet. (S. øø)
Wer sind die Eltern d**es** *Mädchen***s** / dies**es** *Mann***es**?
Wir wohnen bei *Freund***en**.

„Maskuline" Nomen mit der Pluralendung -(e)**n** erhalten außer im Nominativ auch im Singular die Endung -(e)**n**. (S. 153)
    der Junge, -**n**:   Kennst du den Junge**n**?
    der Passant, -**en**:   Der Polizist befragte ein**en** Passant**en**.
    der Kollege, -**n**:   Wo wohnen die Eltern unser**es** Kollege**n**?

Ergänzen Sie die Kasuszeichen!

(1) Wer ist d_ Junge, d_ dort vor d_ Fabriktor steht? (2) Das muß d_ Sohn d_ Pförtner_ sein. (3) D_ kommt jed_ Tag zu_ Mittagszeit und bringt sein_ Vater d_ Essen. (4) Er bringt bestimmt nicht nur schwarz_ Kaffee und trocken_ Brot. (5) Wie ich d_ Pförtner kenne, trinkt er gern mal eine Flasche hell_ Bier und ißt dazu Schwarzbrot und roh_ Schinken. (6) Haben Sie jemand_ im Garten gesehen? (7) Nein, ich habe niemand_ gesehen. (8) Ist bei d_ Unfall jemand verletzt worden? (9) Ja, ein_. (10) Ein hilfsbereit_ Autofahrer hat d_ Verletzten ins Krankenhaus gefahren. (11) Kennst du hier ein_, d_ mein kaputt_ Motorrad reparieren kann? (12) Woher kommen d_ Reisenden, d_ eben angekommen sind? (13) Herr Schmidt ist ein gut_ Bekannt_ von mir. (14) Wie jedermann weiß, soll man stets Gut_ tun. (15) Das ist natürlich nicht jedermann_ Sache.

Ü 177
Richtig:

Kasuszeichen werden auch von Präpositionen (vgl. S. 108) gefordert, um die Ankoppelung an die Präposition zu signalisieren. (Präpositionalkasus)
    für d**en** Frieden, *gegen* d**en** Krieg, *durch* d**ie** Straßen;
    mit d**er** Straßenbahn, *aus* d**er** Stadt, *zum* Bahnhof, *nach* d**er** Pause;

6 Die Funktionskennzeichen

an dies**e** Wand / *an* dies**er** Wand, *auf* d**en** Tisch / *auf* d**em** Tisch, *in***s** Kino / *i***m** Kino
während d**es** Fest**es**, *trotz* all**er** Schwierigkeiten, *wegen* d**es** Wetter**s**

Ü 178
Richtig:

Ergänzen Sie die Kasuszeichen!

(1) mit schwarz_ Tinte; für d_ Erfolg; mit d_ Zug (2) mit d_ Wagen mein_ Bruder_; wegen groß_ Verspätung; mit all_ Leuten (3) Ich möchte in dies_ Stadt wohnen. (4) Trinkst du Kaffee mit süß_ Sahne gern? (5) Sich mit kalt_ Wasser zu waschen, ist anregend für d_ Blutkreislauf. (6) Bei schlecht_ Wetter fällt unser Gartenfest aus. (7) Unterhältst du dich gerne mit alt_ Menschen? (8) Wir haben unser Ziel nur unter groß_ Schwierigkeiten erreicht. (9) D_ Geschäftsmann mußte wegen schlecht_ finanziell_ Lage sein Geschäft aufgeben. (10) Letzt_ Sonntag waren wir nach lang_ Zeit wieder einmal im Theater.

Die Kasuszeichen bei Personalpronomen

Personalpronomen der 1. und 2. Person haben zur Kennzeichnung der Funktionen eigene Wortformen (S. 174):

Nominativ	ich	du	wir	ihr
Akkusativ	**mich**	**dich**	**uns**	**euch**
Dativ	**mir**	**dir**		

Personalpronomen der 3. Person verändern ihren Wortstamm und erhalten Endungen, die mit den Kasuszeichen übereinstimmen:

	Singular						Plural	
Nominativ	**er**	(d**er**)	**es**	(d**as**)	**sie**	(d**ie**)	**sie**	(d**ie**)
Akkusativ	**ihn**	(d**en**)						
Dativ			**ihm**	(d**em**)	**ihr**	(d**er**)	**ihnen**	(d**en**)

B Die Attributzeichen -e und -en

Die Attributzeichen *-e* und *-en* kennzeichnen die Ankoppelung von Adjektiven und Partizipien als Attribute. Sie werden attributiven Adjektiven und Partizipien dann angefügt, wenn bereits an anderer Stelle im Satzglied ein Kasuszeichen auftritt.
Das Attributzeichen *-e* steht nur im Singular nach dem Kasuszeichen für den Nominativ maskulin (-(e)**r**) und den Kasuszeichen für den Nominativ/Akkusativ neutral (-(a/e)**s**) und feminin (-(i)**e**).
Nach allen anderen Kasuszeichen und im Plural steht das Attributzeichen *-en*.

vgl.:	kein Kasuszeichen an anderer Stelle	Kasuszeichen an anderer Stelle bereits *vorhanden*
	schwarz**er** Tee	d**er** schwarz**e** Tee
	ein alt**er** Mann	d**er** alt**e** Mann
	an ander**er** Stelle	an ein**er** ander**en** Stelle
	mit jemand Bekannt**em**	mit jemand**em** Bekannt**en**

Die Funktionskennzeichen 6

Wenn Genitivattribute *vor* einem Nomen stehen (S. 91), *entfällt* der Artikel vor dem Nomen und damit auch die entsprechende Kasusform. Diese wird von einem attributiven Adjektiv oder Partizip übernommen; vgl.

in Deutschland**s** alt**er** Hauptstadt
in **der** alt**en** Hauptstadt Deutschlands
mit mein**es** Vater**s** ausdrücklich**er** Genehmigung
mit **der** ausdrücklich**en** Genehmigung meines Vaters
in **wessen** alt**em** Haus habt ihr gewohnt? (in **dem** alt**en** Haus meines Onkels / in mein**es** Onkel**s** alt**em** Haus)
Frau Müller und **deren** jüngst**er** Sohn (**der** jüngste Sohn der Frau Müller / **der** jüngste Sohn von Frau Müller)
das ist Herr Müller, in **dessen** neu**em** Ferienhaus wir gewohnt haben (in **dem** neu**en** Ferienhaus von Herrn Müller)

Ergänzen Sie die Kasus- und die Attributzeichen!

Ü 179

(1) für mein_ älter_ Bruder; bei mein_ alt_ Freund; mit mein_ früher_ Freundin (2) neben d_ neu_ Post; gegen ein_ dick_ Baum; wegen d_ schlecht_ Wetter_ (3) die jung_ Leute; unter groß_ Schwierigkeiten; ein_ schön_ Tag_; an ein_ schön_ Tag (4) für eine gut_ Sache; in ein_ ideal_ Ehe; nach länger_ Krankheit (5) aus bestimmt_ Gründen; zu günstig_ Bedingungen; in normal_ Zeiten (6) in voll_ Fahrt; mit ganz_ Kraft; in d_ nächst_ Monaten

wie Übung 179

Ü 180

(1) Fahrzeuge müssen auf d_ recht_ Straßenseite parken. (2) Ein rücksichtsvoll_ Autofahrer achtet immer auf d_ Fußgänger. (3) Manch ein unvorsichtig_ Verkehrsteilnehmer hat schon spielend_ Kinder gefährdet. (4) In geschlossen_ Ortschaften darf d_ vorgeschrieben_ Geschwindigkeit nicht überschritten werden. (5) D_ Spenden, d_ wir bei Bekannt_ gesammelt haben, kommen d_ Bedürftigen in unser_ klein_ Stadt zugute. (6) In d_ vergangen_ Nacht hat es sehr stark geschneit, was am nächst_ Morgen zu erheblich_ Verkehrsbehinderungen führte. (7) Nach d_ langfristig_ Wettervorhersage ist in dies_ Jahr ein lang_, streng_ Winter zu erwarten. (8) In d_ heutig_ Zeitung stand, daß seit letzt_ Montag ein fünfjährig_ Mädchen vermißt wird. (9) Der Vorname d_ klein_ Mädchen_ lautet Brigitte. (10) Es hatte am Montag gegen 9 Uhr d_ elterlich_ Wohnung verlassen, um allein in den benachbart_ Kindergarten zu gehen. Dort ist es aber nicht angekommen.

Kasuszeichen signalisieren unterschiedliche Funktionen im Satz (S. 63 ff.).

Ergänzen Sie die Kasuszeichen und bestimmen Sie die Funktionen, die sie kennzeichnen!

Ü 181

(1) Wo sind d_ Jungen? — Dort steht ein_ von ihnen. (2) Gibt es hier ein Restaurant? — Ja, da drüben ist ein_. (3) Ist das dein Buch? — Ja, das ist mein_. (4) Hat d_ Lehrer schon mit d_ Unterricht begonnen? (5) Neulich ist mir etwas Peinlich_ passiert. (6) Bist du ein sicher_ Autofahrer? (7) Wissen Sie, ob Dr. Huber ein gut_ Arzt ist? (8) Er ist d_ best_ Arzt in dies_ Gegend. (9) Peter hat sein_ Freund ein_ groß_ Dummkopf genannt, weil er das alt_, verrostet_ Motorrad gekauft hat. (10) Paul fühlt sich als ein groß_ Held.

wie Übung 181

Ü 182

(1) Siehst du auf der Straße ein_ Wagen? — Nein, ich sehe kein_. (2) Du suchst dein_ Kugelschreiber? Nimm mein_! (3) Hast du gestern im Theater jemand Bekannt_ gesehen? (4) Kennst du dies_ Mädchen? — Natürlich kenne ich d_

6 Die Funktionskennzeichen

klein_ Tochter unser_ Nachbar_. (5) W_ wollt ihr morgen besuchen? (6) W_ hast du gestern d_ ganz_ Tag gemacht? (7) Herr Schröder will mein_ Tochter d_ Klavierspielen beibringen. (8) D_ Klavierstunden kosten mein_ Tochter viel Mühe. (9) Kinder fragen ihr_ Vater und ihr_ Mutter manch_, was sie nicht beantworten können. (10) Ich möchte nach d_ Essen ein_ klein_ Spaziergang machen.

Ü 183
Richtig:

Ergänzen Sie die Kasus- und Attributzeichen!

(1) All_ Fahrzeuge müssen auf d_ recht_ Straßenseite fahren. (2) Schnell_ Fahrzeuge müssen langsamer_ links überholen. (3) In ein_ Einbahnstraße gibt es kein_ Gegenverkehr. (4) Ein rücksichtsvoll_ Autofahrer achtet immer auf d_ Fußgänger, wenn dies_ ein_ Straße überqueren wollen. (5) Achten Sie besonders auf alt_ Menschen und auf spielend_ Kinder! (6) D_ Spenden, d_ wir bei Bekannt_ und Freunde_ gesammelt haben, kommen Arm_ und Bedürftig_ zugute. (7) Dies_ besonders markiert_ Parkplatz ist für behindert_ Autofahrer reserviert. (8) Die Meteorologen haben in ihr_ langfristig_ Wettervorhersage festgestellt, daß ein lang_, streng_ Winter zu erwarten ist. (9) Wenn man ein_ unfrankiert_ Brief bekommt, muß immer d_ Empfänger Strafporto zahlen. (10) Bruno arbeitet als Angestellt_ in ein_ hiesig_ Reisebüro.

Ü 184
Richtig:

Beantworten Sie die Fragen!

(1) Welcher Mantel gehört dir? (grau) (2) Was für eine Handtasche möchten Sie? (braun) (3) Was für Leute wohnen in diesem Stadtviertel? (arm) (4) Welches Fenster gehört zu deiner Wohnung? (groß und breit) (5) Was für Wetter hattet ihr im Urlaub? (sehr schön) (6) In was für einem Hotel habt ihr gewohnt? (klein und billig) (7) In welchem Haus wohnst du? (hoch, gelb) (8) Was für ein Mensch ist dein Untermieter? (ruhig und angenehm)

C Die Präpositionen

Wie die Kasuszeichen, so signalisieren Präpositionen als „lose" Kennzeichen die Funktion von Satzgliedern und Attributen; sie deuten außerdem auch bestimmte Inhalte und Beziehungen an; z. B. lokale, temporale, modale usw.
Präpositionen fordern zum Zeichen ihrer Ankoppelung bestimmte Kasuszeichen. Man unterscheidet danach folgende Präpositionen:

Präpositionen, die den **Akkusativ** fordern (Akkusativpräpositionen):
>bis, durch, für, gegen, je, ohne, per, pro, um, wider

Präpositionen, die den **Dativ** fordern (Dativpräpositionen):
>aus, außer, bei, binnen, entgegen, fern, gegenüber, gemäß, längs, laut, mit, nach, nächst, nahe, nebst, (mit)samt, seit, von, zu, zuliebe

Präpositionen, die den **Genitiv** fordern (Genitivpräpositionen):
>abseits, anläßlich, anstatt, anstelle, aufgrund, außerhalb, diesseits, halber, infolge, inmitten, innerhalb, jenseits, kraft, mittels, ob, oberhalb, seitens, statt, trotz, um ... willen, ungeachtet, unterhalb, unweit, vermittels, vermöge, während, wegen, zeit, zufolge, zugunsten u.a.m.

Präpositionen, die den **Akkusativ** oder den **Dativ** fordern (Akkusativ/Dativpräpositionen): der *Akkusativ* signalisiert ein *Ziel*, der *Dativ* eine *Lage*.
>an, auf, hinter, in, neben, über, unter, vor, zwischen

>Ich stelle das Buch **in den** Bücherschrank. (= Ziel)
>Das Buch steht **im** Bücherschrank. (= Lage)

Die Funktionskennzeichen 6

Einige Präpositionen fordern manchmal auch *statt des Genitivs* den *Dativ*:
dank, innerhalb, längs, mittels, statt, trotz, während, wegen, zufolge

Einige Präpositionen agglutinieren oder assimilieren die Kasuszeichen, besonders im mündlichen Ausdruck:
so das *Akkusativzeichen* bei den Präpositionen: an**s**, auf**s**, durch**s**, für**s**, hinter**s**, in**s**, über**s**, um**s**, unter**s**, vor**s**
und das *Dativzeichen* bei den Präpositionen: a**m**, bei**m**, i**m**, vo**m**, zu**m**, zu**r**
    an**s** Finanzamt, durch**s** Tor, hinter**s** Haus, in**s** Kino, um**s** Eck; a**m** Bahnhof, bei**m** Unterricht, i**m** Theater, zu**m** Sportplatz, zu**r** Post

Die Stellung der Präpositionen

Die meisten Präpositionen stehen *vor* dem Wort, dessen Funktion sie signalisieren. Einige werden aber auch als Postposition *nachgestellt*:
    der Ordnung **halber / wegen**; uns **zuliebe**
zusammen mit *Pronominaladverbien* (vgl. S.øø) werden die Präpositionen immer *nachgestellt* und mit ihnen graphisch verbunden; zwischen zwei Vokalen wird ein **-r-** eingefügt:
    wo**mit**? – da**mit**; wo**für**? – da**für**; wo**r**auf? – da**r**auf; – wo**r**über? – da**r**über
nachgestellt werden die Präpositionen auch bei den um **-et** erweiterten Possessivpronomen, die die fehlenden Genitivformen der Personalpronomen (vgl. S.øø) ersetzen:
    mein**et**wegen, unsr**et**wegen, Ihr**et**wegen

Einige Präpositionen können sowohl vor- als auch nachgestellt werden; oft tritt dabei ein Wechsel der Kasuszeichen ein:
    entlang d**es** Fluss**es** – d**en** Fluß *entlang*
Die Zirkumposition **um . . . willen** schließt das damit gekennzeichnete Wort ein:
    um Gottes **willen**, **um** Himmels **willen**; **um** mein**et**willen
Manchmal wirken auch zwei Präpositionen zusammen; vgl.
    von heute **ab**; **von** hier **aus**; **bis zum** Bahnhof, **bis auf** den letzten Pfennig

Präpositionen, die lokale Beziehungen signalisieren

Setzen Sie die Präpositionen ein und prüfen Sie in Ihrem Wörterbuch nach, was für lokale Beziehungen damit ausgedrückt werden.

Ü 185

ab: (1) Der Wagen wird (*Werk*) geliefert. (2) (*hier*) ist die Straße gesperrt.
an: (3) Ich stelle den Stuhl (*das Fenster*). (4) Hast du deine Bewerbung (*die Firma*) abgeschickt? (5) Die Umweltschützer wenden sich (*die Öffentlichkeit*). (6) Die Leiter steht (*der Baum*). (7) Stuttgart liegt (*der Neckar*). (8) Unser Hotel liegt (*die Hauptstraße*). (9) Unser Lehrer ist (*eine andere Schule*) versetzt worden.
auf: (10) Die Bergsteiger sind (*der Berggipfel*) hinaufgestiegen. (11) Der Hotelgast ist (*sein Zimmer*) gegangen. (12) Geht ihr morgen auch (*das Fest*)? (13) Wann fahrt ihr (*Urlaub*)? (14) Ich muß noch etwas (*die Universität*) erledigen. (15) Mein Freund befindet sich jetzt (*eine Amerikareise*).

wie Übung 185

Ü 186

aus: (1) Mein Kollege kommt gerade (*sein Büro*). (2) Die Frau holt ihre Geldbörse (*ihre Einkaufstasche*). (3) Wir stammen alle (*Berlin*). (4) Das Schloß stammt (*das 16. Jahrhundert*). (5) (*die Nähe*) sieht das Haus ziemlich baufällig aus.
außerhalb: (6) Wir wohnen (*die Stadt*).
bei: (7) Erding liegt (*München*). (8) Meine Schwester wohnt (*die Eltern*). (9) Herr Baum ist Lehrer (*das Goethe-Institut*). (10) Mein Freund dient zur

109

6 Die Funktionskennzeichen

Zeit (*die Bundeswehr*).
diesseits: (11) Das Schloß liegt (*der Fluß*).
durch: (12) Wir müssen (*diese Tür*) gehen. (13) Sollen wir ein wenig (*der Stadtpark*) gehen? (14) Die Einbrecher sind (*das Fenster*) ins Haus eingestiegen. (15) Wir sind (*eine schöne Gegend*) gewandert. (16) Wir mußten (*das Wasser*) waten, um auf die andere Seite des Baches zu gelangen.
entlang: (17) (*der Zaun*) stehen schöne Blumen.

Ü 187 wie Übung 185

gegen: (1) Die Jungen lehnen sich (*die Mauer*). (2) Das Motorrad ist (*ein Baum*) geprallt. (3) Die Schwimmer mußten (*die Strömung*) ankämpfen. (4) Der Regen klatschte (*das Fenster*). (5) Der Polizist rannte mit der Schulter (*die Tür*), um sie gewaltsam zu öffnen.
gegenüber: (6) Unser Hotel liegt (*der Bahnhof*). (7) Im Zug saß (*ich*) eine hübsche junge Dame.
hinter: (8) Stelle dein Fahrrad (*das Haus*)! (9) Stelle dich (*ich*)! (10) Unser Garten liegt (*das Haus*). (11) Die jungen Männer schauten (*das hübsche Mädchen*) her.
in: (12) Mein Bruder wohnt jetzt (*Hamburg*). (13) Frau Brunner arbeitet gerade (*die Küche*). (14) Steckt der Schlüssel noch (*das Schloß*)? (15) Sind Sie (*eine Partei*)? (16) Geht ihr manchmal (*das Kino*)? (17) Hast du die Blumen (*die Vase*) gestellt?

Ü 188 wie Übung 185

inmitten: (1) (*der See*) liegt eine kleine Insel. (2) Der Lehrer steht (*seine Kinder*).
innerhalb: (3) Der Park liegt noch (*das Stadtgebiet*). (4) Die Höchstgeschwindigkeit (*geschlossene Ortschaften*) beträgt 50 km/h.
jenseits: (5) Der Campingplatz befindet sich (*der Fluß*). (6) (*das Gebirge*) verläuft die Landesgrenze.
längs: (7) Die Straße verläuft (*der Fluß*). (8) (*die Hecke*) verläuft die Grundstücksgrenze.
nach: (9) Der Vogelschwarm fliegt (*Norden*). (10) Im Sommer fahren wir (*der Süden*). (11) Wir fahren (*Italien*).
neben: (12) Wir wohnen direkt (*der Bahnhof*). (13) (*ich*) saß eine junge Dame. (14) Stell bitte den Stuhl (*das Fenster*)! (15) Setz dich (*ich*)!
oberhalb: (16) Der Brand entstand auf dem Berg (*der Wasserfall*). (17) Die Wunde muß (*die Schlagader*) abgebunden werden.
über: (18) (*Schreibtisch*) hängt eine Lampe. (19) Familie Baum wohnt zwei Stockwerke (*ich*). (20) (*die Stadt*) fliegen mehrere Hubschrauber. (21) Dichter Nebel lag (*der See*). (22) Zieh dir noch einen Pulli (*das Hemd*). (23) Der Junge ist (*der Zaun*) gesprungen. (24) Wir müssen hier (*die Straße*) gehen. (25) Wir sind (*die Alpen*) geflogen. (26) Hans ist (*der Fluß*) geschwommen. (27) Tränen liefen mir (*die Wangen*). (28) Der Fluß ist beim letzten Hochwasser (*die Ufer*) getreten. (29) Der Zug führt (*Stuttgart*) nach Köln. (30) Wir müssen hier (*der Platz*) gehen, wenn wir zum Park wollen.

Ü 189 wie Übung 185

um: (1) Der Mond kreist (*die Erde*). (2) Wir machen eine Reise (*die Welt*). (3) Die Post ist hier gleich (*die Ecke*). (4) Tu dir einen Schal (*der Hals*)!
unter: (5) Die Pfadfinder rasten (*ein schattiger Baum*). (6) (*die Schneedecke*) wachsen schon die ersten Schneeglöckchen. (7) Ich habe meinen Wagen (*das Dach*) gestellt. (8) Die Katze ist (*der Zaun*) durchgekrochen. (9) Was hast du

Die Funktionskennzeichen 6

(*dein Pullover*) an? (10) Heute nacht ist zum ersten Mal in diesem Jahr die Temperatur (*der Nullpunkt*) gesunken.
unterhalb: (11) Die Berghütte steht knapp (*der Gipfel*).
unweit: (12) Unser Haus liegt (*die deutsch-österreichische Grenze*).
von: (13) Das Flugzeug kommt (*Paris*). (14) Der Einbrecher ist (*der Balkon*) auf die Straße gesprungen. (15) Wie kommt man (*hier*) zum Flughafen? (16) Die Frau lebt schon seit Jahren (*ihr Mann*) getrennt.

wie Übung 185

vor: (1) Ich erwarte dich morgen (*der Bahnhof*). (2) Von hier aus liegt Rosenheim (*München*). (3) Stellen Sie Ihren Wagen ruhig (*mein Wagen*)!
zu: (4) Wie komme ich von hier (*der Flugplatz*)? (5) Kommt ihr auch (*unsere Gartenparty*)? (6) Morgen komme ich (*du*).
zwischen: (7) Bonn liegt (*Köln und Koblenz*). (8) Bei Tisch sitzt meine Schwester (*mein Vater und ihr Verlobter*). (9) Darf ich mich (*ihr*) setzen?

Ü 190

Präpositionen, die temporale Beziehungen signalisieren

Setzen Sie die Präpositionen ein und prüfen Sie in Ihrem Wörterbuch nach, was für temporale Beziehungen damit ausgedrückt werden!

ab: (1) (*11. Mai/der 11. Mai*) sind wir verreist. (2) Den Film dürfen Jugendliche erst (*das 18. Lebensjahr*) ansehen. (3) (*kommendes Jahr*) werden die Postgebühren erhöht. (4) (*Montag*) haben wir Ferien.
an: (5) (*ein schöner Sommermorgen*) sind wir früh zu einem Ausflug aufgebrochen. (6) Der Frühling beginnt (*der 21. März*). (7) (*Ostern*) waren wir in Rom.
auf: (8) Wir wollen morgen (*ein paar Tage*) verreisen. (9) Wir haben noch (*Jahre*) hinaus Arbeit. (10) Jetzt geht es schon (*Mitternacht*) zu. (11) Der Zug ist (*die Minute*) genau hier eingetroffen.
außerhalb: (12) Der Chef ist (*die Geschäftszeit*) nicht zu sprechen.
bei: (13) Schon (*der erste Auftritt*) erhielt die Schauspielerin viel Applaus. (14) (*Abfahrt des Zuges*) war es genau 15.54 Uhr. (15) Haben Sie schon einmal Hamburg (*Nacht*) erlebt? (16) (*die gestrige Demonstration*) hat es keine Zwischenfälle gegeben.
binnen: (17) Wir bitten Sie, uns den Betrag (*ein Monat*) zu überweisen. (18) Die Expedition kann ihr Ziel (*eine Woche*) erreicht haben.
bis: (19) Das Lokal ist nur (*Mitternacht*) geöffnet. (20) Wir sind (*25. September*) in London. (21) (*heute*) habe ich noch keine Antwort auf meinen Brief erhalten. (22) Das Fest dauerte (*nach Mitternacht*). (23) Mein Großvater war (*ins hohe Alter*) gesund und rüstig.

Ü 191

wie Übung 185

gegen: (1) Ich komme abends immer so (*7 Uhr*) nach Hause. (2) Meine Frau kommt (*Abend*) zurück.
hinter: (3) Jetzt habe ich endlich meine Prüfungen (*ich*).
in: (4) Ich bin (*drei Tage*) wieder von der Geschäftsreise zurück. (5) Den Betrag zahle ich (*die nächsten vierzehn Tage*) auf der Post ein. (6) (*der letzte Sommer*) hatten wir (*der Urlaub*) sehr schönes Badewetter. (7) Goethe starb (*das Jahr 1832*). (8) Mein Großvater war noch (*das hohe Alter von 80 Jahren*) gesund und rüstig. (9) Die Bauarbeiten auf den Straßen werden noch bis (*der Spätherbst*) andauern.
innerhalb: (10) Begleichen Sie die Rechnung bitte (*ein Monat*)!
nach: (11) Zum Wintersport fahren wir erst (*Weihnachten*). (12) (*meine Ankunft in Stuttgart*) suchte ich mir zunächst ein Hotel. (13) Es ist jetzt ge-

Ü 192

6 Die Funktionskennzeichen

nau Viertel (*zehn*).
über: (14) Wir wollen (*das Wochenende*) fortfahren. (15) Es hat (*die ganze Nacht*) geschneit.
um: (16) Ich muß jeden Morgen (*6 Uhr*) aufstehen. (17) (*Mitternacht*) waren wir längst wieder zu Hause.

Ü 193 wie Übung 185

von ... ab / an: (1) (*morgen*) will ich nicht mehr rauchen. (2) (*der nächste Erste*) arbeite ich bei einer anderen Firma.
vor: (3) Ich besuche euch noch (*Pfingsten*). (4) Heute (*zwei Jahre*) habe ich bei eurer Firma angefangen.
zeit: (5) Mein Vater war (*sein Leben*) ein kranker Mann.
zu: (6) Mein Sohn hat mich (*Ostern*) besucht. (7) Ich benachrichtige Sie (*gegebene Zeit*).
zwischen: (8) Der Chef kommt immer (*9 und 10 Uhr*) ins Büro. (9) (*der 6. und 10. Oktober*) findet in Frankfurt die Buchmesse statt. (10) Das Geschäft ist (*Weihnachten und Neujahr*) geschlossen.

Präpositionen, die modale Inhalte signalisieren

Ü 194 Setzen Sie die Präpositionen ein und prüfen Sie in Ihrem Wörterbuch, was für Inhalte damit signalisiert werden!

auf: (1) Ich habe mich mit der Türkin (*deutsch*) unterhalten. (2) Wir möchten unsere Gäste (*das herzlichste*) begrüßen.
außer (3) Ich nehme Sie jetzt (*die Reihe*) dran.
bis: (4) Fritz ist (*über beide Ohren*) verliebt. (5) Die Männer ruderten (*zur Erschöpfung*) gegen die Wellen an.
gemäß: (6) (*Artikel 5 des Grundgesetzes*) wird die freie Meinungsäußerung garantiert. (7) Der Junge lernt in der Schule (*sein Alter*) gut.
halber: (8) (*die Ordnung*) mache ich Sie auf die Kündigungsfrist aufmerksam.
hinter: (9) Deine Leistungen sind (*unsere Erwartungen*) zurückgeblieben. (10) Ich sehe nicht ein, warum ich immer (*du*) zurückstehen soll.
in: (11) Der Mann sprach mit mir (*ein so barscher Ton*), daß es mir die Stimme verschlug. (12) Er schlug (*voll Wut*) auf den Hund ein.
mit: (13) Peter war (*wir*) in Frankreich. (14) Der Kranke ißt wieder (*Appetit*). (15) Er hat letzte Woche (*hohes Fieber*) im Bett gelegen. (16) Ich habe (*Absicht*) das Licht im Keller brennen lassen. (17) Sie müssen das Manuskript (*die Schreibmaschine*) schreiben. (18) Wir sind (*die Bahn*) nach Stuttgart gefahren.

Ü 195 wie Übung 194

mittels: (1) Die Lasten werden (*ein Aufzug/Aufzug*) nach oben befördert.
nach: (2) (*deine Sprache*) halte ich dich für einen Berliner.
ohne: (3) Wir fahren diesmal (*unsere Kinder*) in Urlaub. (4) (*die Hilfe eines Rechtsanwalts*) hätten wir den Prozeß verloren.
per: (5) Wir übersenden Ihnen die Ware (*Nachnahme*). (6) Die Möbel liefern wir Ihnen (*Bahn*).
samt / mitsamt: (7) Der Lkw lag (*seine wertvolle Ladung*) im Straßengraben. (8) Der Bauernhof ist (*alle Nebengebäude*) abgebrannt.
unter: (9) Der Dirigent ging (*der Beifall der Konzertbesucher*) zum Dirigentenpult. (10) Die Frau verabschiedete sich (*Tränen*) von ihrem Sohn. (11) Der Mann ist (*Lebensgefahr*) gerettet worden.

Die Funktionskennzeichen 6

Präpositionen, die unterschiedliche Inhalte signalisieren

Setzen Sie die Präpositionen ein und suchen Sie in Ihrem Wörterbuch die Entsprechungen in Ihrer Muttersprache heraus!

Ü 196

auf: (1) Ich möchte jetzt (*Ihr Wohl*) trinken. (2) Die Soldaten sind (*Befehl ihres Kommandeurs*) losmarschiert. (3) Wir müssen heute (*Wunsch des Chefs*) Überstunden machen.
aus: (4) Der Junge will (*Angst vor unserem Hund*) nicht hereinkommen. (5) Der Mann hat die Tat (*Überzeugung*) begangen.
bei: (6) (*Glatteis*) muß man vorsichtig fahren. (7) Ich kann dein Verhalten (*der beste Wille*) nicht verstehen.
dank: (8) (*sein Fleiß*) hat er bei der Prüfung ein gutes Ergebnis erzielt. (9) (*die neuen technischen Entwicklungen*) können jetzt mehr Energien eingespart werden.
durch: (10) Von dem Unfall haben wir (*die Zeitung*) erfahren. (11) (*du*) bin ich in Schwierigkeiten geraten.
entgegen: (12) (*meine Erwartungen*) besserte sich das Wetter. (13) (*die polizeilichen Vorschriften*) hat der Mann seinen Hund frei herumlaufen lassen.

wie Übung 196

Ü 197

für: (1) Horst muß noch (*seine Prüfung*) arbeiten. (2) Der Schüler wurde (*seine guten Leistungen*) gelobt. (3) (*ein Ausländer*) sprechen Sie sehr gut Deutsch.
gegen: (4) Wir müssen uns (*Pocken*) impfen lassen. (5) Was ich getan habe, habe ich (*mein Wille*) getan.
gegenüber: (6) Der Chef äußerte sich (*die Vorschläge seiner Mitarbeiter*) sehr zurückhaltend. (7) Ein Motorradfahrer ist im dichten Verkehr (*ein Autofahrer*) im Vorteil.
in: (8) Peter ist (*sein Beruf*) außerordentlich tüchtig. (9) Leider habe ich mich (*du*) getäuscht.
infolge: (10) (*dichter Nebel*) ist es gestern zu mehreren Unfällen gekommen. (11) Der Start unserer Maschine verzögerte sich (*technische Schwierigkeiten*).
kraft: (12) Ein Minister kann (*sein Amt*) Verordnungen erlassen.
laut: (13) (*Ihr Schreiben vom 11. Mai 1991*) haben Sie die bestellten Waren ausgeliefert. (14) (*ärztliches Gutachten*) ist der Angeklagte nicht vernehmungsfähig.
mit: (15) Die Preise verstehen sich (*Bedienung*). (16) Dort steht ein Glas (*Honig*). (17) Der Film wurde (*Laienspieler*) gedreht. (18) Die Flasche Apfelsaft kostet (*Pfand*) 2,50 Mark. (19) (*Heinrich Böll*) ist einer der bedeutendsten deutschen Nachkriegsschriftsteller gestorben. (20) (*25 Jahre*) wanderte mein Bruder nach Amerika aus. (21) (*der Verlust seiner Arbeitsstelle*) geriet der Mann in eine schwierige Lage.

wie Übung 196

Ü 198

mittels: (1) Die Lasten werden (*ein Aufzug*) nach oben befördert.
nach: (2) (*die Lage der Dinge*) wird sich die Situation kaum bessern. (3) (*meine Meinung*) bekommen die Abgeordneten zu viel Geld. (4) Die Studienzeit wird (*Semester*) berechnet.
neben: (5) (*mein Studium*) habe ich noch Geld verdienen müssen. (6) (*eine neue Kücheneinrichtung*) brauche ich auch noch eine Waschmaschine.
seitens: (7) (*die Baubehörde*) sind keine Schwierigkeiten zu erwarten.
statt/anstatt: (8) Ich an deiner Stelle würde mir (*eine Filmkamera*) eine Videokamera kaufen.

113

6 Die Funktionskennzeichen

trotz: (9) Die Autofahrer fuhren (*dichter Nebel*) auf der Autobahn mit unverminderter Geschwindigkeit.
über: (10) Gestern Abend bin ich (*meine Arbeit*) beinahe eingeschlafen.
um ... willen: (11) Ich habe das nur (*der liebe Frieden*) getan. (12) Tue es wenigstens (*ich*).
ungeachtet: (13) (*der bisherige Mißerfolg*) wird die Forschungsarbeit fortgesetzt.
unter: (14) Der Betrüger hat sich (*falscher Name*) in dem Hotel eingemietet. (15) Die Touristen stöhnten (*tropische Hitze*).
vor: (16) Die Kinder jubelten (*Freude*). (17) Der Hund zitterte (*Kälte*).
wegen: (18) Das Gartenfest mußte (*plötzlich einsetzende starke Regenfälle*) abgebrochen werden.
wider: (19) *Das Wetter besserte sich* (*Erwarten*). (20) Der Junge hat das (*besseres Wissen*) getan.
zu: (21) Meine Frau ist (*die Kur*) nach Bad Wörishofen gefahren. (22) Das Festbankett wurde (*Ehre des Präsidenten*) veranstaltet. (23) Ich fotografiere (*mein Vergnügen*).
zufolge: (24) (*die letzte Nachrichtenmeldung*) sind die Abrüstungsverhandlungen gescheitert.
zuliebe: (25) (*du*) veranstalten wir gern eine kleine Party. (26) Wir wollen im Sommer (*unsere Kinder*) an die See fahren.
zugunsten: (27) Am Sonntag findet (*die Bedürftigen der Stadt*) ein Fest statt.

Präpositionen, die Objekte kennzeichnen

Ü 199 Richtig:

Die angegebenen Präpositionen kennzeichnen Präpositionalobjekte (S.øø). Setzen Sie die Objekte auf Platz ⑪ ins Satzfeld ein (vgl. „Satzbauhelfer")!

an: (1) *du:* Ich habe die ganze Zeit gedacht. (2) *eine bessere Zukunft:* Viele Menschen glauben. (3) *unsere Schulzeit:* Wir erinnern uns gerne. (4) *eine bösartige Krankheit:* Mein Onkel ist letztes Jahr gestorben. (5) *dein Geschäft:* Wer will sich beteiligen?
auf: (6) *mein Urlaub:* Ich freue mich schon die ganze Zeit. (7) *meine Kinder:* Achten Sie bitte einen Moment! (8) *ich:* Bist du immer noch böse?
für: (9) *seine Kinder:* Sorgt der Vater auch? (10) *du:* Ich tue alles.
mit: (11) *der Unterricht:* Wann werden wir morgen beginnen? (12) *der Fernseher:* Was ist denn da los?
nach: (13) *Sie:* Gerade hat der Chef gefragt. (14) *du:* Deine Freundin hat sich sicher die ganze Zeit gesehnt.
über: (15) *seine Erlebnisse:* Der Forschungsreisende hat seinen Zuhörern berichtet. (16) *die Spielsachen:* Mein kleiner Sohn hat sich sehr gefreut.
um: (17) *Ihr Ausweis:* Darf ich bitten? (18) *deine schöne Wohnung:* Wir beneiden dich.
von: (19) *du:* Gestern haben wir gesprochen. (20) *deine Abenteuer in Afrika:* Erzähle uns doch ein wenig!
vor: (21) *die kommende Prüfung:* Die Schüler haben Angst. (22) *Unfälle:* Schützen Sie sich! (23) *der Betrüger:* Ich muß Sie dringend warnen.

Präpositionen, die Attribute kennzeichnen

Ü 200 Richtig:

Schließen Sie die Wörter als Präpositionalattribute (S. 91) an!

an: (1) *die Stadtverwaltung:* Ist das der Brief? (2) *eine Universität:* Dr. Müller ist Professor. (3) *die alte Brücke:* Die Reparaturen sind fast abgeschlossen. (4) *die Lebensmittel:* In dem Land herrscht ein erheblicher Mangel. (5) *das Unglück:* Ich streite jede Schuld ab.

Die Funktionskennzeichen 6

auf: (6) *Besserung:* Wir haben jede Hoffnung aufgegeben. (7) *Arbeit:* Alle Menschen haben ein Recht. (8) *der See:* Ich habe ein Zimmer mit Blick bekommen.
aus: (9) *die Niederlande:* Sind das die Reisenden?
bei: (10) *der Rundfunk:* Herr Feiler ist Intendant. (11) *Nacht:* Hast du schon einmal Berlin erlebt?
diesseits: (12) *der Fluß:* Wir bleiben auf der Straße.
für: (13) *du:* Wir haben etwas mitgebracht.
gegen: (14) *Kopfschmerzen:* Hast du eine Tablette? (15) *euer Fußballverein:* Wann findet das Spiel statt?
gegenüber: (16) *die Post:* Wie heißt das Hotel?
in: (17) *das letzte Jahr:* Unser Urlaub war wunderschön. (18) *die Salzburger Straße:* Kennen Sie das Lokal?
innerhalb: (19) *das Stadtgebiet:* Auf den Straßen findet man keine Parkplätze.
jenseits: (20) *das Tal:* Ihre Zelte standen auf dem Campingplatz.

wie Übung 200

Ü 201 Richtig:

mit: (1) *Honig:* Ich besorge dir ein Glas. (2) *Bad:* Wir möchten ein Doppelzimmer.
nach: (3) *Berlin:* Von welchem Bahnsteig fährt der Zug ab? (4) *der Süden:* Viele Deutsche empfinden eine starke Sehnsucht.
neben: (5) *unser Grundstück:* Der Garten ist noch zu verpachten. (6) *Ihre Schwester:* Wer ist der Mann?
oberhalb: (7) *die Felsschlucht:* Die Hütte gehört der Bergwacht.
ohne: (8) *Heizung:* Wieviel kostet das Zimmer?
über: (9) *der Eßtisch:* Die Lampe ist kaputt. (10) *der See:* Der Nebel hat sich inzwischen verzogen. (11) *meine Geschäftsreise:* Ich muß noch einen Bericht schreiben. (12) *DM 550.–:* Die Firma hat mir eine Rechnung geschickt. (13) *10 Jahre:* Kinder müssen den vollen Fahrpreis zahlen.
um: (14) *die Welt:* Ich möchte einmal eine Reise machen.
unter: (15) *der Baum:* Die Bank muß gestrichen werden. (16) *16 Jahre:* Jugendliche haben zu diesem Film keinen Zutritt. (17) *ein Bestellwert von DM 100,–:* Wir liefern Waren zuzüglich Frachtkosten.
unweit: (18) *der Grenze:* In dem Dorf wohnen einige Schmuggler.
von: (19) *zwölf Abiturienten:* Drei haben die Prüfung mit „gut" abgeschlossen. (20) *ein Schüler:* Hans ist ein Vorbild. (21) *Beruf:* Erich ist Ingenieur.
vor: (22) *unser Haus:* Der Baum soll gefällt werden. (23) *drei Jahre:* Heute ist mein Onkel gestorben.
zu: (24) *Köln am Rhein:* Das ist der Dom.
zugunsten: (25) *das Rote Kreuz:* Spenden sind steuerfrei.
zwischen: (26) *die hohen Bäume:* Die Parkbänke sind vor allem bei den Kurgästen sehr beliebt.

Ergänzen Sie die präpositionalen Ausdrücke mit den fehlenden Kasus- und Attributzeichen. Die Artikel in Klammern entfallen.

Ü 202 Richtig:

(1) *(der) heutige Tag:* an . . .; *(der) halbe Preis:* zu . . .; *(das) richtige Ende:* an . . .; (2) *(das) nächste Jahr:* in . . .; *(der) 1. (erste) April:* ab . . .; *(die) gute Gesellschaft:* in . . .; (3) *eine gute Sache:* für . . .; *(der) trostlose Zustand:* in . . .; *eine ernste Angelegenheit:* wegen . . .; (4) *(eine) längere Krankheit:* nach . . .; *(ein) triftiger Grund:* aus . . .; *andere Umstände:* unter . . .; (5) *günstige Bedingungen:* zu . . .; *normale Zeiten:* in . . .; *wenige Worte:* mit . . .; (6) *(der) freie Wille:* aus . . .; *schlechtes Wetter:* wegen . . .; *(eine) scharfe Form:* in . . .; (7) *kurze Zeit:* nach . . .; *(der) freie Himmel:* unter . . .; *volle Fahrt:* in . . .; (8) *(der) nächste Monat:* ab . . .; *(die) größte Mühe:* mit . . .; *(die) zuverlässige Quelle:* aus . . .; *(eine) bestimmte Absicht:* in . . .

6 Die Funktionskennzeichen

D Die Konjunktionen

Es gibt zwei Typen von Konjunktionen: nebenordnende Konjunktionen und unterordnende Konjunktionen.

Nebenordnende Konjunktionen

Sie reihen Wörter, gleichartige Satztypen, gleichartige Satzglieder oder gleichartige Attribute aneinander und signalisieren unterschiedliche Inhalte; z.B. Zusammenhänge, Alternativen, Gegensätze usw.

>Vater **und** Mutter; heute **oder** morgen; billig **aber** schlecht
>Ich gehe jetzt zur Post **und** besorge mir Briefmarken.
>Kommst du mit **oder** bleibst du lieber hier?
>Du wolltest doch an deine Eltern **und** an deine Verwandten schreiben.
>Ich kaufe mir **entweder** einen Fotoapparat **oder** eine Filmkamera.

„**und**": Wenn zwei Satzsysteme durch „und" verbunden werden, wird die Konjunktion dem zweiten Satzsystem *vorgeschaltet* (vgl. „Satzbauhelfer"). Die beiden Satzsysteme werden im schriftlichen Ausdruck durch Komma optisch getrennt.

>Satztyp A: ... P¹ ... (P²), **und** ... P¹ ... (P²)

>Heute bist du noch bei uns, **und** morgen bist du wieder zu Hause.
>Du fährst morgen weg, **und** wir müssen hierbleiben.

Wenn beide Satzsysteme das gleiche Subjekt haben, entfällt im zweiten Satzsystem das Subjekt auf Platz Ⓐ im Vorfeld. Im schriftlichen Ausdruck wird dann kein Komma gesetzt.

>**Ich** gehe zum Bäcker *und* **(ich)** hole ein Brot.
>Bleib heute zu Hause *und* tue etwas für die Schule!

Bei den Satztypen C und D werden die Satzsysteme nicht durch **Komma** getrennt. Wiederholungen werden im allgemeinen vermieden.

>Satztyp C: V ... P   und   (V) ... P
>Satztyp D: ... P   und   ... P

>Ich komme nicht mit, **weil** ich keine Lust habe *und* **(weil ich)** noch arbeiten muß.
>Er sagte, **daß er** keine Lust habe *und* **(daß er)** auch noch arbeiten müsse.
>Er hat mich gebeten, zu ihm **zu kommen** *und* ihm **zu helfen**.

Ü 203
Richtig:

Setzen Sie „und" ein. Setzen Sie Kommas, wenn Satzsysteme optisch getrennt werden müssen.

(1) Ich gehe jetzt in die Stadt besorge mir auf der Post ein paar Briefmarken. (2) Als ich in Bremen ankam aus dem Zug stieg erwartete mich schon meine Schwester am Bahnsteig. (3) Sie umarmte mich herzlich wir fuhren dann in ihre Wohnung wo ich von meinem Schwager ihren Kindern begrüßt wurde. (4) Meine Tochter arbeitet noch ein Jahr in Frankreich danach will sie in München Romanistik studieren. (5) Heute am nächsten Wochenende wollen ich meine Familie ins Gebirge fahren dort ein wenig wandern. (6) Nächsten Monat fahren Petra Karl nach Paris nach London. (7) Petra hat sich für die Reise eine gelbe eine blaue Bluse gekauft. (8) Jetzt sitzen wir hier gemütlich im Wohnzimmer unterhalten uns deine Frau bereitet indessen ganz allein in der Küche das Abendessen vor. (9) Ich hoffe daß ihr zu Hause gut angekommen seid daß dort alles in Ordnung war. (10) Der Läufer wurde von Wettkampf zu Wettkampf schneller immer schneller. (11) An unserem Ferienort regnete regnete

Die Funktionskennzeichen 6

es eine ganze Woche. (12) Die Lehrerin rief ihre Kinder alle kamen angelaufen. (13) Die Prüfungen waren vorüber alle Schüler atmeten auf. (14) Mein Bruder hielt den gestrigen Krimi im Fernsehen für schlecht das war er auch. (15) Du mußt wegen deiner Gehaltserhöhung einmal mit deinem Chef sprechen fällt es dir noch so schwer. (16) Der Untermieter muß leider aus seinem Zimmer tut er es nicht kann man ihn dazu zwingen. (17) Sei bitte so gut hilf mir! (18) Tun Sie mir bitte den Gefallen kommen Sie sofort!

Bei welchen der obigen Lösungssätze verbindet die Konjunktion „und"

    a. eine einfache Anreihung, eine Aufzählung,
    b. eine Steigerung oder die Dauer,
    c. eine zeitliche Folge,
    d. eine kommentierende Feststellung,
    e. einen einräumenden Kommentar (konzessiv),
    f. eine Bedingung, oder
    g. eine eindringliche Bitte mit einer einleitenden Floskel?

Ü 204 Richtig:

„**oder**" signalisiert eine oder mehrere Alternativen; ebenso eine mögliche positive oder negative Folge, wenn zwei Sachverhalte genannt werden.
Wenn die Konjunktion zwei Satzsysteme verbindet, wird sie dem zweiten Satzsystem *vorgeschaltet*; vgl. „und".

Setzen Sie „oder" ein! Setzen Sie Kommas, wenn Satzsysteme optisch voneinander getrennt werden müssen!

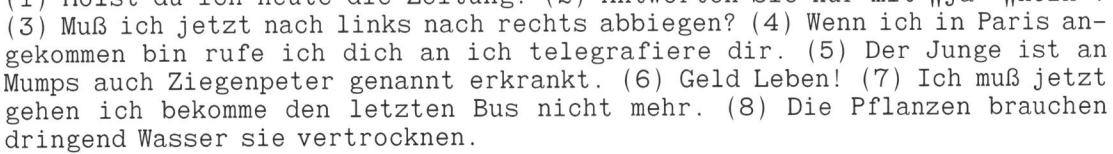

Ü 205 Richtig:

(1) Holst du ich heute die Zeitung? (2) Antworten Sie nur mit „ja" „nein"! (3) Muß ich jetzt nach links nach rechts abbiegen? (4) Wenn ich in Paris angekommen bin rufe ich dich an ich telegrafiere dir. (5) Der Junge ist an Mumps auch Ziegenpeter genannt erkrankt. (6) Geld Leben! (7) Ich muß jetzt gehen ich bekomme den letzten Bus nicht mehr. (8) Die Pflanzen brauchen dringend Wasser sie vertrocknen.

„**aber**" signalisiert einen Gegensatz, eine erwartete, aber nicht eintretende Folge, ebenso eine Einschränkung, einen Vorbehalt oder eine Berichtigung; wenn „aber" zwei Satzsysteme verbindet, wird es dem zweiten, oft verkürzten Satzsystem *vorgeschaltet*, oder es besetzt den Platz ⑤ im Satzfeld (vgl. auch den Gebrauch von „aber" als Modalglied und als Modalattribut, S. 73, 170).

Setzen Sie „aber" ein! Setzen Sie Kommas, wenn Satzsysteme optisch voneinander getrennt werden müssen!

Ü 206 Richtig:

(1) Das Mädchen ist häßlich sehr reich. (2) Das Wetter ist schlecht die Luft ist sehr mild. (3) Das Wetter ist für die Jahreszeit zu kühl ich ziehe noch keinen Mantel an. (4) Wir sind nicht reich wir sind auch nicht unglücklich. (5) Es ist schon spät ich bleibe noch ein bißchen bei euch. (6) Kurt hat ein sehr gutes Abitur gemacht er will nicht auf die Universität gehen.

„**denn**" leitet eine Begründung ein und wird dem Satzsystem *vorgeschaltet*; häufig wird die begründende Äußerung im schriftlichen Ausdruck optisch durch ein Semikolon abgetrennt. (zum Gebrauch von „denn" als Modalglied und Modalattribut, S. 72, 170)

Setzen Sie „denn" ein!

Ü 207

(1) Ich glaube dir nicht mehr du hast mich in der letzten Zeit schon zu oft belogen. (2) Wir gehen jetzt ins Haus hier draußen ist es inzwischen doch schon recht kühl geworden. (3) Leider kann ich die Einladung nicht annehmen

6 Die Funktionskennzeichen

Richtig: ich kann meine kleinen Kinder nicht den ganzen Abend allein in der Wohnung lassen. (4) Heutzutage können nicht mehr so viele ins Ausland reisen die Zeiten haben sich in den letzten Jahren erheblich zum schlechteren verändert.

„**sondern**" leitet eine Berichtigung, Richtigstellung nach Verneinungen ein; bei voraufgehender Negation + „**nur**" signalisiert es eine Hervorhebung. Der mit „sondern" gekennzeichnete Ausdruck besetzt den Platz Ⓩ im Nachfeld und wird vom übrigen Satzsystem immer durch Komma optisch getrennt. Wenn die Konjunktion zwei Satzsysteme verbindet, wird sie dem zweiten Satz vorgeschaltet. Satzstrukturteile gleichen Inhalts werden im zweiten Satz nicht wiederholt.

Ü 208
Richtig: Setzen Sie „sondern" ein! Trennen Sie das Nachfeld durch Komma ab!

(1) Das Büro ist nicht im Erdgeschoß im 3. Stock. (2) Nicht Kurt hat uns gestern besucht wir waren bei ihm. (3) Ich habe die Waren nicht bar bezahlt ich habe dem Verkäufer einen Verrechnungsscheck gegeben. (4) Die Nachbarn haben kein Geld nur Grundbesitz. (5) Wir wollten das Haus nicht kaufen wir wollten (es) nur besichtigen. (6) Der Mantel ist nicht schwarz dunkelblau. (7) Nicht Herr Müller wollte Sie sprechen Frau Müller. (8) Hans arbeitet heute nicht im Büro er hat Außendienst. (9) Wir waren nicht gestern im Theater vorgestern. (10) Der Dichter arbeitet nicht an einem Roman an einer Biographie. (11) Der Junge sagte nichts er schwieg. (12) Er ist nicht nur intelligent er ist auch fleißig. (13) Da ist nicht die Schule das Amtsgericht.

„**außer**": die Präposition „außer" (S. 108) wird zum Ausdruck einer Einschränkung im Sinne von „ausgenommen„ als nebenordnende Konjunktion verwendet; wenn sie zwei Satzsysteme verbindet, wird sie dem zweiten Satz *vorgeschaltet*, sonst steht es auf Platz Ⓩ im Nachfeld.

Ü 209
Richtig: Setzen Sie „außer" als Konjunktion ein! Trennen Sie die Satzsysteme durch Kommas optisch voneinander ab!

(1) Unser Bäcker hat sein Geschäft die ganze Woche geöffnet sonntags und montags. (2) Morgen machen wir einen Ausflug das Wetter ist zu schlecht. (3) Die Gewerkschaft will einen Streik ausrufen die Arbeitgeber gehen auf ihre Forderungen ein.

„**beziehungsweise**" (Abkürzung: **bzw.**) signalisiert eine Präzisierung oder auch eine Alternative auf Platz Ⓩ im Nachfeld. Es wird als nebenordnende Konjunktion dem zweiten Satzsystem vorgeschaltet.

Ü 210
Richtig: Setzen Sie „bzw." als Konjunktion ein! Trennen Sie das Nachfeld durch Komma ab!

(1) Die Firma hat ihre Fabrik in Stuttgart in Cannstatt unmittelbar vor Stuttgart. (2) Die Touristen fahren nach Kairo sie fliegen dorthin. (3) Überbringen Sie den Brief Herrn Direktor Sichel seiner Sekretärin!

„**das heißt**" (Abkürzung: **d.h.**) leitet eine Erklärung oder eine Spezifizierung ein. Als Konjunktion wird es vor dem zweiten Satzsystem *zwischengeschaltet* und durch ein Komma optisch abgetrennt.

Ü 211
Richtig: Setzen Sie „d.h." als Konjunktion ein!

(1) Wir mein Freund und ich fahren nächste Woche nach England. (2) Die jungen Leute sind Studenten die meisten von ihnen. (3) Vor über vier Jahrzehnten genau am 8. Mai 1945 ist in Mitteleuropa der Krieg zu Ende gegangen. (4) Ich werde euch nächste Woche besuchen, wenn mir nichts Unerwartetes dazwischenkommt.

Die Funktionskennzeichen 6

„wie" signalisiert Vergleiche, die als Apposition oder auf Platz Ⓩ im Nachfeld stehen; die Vergleiche können vorher mit dem Adverb „so" markiert werden.

Setzen Sie die Konjunktion ein!

(1) Heute ist ein Tag jeder andere. (2) Das ist ein ähnliches Formular eine Zahlkarte für Geldüberweisungen. (3) Der Fruchtsaft ist ja rot Blut. (4) Ich bin der gleichen Meinung du. (5) Freunde du und ich müssen in schweren Zeiten zusammenhalten. (6) Industriestaaten Frankreich, England und auch Deutschland haben Probleme mit der Arbeitslosigkeit.

Ü212 Richtig:

„entweder ... oder" kennzeichnet Alternativen; sie stehen als Attribute vor den Satzgliedern, wobei das mit „oder" gekennzeichnete Satzglied meistens den Platz Ⓩ im Nachfeld besetzt. Wenn „oder" zwei Satzsysteme verbindet, wird es dem zweiten Satz *vorgeschaltet. (vgl. „oder", S. 117)*. „entweder" kann auch den Platz Ⓐ im Vorfeld allein besetzen. Wenn die beiden Subjekte übereinstimmen, kann das Subjekt im zweiten Satz entfallen, wobei auf das Komma zur Trennung der Satzsysteme verzichtet wird.

      Entweder *du* bleibst jetzt hier, **oder** du gehst mit uns.
      Entweder bleibst du jetzt hier, **oder** du gehst mit uns.
      Entweder bleibst du jetzt hier **oder** gehst mit uns.
      Du bleibst jetzt **entweder** hier **oder** *du* gehst mit uns.

Setzen Sie die Doppelkonjunktion ein! (Mehrere Lösungsmöglichkeiten!)

(1) Der Werkmeister ist in seinem Büro in der Fabrikhalle. (2) Sie geben mir ein anderes, besseres Zimmer ich ziehe aus. (3) Ich fahre mit dem 5 Uhr-Zug mit dem Nachtzug zurück. (4) Sie begleichen jetzt die Rechnung wir holen die Schreibmaschine wieder bei Ihnen ab. (5) Hans ist verreist er schläft schon. (6) Ich fahre im eigenen Wagen mit dem Zug. (7) Du hast keine andere Wahl. Du nimmst die Arznei regelmäßig dein Zustand bessert sich nicht. (8) Abends lese ich ein Buch ich sitze vor dem Fernseher und schaue mir das Abendprogramm an.

Ü213 Richtig:

„sowohl ... als auch" signalisiert nachdrücklich die Gemeinsamkeit oder die Gleichwertigkeit. (vgl. „und", S. 116) Beide „Konjunktionsteile" stehen attributiv vor den entsprechenden Satzgliedern.

Heben Sie die mit „und" verbundenen Satzglieder mit Hilfe der Doppelkonjunktion „sowohl ... als auch" hervor!

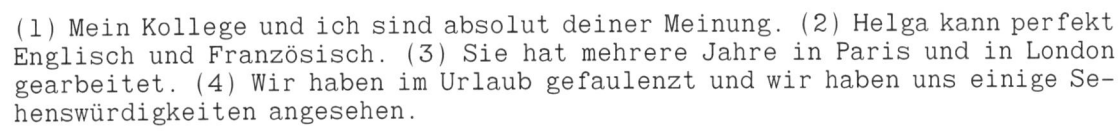

(1) Mein Kollege und ich sind absolut deiner Meinung. (2) Helga kann perfekt Englisch und Französisch. (3) Sie hat mehrere Jahre in Paris und in London gearbeitet. (4) Wir haben im Urlaub gefaulenzt und wir haben uns einige Sehenswürdigkeiten angesehen.

Ü214 Richtig:

„weder ... noch" drückt als Negation aus, daß die beiden genannten Möglichkeiten *nicht* zutreffen. Wenn zwei Satzsysteme verbunden werden, besetzt die Doppelkonjunktion in jedem der beiden Sätze den Platz Ⓐ im Vorfeld. Die Satzsysteme werden im schriftlichen Ausdruck durch Komma optisch getrennt.

Verneinen Sie die folgenden Feststellungen! Setzen Sie dafür die Doppelkonjunktion ein!

(1) Kurt kann Englisch und Französisch. (2) Dein Bericht ist gut und vollständig. (3) Sie arbeitet in einem Büro, geht sie in eine Fabrik, sondern sie ist ausschließlich Hausfrau. (4) Ich habe Zeit für meine Familie und bin für meine Freunde immer zu sprechen. (5) Herr und Frau Schmidt waren zu Hause. (6) Wir haben Geld genug für einen neuen Wagen und für eine längere Ferien-

Ü215 Richtig:

6 Die Funktionskennzeichen

reise. (7) Letzten Herbst war das Wetter schön und warm. (8) Der Lehrer hat seine Schüler gelobt und getadelt.

Unterordnende Konjunktionen und Korrelate

Unterordnende Konjunktionen leiten Gliedsätze (S. 96) und Attributsätze (S. 99) ein. Sie bilden den Verbindungsteil (**V**) beim Satztyp C (S. 80 und „Satzbauhelfer"), kennzeichnen die Funktion eines Satzes (Satztyp C) innerhalb einer Satzstruktur (S. 77) und signalisieren häufig auch bestimmte Inhalte, z.B.:
Subjektsatz für ein Subjekt (S)
  Mich hat es sehr gewundert, **daß** *du nicht gekommen bist.*
Objektsatz für ein Akkusativobjekt (Oa)
  Weißt du schon, **daß** *Eva und Peter geheiratet haben?* – Ich weiß **es**.
Kausalsatz für eine Kausalangabe (Ak)
  Ich bleibe (**deshalb**) länger im Büro, **weil** *ich noch viel zu tun habe.*

Korrelate sind die Pronomen „**es/das**" oder Adverbien; sie kündigen im übergeordneten Satz den Gliedsatz an. In den Beispielsätzen sind „es" und „deshalb" Korrelate.

Die Konjunktion „daß" kennzeichnet

Subjektsätze anstelle eines *Subjekts* (S)

Stellung auf Platz Ⓩ im Nachfeld (Beispiel 1, 2, 4, 5) oder auf Platz Ⓐ im Vorfeld (Beispiel 3). (vgl. „Satzbauhelfer")
Die Korrelate stehen
auf Platz Ⓐ im Vorfeld, wenn der Subjektsatz den Platz Ⓩ im Nachfeld besetzt hat (Beispiel 1, 4) oder auf Platz ① („es") bzw. Platz ④ („das") im Satzfeld (Beispiel 2, 5).
Wenn der Subjektsatz auf Platz Ⓐ im Vorfeld steht, entfällt das Korrelat „es" (Beispiel 3).
Wenn das Korrelat „das" im Vorfeld steht, wird der Subjektsatz dem Korrelat vorgeschaltet (Beispiel 6).
Das Korrelat „es" im Satzfeld kann oft entfallen (Beispiel 2).

  (1) **Es** hat mich wirklich gefreut, **daß** *du gekommen bist.*
  (2) Mich hat (**es**) wirklich gefreut, **daß** *du gekommen bist.*
  (3) **Daß** *du gekommen bist*, hat mich wirklich gefreut.
  (4) **Das** hat mich wirklich gefreut, **daß** *du gekommen bist.*
  (5) Mich hat **das** wirklich gefreut, **daß** *du gekommen bist.*
  (6) **Daß** *du gekommen bist,* **das** hat mich wirklich gefreut.

Ü 216
Richtig:

Fügen Sie Subjektsätze in die Satzstrukturen ein! Spielen Sie alle Möglichkeiten durch!

(1) *Hier können wir die Grenze überqueren:* Mir scheint es unmöglich. (2) *Unsere Nachbarn machen jedes Jahr eine weite Reise:* Manchen in unserer Nachbarschaft ärgert es. (3) *Nachts wird die Haustür abgeschlossen:* Es ist überall selbstverständlich. (4) *Die Firma muß Konkurs anmelden:* Es gilt in allen Wirtschaftskreisen als sicher. (5) *Die Firma muß verkauft werden:* Es ist nach Meinung des Gerichts nicht ausgeschlossen. (6) *Die Fabrikgebäude werden abgerissen:* Uns kommt es sehr gelegen. (7) *Hier wird eine neue Industrieanlage errichtet:* Es ist nach den Zeitungsberichten sehr unwahrscheinlich. (8) *Ich bin Ihnen begegnet:* Es war gestern ein reiner Zufall.

Objektsätze anstelle eines *Akkusativobjekts* (Oa)

Stellung: Platz Ⓩ im Nachfeld (Beispiel 1, 2, 5) oder Platz Ⓐ im Vorfeld (Beispiel 3, 4) oder dem Korrelat „**das**" auf Platz Ⓐ vorgeschaltet.

Die Funktionskennzeichen 6

Das Korrelat „**es**" besetzt den Platz (2) im Satzfeld für das Akkusativobjekt (oa) und kündigt den Gliedsatz an. Das Korrelat „es" kann den Platz (A) im Vorfeld nicht besetzen. Bei einigen Verben im Prädikat kann das Korrelat entfallen. (Beispiel 1, 2)

(1) Wir haben **(es)** erst gestern erfahren, **daß** *ihr geheiratet habt.*
(2) Ich halte **es** für gut, **daß** *ihr euch schnell entschlossen habt.*
(3) **Daß** *ihr geheiratet habt*, haben wir gestern erst erfahren.
(4) **Daß** *ihr euch schnell entschlossen habt*, halte ich für gut.

Das Korrelat „**das**" steht auf Platz (7) im Satzfeld (Beispiel 5) oder auf Platz (A) im Vorfeld (Beispiel 6). Das Korrelat weist nachdrücklich auf den Inhalt im Gliedsatz hin.

(5) Wir haben **das** erst gestern erfahren, **daß** *ihr geheiratet habt.*
(6) **Daß** *ihr geheiratet habt,* **das** haben wir erst gestern erfahren.

Fügen Sie die vorangehenden Sätze als Objektsätze in die Satzstrukturen der folgenden Sätze ein! Spielen Sie alle Möglichkeiten durch!

Ü 217
Richtig:

(1) *Das Wetter wird sich ändern.* Ich spüre es deutlich. (2) *Die Müllers sind bereits in Urlaub gefahren.* Ich glaube es sicher. (3) *Dieser Mantel gehört deiner Frau.* Ich weiß es bestimmt. (4) *Karl ist ohne uns weggefahren.* Ich nehme es ihm sehr übel. (5) *Du hast dein Zimmer gleich gekündigt.* Ich finde es richtig. (6) *Der Vermieter ist jetzt deinetwegen verstimmt.* Ich kann es durchaus verstehen. (7) *Ich habe meinen Wagen im Parkverbot abgestellt.* Hoffentlich bemerkt es niemand. (8) *Ich habe einen Fehler gemacht.* Ich gestehe es uneingeschränkt.

Objektsätze anstelle eines *Präpositionalobjekts* (Op)

Stellung: auf Platz (Z) im Nachfeld (Beispiel 1, 2) oder zusammen mit dem Korrelat „da(r)" + Präposition auf Platz (A) im Vorfeld (Beispiel 3, 4) oder auch dem Korrelat auf Platz (A) vorgeschaltet (Beispiel 5, 6).
Das Korrelat „**da(r)**" + Präposition besetzt den Platz (11) auf dem Satzfeld, die Stelle für das Präpositionalobjekt (Op) und kündigt dort den Gliedsatz an (Beispiel 1, 2). Manchmal ist das Korrelat im Satzfeld entbehrlich (Beispiel 1). Das Korrelat auf Platz (A) im Vorfeld mit *vorgeschaltetem* Gliedsatz weist auf den Gliedsatz zurück (Beispiel 5, 6).

(1) Wir haben uns sehr **(darüber)** gefreut, **daß** *du uns besucht hast.*
(2) Ich habe schon **darauf** gewartet, **daß** *ihr den Fehler entdeckt.*
(3) **Darüber, daß** *du uns besucht hast,* haben wir uns sehr gefreut.
(4) **Darauf, daß** *ihr den Fehler entdeckt,* habe ich schon gewartet.
(5) **Daß** *du uns besucht hast,* **darüber** haben wir uns sehr gefreut.
(6) **Daß** *ihr den Fehler entdeckt,* **darauf** habe ich schon gewartet.

Fügen Sie die vorangehenden Sätze als Objektsätze in die Satzstrukturen ein! Spielen Sie alle Möglichkeiten durch!

Ü 218
Richtig:

(1) *Der Angeklagte ist unschuldig.* Ich bin fest davon überzeugt. (2) *Das Wetter ändert sich zum Besseren.* Alle haben seit Wochen darauf gewartet. (3) *Unsere Party, die wir mit so viel Mühe vorbereitet haben, ist ins Wasser gefallen.* Ich habe mich sehr darüber geärgert. (4) *Du hilfst mir?* Kann ich mich wirklich darauf verlassen? (5) *Erich ist seit Monaten arbeitslos.* Er kann sich ganz und gar nicht damit abfinden. (6) *Wir können nächsten Monat auf Urlaub fahren.* Ich freue mich schon riesig darauf. (7) *Mein Vater schickt mir für den Urlaub einen Reisekostenzuschuß.* Ich rechne fest damit. (8) *Wir müssen rechtzeitig einen Flug buchen.* Kümmere dich bitte darum!

6 Die Funktionskennzeichen

Objektsätze anstelle eines *Genitivobjekts* (Og)

Stellung: Platz Ⓩ im Nachfeld (Beispiel 1, 2) oder dem Korrelat *vorgeschaltet* auf Platz Ⓐ im Vorfeld (Beispiel 3).
Das Korrelat **„dessen"** besetzt den Platz ⑪ im Satzfeld oder den Platz Ⓐ im Vorfeld, wo es nachdrücklich auf den Gliedsatz hinweist. Auf das Korrelat im Satzfeld wird meistens verzichtet. Diese Formen sind nur noch auf wenige Ausdrücke beschränkt.

    (1) Ich bin mir *(dessen)* ganz sicher, **daß** *man dich erkannt hat.*
    (2) **Dessen** bin ich mir ganz sicher, **daß** *man dich erkannt hat.*
    (3) **Daß** *man dich erkannt hat,* **dessen** bin ich mir ganz sicher.

Ü 219
Richtig:

Fügen Sie die vorangehenden Sätze als Objektsätze in die Satzstrukturen ein! Spielen Sie alle Möglichkeiten durch!

(1) *Ich habe einen großen Fehler gemacht.* Ich bin mir dessen durchaus bewußt. (2) *Wir haben als Kinder zusammen gespielt.* Hans kann sich dessen noch sehr gut erinnern. (3) *Du bekommst deine Strafe noch.* Du kannst dessen gewiß sein.

Gliedsätze als Angaben (A)

Stellung: Platz Ⓩ im Nachfeld eines Imperativsatzes (Satztyp B) im finalen Sinne zum Ausdruck einer nachdrücklicheren Aufforderung.

    Mach, **daß** *du fortkommst!*
    Paß auf, **daß** *du nicht hinfällst!*

Ü 220
Richtig:

Formen Sie die Aufforderungen mit den angegebenen Einleitungen wie im Beispielsatz um!

(1) Verschwinde von hier! – Mach . . .! (2) Fall nicht durch die Prüfung! – Sieh zu . . .! (3) Laß dich nicht überfahren! – Paß auf . . .! (4) Verpaß den Zug nicht! – Beeil dich . . .! (5) Verliere das Geld nicht! – Gib acht . . .! (6) Ich werde nicht rechtzeitig mit der Arbeit fertig. – Helfen Sie mir . . .!

Mit dem Korrelat **„dadurch"** im modalen und auch im kausalen Sinne;
Stellung des Korrelats im Satzfeld; Stellung des Gliedsatzes auf Platz Ⓩ im Nachfeld oder mit vorgeschaltetem Korrelat auf Platz Ⓐ im Vorfeld.

    Das Problem kann nur **dadurch** gelöst werden, **daß** *man es eingehend diskutiert.*
    Nur **dadurch, daß** *man das Problem eingehend diskutiert,* kann es gelöst werden.
    Man kann sich beim Chef **dadurch** beliebt machen, **daß** *man ihm bei allem zustimmt.*
    Dadurch, daß *man dem Chef bei allem zustimmt,* kann man sich bei ihm beliebt machen.

Ü 221
Richtig:

Schließen Sie die beiden Aussagen zu einer Aussage zusammen!

(1) Man fährt auf einer schneeglatten Straße zu schnell. Dadurch kann man leicht einen Unfall verursachen. (2) Sie reden immer dazwischen. Dadurch haben Sie sich bei den Leuten unbeliebt gemacht. (3) Du hast so fleißig mitgeholfen. Dadurch sind wir mit der Arbeit früher fertig geworden. (4) Die Autobahn wird auf vier Fahrspuren verbreitert. Dadurch können die Verkehrsstaus an den Wochenenden vermieden werden. (5) Die Theater bringen einen attraktiveren Spielplan. Dadurch kann die Besucherzahl wieder gesteigert werden. (6) Sie haben uns als Dolmetscher zur Verfügung gestanden. Dadurch haben Sie uns bei den Verhandlungen mit der ausländischen Delegation sehr geholfen. (7) Der Arzt hatte den Verletzten sofort operiert. Dadurch hat er ihm das Leben gerettet.

Die Funktionskennzeichen 6

Mit dem Korrelat „**damit**" im Satzfeld zum Ausdruck des Mittels (instrumental); Stellung des Gliedsatzes auf Platz Ⓩ oder mit *vorgeschaltetem* Korrelat auf Platz Ⓐ im Vorfeld.

> Sie erreichen bei mir **damit** gar nichts, **daß** Sie mich immer wieder ermahnen.
> **Damit, daß** Sie mich immer wieder ermahnen, erreichen Sie bei mir gar nichts.

Schließen Sie die Sätze nach obigem Beispiel zusammen!

Ü 222

(1) Du hast jetzt das Abitur gemacht. Deine Ausbildung ist damit aber noch nicht beendet. (2) Du hast dich bei mir wegen deines schlechten Benehmens entschuldigt. Die Angelegenheit ist damit aber noch nicht erledigt. (3) Der Minister ist endlich zurückgetreten. Die Regierungskrise ist damit aber noch nicht beendet.

Mit dem Korrelat „**so**" vor einem Adjektiv/Adverb im Satzfeld oder allein auf Platz ⑫ im Satzfeld zum Ausdruck der Folge oder der Wirkung (konsekutiv); Stellung des Gliedsatzes auf Platz Ⓩ im Nachfeld. Das Korrelat trägt den Schwerton (S.øø).

> Wir waren von deinem plötzlichen Besuch **so** überrascht, **daß** wir ganz sprachlos waren.
> Die Rakete stieg **so** schnell in den Himmel hinauf, **daß** wir sie sogleich aus den Augen verloren.

Fügen Sie die Sätze nach obigem Muster zusammen!

Ü 223

(1) Der Film war langweilig. Wir sind vor seinem Ende aus dem Kino gegangen. (2) Du bist schnell auf den Berg gestiegen. Wir konnten dir kaum folgen. (3) Das Angebot des Autohändlers war günstig. Ich habe den Wagen sofort bestellt. (4) Die Außentemperaturen waren niedrig. Wir sind lieber zu Hause geblieben. (5) Die Kinder schrien vor Freude. Ich habe mir die Ohren zuhalten müssen. (6) Unser Koffer war schwer. Wir mußten ihn mit einer Karre transportieren lassen. (7) Dein Fieber ist hoch. Du mußt unbedingt im Bett bleiben. (8) Unsere Fußballmannschaft ist gut. Wir brauchen uns um ihren Sieg keine Gedanken zu machen.

Mit attributivem „**solch-**" als Korrelat;

> Der Student hat **solch** eine gute Prüfung / eine **solche** gute Prüfung gemacht, **daß** er ein Stipendium erhalten konnte.

Fügen Sie die Sätze nach obigem Muster zusammen! Spielen Sie alle Möglichkeiten durch!

Ü 224

(1) Das war ein blöder Film. Wir sind vor dem Ende des Films aus dem Kino gegangen. (2) Die Flugzeuge flogen mit einem Getöse über unsere Köpfe weg. Uns verging Hören und Sehen. (3) Das Reisebüro machte uns ein günstiges Angebot für eine Reise nach Ägypten. Wir haben die Reise sofort gebucht. (4) Draußen war eine Kälte. Wir sind den ganzen Tag nicht aus dem Haus gegangen. (5) Die Kinder machten ein Geschrei. Wir konnten es nicht mehr aushalten. (6) Unser Tennisspieler zeigte gute Leistungen. Die Zuschauer waren hellauf begeistert.

Mit den Korrelaten „**unter der Bedingung/unter der Voraussetzung/für den Fall**" im Satzfeld zum Ausdruck einer Bedingung; Stellung des Gliedsatzes auf Platz Ⓩ oder mit *vorgeschaltetem* Korrelat auf Platz Ⓐ im Vorfeld.

> Die Bank gibt uns **unter der Bedingung** den Kredit, **daß** wir ihr eine Sicherheit geben können.
> **Unter der Bedingung, daß** wir der Bank eine Sicherheit geben können, gibt sie uns den Kredit.

6 Die Funktionskennzeichen

Ü 225
Richtig:

Formen Sie die Sätze nach obigem Muster um, indem Sie die Vorgaben entsprechend einsetzen! Spielen Sie alle Möglichkeiten durch!

(1) *unter der Bedingung:* Wir gewähren Ihnen 2% Skonto auf den Rechnungsbetrag, wenn Sie ihn innerhalb von zwei Wochen an uns überweisen. (2) *unter der Voraussetzung:* Die Firma wird die Bewerbung sicher berücksichtigen, wenn der Bewerbung alle notwendigen Dokumente beiliegen. (3) *für den Fall:* Wenn der Minister zurücktritt, soll das Kabinett umgebildet werden.

Mit dem Korrelat „**vorausgesetzt**" zum Ausdruck einer Bedingung (konditional); Stellung des Korrelats auf Platz Ⓩ mit folgendem Gliedsatz (Beispiel 1).
Das Korrelat kann auch ohne die Konjunktion „**daß**" stehen; in diesem Fall wird der Ausdruck „vorausgesetzt" dem Satz (Satztyp A) vorgeschaltet (Beispiel 2). Auf Platz Ⓐ im Vorfeld, wird der ganze Ausdruck dem Adverb „**dann**" vorgeschaltet (Beispiel 3). (vgl. auch „sofern", S.øø)

    (1) Morgen machen wir einen Ausflug, **vorausgesetzt, daß** *das Wetter gut ist.*
    (2) Morgen machen wir einen Ausflug, **vorausgesetzt**, das Wetter ist gut.
    (3) **Vorausgesetzt,** morgen ist das Wetter gut, **dann** machen wir einen Ausflug.

Ü 226
Richtig:

Formen Sie die Äußerungen nach dem obigen Muster um! Spielen Sie alle Möglichkeiten durch!

(1) Mit dem Wagen können Sie in zwei Stunden in München sein, wenn Sie in keinen Stau kommen. (2) In Frankfurt können wir sofort in den Intercity umsteigen, wenn unser Zug hier keine Verspätung hat. (3) In Hamburg gehen wir einmal nach St. Pauli, wenn du nichts dagegen hast und dich das interessiert. (4) Heute können wir früher Feierabend machen und nach Hause gehen, wenn der Chef uns das erlaubt. (5) Wir können ja mal bei Müllers vorbeisehen (= kurz besuchen), wenn sie gerade zu Hause sind. (6) Ich kann Ihnen den Preis etwas nachlassen, wenn Sie sofort bar bezahlen.

Mit dem Ausdruck „**es sei denn**" zum Ausdruck einer Bedingung, die ein Zustandekommen des vorher beschriebenen Sachverhalts ausschließt, etwa im Sinne von „wenn nicht";
Stellung des Gliedsatzes auf Platz Ⓩ im Nachfeld und vorgeschaltetem Ausdruck „es sei denn" (Beispiel 1); der Ausdruck „es sei denn" kann im Nachfeld auch einem Satztyp Ⓐ vorgeschaltet sein (Beispiel 2).

    (1) Wir können ja jetzt etwas spielen, **es sei denn, daß** *jemand einen besseren Vorschlag hat.*
    (2) Wir können ja jetzt etwas spielen, **es sei denn,** jemand hat einen besseren Vorschlag.

Ü 227
Richtig:

Formen Sie die Äußerungen nach obigem Muster um! Spielen Sie alle Möglichkeiten durch! Die negativ geäußerten Gliedsätze werden bei der Umformung positiv wiedergegeben.

(1) Morgen fahren wir wieder heim, wenn sich das Wetter nicht bessert. (2) Ich muß meinen Wagen verkaufen, wenn mir die Bank keinen Kredit gibt. (3) Wir müssen unbedingt die Blumenbeete gießen, wenn es nicht bald regnet. (4) Ich muß dringend zum Arzt, wenn meine Magenschmerzen nicht nachlassen. (5) Wir verpassen unseren Anschlußzug, wenn unser Zug die Verspätung nicht aufholt. (6) Ich warte nur noch fünf Minuten und nehme dann ein Taxi, wenn der Bus nicht gleich kommt.

Attributsätze anstelle eines *Attributs* bei Nomen und Verbalnomen (S. 92)
Stellung: als nachgestelltes Attribut bei Nomen bzw. Verbalnomen (Beispiel 1, 2); wenn dem Verbalnomen noch ein Prädikatsteil folgt, steht der Attributsatz auf Platz Ⓩ im Nachfeld (Beispiel 3).

    (1) **Deine Meinung, daß** *du nicht anders hättest handeln können,* teile ich durchaus.
    (2) Ich teile durchaus **deine Meinung, daß** *du nicht anders hättest handeln können.*
    (3) Ich kann durchaus **deine Meinung** teilen, **daß** *du nicht anders hättest handeln können.*

Die Funktionskennzeichen 6

Fügen Sie die Vorgabesätze als Attributsätze ein!

Ü 228
Richtig:

(1) Die Maßnahme der Regierung war richtig: Ich bin nicht der Ansicht. (2) Die wirtschaftliche Lage wird sich bald bessern: Unsere Hoffnungen haben sich endgültig zerschlagen. (3) Der Minister ist in eine Korruptionsaffäre verwickelt: Meine Vermutungen haben sich bestätigt. (4) Auf diesen Menschen kann man sich nicht verlassen: Ich habe von Anfang an den Eindruck gehabt. (5) Beamte mißbrauchen ihre Macht: Die Gefahr ist groß. (6) Die Aussagen des Zeugen vor Gericht waren falsch: Das Gericht hegte den Verdacht. (7) Die Großhandelsfirma will hier eine Filiale eröffnen: Die hiesigen Geschäftsleute hat die Zeitungsmeldung beunruhigt. (8) Die Großfirmen breiten sich immer mehr aus: Die Tatsache ist nicht zu übersehen.

Die Konjunktion „daß" mit Vorschaltungen

Der Konjunktion „daß" werden oft bestimmte Partikel als Signal für den Inhalt des Gliedsatzes vorgeschaltet; z.B.

als daß; **außer** daß; **damit** daß; **dafür** daß; **statt** daß usw.

„als daß" nach **„zu"** + Adjektiv / Adverb im Satzfeld signalisiert eine Folge (konsekutiv).
Stellung: Platz Ⓩ im Nachfeld.

> Der Wagen ist **zu teuer, als daß** *ich ihn mir leisten könnte.*
> Ich mag Pilze **zu sehr, als daß** *ich sie stehenlassen könnte.*
> Klaus hat Erika **zu gern, als daß** *er sie verlassen könnte.*

Fassen Sie die Sätze nach dem Muster der Beispiele zusammen! Achten Sie auf den Gebrauch des Konjunktivs (S. 43)!

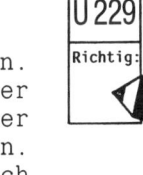

Ü 229
Richtig:

(1) Die Arbeit war schwer. Einer allein hat sie nicht schaffen können. (2) Das Diktat war schwierig. Die Schüler können es nicht ohne Fehler schreiben. (3) Ich esse Eis gern. Ich kann nicht darauf verzichten. (4) Der Zaun ist hoch. Wir können nicht drüberspringen. (5) Mein Vater raucht gern. Er kann es sich nicht abgewöhnen. (6) Mich friert sehr. Ich kann nicht noch länger draußen bleiben.

Mit dem Komparativ **„lieber"** im Satzfeld wird ausgedrückt, daß man einem von den beiden genannten Sachverhalten den Vorzug gibt. Bei gleichem Subjekt wird vorzugsweise ein Infinitivsatz verwendet (S.øø).

> Ich reise **lieber** mit dem Flugzeug, **als daß** *ich stundenlang im Zug sitze.*
> . . ., **als** *stundenlang im Zug zu sitzen.*

Fassen Sie die Sätze nach dem Muster der Beispiele zusammen!

Ü 230
Richtig:

(1) Ich sitze nicht gern im Büro. Ich ziehe es vor, im Freien zu arbeiten. (2) Hans sitzt abends nicht gern vor dem Fernseher. Er zieht es vor, ein gutes Buch zu lesen. (3) Wir machen in den Ferien nicht gern lange Reisen. Wir ziehen es vor, zu Hause zu bleiben und uns dort zu erholen.

„auf daß" signalisiert einen Zweck, ein Ziel (final); dieser Ausdruck, immer mit dem Konjunktiv I (S.øø), ist nur noch in gehobener Ausdrucksweise üblich.
Stellung des Gliedsatzes: Platz Ⓩ im Nachfeld.

> Arbeitet sorgfältig, **auf daß** *uns der Meister reichlich belohne!*
> Wir trinken auf euer Wohl, **auf daß** *es euch immer gutgehen möge!*

6 Die Funktionskennzeichen

„(an)statt daß": mit den Komparativen **„besser/lieber"** auf Platz ⑤ im Satzfeld des übergeordneten Satzes beschreibt der Gliedsatz eine Alternative.
Stellung des Gliedsatzes: Platz ⓩ im Nachfeld oder Platz Ⓐ im Vorfeld. Bei gleichem Subjekt wird meist ein Infinitivsatz verwendet (S. 198).

>   Du solltest dir **besser** einen neuen Wagen kaufen, **statt daß** *du weiter mit deinem verrosteten Auto herumfährst.*
>   ..., **statt** *weiter mit deinem verrosteten Auto herumzufahren.*
>   **Statt daß** *ich nur Suppe esse,* esse ich **lieber** gar nichts.

Mit **„statt daß"** wird auch ein gegensätzlicher Sachverhalt gegenübergestellt.

>   Hubert fährt immer noch mit seinem alten Wagen herum, **statt daß** *er sich einen neuen kauft.* / ..., **statt** *sich einen neuen zu kaufen.*

Ü 231 Fassen Sie die Sätze nach dem Muster der Beispiele zusammen! Stellen Sie die Gliedsätze auf Platz ⓩ und dann auf Platz Ⓐ.

(1) Ihr sitzt dauernd vor dem Fernseher. Ihr solltet besser ein Buch lesen.
(2) Du stehst dauernd hier herum. Du solltest mir lieber helfen. (3) Du läßt dir mit deiner Arbeit viel Zeit. Du solltest dich lieber beeilen. (4) Monika studiert an der Kunstakademie. Sie sollte besser einen einträglicheren Beruf erlernen. (5) Paul spart sein Geld nicht, sondern gibt sein ganzes Geld aus. (6) Monika arbeitet nicht, sondern liegt den ganzen Tag auf der Terrasse und sonnt sich. (7) Gestern hat es den ganzen Tag geregnet und nicht die Sonne geschienen, wie es der Wetterbericht vorausgesagt hatte.

„außer daß" schränkt eine Aussage ein (restriktiv).
Stellung: auf Platz ⓩ im Nachfeld. Bei gleichem Subjekt wird vorzugsweise der Infinitivsatz gebraucht. (S.øø)

>   Von meinem Schulfreund weiß ich nichts, **außer daß** *er in Amerika lebt.*

Ü 232 Schließen Sie die Vorgabesätze nach dem Muster des Beispielsatzes als Gliedsätze an!

(1) *Kurt sitzt stundenlang nur vor dem Fernseher:* Kurt tut abends nichts.
(2) *Hans studiert in Köln:* Ich habe von Hans nichts mehr gehört. (3) *Mein Mitarbeiter arbeitet zu langsam:* Ich halte meinen Mitarbeiter für sehr zuverlässig. (4) *Die Raumfähre ist wieder gut auf der Erde gelandet:* Über den Raumausflug habe ich noch nichts erfahren. (5) *Die Astronauten haben einen Fernsehsatelliten erfolgreich im Orbit stationiert:* Über die Arbeit der Astronauten während ihrer Weltraummission weiß ich nichts Näheres.

„bis daß" zum Ausdruck einer zeitlichen Grenze, einer Frist (temporal); meist mit dem Korrelat „solange" im Satzfeld; zum Teil in gehobener Ausdrucksweise.
Stellung des Gliedsatzes auf Platz ⓩ im Nachfeld. (S.øø)

>   Ich bleibe **(solange)**, **bis daß** *hier alles geregelt ist.*

Ü 233 Schließen Sie die Sätze nach obigem Muster an!

(1) *die Angelegenheit ist geregelt:* Ich reise nicht eher ab. (2) *wir haben eine Lösung gefunden:* Wir beenden unsere Diskussion nicht eher.

„kaum daß" zum Ausdruck der unmittelbaren zeitlichen Folge (temporal).
Stellung des Gliedsatzes auf Platz Ⓐ im Vorfeld oder auf Platz ⓩ im Nachfeld, oft auch dem Korrelat **„da"** vorgeschaltet (Beispiel 1, 2); zum Ausdruck der Geringfügigkeit (modal) nur auf Platz ⓩ im Nachfeld (Beispiel 3).

Die Funktionskennzeichen 6

(1) Die Kinovorstellung begann, **kaum daß** wir Platz genommen hatten.
(2) **Kaum daß** wir im Kino Platz genommen hatten, **(da)** ging (auch schon) das Licht aus.
(3) Die alte Frau ist sehr vergeßlich, **kaum daß** sie noch ihren Namen weiß.

Schließen Sie die Sätze nach obigem Muster als Gliedsätze an! Ü 234 Richtig:

(1) Ich war kaum zu Hause, da klingelte auch schon das Telefon. (2) Wir waren kaum an unserem Ferienort angekommen, da regnete es auch schon in Strömen. (3) Der Rennfahrer war kaum in die gefährliche Kurve hineingefahren, da stürzte er auch schon vom Rad. (4) Die Demonstration hatte kaum begonnen, da kam es auch schon zu den ersten Schlägereien. (5) Ich kann nur sehr wenig Spanisch. Mit den Bewohnern konnte ich mich nur sehr schwer verständigen. (6) Die Schulkameraden auf dem alten Foto kenne ich nicht mehr alle. Ich erinnere mich kaum noch an ein paar Namen.

„nur daß" leitet eine Einschränkung oder einen einschränkenden Gegensatz ein.
Stellung des Gliedsatzes auf Platz (Z) im Nachfeld.

> Ich bin mit euren Aufsätzen zufrieden, **nur daß** ihr sie noch einmal auf Fehler kontrollieren sollt.
> Der Cassettenrekorder funktioniert wieder gut, **nur daß** man ab und zu beim Abspielen einer Cassette ein störendes Rauschen hört.

Fügen Sie die Äußerungen nach obigem Muster zusammen! Ü 235 Richtig:

(1) Der Motor ist ganz in Ordnung. Man hört nur noch beim Fahren ein leises Klingeln. (2) In diesem Restaurant ißt man sehr gut. Man muß nur ziemlich lange auf das Essen warten. (3) Der Mann hat eine angenehme Stimme. Er lispelt nur ein wenig.

„ohne daß" drückt aus, daß etwas nicht eintritt, was eigentlich erwartet wird; bei gleichem Subjekt meist mit „ohne" + Infinitivsatz (S. 199).
Stellung des Gliedsatzes auf Platz (Z) im Nachfeld.

> Ich habe jahrelang studiert, **ohne daß** mich mein Vater dabei finanziell unterstützt hätte.
> Der Junge betrat das Zimmer, **ohne daß** er jemanden grüßte.
> . . ., **ohne** jemanden zu grüßen.

Fügen Sie die Sätze nach obigem Muster zusammen! Die Negation entfällt; sie ist in der einleitenden Präposition „ohne" enthalten. Ü 236 Richtig:

(1) Du bist ins Zimmer gekommen. Ich habe es nicht gemerkt. (2) Das Kind lief über die Straße. Der Autofahrer hatte das nicht bemerkt. (3) Hans fuhr nach Amerika. Er hatte sich nicht von seinen Eltern verabschiedet. (4) In der Wohnung brach ein Brand aus. Niemand (!) hatte das bemerkt.

„so daß" zum Ausdruck einer Folge (konsekutiv).
Stellung des Gliedsatzes auf Platz (Z) im Nachfeld. Das *vorgeschaltete* Adverb **„so"** ist unbetont (vgl. das Korrelat „so", S. 123).

> Auf dem Weg zum Bahnhof wurde unser Taxi durch einen Verkehrsunfall aufgehalten, **so daß** wir schließlich unseren Zug nicht mehr erreichen konnten.

Fügen Sie die Sätze nach obigem Muster zusammen! Ü 237 Richtig:

(1) Auf der Autobahn herrschte dichter Nebel. Die Autofahrer konnten nur noch im Schritt fahren. (2) Gestern habe ich meinen Bus verpaßt. Ich bin zu spät zur Arbeit gekommen. (3) Meine Frau war zum Einkaufen und hatte ihren Wohnungsschlüssel vergessen. Sie konnte nicht mehr in die Wohnung und mußte

6 Die Funktionskennzeichen

mich deshalb im Büro anrufen. (4) Gestern sanken die Temperaturen plötzlich unter Null. Wir alle zitterten vor Kälte und mußten wieder die Heizung einschalten.

Die Konjunktion „ob" oder Fragewörter als Verbindungsteile (V)

Die Konjunktion **„ob"** wie auch als Konjunktion gebrauchte Fragewörter signalisieren noch offene Fragen, Ungewißheit, Zweifel und ähnliches. Wie die Konjunktion „daß" (S. 120) kennzeichnen sie Gliedsätze, die als Subjekt (S) oder Objekt (Oa) funktionieren; die Korrelate **„es/das"** besetzen, wie bei den „daß"-Sätzen, die ihrer Funktion entsprechenden Plätze im Satzfeld oder im Vorfeld.

Subjektsätze:
Stellung auf Platz Ⓩ im Nachfeld (Beispiel 1, 2) oder auf Platz Ⓐ im Vorfeld (Beispiel 3); Stellung des Korrelats **„es"** auf Platz ① im Satzfeld und des Korrelats **„das"** auf Platz ④ ; wenn das Korrelat „das" mit dem Gliedsatz den Platz Ⓐ besetzt, wird der Gliedsatz dem Korrelat vorgeschaltet (Beispiel 3).

(1) **Es/Das** interessiert mich, **ob** *die neue Straße gebaut wird.*
    . . ., **wann** . . .
    . . ., **in welchem Jahr** . . .
(2) Mich interessiert **es/das, ob** . . .
    . . ., **wann** . . .
    . . ., **in welchem Jahr** . . .
(3) **Ob** *die neue Straße gebaut wird,* **(das)** interessiert mich.
    Wann . . ., **(das)** . . .
    In welchem Jahr . . ., **(das)** . . .

Ü 238
Richtig:

Zum Ausdruck der Ungewißheit, Unsicherheit, Unbestimmtheit oder Unkenntnis. Fügen Sie dazu die Fragesätze in die Satzstrukturen ein! Spielen Sie alle Möglichkeiten durch!

(1) *Wird das Kabinett umgebildet?*: Es ist noch nicht sicher. (2) *Wann tritt der Minister zurück?*: Es ist noch nicht bekannt. (3) *Wann kommt Ihr Sohn wieder aus Amerika zurück?*: Es ist noch ungewiß. (4) *Wie viele Jahre wird er dort bleiben müssen?*: Es ist nicht sicher. (5) *Fährt auch Professor Greil zur Tagung?*: Ich weiß es nicht. (6) *Wie viele Tagungsteilnehmer werden kommen?*: Es ist noch unbestimmt.

Objektsätze anstelle eines *Akkusativobjekts* (oa):
Stellung auf Platz Ⓩ im Nachfeld (Beispiel 1, 2) oder auf Platz Ⓐ im Vorfeld (Beispiel 3) oder dem Korrelat **„das"** auf Platz Ⓐ vorgeschaltet.
Das Korrelat **„es"** besetzt den Platz ② im Satzfeld, es kann den Platz Ⓐ im Vorfeld nicht besetzen. Manchmal kann das Korrelat entfallen. Wenn die Äußerung mit dem Gliedsatz beginnt und das Korrelat **„es/das"** im Satzfeld steht, wird der Gliedsatz dem Satztyp A vorgeschaltet (Beispiel 4).

(1) Ich weiß **(es)** nicht, **ob** *ich einen Fehler gemacht habe.*
    . . ., **welchen Fehler** *ich gemacht habe.*
    . . ., **wobei** *ich den Fehler gemacht habe.*
(2) **Das** weiß ich nicht, **ob** . . .
    . . ., **welchen Fehler** . . .
    . . ., **wobei** . . .
(3) **Ob** *ich einen Fehler gemacht habe,* **(das)** weiß ich nicht.
    Welchen Fehler *ich gemacht habe,* **(das)** weiß ich nicht.
    Wobei *ich den Fehler gemacht habe,* **(das)** weiß ich nicht.
(4) **Ob** *ich einen Fehler gemacht habe,* ich weiß **es(/das)** nicht.
    Welchen Fehler *ich gemacht habe,* ich weiß **es(/das)** nicht.
    Wobei *ich den Fehler gemacht habe,* ich weiß **es(/das)** nicht.

Die Funktionskennzeichen 6

Zum Ausdruck indirekter Fragen: Sie wiederholen, was Sie gesagt haben oder was man Ihnen gesagt hat. Fügen Sie dazu die Fragen als Objektsätze ohne Korrelate in die Satzstrukturen ein! Verwenden Sie im Prädikat die Konjunktiv I-Formen!

Ü 239

(1) „Darf ich Sie nach Hause begleiten?", fragte ich meine Tanzpartnerin nach der Party. (2) „Ist Fritz auch bei der Party gewesen?", fragte ich Erika. (3) „Wo ist der Bahnhof?", fragte mich ein Fremder. (4) Er fragte mich auch: „Wie weit ist es noch zum Bahnhof?" (5) Ein Junge fragte: „Können Sie mir sagen, wie spät es ist?"

Zum Ausdruck von Ungewißheit, Unbestimmtheit, Unsicherheit oder Unkenntnis. Fügen Sie dazu die Fragen als Objektsätze ein! Spielen Sie alle Möglichkeiten durch!

Ü 240

(1) Reicht unser Geld für eine solch lange Reise aus?: Ich kann es wirklich noch nicht sagen. (2) Ist Herr Dr. Schulz bei der morgigen Besprechung anwesend?: Können Sie es mir vielleicht sagen? (3) Für wieviel Uhr ist die Besprechung angesetzt?: Wissen Sie es? (4) Ist der Chef in seinem Büro?: Weißt du es? (5) Können Sie unser Angebot annehmen?: Sie müssen sich schnell entscheiden.

Objektsätze anstelle eines *Präpositionalobjekts* (Op) oder eines *Genitivobjekts* (Og)
Stellung: auf Platz Ⓩ im Nachfeld (Beispiel 1) oder mit dem Korrelat **da(r)** + Präposition auf Platz Ⓐ im Vorfeld (Beispiel 2) oder auf Platz Ⓐ dem Korrelat vorgeschaltet (Beispiel 3). Bei einigen Verben im Prädikat ist das Korrelat im Satzfeld entbehrlich.

(1) Wir sind **(darauf)** sehr gespannt, **ob** wir Hans treffen werden.
   ..., **wo** wir Hans treffen werden.
   Ich bin mir **(dessen)** nicht ganz sicher, **ob** wir Hans treffen werden.
(2) **Darauf, ob** *wir Hans treffen werden,* sind wir sehr gespannt.
   Darauf, wo *wir Hans treffen werden,* ...
(3) **Ob** *wir Hans treffen werden,* **darauf** sind wir sehr gespannt.
   Wo *wir Hans treffen werden,* **darauf** ...

Fügen Sie die Fragen in die Satzstrukturen ein! Spielen Sie alle Möglichkeiten durch!

Ü 241

(1) *Ist der Angeklagte schuldig?:* Das Gericht ist sich (dessen) noch nicht sicher. (2) *Wer kommt alles zu unserer Feier?:* Ich bin sehr gespannt darauf. (3) *Haben wir eine fähige Regierung?:* Ich möchte mich darüber nicht äußern.

Attributsätze
Stellung: als nachgestelltes Attribut zu Nomen/Verbalnomen; hat das Nomen/Verbalnomen den letzten Platz im Satzfeld besetzt, folgt der Attributsatz auf Platz Ⓩ im Nachfeld.

Die *Frage,* **ob** *sich Klaus von seiner Frau trennen will,* wollte er mir nicht beantworten.
Klaus wollte mir nicht die *Frage* beantworten, **ob** *er sich von seiner Frau trennen will.*

Fügen Sie die Fragen als Attributsätze an!

Ü 242

(1) *Wo arbeitet dein Freund zur Zeit?:* Ich habe nicht die geringste Ahnung. (2) *Wie kann man in Zukunft den Wald vor schädlichen Umwelteinflüssen bewahren?:* Das Problem muß noch gelöst werden. (3) *Führen die Wirtschaftsverhandlungen zum Erfolg?:* Die Frage ist noch offen.

Konjunktionen, die Zeitverhältnisse signalisieren (Temporalsätze)

„als" kennzeichnet Gliedsätze als Temporalangabe (At); der Sachverhalt im Gliedsatz ist *vergangen*; er fällt zeitlich mit dem mitgeteilten Sachverhalt zusammen (Gleichzeitigkeit). Im Gliedsatz steht das Präteritum. Frage: **wann?** (vgl. auch die Konjunktion „wenn", S. 130; über weiteren Gebrauch der Konjunktion „als" S. 161)

6 Die Funktionskennzeichen

Stellung des Gliedsatzes: meist auf Platz Ⓐ im Vorfeld (Beispiel 1), sonst auf Platz Ⓩ im Nachfeld (Beispiel 2). Wenn das Adverb „da" im Vorfeld als Überleitung steht, wird der Gliedsatz dem Adverb *vorgeschaltet* (Beispiel 3).

    (1) **Als** *ich die Schule verließ,* war ich 19 Jahre alt.
    (2) Ich war 19 Jahre alt, **als** *ich die Schule verließ.*
    (3) **Als** *ich die Schule verließ,* **da** war ich 19 Jahre alt.

Auf Platz Ⓩ kann der Gliedsatz auch eine unmittelbare zeitliche Folge zum Ausdruck bringen. In diesem Fall steht im übergeordneten Satz eine Temporalangabe (At), die den Zeitablauf verdeutlicht. (vgl. kaum, daß)

    Wir waren **gerade** zu Hause angekommen, **als** *plötzlich ein heftiges Gewitter begann.*

Ü 243 Richtig:

Bilden Sie Temporalsätze nach obigem Muster!

(1) Ich kam in die Schule. Ich war gerade 6 Jahre alt geworden. (2) Wir kamen gerade an die Kreuzung heran. Die Ampel schaltete auf Rot. (3) Wir wohnten damals in Berlin. Es gab keine Mauer zwischen Westberlin und Ostberlin. (4) Die Schauspielerin stieg aus dem Flugzeug. Eine Menge Journalisten warteten bereits am Flugfeld. (5) Der Einbrecher wollte fliehen. Ein Polizist faßte ihn und hielt ihn fest. (6) Der Showmaster trat auf die Bühne. Das Publikum begrüßte ihn mit begeistertem Applaus.

In lebhafter Rede wird bei Schilderung aktueller Ereignisse statt „als" oft auch die Konjunktion **„wie"** verwendet (Beispiel 1). Bei „dramatischen" Schilderungen wird auch das Präsens verwendet (Beispiel 2).

    (1) **Wie** *ich in den Feldweg einbog,* sprang direkt vor meinem Wagen ein Reh über den Weg.
    (2) **Wie** *ich da in den Feldweg einbiege,* springt **doch gerade** direkt vor meinem Wagen ein Reh über den Weg.

Ü 244 Richtig:

wie Übung 243

(1) Ich betrat den dunklen Hausflur. Plötzlich stand ein maskierter Mann vor mir. (2) Wir fuhren die Autobahn entlang. Da platzte mit einem lauten Knall der rechte Hinterreifen. (3) Der Junge hatte schon eine Zeitlang mit dem kleinen Hund gespielt. Der Hund biß ihn da plötzlich in die Hand.

„wenn" steht für „als", wenn zwei vergangene Sachverhalte wiederholt zusammentreffen (Beispiel 1), und auch wenn zwei Sachverhalte in der Gegenwart oder in der Zukunft nur einmal zusammentreffen (Beispiel 2, 3). Häufig wird das Adverb **„immer"** vorgeschaltet („immer wenn") oder in das Satzsystem des übergeordneten Satzes eingefügt, um die Wiederholung des Zusammentreffens herauszuheben.
Stellung des Gliedsatzes auf Platz Ⓐ im Vorfeld oder auf Platz Ⓩ im Nachfeld. Wenn das Korrelat **„dann"** im Vorfeld steht, wird der Gliedsatz vorgeschaltet.

    (1) **(Immer) wenn** *ich zu spät nach Hause kam,* machte mir meine Mutter Vorwürfe.
        Wenn *ich zu spät nach Hause kam,* machte mir meine Mutter **immer** Vorwürfe.
    (2) **Wenn** *ich jetzt „los!" sage,* **(dann)** rennt ihr los.
    (3) Das Abendessen steht auf dem Tisch, **wenn** *du nach Hause kommst.*

Ü 245 Richtig:

wie Übung 243

(1) Ich bin gleich mit der Arbeit fertig. Ich komme dann zu dir rüber. (2) Die Schulferien beginnen. Wir fahren gleich in Urlaub. (3) Die Großeltern besuchten uns. Als Kinder haben wir uns immer sehr gefreut. (4) Es sind Ferien. Alle Kinder sind glücklich. (5) Es ist Gewitter. Unsere Katze ver-

Die Funktionskennzeichen 6

kriecht sich vor lauter Angst unters Sofa. (6) Ich sehe am Meer große Schiffe. Ich leide dann immer an Fernweh. (7) Erika sitzt im Flugzeug. Sie hat dann immer Angst.

Konjunktion „als" oder „wenn"? Setzen Sie die Konjunktionen ein!

Ü 246

(1) Ich ärgere mich jedesmal, . . . im Fernsehen ein schlechtes Programm ist. (2) . . . wir gerade am Bahnhof ankamen, fuhr auch schon unser Zug auf Gleis 5 ein. (3) Ich ärgere mich jedesmal, . . . mir der Zug vor der Nase wegfährt. (4) Du warst gerade aus dem Haus, . . . für dich ein Telefongespräch aus Rom kam. (5) Ich wollte gerade weggehen, . . . es plötzlich an der Tür klingelte. (6) . . . der Briefträger kommt, gibst du ihm bitte diesen Brief mit!

„bevor/ehe" signalisieren, daß der Sachverhalt im übergeordneten Satz zeitlich vor dem des Gliedsatzes liegt (vgl. Präposition „vor", temporal, S. 112).
Stellung des Gliedsatzes meist auf Platz Ⓐ im Vorfeld, sonst auf Platz Ⓩ im Nachfeld (Beispiel 1, 2).
Gliedsätze mit „bevor/ehe", die eine *Negation* enthalten, können auch einen konditionalen Nebensinn haben. In diesem Fall besetzen sie den Platz Ⓐ im Vorfeld (Beispiel 3).

(1) **Bevor/Ehe** *du weggehst,* stelle bitte das Radio ab!
(2) Stelle bitte das Radio ab, **bevor/ehe** *du weggehst.*
(3) **Bevor/Ehe** *du nicht deine Hausaufgaben gemacht hast,* darfst du nicht zum Spielen gehen.

Bilden Sie aus den voranstehenden Sätzen Gliedsätze (Temporalsätze)! Achten Sie auf den Gebrauch der Zeitformen! (S. 30 ff.)

Ü 247

(1) *Ich werfe die Briefe bei der Post ein.* Vorher muß ich noch Briefmarken draufkleben. (2) *Morgen fliegt der Chef nach London.* Die Sekretärin muß vorher noch ein Hotelzimmer reservieren lassen. (3) *Man startet den Wagen.* Vorher muß man sich anschnallen. (4) *Erika besuchte ihre Mutter im Krankenhaus.* Erika wollte vorher noch ein paar Blumen besorgen. (5) *Wir können nach Ungarn reisen.* Vorher müssen wir uns die Fahrkarten besorgen.

Formen Sie die zweiten Sätze in Temporalsätze mit konditionalem Nebensinn um!

Ü 248

(1) Du bekommst keinen Pfennig mehr von mir. *Du hast deine Schulden noch nicht bezahlt.* (2) Ich gebe Fritz kein Geld. *Er hat mich nicht darum gebeten.* (3) Sie können nicht nach Hause gehen. *Sie haben Ihre Arbeit noch nicht beendet.* (4) Wir werden nicht losfahren. *Ihr habt euer Zimmer noch nicht aufgeräumt.*

„nachdem" signalisiert, daß der Sachverhalt zeitlich vor dem Sachverhalt im übergeordneten Satz liegt.
Stellung des Gliedsatzes auf Platz Ⓐ im Vorfeld oder auf Platz Ⓩ im Nachfeld. Frage: **wann?** (vgl. Präposition „nach", temporal, S. 111) Die Zeitformen in den Prädikaten verteilen sich wie folgt:

beim Satztyp A (übergeordneter Satz)	beim Satztyp C (Gliedsatz)	
Präteritum/Perfekt	Plusquamperfekt	(Beispiel 1)
Präsens/Futur	Perfekt	(Beispiel 2)

6 Die Funktionskennzeichen

(1) **Nachdem** *wir in Paris angekommen waren,* gingen wir ins Hotel.
    ..., sind wir ins Hotel gegangen.
(2) **Nachdem** *wir in Paris angekommen sind,* gehen wir gleich ins Hotel.
    ..., werden wir gleich ins Hotel gehen.

Ü 249 Richtig

Formen Sie die Satzglieder (Temporalangaben) in Gliedsätze (Temporalsätze) um! Die Verbalnomen werden dabei zu Verben zurückgebildet und ins Prädikat gesetzt (S. 144).

(1) *Nach unserer Ankunft in unserem Ferienort* gehen wir zunächst einmal in unser Quartier. (2) *Nach stundenlangem Warten vor der Theaterkasse* habe ich endlich doch noch zwei Karten für uns bekommen. (3) *Nach dem erfolgreichen Start der Raumfähre* konnten die Wissenschaftler mit ihren Experimenten beginnen. (4) *Nach der Verurteilung des Angeklagten zu drei Jahren Gefängnis* wurde er sofort in die Strafanstalt überstellt. (5) *Nach Beendigung dieser etwas schwierigen Übung* können Sie Ihre Lösungen im Lösungsheft nachprüfen.

„**seit(dem)**" signalisiert, daß ein Sachverhalt in der Vergangenheit entstanden ist und bis in die Gegenwart hinein andauert (vgl. die Präposition „seit", temporal, S. 108).
Stellung des Gliedsatzes meist auf Platz Ⓐ im Vorfeld, sonst auf Platz Ⓩ im Nachfeld.

Zur Verteilung der Zeitformen:

beim Satztyp A (übergeordneter Satz)	beim Satztyp C (untergeordneter Satz)	
Perfekt	Präsens	(Beispiel 1)
Präsens	Perfekt	(Beispiel 2)
Präteritum	Plusquamperfekt	(Beispiel 3)

(1) **Seit(dem)** *ich den neuen Wagen habe,* bin ich nicht wieder in der Werkstatt gewesen.
auf einen Zeitpunkt in der Vergangenheit bezogen:
(2) **Seit(dem)** *Paul letztes Jahr arbeitslos geworden ist,* fühlt er sich richtig unglücklich.
(3) **Seit(dem)** *der Juniorchef die Leitung übernommen hatte,* ging es mit der Firma wieder aufwärts.

Ü 250 Richtig

Formen Sie die Satzglieder (Temporalangaben) in Gliedsätze (Temporalsätze) um! Zur Umformung S. 92.

(1) *Seit seiner Entlassung aus dem Gefängnis* ist der Mann nicht wieder straffällig geworden. (2) *Seit seinem Sportunfall bei den letzten Wettkämpfen* kann Klaus keinen Sport mehr treiben. (3) *Seit meinem längeren Aufenthalt in England* fällt es mir nicht mehr schwer, Englisch zu sprechen. (4) *Seit unserer Ankunft hier* hatten wir immer ausgezeichnetes Wetter. (5) *Seit der Wahl des neuen Regierungschefs* reißt die Kette der politischen Skandale nicht mehr ab.

„**bis**" signalisiert eine Frist, eine zeitliche Grenze (vgl. „bis daß", S. 126, und die Präposition „bis", temporal, S. 111). Der Gliedsatz hat manchmal auch einen konditionalen Nebensinn. Frage: **bis wann?, wie lange?**
Stellung des Gliedsatzes meist auf Platz Ⓩ im Nachfeld.

Wir warten noch mit dem Weggehen, **bis** *Vater wieder zurück ist.*
Mit dir spreche ich nicht mehr, **bis** *du dich bei mir entschuldigt hast.*

Ü 251

Formen Sie die Satzglieder (Temporalangaben) zu Gliedsätzen (Temporalsätzen) um! Zur Umformung von Satzgliedern S. 92.

Die Funktionskennzeichen 6

(1) *Bis zur Abfahrt des Zuges* haben wir noch zwei Stunden Zeit. (2) *Bis zum Beginn des nächsten Semesters* arbeitet mein Bruder als Praktikant bei einer Baufirma. (3) *Bis zu meiner Pensionierung* sind es noch 15 Jahre. (4) *Bis zum Eintreffen der Feuerwehr* versuchten wir, so gut es ging, den Brand unter Kontrolle zu halten.

„während" signalisiert Gleichzeitigkeit (Beispiel 1) (vgl. die Präposition „während" S. 109). Der Temporalsatz mit „während" drückt manchmal auch einen Gegensatz im Sinne von „hingegen" aus (adversativ) (Beispiel 2).
Stellung des Gliedsatzes auf Platz Ⓐ im Vorfeld oder Platz Ⓩ im Nachfeld.

    (1) **Während** *wir in Italien in Urlaub waren*, haben wir ein paar neue Freunde gefunden.
        Horst haben wir kennengelernt, **während** *wir in Italien waren*.
    (2) Ich sitze hier und arbeite, **während** *du den ganzen Tag faulenzt*.

Drücken Sie den gleichzeitigen Ablauf folgender Geschehen aus. Der zunächst angegebene Satz ist jeweils der Mitteilungssatz (Satztyp A).

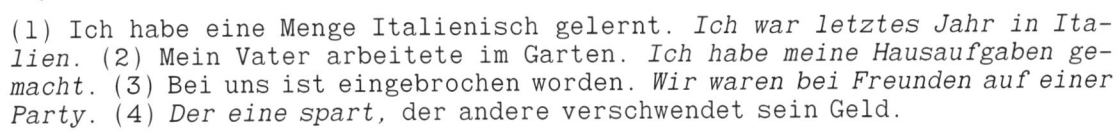

(1) Ich habe eine Menge Italienisch gelernt. *Ich war letztes Jahr in Italien.* (2) Mein Vater arbeitete im Garten. *Ich habe meine Hausaufgaben gemacht.* (3) Bei uns ist eingebrochen worden. *Wir waren bei Freunden auf einer Party.* (4) *Der eine spart,* der andere verschwendet sein Geld.

Formen Sie die Satzglieder (Temporalangaben) zu Gliedsätzen (Temporalsätzen) um! Zur Umformung von Satzgliedern in Gliedsätze, S. 92

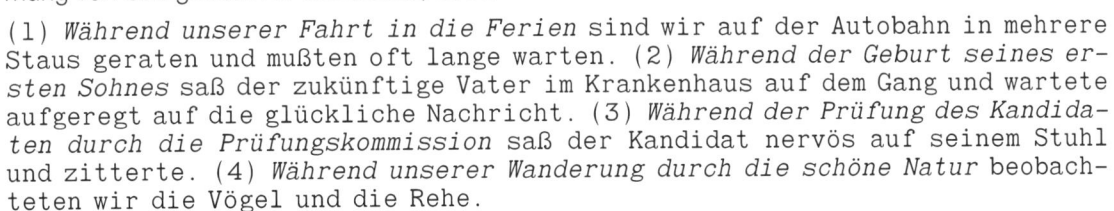

(1) *Während unserer Fahrt in die Ferien* sind wir auf der Autobahn in mehrere Staus geraten und mußten oft lange warten. (2) *Während der Geburt seines ersten Sohnes* saß der zukünftige Vater im Krankenhaus auf dem Gang und wartete aufgeregt auf die glückliche Nachricht. (3) *Während der Prüfung des Kandidaten durch die Prüfungskommission* saß der Kandidat nervös auf seinem Stuhl und zitterte. (4) *Während unserer Wanderung durch die schöne Natur* beobachteten wir die Vögel und die Rehe.

„sobald" signalisiert, daß ein Geschehen einem anderen Geschehen zeitlich *unmittelbar vorausgeht* oder daß es mit einem anderen Geschehen zeitlich annähernd *zusammentrifft*.
Stellung des Gliedsatzes meist auf Platz Ⓐ im Vorfeld.

Zur Verteilung der Zeitformen:

beim Satztyp A	beim Satztyp C	
Präsens/Futur	Präsens	(Beispiel 1)
Perfekt/Präteritum	Plusquamperfekt	(Beispiel 2)

bei annähernder Gleichzeitigkeit

beim Satztyp A	beim Satztyp C	
Präsens	Präsens	(Beispiel 3)
Präteritum/Perfekt	Präteritum/Perfekt	(Beispiel 4)

    (1) **Sobald** *ich zu Hause bin,* rufe ich dich an.
        . . ., werde ich dich anrufen.
    (2) **Sobald** *ich zu Hause angekommen war,* rief mich mein Mann an.
        . . ., hat mich mein Mann angerufen.
    (3) Das Konzert beginnt, **sobald** *der Dirigent erscheint*.

6 Die Funktionskennzeichen

(4) Das Konzert begann, **sobald** der Dirigent erschien.
Das Konzert hat begonnen, **sobald** der Dirigent erschienen ist.

Ü 254

Formen Sie die Gliedsätze nach obigem Muster um!

(1) Wenn unser Wagen repariert ist, fahren wir gleich weiter. (2) Wenn wir in Augsburg angekommen sind, gehen wir gleich zu Onkel Hans. (3) Wenn du kein Fieber mehr hast, kannst du (wieder) aufstehen. (4) Wenn wir eine Bestätigung unserer Zimmerreservierung bekommen haben, können wir unsere Reise antreten.

„solang(e)" signalisiert eine begrenzte Gleichzeitigkeit; Frage: **wie lange?**.
Stellung des Gliedsatzes auf Platz Ⓐ im Vorfeld oder auf Platz Ⓩ im Nachfeld.

Solange ich Arbeit habe, brauchst du dir keine Sorgen zu machen.
Du brauchst dir keine Sorgen zu machen, **solange** ich Arbeit habe.

Die Konjunktion „solange" kennzeichnet auch eine zeitlich begrenzte Voraussetzung oder Bedingung.

Solange man die Krankheitsursachen nicht kennt, kann man auch kein Gegenmittel finden.

Ü 255

Formen Sie die Satzglieder (Temporalangaben) in Gliedsätze (Temporalsätze) um! Zur Umformung von Satzgliedern in Gliedsätze S. 92

(1) *Bei so schlechtem Wetter* gehe ich nicht aus dem Haus. (2) *Für die Zeit der totalen Sperrung der Bundesstraße 20 bei Piding* wird der Verkehr über Weißbach umgeleitet. (3) *Während der Regierungszeit des gegenwärtigen Kabinetts* werden wir kaum eine vernünftige Politik erwarten können. (4) *In meinem Leben* habe ich keine solche Mißwirtschaft erlebt. (5) *Ohne den Bau einer Umgehungsstraße* wird der Verkehr in der Innenstadt nicht entlastet.

„sooft" signalisiert ein regelmäßiges Zusammentreffen zweier Sachverhalte im Sinne von „jedesmal wenn", „immer wenn" (S. 130).
Stellung des Gliedsatzes meist auf Platz Ⓐ im Vorfeld.

Sooft mir der Junge begegnet, grüßt er mich.

Ü 256

Tauschen Sie die Konjunktionen aus! Spielen Sie alle Stellungsmöglichkeiten durch!

(1) Immer wenn ich zu dir komme, sitzt du vor dem Fernseher. (2) Immer wenn das Telefon klingelt, erwarte ich einen Anruf von Axel. (3) Immer wenn ich dich auf der Straße treffe, bist du in Begleitung eines jungen Mannes. (4) Immer wenn wir an die See fuhren, regnete es.

Ü 257

Formen Sie die Satzglieder (Temporalangaben) zu Gliedsätzen (Temporalsätzen) um! Zur Umformung von Satzgliedern zu Gliedsätzen S. 92

(1) *Bei jeder sich bietenden Gelegenheit* bettelt mich Paul um Geld an. (2) *In jedem Urlaub* haben wir bisher immer nette Leute kennengelernt. (3) *Bei jeder verlorenen Schachpartie* regst du dich auf.

„sowie" signalisiert die unmittelbare zeitliche Folge; Frage: **wann?** (vgl. „sobald")
Stellung des Gliedsatzes auf Platz Ⓐ im Vorfeld oder auf Platz Ⓩ im Nachfeld.

Ich bezahle die Miete, **sowie** ich mein Gehalt bekommen habe.

Die Funktionskennzeichen 6

Formen Sie die Gliedsätze nach obigem Muster um!

Ü 258 Richtig:

(1) Wenn meine Frau abends nach Hause kommt, bereitet sie das Abendessen vor. (2) Wenn unsere Urlaubsfotos vom Labor zurück sind, zeige ich sie dir gleich. (3) Wenn wir Näheres wissen, werden wir Ihnen Bescheid geben. (4) Wenn wir dazu in der Lage sind, werden wir unseren Verpflichtungen nachkommen.

Konjunktionen, die Grund oder Ursache signalisieren (Kausalsätze)

„weil" signalisiert einen unbekannten, wichtigen Grund (vgl. die Präposition „wegen", S. 114). Zur Hervorhebung können die Korrelate **„deshalb/deswegen"** den Platz ⑤ im Satzfeld des übergeordneten Satzes besetzen. Frage: **warum?, weshalb?**
Stellung des Gliedsatzes meist auf Platz Ⓩ im Nachfeld.

    Ich konnte nicht kommen, **weil** mich meine Mutter plötzlich besucht hatte.

Der Konjunktion „weil" können die Modalattribute **„eben/einfach/nur/schon"** vorgeschaltet werden (vgl. Modalattribute, S. 170)

    Wir können nicht nach Japan reisen, **nur weil** du es gerne möchtest.
    ..., **einfach weil** wir kein Geld dafür haben.

Schließen Sie den Satz, der den Grund angibt, mit der Konjunktion „weil" an! Verwenden Sie dort, wo es sinnvoll ist, Modalattribute!

Ü 259 Richtig:

(1) Diese Zeitung lese ich nicht. *Sie berichtet nicht objektiv und verfälscht die Nachrichten.* (2) Zum Lesen brauche ich eine Brille. *Ich bin etwas weitsichtig.* (3) Die Kinder sind während der Bahnfahrt eingeschlafen. *Sie sind übermüdet.* (4) Herr Dr. Meuser kann nicht zur Sitzung kommen. *Er ist plötzlich erkrankt.* (5) Der Sohn unseres Chefs kann noch nicht die Leitung der Firma übernehmen. *Er ist noch zu unerfahren.* (6) Ich muß morgen abreisen. *Mein Urlaub ist zu Ende.*

„da" signalisiert einen bekannten, einen logischen Grund;
Stellung des Gliedsatzes vorzugsweise auf Platz Ⓐ im Vorfeld.

    Da es in Nordeuropa kalt werden kann, müssen wir warme Kleider mitnehmen.

Setzen Sie folgende als Grund angegebene Sachverhalte als bekannt voraus und formen Sie die Gliedsätze entsprechend um!

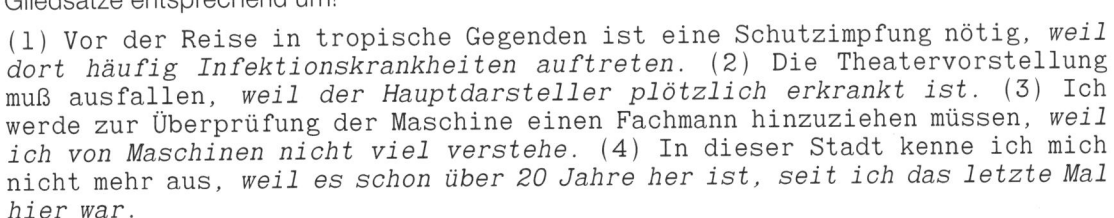

Ü 260 Richtig:

(1) Vor der Reise in tropische Gegenden ist eine Schutzimpfung nötig, *weil dort häufig Infektionskrankheiten auftreten.* (2) Die Theatervorstellung muß ausfallen, *weil der Hauptdarsteller plötzlich erkrankt ist.* (3) Ich werde zur Überprüfung der Maschine einen Fachmann hinzuziehen müssen, *weil ich von Maschinen nicht viel verstehe.* (4) In dieser Stadt kenne ich mich nicht mehr aus, *weil es schon über 20 Jahre her ist, seit ich das letzte Mal hier war.*

„zumal (da)" signalisiert einen ausschlaggebenden oder einen zusätzlichen Grund;
Stellung des Gliedsatzes auf Platz Ⓩ im Nachfeld.

    Der Angeklagte muß für seine Taten streng bestraft werden,
  zumal/zumal da er für ein gleiches Delikt bereits schon einmal bestraft worden ist.

Geben Sie den ausschlaggebenden Grund an!

Ü 261 Richtig:

(1) Ich nehme nicht am Sportfest teil. *Ich fühle mich überhaupt nicht in Form.* (2) Ich habe jetzt keine Lust zum Arbeiten. *Das Wetter ist heute so schön.* (3) Ich wundere mich sehr, daß Günter noch nicht da ist. *Er ist doch*

6 Die Funktionskennzeichen

sonst immer pünktlich. (4) Du müßtest eigentlich besser Englisch sprechen als ich. *Du warst doch lange Jahre in Amerika.* (5) Du müßtest dich eigentlich besser mit dem Computer auskennen. *Du hast doch einen Kursus für Programmierer absolviert.*

„wo" signalisiert einen begründenden Vorhalt oder Vorwurf; häufig mit dem Adverb **„doch"**. Stellung des Gliedsatzes auf Platz Ⓩ im Nachfeld.

> Warum bist du nicht gekommen, **wo** ich dich doch darum gebeten habe.

Ü 262
Richtig:

Formen Sie die Gliedsätze nach obigem Muster um!

(1) Du hast mich gestern nicht angerufen. *Du hast es mir versprochen.* (2) Warum wollt ihr in den Ferien überhaupt wegfahren? *Ihr wohnt hier in einer wunderschönen Gegend.* (3) Warum hast du dir den Film nicht angesehen? *Du schaust dir so gerne Tierfilme an.*

„um so mehr/weniger" oder mit einem anderen Komparativ hebt als Korrelat im Satzfeld den Grund im folgenden mit **„als/daß"** eingeleiteten Gliedsatz auf Platz ⑦ hervor; das Korrelat kann auch dem Gliedsatz unmittelbar vorgeschaltet werden. Bei negativ ausgedrückten Sachverhalten wird **„um so weniger"** gebraucht.

> Ich möchte heute zu Hause bleiben, **um so mehr, als** ich noch etwas zu arbeiten habe.
> Der Chef ist mit Ihnen nicht zufrieden, **um so weniger, als** Sie öfters zu spät zur Arbeit kommen.

Ü 263
Richtig:

Formen Sie die folgenden Sätze nach obigem Muster um!

(1) Karls Handlungsweise seinen Eltern gegenüber ist deshalb so unerklärlich, *weil er ja noch von ihnen abhängig ist.* (2) Der Angeklagte muß deshalb streng bestraft werden, *weil er schon einmal wegen einer ähnlichen Straftat im Gefängnis war.* (3) Ich gehe deshalb selten ins Theater, *weil ich kaum noch Zeit dafür habe.* (4) Der Erfolg des Geschäftsmannes ist vor allem deshalb so bewundernswert, *weil er einmal ganz klein angefangen hat.*

Konjunktionen, die eine Bedingung signalisieren (Konditionalsätze)

„wenn" signalisiert eine Bedingung;
Stellung des Gliedsatzes meistens auf Platz Ⓐ im Vorfeld, oft auch dem Korrelat **„dann/so"** auf Platz Ⓐ vorgeschaltet.

> **Wenn** *du mir nicht mehr helfen willst,* **(dann/so)** helfe ich dir auch nicht mehr.
> Ich helfe dir bestimmt nicht mehr, **wenn** *du mir jetzt nicht hilfst.*

Wenn der Gliedsatz auf Platz Ⓩ im Nachfeld steht, kann das Korrelat **„dann"** auf Platz ⑤ im Satzfeld den Bedingungssatz mit „wenn" ankündigen.

> Der Patient kann nur **dann** wieder gesund werden, **wenn** *er die Ratschläge des Arztes befolgt.*

Wenn der Bedingungssatz Subjekt/Objekt (S. 96) ist, wird er durch das Struktursubjekt (ss) bzw. Strukturobjekt (so) **„es"** angekündigt. (S. 66, 68)

> Mich würde **es** freuen, **wenn** *du morgen zu uns kommen würdest.*
> Meine Frau würde **es** bedauern, **wenn** *du nicht kommen könntest.*

Bedingungssätze können auf Platz Ⓐ im Vorfeld auch ohne Konjunktion stehen. Sie werden dann nach dem Satztyp B gebildet. (S. 80)

> *Erreichen wir die letzte Straßenbahn nicht,* **(dann/so)** müssen wir eben ein Taxi nehmen.
> vgl.: **Wenn** *wir die letzte Straßenbahn nicht erreichen,* **(dann/so)** ...

Die Funktionskennzeichen 6

In den Bedingungssätzen steht im Prädikat der *Konjunktiv II* (S. 43), wenn es sich nur um vorgestellte, gedachte (hypothetische) Sachverhalte handelt.

    Wenn *ich genügend Geld übrig hätte,* **(dann/so)** *könnte ich mir auch so eine Reise leisten wie du.*
    Hätte ich genügend Geld übrig, **(dann/so)** ...
    Wenn *ich im Lotto viel Geld gewonnen hätte,* **(dann/so)** ...
    Hätte ich im Lotto viel Geld gewonnen, **(dann/so)** ...

Formen Sie die Fragen und Aufforderungen in Bedingungssätze mit der Konjunktion „wenn" um!

Ü 264

(1) Gefällt dir das Bild? Du kannst es dann behalten. (2) Hast du morgen Zeit? Du kannst ja dann zu uns kommen. (3) Werdet ihr mit eurer Arbeit bald fertig? Ihr braucht ja dann auch keine Überstunden zu machen. (4) Schauen Sie durchs Fernglas. Sie können dann das Wild besser beobachten. (5) Machen Sie bitte das Fenster zu! Es zieht dann hier nicht mehr so. (6) Möchten Sie noch ein Glas Wein? Sie können gerne noch eins haben.

Bilden Sie Bedingungssätze mit hypothetischen Sachverhalten!
Beispiel: Wir können nicht in die Hütte, weil ich die Schlüssel vergessen habe.
    Wenn ich die Schlüssel nicht vergessen hätte, könnten wir in die Hütte.

Ü 265

(1) Ich kann dir die Fotos nicht zeigen, weil ich sie nicht bei mir habe. (2) Wir können morgen noch nicht wegfahren, weil der Wagen zur Reparatur in der Werkstatt ist. (3) Bruno ist gestern nicht auf den Berg mitgekommen, weil er verschlafen hat. (4) Diese Fernsehserie schaue ich mir nicht an, weil sie so langweilig ist. (5) Wir sind zur Verabredung zu spät gekommen, weil wir uns unterwegs verfahren haben. (6) Ich habe das Buch noch nicht ausgelesen, weil ich keine Zeit dazu hatte.

Mit der Konjunktion **„wenn"** und dem *Konjunktiv II* werden auch Wünsche geäußert, die unerfüllbar sind. Diese Wunschsätze werden nur verkürzt mit dem Gliedsatz wiedergegeben (Satzellipse). Der Wunsch wird häufig durch Modalglieder verstärkt, z.B. **doch/nur/endlich** usw. (S. 73).

    Eva fühlt sich so verlassen. **Wenn** *sie sich doch nicht so verlassen fühlte!*
    ... Fühlte sie sich doch nicht so verlassen!
    Der Bus kommt immer noch nicht. **Wenn** *er doch endlich käme!*
    ... Käme er doch endlich!

Äußern Sie Wünsche!

Ü 266

(1) Die Aufgabe ist so kompliziert. (2) Ich weiß nicht, wie es Hans geht. (3) Wir sind jetzt nicht zu Hause. (4) Du hast wenig Glück. (5) Meine Freundin hat noch nicht angerufen. (6) Ich weiß nicht, wo ich meine Autoschlüssel hingelegt habe. (7) Meine Kopfschmerzen lassen nicht nach. (8) Es ist draußen so furchtbar kalt. (9) Ich kann dir nicht helfen.

„falls" und **„sofern"** signalisieren Bedingungen;
ein Gliedsatz mit „falls" steht auf Platz Ⓐ im Vorfeld oder auf Platz Ⓩ im Nachfeld; wenn der Gliedsatz mit „sofern" eingeleitet wird, steht er meist auf Platz Ⓩ im Nachfeld.

    Ich komme morgen bei dir vorbei, **falls/sofern** *nichts dazwischenkommt.*
    Falls *nichts dazwischenkommt, komme ich morgen bei dir vorbei.*

Leiten Sie Bedingungssätze mit „falls/sofern" ein!

Ü 267

(1) Sollte Herr Baum den Termin absagen, geben Sie mir bitte sofort Bescheid! (2) Sollte Herr Baum meinen Vorschlag annehmen, können wir wirklich

6 Die Funktionskennzeichen

Richtig:

zufrieden sein. (3) Sollten Sie sich noch für weitere Angebote interessieren, geben Sie uns bitte baldmöglichst Nachricht!

Bedingungssätze können auch mit folgenden Ausdrücken eingeleitet werden:

im Falle / für den Fall, daß ...			
gesetzt den Fall, daß ...	(Satztyp C)	gesetzt den Fall, ...	(Satztyp A)
vorausgesetzt, daß ...	(Satztyp C)	vorausgesetzt, ...	(Satztyp A)
es sei denn, daß ...	(Satztyp C)	es sei denn, ...	(Satztyp A)

Im Falle, daß / Für den Fall, daß / Gesetzt den Fall, daß / Vorausgesetzt, daß *man unsere Bedingungen doch noch annimmt,* könnten wir morgen den Vertrag unterzeichnen.
Gesetzt den Fall, / Vorausgesetzt, *man nimmt unsere Bedingungen an,* könnten wir morgen den Vertrag unterzeichnen.
Wir können morgen den Vertrag nicht unterzeichnen, **es sei denn, daß** *man unsere Bedingungen doch noch annimmt.*
..., **es sei denn,** *man nimmt unsere Bedingungen doch noch an.*

Ü 268
Richtig:

Leiten Sie die Lösungssätze der Übung 267 mit den oben angegebenen Ausdrücken ein!

„bevor" + Negation signalisiert eine Bedingung oder Voraussetzung;
Stellung des Gliedsatzes auf Platz Ⓐ im Vorfeld oder auf Platz Ⓩ im Nachfeld.

Bevor *du deine Schulden* **nicht** *bezahlt hast,* bekommst du keinen neuen Kredit.
Du bekommst keinen neuen Kredit, **bevor** *du deine Schulden* **nicht** *bezahlt hast.*

Ü 269
Richtig:

Formen Sie die Sätze nach obigem Beispiel um! Beachten Sie die Negation!

(1) Ich händige Ihnen die Ware aus, wenn Sie sie bezahlt haben. (2) Ich leihe Rolf Geld, wenn er mich darum bittet. (3) Er kann mir das Geld zurückgeben, wenn er sein Gehalt bekommen hat. (4) Ich kann erst gehen, wenn ich die Wohnung aufgeräumt habe.

Konjunktionen, die Modalsätze einleiten

„indem" signalisiert einen Gliedsatz, der das Mittel oder den Begleitumstand nennt; Frage: **wie?, auf welche Weise?**
Stellung auf Platz Ⓩ im Nachfeld, mitunter auch auf Platz Ⓐ im Vorfeld.

Man schaltet den Fernseher ab, **indem** *man hier auf den Knopf drückt.*
Indem *die Mutter ihr weinendes Kind in den Armen wiegte,* versuchte sie, es zu beruhigen.

Ü 270
Richtig:

Formen Sie die Sätze nach obigem Beispiel um!

(1) Ich bremste sofort. So konnte ich einen Zusammenstoß vermeiden. (2) Die Einbrecher öffneten die Haustür mit einem Nachschlüssel. So konnten sie in das Haus gelangen. (3) Die unbekannten Wörter schlagen Sie im Wörterbuch nach. So können Sie den schwierigen Text übersetzen. (4) Erich treibt viel Sport. So hält er sich fit und gesund.

„als / als ob / wie wenn" signalisieren einen Vergleich; der Konjunktiv II drückt aus, daß es sich nur um einen gedachten, nicht mit den Tatsachen übereinstimmenden Vergleich handelt (Beispiele 1).
Stellung auf Platz Ⓩ im Nachfeld; wenn nur die Konjunktion „als" gebraucht wird, steht sie auf Platz Ⓐ im Vorfeld des Satztyps A (Beispiel 2). Das Korrelat **„so"** kann den Vergleichssatz ankündigen.

Die Funktionskennzeichen 6

       Satztyp A /   Satztyp C
(1) Mir war **(so), als ob/als wenn** *ich eben jemand im Hausflur gehört hätte.*
    Günter tut immer **(so), als ob/als wenn** *er von nichts wüßte.*

       Satztyp A /   Satztyp A
(2) Mir war **(so), als** hätte ich eben jemand im Hausflur gehört.
    Günter tut **(so), als** wüßte er von nichts.

Formen Sie die Sätze nach obigen Beispielen um!

Ü 271 *Richtig:*

(1) Der Junge lügt. Mir kommt es jedenfalls so vor. (2) Streiten sich die Nachbarn wieder? Es hört sich jedenfalls so an. (3) Kommt jemand hinter uns her? Ich habe jedenfalls so ein Gefühl. (4) Ich habe den Mann schon einmal gesehen. Jedenfalls kommt es mir so vor. (5) Will er mit uns sprechen? Ich habe jedenfalls so ein Gefühl. (6) Ändert sich das Wetter? Ich spüre jedenfalls so etwas.

wie Übung 271

Ü 272 *Richtig:*

(1) Hast du Fieber? Du siehst jedenfalls so aus. (2) Frierst du? Du siehst jedenfalls so aus. (3) Sind das reiche Leute? Es hat jedenfalls so den Anschein. (4) Habe ich etwas Dummes gesagt? Ihr schaut mich jedenfalls so an.

„**wie**" signalisiert einen Vergleich;
Stellung des Gliedsatzes meist auf Platz Ⓩ im Nachfeld. Die Korrelate „**so/solch**" kündigen als Modalglied auf Platz ⑫ im Satzfeld bzw. als Attribut den Gliedsatz an.

    Es ist jetzt alles **so** gekommen, **wie** *ich es vorausgesagt hatte.*
    Die Prüfung war nicht **so** schwer, **wie** *wir es befürchtet hatten.*
    Die Kinder können eine **solch(e) / solch** eine schwere Aufgabe / **solch** schwere Aufgabe nicht lösen, **wie** *es der Lehrer von ihnen verlangt.*

Formen Sie die Sätze nach obigen Beispielen um!

Ü 273 *Richtig:*

(1) Die Sitzung hat lange gedauert. Ich hatte das schon erwartet. (2) Der Krimi war aufregend. Du hattest das schon vermutet. (3) Gestern war ein schweres Gewitter. Ich habe das noch nie erlebt. (4) In deinem Zimmer herrscht Unordnung. Ich habe das vorher noch nie bei dir gesehen. (5) Ihr habt schlecht gespielt. Ich hätte das nicht von euch erwartet. (6) Die Fahrt hat nicht lange gedauert. Ich hatte das gedacht.

Die Konjunktion „**während**" signalisiert einen gegensätzlichen Sachverhalt (adversativ);
Stellung meist auf Platz Ⓩ im Nachfeld.

    Du sitzt hier untätig vor dem Fernseher, **während** *ich die ganze Zeit arbeite.*

Fügen Sie den zweiten Satz als Gliedsatz an!

Ü 274 *Richtig:*

(1) Heute ist wieder strahlendes Wetter. Gestern hat es den ganzen Tag geregnet. (2) Ihr liegt den ganzen Tag in der Sonne und faulenzt. Wir müssen schwer arbeiten. (3) Otto treibt sich abends in den Kneipen herum. Seine Frau sitzt zu Hause und wartet auf ihn.

„**je nachdem**" signalisiert, daß etwas von einem bestimmten Begleitumstand abhängt; die Konjunktion kann auch durch „ob" oder ein Fragewort ergänzt werden: **je nachdem ob / je nachdem wann / je nachdem wieviele** usw.
Stellung meist auf Platz Ⓐ im Vorfeld.

139

6 Die Funktionskennzeichen

Ob wir auf den Eiffelturm hinauffahren können oder nicht, hängt davon ab, wieviel Zeit wir noch in Paris zur Verfügung haben.
Je nachdem *wieviel Zeit wir in Paris noch zur Verfügung haben*, können wir auf den Eiffelturm hinauffahren.

Ü 275
Formen Sie die Sätze nach obigem Muster um!

(1) Ob wir mit dem Zug fahren oder mit dem Auto, hängt davon ab, wie sich das Wetter noch entwickelt. (2) Ob ich in dieser Saison noch Ski fahren kann oder nicht, hängt davon ab, wieviel Urlaub mir mein Chef noch geben wird. (3) Ob ich Ihren Wagen kaufe oder nicht, hängt davon ab, was für ein Preisangebot Sie mir machen. (4) Ob der Kurs stattfindet oder nicht, hängt davon ab, wie viele Teilnehmer sich für den Kurs anmelden.

„**je ... desto / um so ...**" signalisiert Proportionalität, wobei zwei Komparative zueinander in Beziehung gesetzt werden (Proportionalsatz).
Der mit „**je**" eingeleitete Gliedsatz (Satztyp C) ist dem Satztyp A *vorgeschaltet*; „desto" / um so" besetzt den Platz Ⓐ im Vorfeld des übergeordneten Satzes.

    Satztyp C   / Satztyp A
    Je *länger* ich über mein Problem nachdenke, **desto / um so** *klarer* wird es mir.

Wenn der Gliedsatz (Satztyp C) den Platz Ⓩ im Nachfeld besetzt, steht „um so" vor dem Komparativ.

    Mein Problem wird mir **um so** *klarer,* **je** *länger* ich darüber nachdenke.

In diesem Fall kann „um so" auch mit „**immer**" ausgetauscht werden.

    Mein Problem wird mir **immer** *klarer,* **je** *länger* ich darüber nachdenke.

Ü 276
Bilden Sie Sätze nach folgendem Beispiel!
    Wenn die Menschen frei sind, sind sie glücklich.
    Je freier die Menschen sind, desto/um so glücklicher sind sie.
    Die Menschen sind um so glücklicher, je freier sie sind.

(1) Wenn du viel Sport treibst, ist es für deine Gesundheit gut. (2) Wenn jemand berühmt ist, liest man über ihn viel in der Zeitung. (3) Wenn der Krimi spannend ist, vergeht die Zeit schnell. (4) Wenn man viel ißt, wird man dick. (5) Wenn man viel arbeitet, ist man abends müde. (6) Wenn der Herbst sonnig ist, wird die Weinernte gut. (7) Wenn eine Ware knapp wird, wird sie teuer. (8) Wenn du lange in Deutschland bist, kannst du gut Deutsch sprechen.

„**damit**" signalisiert einen Zweck (final);
Stellung des Gliedsatzes vorzugsweise auf Platz Ⓩ im Nachfeld.

    Ich helfe Ihnen, **damit** *Sie schneller fertig werden.*
    Kinder müssen in die Schule gehen, **damit** *sie dort etwas lernen.*

Wenn für den Gliedsatz das gleiche Subjekt gilt wie im übergeordneten Satz, wird vorzugsweise „**um**" + Infinitiv mit „**zu**" verwendet (S. 199). Nach Imperativsätzen wird die Konjunktion **damit** gebraucht.

    Ich leihe dir die Bücher, **damit** *du in den Ferien etwas zu lesen hast.*
    Wir müssen uns beeilen, **damit** *wir den Zug nicht verpassen.*
    Beeilt euch, **damit** *ihr nicht zu spät in die Schule kommt!*
    Kinder müssen in die Schule gehen, **um** *dort etwas* **zu** *lernen.*

Ü 277
Schließen Sie die Sätze an! Achten Sie auf die Übereinstimmung oder Nichtübereinstimmung des Subjekts! Die Modalverben „sollen/wollen" entfallen in den Finalsätzen.

(1) Frau Krause sucht eine Nebenbeschäftigung. Sie will ihr Gehalt noch et-

Die Funktionskennzeichen 6

was aufbessern. (2) Mein Bruder nimmt bei der Bank einen Kredit auf. Er will sich einen neuen Wagen kaufen. (3) Wir fahren ein paar Tage in Urlaub. Wir wollen uns etwas von den Anstrengungen der letzten Zeit erholen. (4) Mach bitte das Fenster zu. Hier zieht es so. (5) Die Eltern haben Roberto nach Deutschland geschickt. Er soll Deutsch lernen. (6) Ich gebe dir einen Stadtplan. Du findest dich dann hier besser zurecht.

„obwohl/obgleich/obschon" drückt aus, daß der im Gliedsatz beschriebene Sachverhalt nicht die erwartete Folge hat (konzessiv);
Stellung des Gliedsatzes auf Platz Ⓐ im Vorfeld oder auf Platz Ⓩ im Nachfeld (Beispiel 1). Wenn das Adverb „so" den Platz Ⓐ im Vorfeld besetzt, wird der Gliedsatz *vorgeschaltet* (Beispiel 2).

    (1) Hugo raucht, **obwohl** *es ihm der Arzt verboten hat.*
        Obwohl *der Arzt Hugo verboten hat zu rauchen,* tut er es **trotzdem**.
    (2) **Obwohl** *es draußen ziemlich kalt ist,* **so** hindert mich das nicht, regelmäßig spazieren zu gehen.

Leiten Sie die Feststellungen mit dem Konzessivsatz ein!

(1) Die Leute hier sind arm, aber sie sind zufrieden. (2) Das Wasser im Meer ist ziemlich kühl, aber wir gehen trotzdem hinein. (3) Ich habe gut zu Mittag gegessen, aber ich habe jetzt schon wieder Hunger. (4) Die Reise war nur kurz, aber sie war erholsam. (5) Es ist verboten, hier zu parken, aber einige Autofahrer haben trotzdem ihren Wagen hier abgestellt. (6) Der Sommer war verregnet, aber die Ernte ist nicht schlecht.

„wenn / wenngleich ... auch" drückt eine Einschränkung aus (restriktiv);
Stellung des Gliedsatzes auf Platz Ⓩ im Nachfeld (Beispiel 1) oder auf Platz Ⓐ im Vorfeld dem Adverb „so" vorgeschaltet: **wenn ... auch, so ... doch** (Beispiel 2).

    (1) Mein Urlaub war schön, **wenn** *es auch oft geregnet hat.*
    (2) **Wenn** *es auch oft geregnet hat,* **so** war mein Urlaub doch schön.

Formen Sie die Sätze nach obigem Muster um!

(1) Es fällt mir schwer, aber ich werde dir deinen Wunsch erfüllen. (2) Unsere Wohnung liegt mitten in der Stadt, aber sie hat eine ruhige Lage. (3) Helmut arbeitet langsam, aber man kann sich immer auf ihn verlassen. (4) Ich habe nicht viel Geld, aber ich bin glücklich. (5) Mit dem Auto ist es bequemer, aber ich reise lieber mit der Bahn. (6) Das Wahlergebnis war sehr knapp, aber unsere Partei hat auf jeden Fall die Wahl gewonnen. (7) Der Unfall ist glimpflich abgelaufen, aber es gab zwei Verletzte.

„wer/was/wo/wie (usw.) ... **auch (immer)**" zum Ausdruck einer Verallgemeinerung ohne Ausnahme;
der Gliedsatz wird dem Satztyp Ⓐ *vorgeschaltet* (Beispiel 1), oder er folgt auf Platz Ⓩ im Nachfeld (Beispiel 2).

    (1) **Was** *dir Edgar auch immer von mir erzählt hat,* es ist alles gelogen.
    (2) Es ist alles gelogen, **was** *dir Edgar auch immer von mir erzählt hat.*

Bilden Sie Sätze nach obigem Muster!

(1) Ich rufe meine Frau jeden Tag an, ganz gleich, wo ich mich gerade aufhalte. (2) Mein Vater gibt mir immer Geld, egal, wieviel ich verlange. (3) Ich werde immer zu dir halten, egal, was auch passieren mag. (4) Es ist auf jeden Fall falsch, egal, was ich tue.

7 Die Worttypen

A Das Sprachmaterial

Das Sprachmaterial einer Sprache besteht aus Wortstämmen, d.h. aus bestimmten, festen Lautfolgen, die als sprachliche Zeichen (= Wörter) bestimmte Bedeutungen enthalten.
Viele Wörter erhalten ihre „Bedeutung" erst innerhalb bestimmter Satzstrukturen (S. 77). Die Wörter in Wörterbüchern sind immer aus bestimmten Satzstrukturen isoliert worden. Die dort angegebene Bedeutung erhalten sie erst, wenn sie in die Satzstruktur zurückgeführt werden, der sie entnommen worden sind. Das erklärt auch den Grund, warum in den Wörterbüchern hinter den Stichwörtern häufig mehrere Bedeutungen angegeben sind.

   Tisch: Der *Tisch* ist oval. / Wir sitzen gerade bei *Tisch*. (= beim Essen)
   ernst: *Ernst* ist mein Freund. / Der Mann will *ernst* machen mit seiner Drohung. / Das ist eine *ernste* Angelegenheit.
   schön: Das Bild ist *schön*. / Ihr habt mich ganz *schön* angelogen.
   gern: Vater trinkt *gern* Kaffee. / Im Herbst regnet es in den Bergen *gern*.
   geh/en: Ich *gehe* nach Hause. / Wie *geht* es dir? – Danke, es *geht*. / Meine Uhr *geht* nicht genau.

Die Einteilung des Sprachmaterials

Das Sprachmaterial wird nach Worttypen sortiert, die sich durch die Inhalte/ Bedeutungen unterscheiden, die sie annehmen. Danach gibt es:

a. *Verben* (eigentlich: Verbstämme): sie bezeichnen ein Geschehen oder ein Sein (Zustand).
   geb/en, wachs/en, schlaf/en

b. *Nomen* (eigentlich: Nominalstämme): sie bezeichnen Lebewesen und Dinge/Sachen und Begriffe. (S. 150)
   Hund, Baum, Haus, Himmel

c. *Adjektive* (eigentlich: Adjektivstämme): sie bezeichnen Eigenschaften und Mengen (Qualität und Quantität). (S. 158)
   groß, schön, viel, drei

d. *Adverbien*: sie geben Orts- (lokal) und Zeitbeziehungen (temporal) an, sowie auch Umstände, Art und Weise (modal) und anderes. (S. 169)
   hier, dort, jetzt, heute, gern, ja

e. *Pronomen*: sie beziehen sich im allgemeinen auf bekannte, bereits erwähnte Inhalte oder sind auf den Sprecher bezogen (Bezugswörter) und erhalten ihre Bedeutung, ihren Inhalt erst in der Sprechsituation und aus dem Rede- oder Textzusammenhang. (S. 174 ff.)
   er, ich, du, dies, sein, mein, euer, sich

Die Worttypen sind auf keine bestimmte Funktion innerhalb einer Satzstruktur (S. 77) festgelegt. *Präpositionen* und *Konjunktionen* werden in Wörterbüchern als „Wörter" aufgeführt; sie sind aber im Gegensatz zu den Kasuszeichen nur „lose" Funktionskennzeichen (S. 108 und S. 120).

B Verben

Verben bezeichnen ein Geschehen/Sein und treten vorzugsweise im Prädikat auf, das im Satz immer ein Geschehen/Sein beschreibt.
Ein **Geschehen** wird entweder als Handlung oder als Vorgang gesehen, was sich auf die Satzstruktur auswirken kann. (S. 77)

   Handlung: Der Kellner bringt uns das Essen.
   Vorgang: Dein Sohn ist im letzten Jahr sehr gewachsen.
       Ich habe heute einen Brief bekommen.
       Der Wald stirbt.
   Sein: Mein Onkel hat/besitzt in Österreich ein Ferienhaus.
      Die Sonne scheint heute.

Die Worttypen 7

Bilden Sie Sätze mit dem Verb „fallen" als Prädikat! Bestimmen Sie die Satzstruktur (S. 77) und übersetzen Sie die Sätze in Ihre Muttersprache. Vergleichen Sie, worin sich das Deutsche in der Wortwahl und in der Satzstruktur unterscheidet.

Ü 281

(1) Perf.:   das Kind / über einen Stein / vorhin
(2) Perf.:   der Sohn von Herrn Berg / im letzten Krieg / als Soldat
(3) Präs.:   der Vorhang / am Ende der Vorstellung
(4) Perf.:   die reifen Äpfel / vom Baum
(5) Perf.:   die Festung / nach dreiwöchiger Belagerung / endlich
(6) Perf.:   die Benzinpreise / in der letzten Woche
(7) Präs.:   sollen / die Grenzen zwischen den beiden Ländern
(8) Perf.:   die Frau / in Ohnmacht / vor Schreck
(9) Prät.:   die Pferde / in Trab / kurz hinter dem Gutshof
(10) Perf.: die Tür / ins Schloß / durch einen Windstoß
(11) Perf.: zwei Häuser / in Trümmer / durch den heftigen Erdstoß
(12) Präs.: der 1. Weihnachtsfeiertag / auf einen Mittwoch / in diesem Jahr
(13) Präs.: Übertretungen von Parkverboten / nicht unter das Strafgesetz
(14) Perf.: Südtirol / an Italien / nach dem Ersten Weltkrieg
(15) Präs.: mein ganzes Vermögen / an meine Tochter / nach meinem Tode

wie Übung 281: Bilden Sie Sätze mit dem Verb „geben"!

Ü 282

(1) Präs.:   die Kuh / wieviel Milch? / am Tag
(2) Präs.:   3 mal 5 / wieviel?
(3) Perf.:   meine Kopfschmerzen / sich / inzwischen
(4) Perf.:   die Gelegenheit zu einer Aussprache / sich/noch nicht
(5) Prät.:   der Mann / sich / gelassen, als er die schlechte Nachricht hörte
(6) Präs.:   mein Junge / sich / große Mühe / in der Schule
(7) Perf.:   wer? / das Geld / dem Kind
(8) Präs.:   können / Sie / Herr Meier / mir / bitte? (am Telefon)
(9) Perf.:   du / zur Post / das Paket / schon?
(10) Perf.: Frau Peters / in Pflege / ihr Kind / für drei Wochen
(11) Präs.: Nachdem Sie den Teig angerührt haben, / Sie / in den Teig/ noch 3 Eier
(12) Präs.: wollen / die Schauspielerin / ein Interview / den Journalisten / heute
(13) Präs.: wollen / der Lehrer / noch eine Chance / dem schlechten Schüler
(14) Präs.: du / keine Antwort auf meine Frage / mir / warum?

Die Verbtypen

Bei den Verben unterscheidet man zwei Verbtypen:
a. *starke Verben,* die ihren Wortstamm verändern und
b. *schwache Verben,* die ihren Wortstamm *nicht* verändern;
c. außerdem gibt es eine kleine Anzahl von Verben mit *Mischformen*; sie verändern zwar ihren Wortstamm, verhalten sich aber sonst wie „schwache" Verben (S. 58).

Eine geringe Zahl von Verben haben sowohl „starke" als auch „schwache" Stammformen. Je nach Gebrauch nehmen sie eine veränderte Bedeutung an. Es sind folgende Verbstämme (Tabelle S. 56 ff.):

backen, gären, hängen, hauen, saugen, schaffen, schrauben, schwören, senden, stecken, wägen, wenden

7 Die Worttypen

Ü 283
Richtig:

Setzen Sie die Verbformen ein!

(1) *hängen (Prät.)*: An dem Baum . . . viele schöne Äpfel. (2) *hängen (Perf.)*: Ich habe das neue Bild an die Wand über das Sofa . . . (3) *backen (Perf.)*: Mutter hat mir einen schönen Geburtstagskuchen . . . (4) *backen (Prät.)*: Der nasse Schnee . . . dauernd an meinen Skiern fest. (5) *hauen (Prät.)*: Der Ritter . . . mit seinem Schwert wütend auf seine Gegner ein. (6) *hauen (Prät.)*: Der Zimmermann . . . den langen Nagel mit einem schweren Hammer in den Balken ein. (7) *verhauen (Perf.)*: Du hast ja schon wieder deinen kleinen Bruder . . . (8) *saugen (Prät.)*: Als meine Frau dem Kind die Milchflasche gab, . . . es gierig daran. (9) *saugen (Perf.)*: Ich habe alle Teppiche mit dem Staubsauger ab_. (10) *saugen (Prät.)*: Die Feuerwehr . . . das Wasser im Keller mit einer Motorpumpe ab. (11) *schwören (Perf.)*: Der Zeuge hat einen Meineid . . . (12) *schwören (Perf.)*: Ich habe mir . . ., nicht mehr zu rauchen. (13) *schwören (Prät.)*: Meine Frau . . . früher auf die Heilkraft des Kräutertees, jetzt nimmt sie aber lieber Tabletten. (14) *schwören (Prät.)*: Der junge Mann . . . seiner Freundin ewige Treue. (15) *wenden (Prät.)*: Als das Mädchen die Straße entlang stolzierte, . . . sich alle Jungen nach ihm um. (16) *wenden (Perf.)*: Ich habe meinen Wagen auf der Nebenstraße . . . (17) *wenden (Prät.)*: Die Segelboote . . . an der Boje und gingen auf Gegenkurs. (18) *senden (Perf.)*: Der Rundfunk hat das Konzert am Abend in Stereo . . . (19) *senden (Perf.)*: Gestern haben wir die bestellten Waren an Sie ab_.

Verbstämme als Verbalnomen

Verbstämme treten außerhalb des Prädikats (S. 21) als Verbalnomen auf. Sie werden bestimmten Genusklassen (S. 150) zugeordnet und mit Funktionskennzeichen (S. 104) gekennzeichnet. Solche Verbalnomen behalten die Bedeutung, die sie als Verben haben. Einige von ihnen können auch mit anderen Wörtern verbunden werden (vgl. „agglutinierte" Attribute, S. 18).
Nur wenige Verbalnomen bezeichnen auch Dinge/Sachen.

Verbalnomen werden gebildet
a. vom *Präsensstamm* (er ist formal identisch mit dem Imperativ; S.øø), diese Verbalnomen sind maskulin.
    *beginn*en: der *Beginn* (der Unterrichts*beginn*)
b. mit Vokalwechsel **e** zu **i**; sie sind maskulin.
    *treten (du tritt*st): der *Tritt* (der Ein*tritt*; der Fuß*tritt*)
c. + **-e**; sie sind feminin.
    *bitt*en: die *Bitte* (die Ab*bitte*)
d. + **en** (formal identisch mit dem Infinitiv, S. 197); sie sind vorwiegend neutral.
    *renn*en: das *Rennen* (das Pferd*erennen*, das Auto*rennen*)
e. mit Vokalwechsel im Verbstamm zu **u**; sie sind meistens maskulin.
    *schieß*en: der *Sch**u**ß* (der Ab*schuß*, der Zu*schuß*; der Pistolen*schuß*)
f. vom Präteritumstamm; sie sind meistens maskulin.
    greifen (er griff): der *Griff* (der Zu*griff*; der Hand*griff*; der Tür*griff*)
g. + **-e/-en**; sie sind vorwiegend feminin.
    fahren (er fuhr): die *Fuhre* (die Heu*fuhre*)
h. vom Partizip II-Stamm; sie sind maskulin.
    *schwingen (ge*schwung*en)*: der *Schwung* (der Auf*schwung*, der Um*schwung*)

Ü 284

Bilden Sie Verbalnomen und setzen Sie sie ein! Die Buchstaben in Klammern weisen auf die Regel hin.

(1) *fliegen (e)*: Wie lange dauert ein . . . von Frankfurt nach New York?
(2) *verbieten (f)*: Hier ist absolutes Halte_. (3) *schlagen (a)*: Die Situa-

Die Worttypen 7

tion hat sich mit einem ... geändert. (4) *sitzen (a)*: Die Firma hat ihren ... in Berlin. (5) *liegen (g)*: Was halten Sie von der wirtschaftlichen ...? (6) *liegen (c)*: Fürs Wohnzimmer haben wir uns eine neue ... angeschafft. (7) *halten (a)*: Am Waldrand haben wir ... gemacht. (8) *stoßen (a)*: Eben habe ich von einem Vorübergehenden einen ... bekommen. (9) *schwingen (h)*: Die Konjunktur will nicht recht in ... kommen. (10) *pfeifen (f)*: Hast du eben den ... gehört? (11) *streiten (a)*: Die Nachbarsleute liegen dauernd miteinander im ... (12) *schreiten (f)*: Wir müssen mit der technischen Entwicklung ... halten. (13) *springen (h)*: Ich bin gerade auf dem ... fortzugehen. (14) *schießen (e)*: Eben ist ein ... gefallen. (15) *umziehen (e)*: Auf der Straße findet gerade ein ... statt. (16) *tun (f)*: Der Angeklagte ist für seine ... bestraft worden.

Bilden Sie mit den Verbstämmen Wortzusammensetzungen! Bilden Sie mit den gewonnenen Wörtern Beispielsätze und bestimmen Sie, in welche Satzgliedfunktion Sie sie eingesetzt haben! Die Buchstaben in Klammern weisen auf die Regel hin.

Ü 285

(1) *reiten (f)*: der Gelände_ (2) *schlafen (a)*: das _zimmer (3) *stechen (b)*: die _probe (4) *treffen (a)*: der _punkt (5) *rinnen (c)*: die Dach_ (6) *fangen (a)*: das _netz (7) *fallen (a)*: der Un_ (8) *heben (e)*: der _raum (9) *hängen (h)*: der Ab_ (10) *gehen (h)*: der Ein_ (11) *graben (g)*: die Fall_ (12) *finden (h)*: die _sache (13) *schlagen (a)*: der Peitschen_ (14) *fragen (c)*: das _wort (15) *hauen (f)*: Der Stock_ (16) *laufen (a)*: der Wett_ (17) *messen (f)*: das Über_ (18) *anrufen (a)*: der Telefon_ (19) *stehlen (f)*: der Dieb_ (20) *werben (c)*: der _fachmann (21) *lesen (c)*: die _lampe (22) *quellen (c)*: die Informations_ (23) *schleifen (f)*: der Diamanten_ (24) *pflegen (c)*: die Kranken_ (25) *greifen (f)*: der Hand_ (26) *treiben (f)*: die _kraft (27) *scheiden (c)*: die Wasser_ (28) *abfließen (e)*: das _rohr (29) *gießen (e)*: das _eisen (30) *schließen (e)*: der _punkt (31) *schallen (a)*: die _mauer (32) *lügen (c)*: die Not_ (33) *schwören (e)*: der Treue_ (34) *schieben (e)*: die _kraft

Bilden Sie die Verbalnomen zu Verben zurück! (Infinitiv)

Ü 286

(1) der Fall, der Trank, der Wurf (2) der Schein, der Befehl, die Sprache (3) der Sinn, der Trunk, das Band (4) die Winde, die Bleibe, der Sog (5) der Drang, der Schwund, der Klang (6) der Sang, die Gabe, der Zwang (7) der Suff, der Stand, die Schur (8) der Strich, der Schmelz, die Stiege (9) die Weiche, der Kniff, der Schritt (10) der Schrei, der Trieb, der Fluß (11) der Genuß, das Schloß, der Guß (12) der Verdruß, der Sproß, der Schwur

Die Verben „haben", „sein" und „werden"

Das Verb **„haben"** steht im Prädikat

a. im Sinne von „etwas besitzen" oder „etwas für sein Eigentum halten"
    Karl *hat* ein Segelboot.
    Wir *haben* in Passau ein Geschäft.
    Wer nichts *hat*, kann nichts verlieren. (Sprichwort)

b. „zur eigenen Nutzung, zur eigenen Verfügung erhalten/bekommen"
    Kann ich morgen dein Fahrrad *haben*?
    Hier *hast* du einen Apfel.

c. „zu haben sein" im Sinne von erhältlich / käuflich sein"
    Das Kleid im Schaufenster ist leider nicht mehr zu *haben*. Es ist bereits verkauft.

d. „ein Teil von jemandem/von etwas sein"
    Der Junge *hat* abstehende Ohren.
    Das Haus *hat* ein rotes Dach.

7 Die Worttypen

e. im Sinne von „bestehen aus, sich zusammensetzen aus/mit"
   Eine Stunde *hat* 60 Minuten.
   Das Wort *hat* die Endung -in.
f. zum Ausdruck dafür, daß zu jemandem / zu etwas eine enge Beziehung, ein Verhältnis der Zugehörigkeit besteht
   Margit *hat* einen festen Freund.
   Mein Bruder *hat* drei Kinder.
g. als Funktionsverb mit einer Prädikatsergänzung (S. 63)
   Der Junge *hat* Mut.
   Wir *hatten* beim Spiel kein *Glück*.
   Ich *habe* Kopfschmerzen.
   Wer den *Schaden hat*, braucht für den Spott nicht zu sorgen. (Sprichwort)
   Hast du Kummer?
   Ich *habe* dich *lieb*.
h. als modal gebrauchtes Verb (S.øø) mit **„zu"** + Infinitiv im Sinne von „müssen"
   Heute *habe* ich viel *zu tun*.
   Du *hast* deinen Eltern *zu gehorchen*.

Weitere Verwendungsmöglichkeiten im Wörterbuch.

Ü 287
Richtig:

Welcher Verwendung (a – h) ordnen Sie den Gebrauch von „haben" in den folgenden Sätzen zu? Bestimmen Sie die Satzstrukturen der Übungssätze! (S.øø)

(1) Morgen haben wir Deutsch und Mathematik. (2) Dieses Buch habe ich noch nicht. (3) Haben Sie Geschwister? (4) Unsere Wohnung hat vier Zimmer, Küche und Bad. (5) Kann ich bitte einmal die Zeitung haben? (6) Haben Sie bitte etwas Geduld! (7) Der Junge hatte wirklich Mut. (8) Ich hatte gestern abend noch meine Hausaufgaben zu machen. (9) Unser Kollege hat ein Segelboot. (10) In unserer Buchhandlung war das Buch nicht mehr zu haben. (11) Deine Freundin hat eine tolle Figur. (12) Eugen hat ein Telegramm von seinem Vater. (13) Ihr habt eine schöne Wohnung. (14) Günter hat Beate lieb. (15) Ich habe dich gern. (16) Die Kinder haben großen Hunger. (17) Hat der Zug hier Aufenthalt? (18) Hab dich nicht so! (= Stell dich nicht so an! Reg dich nicht so auf!)

Das Verb **„sein"** steht im Prädikat
a. im Sinne von „existieren, leben"
   Es *war* einmal ein schöner Prinz, der . . . (Märchenbeginn)
   Der alte Mann *ist* nicht mehr. Er ist gestern verstorben.
b. im Sinne von „geschehen, passieren"
   Bringst du bitte den Brief zur Post? – Muß das gleich *sein*?
c. als Funktionsverb mit einer Prädikatsergänzung (S. 63)
   Gisela *ist* hübsch.
   Sie *ist* meine Schwester.
   Der Ring *ist* aus Gold.
   Mir *ist* übel.
   Bist du mir böse?
   Ich *bin* drei Wochen krank gewesen.
   Die Tür *war* die ganze Zeit verschlossen gewesen.
d. als modal gebrauchtes Verb (S. 50) mit **„zu"** + Infinitiv im Sinne von „können" und auch als alternative Ausdrucksweise zum Passiv
   Das *ist* nicht *zu* glauben. (= Das kann man nicht glauben.)
   Die Uhr *ist* nicht mehr *zu* reparieren. (= Sie kann nicht mehr repariert werden.)

Die Worttypen 7

Welcher Verwendung (a – d) ordnen Sie den Gebrauch von „sein" in den folgenden Sätzen zu? Bestimmen Sie die Satzstrukturen der Übungssätze! (S. 77)

Ü 288

(1) Muß das sein, was du da eben machst? (2) Die Akten sind sofort zu prüfen. (3) Robert ist deutscher Abstammung. (4) Sein oder nicht sein, das ist die Frage. (aus „Hamlet" von Shakespeare) (5) Dieser Lärm ist nicht auszuhalten. (6) Ich bin dir nicht böse. (7) Auch wir waren einmal in Japan. (8) Dem Mann ist nicht zu trauen. (9) Das kann doch nicht sein. (10) Die Arbeit ist nicht an einem Tag zu schaffen. (11) Das Wetter ist heute besser als gestern. (12) Ich erinnere mich nicht mehr daran. Es ist schon zu lange her. (13) Mein Freund war am Telefon nicht zu verstehen. (14) Was geschieht mit meiner Familie, wenn ich eines Tages nicht mehr bin? (15) Das Baby ist süß. (16) Du bist krank. (17) Emil ist blöd. (18) Der Puls ist regelmäßig zu kontrollieren. (19) Wir sind in Zürich. (20) Die Kinder sind in der Schule. (21) Herr Breuer ist Zahnarzt. (22) Du bist ein Dummkopf.

Das Verb **„werden"** steht im Prädikat
a. im Sinne von „entstehen, sich entwickeln"
    Was strickst du da? – Das *wird* ein Pullover.
    Was soll aus dem Jungen bloß *werden*?
b. im Sinne von „geschehen"
    Du weißt auch keinen Rat? Was soll denn nun *werden*?
c. mit Zeitangaben bzw. Uhrzeitangaben
    Morgen *wird* es zehn Jahre, daß wir verheiratet sind.
d. als Funktionsverb mit einer Prädikatsergänzung zum Ausdruck dafür, daß jemand oder etwas in einen bestimmten Zustand übergeht. (S. 214)
    Jetzt *werde* ich aber böse.
    Mein Bruder will Arzt *werden*.
    Lange Röcke *werden* wieder Mode.
    Es *wird* Frühling / Tag / hell.

Welcher Verwendung (a – d) ordnen Sie den Gebrauch von „werden" in den folgenden Sätzen zu? Bestimmen Sie die Satzstrukturen der Übungssätze! (S. 77)

Ü 289

(1) Ich will Lehrer werden. (2) Bei Temperaturen unter Null Grad Celsius wird Wasser zu Eis. (3) Abends werden Kinder müde. (4) Der Doktor meint, daß der Patient bald wieder wird. (5) Was wird jetzt aus mir? (6) Der Kranke wird wieder. (7) Mir wird schwindelig. (8) Vater wird böse, wenn du den ganzen Tag nichts tust. (9) Wir müssen jetzt gehen. Es wird schon dunkel. (10) Bald wird es Frühling. (11) Kurze Röcke werden wieder Mode. (12) Wenn du nicht besser lernst, wird aus dir nichts. (13) Aus unserer Reise wird nichts. (14) Die jungen Pflanzen werden. (15) Der Tag wird schön. (16) Ihr werdet sicher glücklich. (17) Aus dir wird einmal ein guter Handwerker. (18) Jetzt wird es aber Zeit, daß wir gehen!

„haben", „sein" und „werden" als Hilfsverben

Die Verben „haben", „sein" und „werden" werden zur Bildung von Zeit- und Modalformen verwendet.

haben / sein + Partizip II

Präsens von „haben" oder „sein" + Partizip II = Perfekt (S. 33)
    Ich *habe* mir das Buch in Frankfurt *besorgt*.
    Ich *bin* deswegen extra dorthin *gefahren*.

7 Die Worttypen

Präteritum von „haben" oder „sein" + Partizip II = Plusquamperfekt (S. 33)
    Ich *hatte* mir das Buch in Frankfurt *besorgt*.
    Ich *war* deswegen extra dorthin *gefahren*.
Konjunktiv I von „haben" oder „sein" = Konjunktiv I zum Ausdruck der Vergangenheit (S. 37)
    Egon *habe* sich das Buch in Frankfurt *besorgt*.
    Er *sei* deswegen extra dorthin *gefahren*.
Konjunktiv II von „haben" oder „sein" = Konjunktiv II zum Ausdruck der Vergangenheit (S. 38)
    Egon *hätte* sich das Buch in Frankfurt *besorgt*, (wenn er . . .)
    Er *wäre* deswegen extra dorthin *gefahren*, (wenn er . . .)
Infinitiv von „haben" oder „sein" = Infinitiv II (Infinitiv der Vergangenheit) (S. 197)
    Egon muß sich das Buch in Frankfurt *besorgt haben*.
    Er muß deswegen extra dorthin *gefahren sein*.
    Egon behauptet, sich das Buch in Frankfurt *besorgt* **zu** *haben*.
    Er behauptet, deswegen extra dorthin *gefahren* **zu** *sein*.

Der Gebrauch von „haben" und „sein" zum Ausdruck der Vergangenheit

Bei der Bildung zusammengesetzter Zeitformen zum Ausdruck der Vergangenheit wird überwiegend **„haben"** verwendet. Mit **„sein"** werden diese Zeitformen mit den Verben der *Fortbewegung*, der *Ortsveränderung* und der *Zustandsänderung* gebildet, wenn die Satzstruktur kein Objekt (Oa/ so/**E**o S. 77) vorsieht, sowie auch mit den Verben **„sein", „werden"** und **„bleiben"**. Der Gebrauch von **„haben"** oder **„sein"** ist auch von der Satzstruktur abhängig (S. 77). In Zweifelsfällen gibt das Wörterbuch Auskunft.

    Wir *sind* in Urlaub **gefahren**.
    Wir *waren* in Urlaub **gefahren**.
    Wir *seien* in Urlaub **gefahren**.
    Wir *wären* in Urlaub **gefahren**, wenn . . .
    Wir *sind* an der See **gewesen**.
    Wir *sind* drei Wochen dort **geblieben**.
    Am Strand *sind* wir schön braun **geworden**.
    Du siehst so schön braun aus. Du mußt in Urlaub **gewesen** sein.
    Bruno behauptet, im Urlaub auf Sizilien **gewesen** zu *sein*.

Ü 290 „haben" oder „sein" zum Ausdruck der Vergangenheit? Bestimmen Sie die Satzstrukturen! (S. 77)

(1) Erich . . . nach Salzburg gefahren. (2) . . . du den Wagen in die Garage gefahren? (3) Du . . . dich bestimmt geirrt. (4) Die alte Frau . . . stundenlang durch die Stadt geirrt. (5) Sie . . . sich in der Stadt verirrt. (6) Wir . . . letzte Woche nach Bonn geflogen. (7) Ich . . . zum ersten Mal in einer Sportmaschine geflogen. (8) . . . Sie schon einmal eine Sportmaschine geflogen? (9) Die nasse Wäsche . . . in der Sonne schnell getrocknet. (10) Der warme Wind . . . die nasse Wäsche schnell getrocknet. (11) Schlechte Filme . . . die Jungen verdorben. (12) Das Fleisch . . . bei der Hitze verdorben. (13) Hier . . . Wasser auf den Boden getropft. (14) Der Wasserhahn . . . den ganzen Tag getropft. Jemand . . . ihn nicht richtig zugedreht. (15) Ich . . . gestern über den See geschwommen. (16) Ich . . . den See in einer halben Stunde durchschwommen.

Ü 291 Bilden Sie das Perfekt!

(1) Die Pferde ziehen den Wagen. (2) Meine Eltern ziehen nach Köln. (3) Warum brichst du den Ast ab? (4) Der Ast mit den vielen Äpfeln bricht ab. (5) Der Motor springt jetzt an. (6) Der Hund springt vor Freude seinen Herrn an. (7) Im Frühjahr bricht das Eis auf dem See. (8) Warum brichst du dein Wort? (9) Der Sekt spritzt aus der Flasche an die Zimmerdecke. (10) An heißen Tagen

Die Worttypen 7

spritzen die Sprengwagen die Straßen mit Wasser. (11) Niemand tritt ins Blumenbeet außer dir. (12) Der Torschütze tritt den Ball mit aller Wucht ins Tor.

„werden" + Infinitiv

Präsens von „werden" + Infinitiv = *Futur* (S. 35)
      Was *wird* es heute wohl zu Mittag *geben*?
      Bis zum Abend *werden* wir bestimmt wieder zu Hause *sein*.
      Wenn nichts für den Umweltschutz getan wird, *wird* der Wald bald *sterben*.
      Ihr *werdet* sicher Hunger gehabt haben, als ihr von der Bergtour zurückgekommen seid.
      Der Chef *wird* heute nach Bremen geflogen *sein*.
Konjunktiv I/II von „werden" + Infinitiv = *Ersatzform für den Konjunktiv I/II* (vgl. S. 37)
      Hugo sagte, er *werde* sich nächstes Jahr zum Examen *melden*.
      Er meinte, er *würde* das Examen mit Sicherheit *bestehen*.

Alle Zeit- und Modalformen von „werden" + Partizip II = *Passiv* (S. 39)
Bei den zusammengesetzten Zeit- und Modalformen zum Ausdruck der Vergangenheit wird das *verkürzte Partizip II* von „werden" gebraucht: **„worden"** statt „geworden".
Mit dem Passiv werden die beschriebenen Sachverhalte als Vorgänge dargestellt (S. 45).
      Morgen *wird* in den Betrieben nicht *gearbeitet*.
      Gestern **ist** in den Betrieben nicht *gearbeitet* **worden**.
      Die Zeitung *wird* in der hiesigen Druckerei **gedruckt**.
      Früher **ist** sie in einer Druckerei in Karlsruhe *gedruckt* **worden**.
      Felix befürchtete, daß er von der Polizei kontrolliert *werden würde*.
      Neulich **sei** er schon einmal von einem Polizisten *angehalten* **worden**.
Infinitiv von „werden" + Partizip II = Infinitiv Passiv
      Mein Wagen muß schleunigst *repariert werden*.
      Die Reisenden wünschten, in Einzelzimmern *untergebracht* **zu werden**.

Bilden Sie die Futurformen zum Ausdruck der Vermutung, der Voraussage usw.! (S. 42)

Ü 292

(1) Deine Kopfschmerzen lassen sicher bald nach. (2) Der Betrüger bekommt sicher eine Gefängnisstrafe. (3) Das Haus hat der Architekt Frick gebaut. (4) Die Kinder sind inzwischen schon eingeschlafen. (5) Mein neuer Mantel hält im Winter bestimmt schön warm. (6) Wenn das Wetter so bleibt, bekommen wir in diesem Jahr bestimmt einen guten Wein. (7) Wenn ich mir die Adresse nicht aufschreibe, vergesse ich sie bestimmt wieder. (8) Die Pflanzen gehen bestimmt ein, wenn du sie nicht regelmäßig gießt. (9) Das baufällige Haus wird sicher bald abgerissen. (10) Möchtest du eine Tasse Kaffee? Sie tut dir gut.

Ändern Sie den Äußerungsaspekt, indem Sie das Passiv bilden! Mit dieser Änderung kann das im Übungssatz genannte Subjekt entfallen. (S. 45)

Ü 293

(1) Man spricht hier Deutsch. (2) Die Jungen sammeln heute für das Rote Kreuz. (3) Sie liefern die Spenden an einer Sammelstelle ab. (4) Mich holt jemand vom Bahnhof ab. (5) Freunde haben mich zu einer Party eingeladen. (6) An der Grenze kontrollierte man unsere Pässe. (7) Das Doppelzimmer hat bereits jemand reserviert. (8) Nächste Woche wird man uns die bestellte Ware liefern. (9) Man wird meinen Mann wahrscheinlich am Samstag aus dem Krankenhaus entlassen. (10) Man hat Sie soeben fotografiert.

7 Die Worttypen

Ü 294
Richtig:

wie Übung 293

(1) Während des Unterrichts darf man nicht rauchen. (2) Man kann den Wagen hier vor dem Haus parken. (3) Bei einem Unfall sollte man gleich die Polizei benachrichtigen. (4) Verletzten muß man sofort helfen. (5) Nach den starken Schneefällen hat man die Straßen sofort räumen müssen. (6) Die Fabrikhalle haben wir nicht betreten dürfen. (7) Die Reisenden mußten an der Grenze die Pässe vorzeigen. (8) Nach der Paßkontrolle durfte man sogleich weiterfahren.

C Die Nomen

Nomen bezeichnen
a. Lebewesen: *Mensch, Tier, Pflanze*
b. Gegenstände/Dinge/Stoffe: *Tisch, Haus, Wasser, Metall*
c. Begriffe (Abstrakta): *Himmel, Welt, Not, Mut*
d. Sammelbegriffe (Kollektiva): *Möbel, Obst, Volk*
e. Eigennamen: *Alexander, Hamburg, Bayern*

Im Deutschen werden alle Nomen einer Genusklasse zugeordnet; diese sind an den Kasuszeichen (S. 104) erkennbar. Die Attribute vor den Nomen erhalten die Kasuszeichen (S. 91). Die drei Genusklassen sind „**maskulin**", „**neutral**" und „**feminin**".

  maskulin: d**er** Junge; ein wunderschön**er** Park; schwarz**er** Tee; manch**er** Mann
  neutral: d**as** Haus; ein hübsch**es** Mädchen; kostbar**es** Gold; solch**es** Glück
  feminin: d**ie** Limonade; ein**e** billige Uhr; reich**e** Ernte; d**ie**selbe Sache

Diese Genusklassen beziehen sich aber nur auf die Nomen als Wörter, nicht auf das, was die Nomen bezeichnen.
So können z. B. maskuline Nomen weibliche Personen bezeichnen:

  der Besuch, **der** Filmstar, **der** Gast

und feminine Nomen auch männliche Personen:

  die Majestät, **die** Person, **die** Lehrkraft, **die** Geisel, **die** Waise

sowie neutrale Nomen sowohl männliche als auch weibliche Personen:

  das Kind, **das** Mitglied, **das** Staatsoberhaupt

Für manche Nomen gibt es zwei Wortformen gleicher Bedeutung. Sie wechseln aber je nach Wortform die Genusklasse:

  der Ritz – **die** Ritze; **der** Spalt – **die** Spalte; **der** Zeh – **die** Zehe
  der Backen – **die** Backe; **der** Karren – **die** Karre; **der** Socken – **die** Socke; **der** Zacken – **die** Zacke

Für die Zuordnung der Nomen zu den Genusklassen gibt es keine praktikablen Regeln. Im Zweifelsfall gibt das Wörterbuch Auskunft.

Einige Genushinweise

maskulin sind
die meisten Nomen, die männliche Personen und Tiere bezeichnen
  der Mann, der König, der Bulle, der Hahn
Verbalnomen (S. 144); das sind Nomen, die aus einem Verbstamm bestehen
  der *Kauf* (Präsensstamm), der *Riß* (Präteritumstamm), der *Gang* (Partizip II-Stamm)
Verbalnomen und Wörter mit den Suffixen **-er**, **-el**, **-ling** (S. 206)
  der Bohr**er**, **der** Schlüss**el**, **der** Fremd**ling**

neutral sind
die *Namen* von Orten, Ländern und Kontinenten; bei ihnen ist die Genusklasse nur erkennbar, wenn Attribute sie begleiten (vgl. Gebrauch des Artikels, S. 194)
  das *alte* Berlin, **das** *schöne* Italien, **das** *weite* Asien

Die Worttypen 7

die Namen der meisten Metalle und chemischen Elemente
> **das** Gold, **das** Blei, **das** Uran (Ausnahmen: **der** Stahl, **der** Schwefel; **die** Bronze und andere)

Nomen als *Kollektivbezeichnungen*
> **das** Volk, **das** Besteck, **das** Gebirge

Nomen mit den *Diminutivsuffixen* **-chen** und **-lein**
> **das** Männ**chen**, **das** Tisch**chen**, **das** Mäd**chen**, **das** Fräu**lein**, **das** Büch**lein**

fremde Nomen auf **-ett**, **-ment**, **-(i)um**
> **das** Ball**ett**, **das** Parla**ment**, **das** Harmon**ium**, **das** Kolleg**ium**, **das** Publik**um**

feminin sind

viele Nomen, die *weibliche Personen* und *Tiere* bezeichnen; so auch Nomen mit dem Suffix **-in**
> **die** Frau, **die** Tochter, **die** Stute, **die** Schüler**in**, **die** Löw**in**
> (Ausnahmen: **das** Weib, **das** Mannequin u.a.)

Zahlen und Ziffern
> **die** Eins, **die** Million

Schiffs- und Flugzeugnamen, wenn sie nicht Tiernamen sind
> **die** Titanic, **die** Boing

viele *zweisilbige* Nomen auf **-e**
> **die** Sonne, **die** Straße, **die** Wanne (Ausnahme: **der** Hase)

alle Wörter mit den Suffixen **-ei**, **-heit**, **-keit**, **-schaft**, **-ung** oder Verbalnomen auf **-t (-d)**
> **die** Bäcker**ei**, **die** Krank**heit**, **die** Herzlich**keit**, **die** Freund**schaft**, **die** Wohn**ung**; **die** Fahr**t**, **die** Jag**d**

Bestimmen Sie die Genusklasse der folgenden Nomen; vgl. oben!

Ü 295 Richtig:

(1) Birne, Eisen, Reiz (2) Kocher, Säugling, Stute (3) Chrom, Gesellschaft, Lehrerin (4) Helium, Geiz, Tulpe (5) Wirt, Freundlichkeit, Getriebe (6) Tasse, Fünf, Zeh (7) Mongolei, Hund, Lehrling (8) Liebschaft, Kupfer, Bauer (9) Türgriff, Farbe, Temperament (10) Gymnasium, Wurf, Wucht

Die Pluralformen der Nomen

Zum Ausdruck einer Mehrzahl von Personen/Sachen bilden die meisten Nomen Pluralformen. Folgende Pluralformen gibt es:

		Singular	**Plural**
a.	ohne Pluralendung: der Plural ist nur an den Begleitern der Nomen erkennbar	der Onkel das Fenster	**die** Onkel **die** Fenster
	ohne Endung, mit Umlaut	der Vater die Tochter	**die** V**ä**ter **die** T**ö**chter
b.	Endung **-e**, ohne Umlaut	der Tag das Bein	**die** Tag**e** **die** Bein**e**
	Endung **-e**, mit Umlaut	der Sohn die Stadt	**die** S**ö**hn**e** **die** St**ä**dt**e**
c.	Endung **-er**, ohne Umlaut	das Kind der Ski	**die** Kind**er** **die** Ski**er**
	Endung **-er**, mit Umlaut	der Mann das Haus	**die** M**ä**nn**er** **die** H**ä**us**er**
d.	Endung **-(e)n**, ohne Umlaut	die Gabel der Hase das Bett die Frau	**die** Gabel**n** **die** Hase**n** **die** Bette**n** **die** Frau**en**
	nach dem Suffix **-in** (S. 208) **-nen**	die Lehrerin	**die** Lehrerin**nen**

151

7 Die Worttypen

e. Endung -**s**, ohne Umlaut	der Streik	**die** Streik**s**
	das Auto	**die** Auto**s**
	das Café	**die** Café**s**
	der VW	**die** VW**s**

Es gibt keine praktikablen Pluralregeln; in Zweifelsfällen gibt das Wörterbuch Auskunft.

Einige Pluralregeln

keine Pluralendungen haben Nomen mit dem Suffix -**chen** und -**lein**
    das Mädchen – *die* Mädchen, das Fräulein – *die* Fräulein

die Pluralendung -**e** ohne Umlaut haben Nomen mit den Suffixen -**ling** und -**nis** (das Suffix -**nis** verdoppelt den Endkonsonanten -**s**)
    der Lehrling – *die* Lehrling**e**, das Geheimnis – *die* Geheimni**sse**

ebenso einige Fremdwörter (der Endkonsonant -**s** wird verdoppelt)
    der Dekan – *die* Dekan**e**, der Bus – *die* Bu**sse**, der Balkon – *die* Balkon**e**

die Pluralendung -**e** mit Umlaut bilden maskuline Verbalnomen aus Verbstämmen mit Verbzusätzen oder Präfixen (S. 144)
    der Anlaß – die Anl**ässe**, der Abstand – *die* Abst**ände**, der Vertrag – *die* Vertr**äge**, der Einwand – *die* Einw**ände**, der Ausdruck – *die* Ausdr**ücke** (ohne Umlaut; drucktechnisch *die* Ausdruck**e**)

die Pluralendung -**er** mit Umlaut haben Wortstämme mit Suffix -**tum**
    das Fürstentum – *die* Fürstent**ümer**, der Irrtum – *die* Irrt**ümer**

die Pluralendung -(**e**)**n** haben zweisilbige Nomen auf -**e**
    die Blume – *die* Blume**n**, die Schule – *die* Schule**n**

ebenso Wörter mit Suffixen -**ei**, -**heit**, -**in**, -**keit**, -**schaft**, -**ung** (der Konsonant -**n** beim Suffix -**in** wird verdoppelt) und Fremdwörter mit fremden Suffixen; z.B. -**age**, -**ion**, -**tät**, -**ur** usw.
    die Malerei – *die* Malerei**en**, die Krankheit – *die* Krankheit**en**, die Schülerin – *die* Schülerin**nen**, die Neuigkeit – *die* Neuigkeit**en**, die Botschaft – *die* Botschaft**en**, die Wohnung – *die* Wohnung**en**, die Etage – *die* Etage**n**, die Nation – *die* Nation**en**, die Kultur – *die* Kultur**en**

Nomen auf -**or** verlagern dabei den Wortton meist auf das Suffix.
    der Professor – *die* Professor**en**, der Motor – *die* Motor**en**

Fremdwörter auf -**us** stoßen im Plural die Endung -**us** ab.
    der Globus – *die* Glob**en**, der Rhythmus – *die* Rhythm**en**

die Pluralendung -**s** haben vor allem viele Fremdwörter, ebenso Abkürzungen, Abkürzungswörter sowie Familiennamen, wenn die Familie insgesamt gemeint ist
    das Hobby – *die* Hobby**s**, der Park – *die* Park**s**, der Pkw – *die* Pkw**s**, der Schupo – *die* Schupo**s**, (Familie) Müller – Müller**s**

Ü 296 Wie lauten die Singularformen folgender Nomen?

(1) die Wagen, die Schüler, die Zimmer (2) die Muskeln, die Äpfel, die Brüder (3) die Großmütter, die Mädchen, die Briefe (4) die Plätze, die Hefte, die Bänke (5) die Banken, die Früchte, die Städte (6) die Monate, die Wälder, die Eier (7) die Katzen, die Doktoren, die Parks (8) die Jungen, die Räder, die Kameras (9) die Völker, die Ämter, die Hospitäler (10) die Freundinnen, die Nationen, die Offiziere (11) die Waggons, die Babys, die Lkws (12) die Vorstände, die Hindernisse, die Brötchen

Ü 297 Bilden Sie die Pluralformen mit den angegebenen Pluralzeichen!

(1) das Kloster, [-"-]; der König, [-e]; der Löwe, [-n] (2) der Boden, [-"-]; das Jahr, [-e]; die Köchin, [-nen] (3) das Foto, [-s]; das Finanzamt, [-"-er]; der Stuhl, [-"-e] (4) die Katze, [-n]; die Maus, [-"-e]; das Bild, [-er] (5) die Frucht, [-"-e]; das Bett, [-en]; das Mädchen, [-] (6) der Liebling, [-e], der Omnibus, [-se], die Neuigkeit, [-en] (7) der Sozialist, [-en], der Doktor, [-en], der Organismus [-en]

Die Worttypen 7

Bei Zusammensetzungen mit „*-mann*" wird der Plural mit **„-leute"** gebildet, wenn damit eine Berufsgruppe oder eine soziale Gruppe bezeichnet wird.
    der Kauf*mann* – *die* Kauf**leute**; der Lands*mann* – *die* Lands**leute**
Die Mehrzahl von Einzelpersonen oder Nachbildungen von Einzelpersonen (Puppen und ähnlichem) lautet dagegen **„-männer"**.
    der Ehemann – *die* Ehe**männer**; der Schneemann – *die* Schnee**männer**

Nennen Sie die Mehrzahl der angegebenen Bezeichnungen!

Ü 298 Richtig:

(1) der Steuermann (auf einem Schiff) (2) der Fachmann (3) der Schutzmann (= Polizist) (4) der Strohmann (= Strohpuppe) (5) der Weihnachtsmann (6) der Feuerwehrmann (7) der Ersatzmann (z.B. beim Fußball) (8) der Seemann (9) der Staatsmann (10) der Landmann

Maskuline und neutrale Nomen, die *Maß-, Mengen- und Währungsbezeichnungen* ausdrücken, bilden als Attribute keinen Plural; ebenso auch die *Währungsbezeichnungen* „Mark" und „Pfennig", wenn der Geldwert gemeint ist.

    der Sack, -"e: **drei Sack** Kartoffeln
    das Glas, -"er: **drei Glas** Milch
    die Mark/der Pfennig: **zehn Mark** und **dreißig** (Pfennig)
Feminine Nomen dagegen haben als Attribute ihre Pluralformen.
    die Tasse, -n: **zwei Tassen** Kaffee
    die Kiste, -n: **zwei Kisten** Äpfel

Plural oder nicht? Setzen Sie die richtigen Formen ein!

Ü 299 Richtig:

(1) *die Flasche, -n*: zehn . . . Wein (2) *das Pfund, -e*: zwei . . . Tomaten (3) *die Tasse, -n*: drei . . . Tee (4) *die Karaffe, -n*: zwei . . . Wasser (5) *der Dollar, -s*: hundert . . . (6) *die Mark*: tausend . . . (7) *das Glas, -"er*: zwei . . . Bier (8) *der Pfennig, -e*: fünfzig . . . (9) *das Kilo, -s*: zwanzig . . . (10) *der Mann, -"er*: fünfzig . . . Besatzung (11) *das Grad, -e*: zehn . . . Kälte (12) *der Becher, -*: zwei . . . Milch

Kasuszeichen an Nomen

Deutsche Nomen haben nur wenige Kasusformen. Die Kennzeichnung der Funktionen erfolgt vor allem an den vorangestellten Attributen (S. 91).
Nomen erhalten folgende Kasuszeichen:
a. **-(e)s** bei maskulinen und neutralen Nomen im Singular Genitiv
    der Wunsch meines Mann**es**; die Entdeckung *des* Kontinent**s**
    der Vater *des* Kind**es**; die Mutter *des* Mädchen**s**
b. **-(e)n** an maskulinen Nomen, die den Plural mit **-en** bilden (S. 151), im Singular Akkusativ, Dativ und Genitiv („*n-Kasus*")
    Akkusativ: für den Junge**n**, für Herr**n** Breuer
    Dativ: mit dem Junge**n**, mit Herr**n** Breuer
    Genitiv: der Vater *des* Junge**n**, die Wohnung *des* Herr**n** Breuer
d. **-(e)n** im Dativ Plural bei allen Genusklassen; wenn der Plural im Nominativ auf -(e)n oder **-s** endet, entfällt das Kasuszeichen
    mit Kasuszeichen: mit ihren Kinder**n**, mit den Füße**n**
    ohne Kasuszeichen: mit ihren Jungen, in den Büros
e. **-e** haben maskuline und neutrale Nomen im Singular Dativ nur noch in festen Ausdrücken oder in dichterischer Ausdrucksweise
    zu Haus**e**, nach Haus**e**, auf dem Land**e**, im Fall**e** einer Ablehnung
    Ich ging im Wald**e** so für mich hin . . . (Goethe)

153

7 Die Worttypen

Übersicht

Singular	maskulin (I)	maskulin (II) („n-Kasus")	neutral	feminin
Nominativ	der Mann	der Junge	das Kind	die Mutter
Akkusativ	den Mann	den Jungen	das Kind	die Mutter
Dativ	dem Mann(e)	dem Jungen	dem Kind(e)	der Mutter
Genitiv	des Mannes	des Jungen	des Kindes	der Mutter
Plural				
Nominativ	die Männer	die Jungen	die Kinder	die Mütter
Akkusativ	die Männer	die Jungen	die Kinder	die Mütter
Dativ	den Männern	den Jungen	den Kindern	den Müttern
Genitiv	der Männer	der Jungen	der Kinder	der Mütter

Ü 300 Richtig:

Bilden Sie die Kasusformen der Nomen!

(1) *das Buch*: im . . . (2) *der Weg*: auf dem . . . der Besserung (3) *die Mädchen*: mit den . . . (4) *die Züge*: in den . . . nach Köln (5) *der Zug*: im . . . der Maßnahmen (6) *die Jahre*: in den letzten . . . (7) *die Autos*: mit zwei . . . (8) *der Diplomat*: mit einem . . . (9) *die Großstädte*: in den . . . (10) *das Wetter*: wegen des schlechten . . . (11) *der Mensch*: die Zukunft des . . . (12) *die Schlösser*: in den mittelalterlichen . . . (13) *das Mittelalter*: die Geschichte des . . . (14) *der Herr*: die Frau von . . . Bergmann (15) *der Tag*: bei Anbruch des . . . (16) *die Parks*: in den städtischen . . . (17) *die Nationen*: bei den Vereinten . . . (18) *die Umwelt*: zum Schutz der . . . (19) *das Essen*: während des . . . (20) *die Koffer*: in den . . . der Reisenden (21) *der Wagen*: das Vorderrad meines . . .

Unregelmäßige Kasusbildung beim Genitiv

Einige Nomen haben unregelmäßige Genitivbildungen, so die maskulinen Nomen mit der Pluralendung **-en**, die im Singular nicht der Regel II („n-Kasus") folgen.
Die wichtigsten davon sind

der Dorn, **-s**; die Dornen / der Fleck, **-s**; die Flecken / der Lorbeer, **-s**; die Lorbeeren / der Mast, **-es**; die Masten / der Muskel, **-s**; die Muskeln / der Nerv, **-s**; die Nerven / der Pantoffel, **-s**; die Pantoffeln / der Pfau, **-s**; die Pfauen / der Schmerz, **-es**; die Schmerzen / der Schreck, **-s**; die Schrecken / der See, **-s**; die Seen / der Staat, **-es**; die Staaten / der Stachel, **-s**; die Stacheln / der Typ, **-s**; die Typen / der Untertan, **-s**; die Untertanen / der Vetter, **-s**; die Vettern / der Zins, **-es**; die Zinsen

dazu gehören auch folgende Nomen mit unregelmäßiger Pluralbildung

der Bau, **-s**; die Bauten / der Sporn, **-s**; die Sporen

sowie alle Nomen mit der unbetonten Endung **-or**

der Doktor, **-s**; die Doktoren / der Motor, **-s**; die Motoren / der Autor, **-s**; die Autoren usw.

Folgende auf **-e** ausgehende maskuline Nomen, die der Regel II folgen, erhalten zusätzlich das Genitivzeichen **-s**

der Buchstabe, **-ns** / der Drache, **-ns** / der Friede, **-ns** / der Funke, **-ns** / der Gedanke, **-ns** / der Glaube, **-ns** / der Haufe, **-ns** / der Name, **-ns** / der Same, **-ns** / der Wille, **-ns**

so auch das neutrale Nomen „Herz"

Singular Nom.: das Herz – Akk.: das Herz – Dat.: dem Herzen – Gen.: des Herzens
Plural Nom./Akk.: die Herzen – Dat.: den Herzen – Gen.: der Herzen

Die Worttypen 7

Bilden Sie die Kasusformen der Nomen!

(1) *Dorn:* die Spitze des ... (2) *Typ:* die Fabrikation dieses Auto_ (3) *Untertan:* der Gehorsam des ... (4) *Mast:* auf der Spitze des ... (5) *Vetter:* die Frau meines ... (6) *der See:* in der Mitte des ... (7) *Staat:* das Oberhaupt eines ... (8) *Autor:* das neue Werk des ... (9) *Funke:* die Zündung eines ... (10) *Gedanke:* infolge eines guten ... (11) *Name:* ein Mann dieses ... (12) *Friede:* der Segen des ... (13) *Glauben:* wegen seines ... (14) *Wille:* die Macht des ...

Ü 301 Richtig:

Besonderheiten beim Gebrauch des Genitivzeichens

Das Genitivzeichen **-es** (statt: **-s**) nehmen maskuline und neutrale Nomen an, die auf **-s**, **-ß**, **-tsch**, **-x**, **-z** oder **-tz** enden (Ausnahmen: maskuline Nomen mit **-(e)n** als Pluralendung; vgl. S. 151).
    des Gras**es**, des Fuß**es**, des Putsch**es**, des Blitz**es**, des Reflex**es**, des Erz**es**, des Arzt**es**
Bei einsilbigen Nomen schwankt der Gebrauch;
    des Mann**es**; des Buch**es**, des Schmerz**es**
    des Bau**s**; des Film**s**; des Schirm**s**
Nomen auf **-nis** und **-us** verdoppeln den Endkonsonanten;
    des Ergebnis**ses**; des Bus**ses**
einige Fremdwörter auf **-os** und **-us** nehmen kein Genitivzeichen an.
    des Epos; des Rhythmus

Namen erhalten als Genitivzeichen die Endung **-s**, wenn sie als Attribut voranstehen;
    Martin**s** Vater; Hilde**s** Geburtstag; Breuer**s** Wohnung; Goethe**s** Werke
    Frankreich**s** Hauptstadt; Schweden**s** König; Europa**s** Einigung
ebenso die Anreden naher Verwandter innerhalb der eigenen Familie: Vater/Vati/Papa, Mutter/Mutti/Mama, Opa, Oma, Onkel, Tante usw.
    Vati**s** Arbeitszimmer – das Arbeitszimmer von Vati / Oma**s** Strickzeug – das Strickzeug von Oma / Onkel**s** Haus (aber: *Onkel* Paul**s** Haus)
Wenn für Personen mehrere Namen genannt werden, erhält nur der letzte das Genitivzeichen.
    Heinrich Böll**s** Romane; Johann Sebastian Bach**s** Kirchenmusik
Personennamen auf **-s**, **-ß**, **-tz**, **-x** und **-z** erhalten das erweiterte Genitivzeichen **-ens**, sofern nicht der präpositionale Ausdruck mit „von" bevorzugt wird.
    Heinz**ens** Vater – der Vater von Heinz; Fritz**ens** Onkel – der Onkel von Fritz; Max**ens** Freundin – die Freundin von Max
Die Appositionen „Frau", „Fräulein" und *Titel* erhalten vor Namen kein Genitivzeichen; „Herr" dagegen erhält immer sein Kasuszeichen (S. 153).
    Frau Hoffmann**s** Ehemann, Fräulein Meier**s** Liebhaber, Professor Krause**s** Vorlesungen, Herr**n** Neumeier**s** Wohnung
Ländernamen mit Artikel (*die* Schweiz, *die* Türkei, *die* Tschechoslowakei, *die* Mongolei usw.) werden wie gewöhnliche Genitivattribute gebraucht (S. 91).
    die Hauptstadt d**er** Schweiz, der Präsident d**er** Vereinigten Staaten

Ergänzen Sie die fehlenden Genitivzeichen!

Ü 302 Richtig:

(1) die Praxis des Arzt (2) der Beginn des Bau (3) der Regisseur des Film (4) der Fahrer des Autobus (5) der Verfasser des Buch (6) der Anführer des Putsch (7) die Überwindung des Hindernis (8) das Grün des Gras (9) die Verarbeitung des Erz (10) Richard Wagner Musikdramen (11) Fritz Eltern (12) Opa Krückstock (13) Berlin regierender Bürgermeister (14) Peter Arbeitszimmer (15) Norwegen Ministerpräsident (16) Direktor Breuer Auto (17) Herr Fröhlich Geschäft (18) Fräulein Meier Vater (19) Schiller Werke (20) Afrika Probleme (21) Deutschland Schicksal (22) Herr Doktor Schulz Gattin (23) Papa Mantel (24) König Georg Krönung

155

7 Die Worttypen

Der Gebrauch der Nomen im Satz

Nomen, genauer Nominalstämme, können im Satz in allen Satzfunktionsteilen (S. 63) auftreten. So vor allem im *Subjekt* und im *Objekt* (S. 66),

    Mein **Freund** hat seinem **Vater** die letzten **Urlaubsfotos** gezeigt.

in den *Angaben* (S.øø),

    Ich habe den ganzen **Tag** im **Garten** gearbeitet.

in *Prädikatsergänzungen* (S. 63),

    Erika ist vorhin zum **Frisör** gegangen.
    Auf meine Frage schüttelte der Junge den **Kopf**.

im *Prädikat* als zweiter Prädikatsteil („Verbzusatz"; S. 59),

    Ich fahre jeden Tag **Rad**.
    Im Winter laufen wir oft **Ski**.
    Nach dem Sieg unserer Mannschaft stand das ganze Stadion **kopf**.

als *Prädikat*:
der Nominalstamm wird dabei häufig durch bestimmte Silben der Prädikatsfunktion angepaßt, um Personalformen (S. 21) und Infinitformen (S. 197) bilden zu können. Solche Silben sind: **-el-**, **-er-**, **-ig-**, **-n-**; häufig wechselt der Stammvokal zum Umlaut. Bei Nomen auf **-e** entfällt dieser tonlose Endvokal.

Alle Nominalstämme bilden im Prädikat die „schwachen" Zeit- und Partizip II-Formen. Anders als Verbstämme, treten Nominalstämme im Prädikat nur in einer Satzstruktur auf und haben nur einen auf die Bedeutung des Wortstammes eingeschränkten Gebrauchswert; durch Nominalstämme werden die Ausdrucksmöglichkeiten im Prädikat fast unbeschränkt erweitert. (vgl. Verbalnomen, S. 144 und Adjektivstämme, S. 158)
Die Nominalstämme sind häufig von Prädikatsergänzungen *ins Prädikat hinübergewechselt*; sie nehmen auch Wortbildungssilben wie Präfixe und Suffixe an.

    das Blut – *blut*en: Die Wunde **blut**et / **blut**ete stark.
    das Wasser – *wasser*n: Das Seeflugzeug **wasser**te auf einem See.
    mit Umlaut
    das Wasser – *w*ä*ssern*:   Ich habe die Salzheringe lange ge**wässer**t.
    der Kopf – *köpf*en: Der Libero **köpf**te den Ball ins Tor.
    mit **-el**-
    das Rad – *rad*e*l*n: Wir **rad**e*l*ten nach Hause.
    der Spott – *spött*e*l*n: Warum **spött**e*l*st du über meine Worte?
    mit **-er**-
    der Rauch – *räuch*e*r*n: Der Schinken ist gut ge**räuch**ert.
    mit **-ig**-
    das Herz – be*herz*ig*en: Ich habe deinen Rat be**herz**igt.
    mit **-n**-
    die Waffe – be*waff*n*en: Die Aufständischen haben sich be**waff**net.

Auch Verbalnomen (S. 144) können wie Nominalstämme im Prädikat auftreten.

    die Sicht – *sicht*en: Der Rechtsanwalt **sicht**ete die Prozeßakten.
    be*sicht*igen: Wir haben auch den Kölner Dom be**sicht**igt.

Ü 303 Passen Sie die Nomen bzw. Verbalnomen der Prädikatsfunktion an und setzen Sie sie ein! Die Mittel zur Anpassung sind angegeben.

(1) *Jahr (Umlaut):* Neulich . . . sich unser Hochzeitstag zum zehnten Male. (2) *Schule:* Gestern haben wir unsere älteste Tochter einge_. (3) *Weide:* Die Kühe . . . den ganzen Sommer über auf den Almen. (4) *Wolke (Umlaut):* Der Himmel hat sich inzwischen be_. (5) *Wirt:* Unsere Gastgeber haben uns vorzüglich be_. (6) *Erde (-ig-):* Morgen wird unser Nachbar be_. (7) *Bremse:* Der Autofahrer hat scharf . . . (8) *Pfeffer:* Die Suppe ist zu sehr . . . (9) *Pflanze:*

Die Worttypen 7

Wie viele Rosen hast du hier ein_? (10) *Meister:* Wie hast du diese schwierige Arbeit . . .? (11) *Feuer:* Womit . . . ihr den Ofen? (12) *Kleid:* Der Hut . . . dich gut. (13) *Wurst (-el-):* Der alte Mann arbeitet nicht mehr viel. Er . . . nur noch in seinem Garten herum. (14) *Wunde:* Der Soldat ist im Kampf ver_ worden. (15) *Mund:* Wie . . . dir diese Speise? (16) *Vormund:* Frau Meier be_ ihren Mann ständig. (17) *Mutter:* Wir wurden von unseren Freunden rührend be_. (18) *Note:* Wie sind deine sportlichen Leistungen be_ worden? (19) *Neid:* Deine Freunde haben dich wegen deiner guten Noten in der Schule richtig be_. (20) *Ton:* Von wem ist dieses Gedicht ver_ worden? (21) *Ton:* Du hast das Wort nicht richtig be_. (22) *Ton (Umlaut):* Frau Wagner hat ihr Haar . . . (23) *Teil:* . . . den Kuchen unter den Kindern auf! (24) *Nachteil (-ig-):* Seid ihr von uns jemals be_ worden? (25) *Staub:* Auf den Feldwegen . . . es bei Trockenheit fürchterlich. (26) *Anspruch:* Wir haben einen Teil des Gewinns für uns be_. (27) *Ausgabe:* Der Leichtathlet hat sich beim Marathonlauf total ver_. (28) *Eindruck:* Die Zuschauer waren von seinen Leistungen stark be_. (29) *Aufsicht (-ig-):* Das Mädchen hat die Kinder den ganzen Abend be_. (30) *Auftrag:* Der Chef hat mich be_, die Verhandlungen zu führen. (31) *Einfluß:* Ich lasse mich von niemandem in meinen Entscheidungen be_. (32) *Absicht:* Was be_ Sie mit Ihrem Verhalten? (33) *Vorschuß:* Die Bank hat die Investitionskosten der Firma be_. (34) *Antrag:* Wir haben beim Finanzamt die Rückvergütung gezahlter Steuern be_. (35) *Handhabe:* Wissen Sie, wie dieses Gerät . . . wird?

Nomen als Attribut

Nomen stehen auch häufig als nachgestellte Attribute; sie werden mit dem Genitiv als *Genitivattribut* oder mit einer Präposition als *Präpositionalattribut* angeschlossen (S. 91).

das Haus mein**es Onkels**; die Hütte *auf dem* **Berg**; die Angst *vor einem* **Krieg**

Als vorangestellte Attribute (S. 91) können Nominalstämme nur eingeschränkt verwendet werden. In diesem Falle werden sie durch die *Suffixe* (S. 209) **-isch**, **-lich** oder die *Endungen* **-(e)n**, **-ern** der Attributfunktion angepaßt. Sie werden meist statt als vorangestellte Attribute als „agglutinierte" Attribute (S. 18) gebraucht.

	vorangestelltes Attribut	„agglutiniertes" Attribut
Tier:	ein **tier**/sches Produkt	ein **Tier**produkt
Arzt:	eine **ärzt**/iche Praxis	eine **Arzt**praxis
Silber:	ein **silber**ner Löffel	ein **Silber**löffel
Holz:	ein **hölz**ernes Pferd	ein **Holz**pferd

Ändern Sie die „agglutinierten" Attribute in lose vorangestellte Attribute um!

Ü 304

(1) *Umlaut + -isch:* die Stadtverwaltung (2) *-lich:* eine Polizeimaßnahme (3) *-n:* ein Goldring (4) *-lich:* die Ehegemeinschaft (5) *-isch:* ein Schulproblem (6) *-ig:* der Sandboden (7) *-isch:* ein Symbolzeichen (8) *-n:* ein Seidenschal (9) *Umlaut + -ern:* eine Holzfigur (10) *-lich:* ein Sportereignis (11) *-lich:* das Herbstwetter (12) *-n:* eine Wollsocke (13) *-ern:* die Lederjacke (14) *Umlaut + -lich:* der Sonntagsspaziergang (15) *-lich:* die Monatsmiete

7 Die Worttypen

D Die Adjektive

Man unterscheidet Modaladjektive und Zahladjektive.
Modaladjektive: sie bezeichnen je nach ihrer Funktion im Satz Eigenschaften und/oder Merkmale von Personen/Sachen oder drücken aus, wie ein Geschehen/Sein abläuft
      ein **hübsch**es Mädchen – Das Mädchen ist **hübsch**.
      ein **fleißig**er Schüler – Der Schüler arbeitet **fleißig**.
Zahladjektive: sie bezeichnen Anzahl, Mengen, Reihenfolge usw.
      Wir **zwei** wohnen in einem Zimmer. – Wir wohnen zu **zweit** in einem Zimmer.
      Heute ist der **23.** Oktober. – Heute ist unser **erster** Ferientag.
      Hans ist als **erster** durchs Ziel gekommen.
Das Zahladjektiv **ein** hat, wenn es *unbetont* ist, außerdem noch die Funktion eines unbestimmten Artikels. (S. 193)
      Hier wird **ein** neues Hotel gebaut.
      Wir wohnen in **ein**em schönen Haus.

Der Gebrauch der Adjektive im Satz

Adjektive können im Satz in allen Satzfunktionsteilen (S. 63) auftreten:

vorangestellt: als Attribute (S. 192) vor Nomen; in dieser Funktion und Stellung nehmen sie die *Attributzeichen* -e oder -en an (S. 106), oder sie übernehmen die *Kasuskennzeichnung*, wenn sonst im Satzglied kein Kasuszeichen erkennbar ist (S. 104);
      d**er** freundliche Gruß – mit ein**em** freundlich**en** Gruß – mit freundlich**em** Gruß
als Attribute vor Adjektiven, Adverbien und Partizipien (S. 201 ff.).
      empfindlich kalt – *hoch* oben – *leicht* verletzt
Wenn das Attribut inhaltlich eng dazugehört, wird es im schriftlichen Ausdruck graphisch verbunden.
      *naß*kalt – *schwer*verletzt – *gut*gehend

Adjektive auf **-el, -er, -en** werfen vor vokalisch anlautenden Endungen meist das -e- der Stammsilbe ab;
      dunk**e**l: ein dunk**l**es Zimmer
      bitt**e**r: bitter**e** Medizin / bittr**e** Medizin
      teu**e**r: ein teu**r**er Wagen
      off**e**n: durch eine offen**e** Tür / durch eine offn**e** Tür
manchmal kann auch das -e- der Endung entfallen.
      im dunk**e**ln / dunkl**en** Wald

Das Adjektiv **hoch** ändert vor vokalisch anlautenden Endungen den Auslaut -**ch** in -**h**.
      der Berg ist **hoch**: ein **hoh**er Berg
Fremde Adjektive auf -**a** (lil**a**, ros**a**, prim**a**) bleiben als Attribute endungslos.
      mit einer *lila* Bluse, in einem *prima* Hotel

nachgestellt: als Attribut hinter den unbestimmten Pronomen „**etwas, nichts, alles, viel, wenig, mehr**"; das nachgestellte Attribut nimmt dabei die Kasuszeichen der *neutralen* Genusklasse an (S. 104), wenn im Satzglied kein Kasuszeichen erkennbar ist; im übrigen werden die Attributzeichen angehängt. Im schriftlichen Ausdruck werden diese Attribute mit großem Anfangsbuchstaben geschrieben (Ausnahme: ander-);
      etwas *Neu*es – mit etwas *Neu*em; nichts *Besonder*es – mit nichts *Besonder*em
      alles *Gut*e – viel *Gut*es – etwas *ander*es – mit etwas *ander*em
als Attribut hinter den unbestimmten Pronomen **jemand, niemand** nimmt das Attribut die Kasuszeichen der maskulinen oder auch der neutralen Genusklasse an (S. 104), wenn im Satzglied kein Kasuszeichen erkennbar ist; im übrigen werden die Attributzeichen angehängt.
      jemand *Bekannt*er / jemand *Bekannt*es; mit jemand *Bekannt*em / mit jemand**em** *Bekannt*en

Die Worttypen 7

Setzen Sie die Adjektive als Attribute ein! Achten Sie auf die Attribut- und auf die Kasuszeichen!

Ü 305 Richtig:

(1) *jung:* ein Mann / *groß:* mit Geschwindigkeit / *weit:* in Abstand (2) *schwierig:* ein Entschluß / *neu:* unser Wagen / *modern:* die Technik (3) *groß:* ohne Interesse / *nächst:* zum Hotel / *gut:* mit einer Nachricht (4) *frisch:* mit Milch / *schlecht:* bei diesem Wetter / *alt:* in einer Stadt (5) *bekannt:* mit jemandem / *schnell:* auf einem Motorrad / *interessant:* ein Film (6) *ander-:* für etwas / *besser:* mit etwas / *ältest-:* mit meinem Sohn (7) *letzt-:* am Sonntag / *gut:* alles / *best-:* mit Grüßen (8) *klein:* in einem Land / *interessant:* mit Neuigkeiten / *hoch:* ein Beamter (9) *arm:* bei Leuten / *kurz:* während der Pause / *blau:* mein Schal (10) *prima:* ein Ergebnis / *teuer:* ein Hotel / *dunkel:* im Zimmer

als Modalergänzung (Em)

auf das Subjekt bezogen: Das **Haus** ist **groß**. (das große Haus)
auf das Objekt bezogen: Ich finde den **Anzug teuer**. (der teure Anzug)
auf das Prädikat bezogen: Die Kinder **schlafen tief**. (der tiefe Schlaf)
                                 Fritz **benimmt** sich **schlecht**. (das schlechte Benehmen)

In bestimmten Satzstrukturen (P+Em+E+S; S. 77) fordern Adjektive als Modalergänzungen eine zweite Prädikatsergänzung (S. 63); das Funktionskennzeichen der Prädikatsergänzung hängt von der Rektion des Adjektivs ab.

      Akkusativ: Die Ware ist *das Geld* nicht **wert**.
      Dativ: Du siehst *deinem Großvater* **ähnlich**.
      Genitiv: Kann ich *deiner* **sicher** sein?
      Präposition: Ich bin *auf meine Eltern* **angewiesen**.

Wenn Adjektive als Modalergänzung (**E**m) ein Präpositionalobjekt (Op) fordern, steht das Objekt häufig auf Platz Ⓩ im Nachfeld (Beispiel 1); das Objekt kann aber auch in die Attributfunktion hinüberwechseln und als Präpositionalattribut dem Adjektiv nachgestellt werden (Beispiel 2).

      Die Eltern sind *über den Erfolg ihres Sohnes* sehr **glücklich gewesen**.
      (1) Die Eltern sind sehr **glücklich gewesen** *über den Erfolg ihres Sohnes*.
      (2) Die Eltern sind sehr **glücklich** *über den Erfolg ihres Sohnes* **gewesen.**

Setzen Sie ein!

Ü 306 Richtig:

(1) *sein Herr (Dat.):* Der Hund ist treu. (2) *ein Kilometer (Akk.):* Die Straße ist lang. (3) *keine Schuld (Gen.):* Ich bin mir bewußt. (4) *Rohstoffe (an):* Unser Land ist arm. (5) *die Arbeiten der Schüler (mit):* Der Lehrer ist zufrieden. (6) *der Betrug (Gen.):* Der Angestellte ist verdächtig. (7) *dein Rat (für):* Ich bin dir dankbar. (8) *meine Fehler (Gen.):* Ich bin mir durchaus bewußt. (9) *nur ein Kilo (Akk.):* Das Päckchen war schwer. (10) *Verlegenheit (vor):* Du bist ganz rot geworden.

Als *Prädikatsnominativ* (**E**n; S. 64) nimmt das Adjektiv die Kasuszeichen oder die Attributzeichen an (S. 104, 106).

      Dieser Anzug ist mein *best***er**. (Das ist mein bester Anzug.)
      Hilde ist **die** *Jüng*ste in der Klasse. (Hilde ist die jüngste Schülerin in der Klasse.)

Setzen Sie die Adjektive als Prädikatsnominative ein!

Ü 307 Richtig:

(1) *best-:* Dieses Auto ist das . . ., was ich Ihnen anbieten kann. (2) *fleißigst-:* Martin ist der . . . in unserer Klasse. (3) *jüngst-:* Tobias ist unser . . . (4) *ganz ander-:* Seit du wieder hier bist, bist du ein . . . . . geworden. (5) *erst-:* Bist du der . . .? (6) *letzt-:* Nein, ich bin der . . .

7 Die Worttypen

Als *Modalangabe* (Am; S. 70) bleibt das Adjektiv ohne Endung.
Vater ist **eilig** ins Büro gegangen.

Ü 308 Richtig:

Setzen Sie die Adjektive als Modalangaben ein!

(1) *pünktlich:* Der Bus ist hier angekommen. (2) *laut:* Die Frau schrie um Hilfe. (3) *geduldig:* Der Junge wartet auf seinen Vater. (4) *schnell:* Ich muß noch einmal ins Büro. (5) *kühn:* Der Junge hat sich auf das Pferd geschwungen. (6) *fleißig:* Der Student sitzt über seiner Seminararbeit.

Als *Subjekt/Objekt* bezeichnen Adjektive – und auch Partizipien (S. 203) – Personen/Sachen/Begriffe. Wenn sie männliche Personen bezeichnen, nehmen sie maskuline Kasuszeichen an; bezeichnen sie weibliche Personen, nehmen sie die femininen Kasuszeichen an. Bezeichnen sie Sachen/Begriffe, erhalten sie die neutralen Kasuszeichen. (S. 104)
Im Satz erhalten sie wie Attribute die gültigen Kasus- oder Attributzeichen. Im schriftlichen Ausdruck werden sie mit großem Anfangsbuchstaben geschrieben.
männliche Person: d**er** *Fremde* / ein *Fremd**er*** – Kennst du d**en** *Fremden*?
weibliche Person: d**ie** *Fremde* / ein**e** *Fremde* – Kennst du d**ie** *Fremde*?
Sachen/Begriffe: d**as** *Gute* / ein *Gut**es*** – Liebst du d**as** *Gute*?
Alles hat sein *Gut**es***.

Ü 309 Richtig:

Setzen Sie die Adjektive als Personen- oder als Sach-/Begriffsbezeichnungen ein!

(1) *deutsch (Mann):* Sind Sie . . . ? (2) *deutsch (Leute):* Ich kenne hier einige . . . (3) *fremd (Leute):* In unsere Gegend kommen kaum . . . (4) *blond (Mann):* Kennst du den . . . dort an der Theke? (5) *schlimm (Erlebnis):* Gestern habe ich . . . erlebt. (6) *süß (Sache):* Magst du . . . ? (7) *blind (Mann):* Der Hund hat den . . . sicher über die belebte Straße geführt. (8) *krank (Frau):* Wer ist die . . . ? (9) *krank (Frau):* Der Zustand der . . . hat sich verschlechtert. (10) *tot (Mann), gut (Eigenschaften):* Über den . . . wurde bei der Beerdigung nur . . . gesagt. (11) *tot (Mann):* Sind Sie mit dem . . . verwandt? (12) *dick (Leute):* Man sagt, . . . seien gutmütig.

Adjektive zur *inhaltlichen Ergänzung des Prädikats* als zweiter Prädikatsteil („Verbzusatz"; S. 59)
klein: Glaube nicht, daß du mich **klein**kriegen kannst.

Ü 310 Richtig:

Setzen Sie die Adjektive als „Verbzusätze" ein!

(1) *schwarz:* Du darfst nicht immer so sehen. (2) *bloß:* Warum stellst du deinen Freund vor allen Leuten? (3) *breit:* Unter den Leuten hat sich Angst gemacht. (4) *dicht:* Gott sei Dank hat der geflickte Reifen gehalten. (5) *fern:* Mir liegt es völlig, deine Leistungen abzuwerten. (6) *fertig:* Wann ist die neue Brücke gestellt? (7) *flach:* Letzte Woche habe ich mit einer starken Erkältung gelegen. (8) *frei:* Haben Sie die Briefe richtig gemacht? (9) *fremd:* Lucy muß aufpassen, daß ihr Mann nicht mit einer anderen Frau geht. (10) *geheim:* Das Ergebnis der Verhandlungen wird streng gehalten.

Viele Adjektive können nach formaler Anpassung an die Prädikatsfunktion ins Prädikat treten (vgl. Nomen, S. 150); die Anpassung erfolgt gegebenenfalls durch Umlaut des Wortstammes und/oder durch Erweiterungen, wie **-er-**, **-ig-**; wenn das Adjektiv mit einem tonlosen **-e-** endet, wird dieses abgeworfen. Adjektive können im Prädikat oft auch durch Präfixe und „Verbzusätze" erweitert werden.
Solche häufig von Prädikatsergänzungen ins Prädikat hinübergewechselten Adjektive werden mit „schwachen" Personal- und Zeitformen gebraucht. (S.øø)
lahm – *lahmen:* Das Pferd **lahm**t am rechten vorderen Huf.

Die Worttypen 7

mit Umlaut
warm – *wär*men: Er **wärm**t sich am Ofen.
mit **-er-**
weit – er*weiter*n: Das Programm wird durch einen Vortrag er**weit**ert.
mit **-ig-**
gerade – be*gradig*en: Hier soll die Straße be**grad**igt werden.

Setzen Sie die Adjektive ins Prädikat und passen Sie sie der Prädikatsfunktion an! Die Mittel zur Anpassung sind jeweils angegeben.

(1) *scharf (Umlaut)*: Hast du das Messer . . .? (2) *trocken*: In der Sonne . . . die Wäsche schnell. (3) *welk*: Ohne Wasser ver_ die Blumen in der Vase. (4) *blaß*: Die Farben der Vorhänge sind im Laufe der Zeit ver_. (5) *blind*: Der Mann ist durch einen Unfall im letzten Jahr er_. (6) *breit (-er-)*: Im letzten Jahr ist die Autobahn an dieser Stelle auf drei Fahrspuren ver_ worden. (7) *tot (Umlaut)*: Wer hat das arme Tier . . .? (8) *locker*: Der Boden wird mit einer Hacke aufge_. (9) *schön*: Mit Musik kann man sich das Leben ver_. (10) *schön (-er-)*: Die Parkanlagen werden mit Blumenbeeten ver_.

Ü311
Richtig:

Die Komparationsformen (Vergleichsformen) beim Adjektiv

Die Komparationsformen ermöglichen es, Vergleiche auszudrücken. Man unterscheidet dabei zwei Vergleichsstufen: den Komparativ und den Superlativ.

Der *Komparativ* wird gebraucht, wenn man etwas mit Gleichartigem vergleicht. Der Vergleich wird mit „als" gekennzeichnet.
  Max ist ein **fleißiger**er Schüler **als** Kurt.
  Der Bahnhof ist **größer als** das Haus daneben / **als** alle Häuser in der Straße.

Der *Superlativ* wird gebraucht, wenn man bei etwas im Vergleich zu allem anderen das höchste Maß feststellt. Der Superlativ wird als Satzglied mit „am", als Attribut mit dem bestimmten Artikel gekennzeichnet.
  Max arbeitet in der Schule **am fleißigsten**.
  Die Post ist **das größt**e Gebäude in der Straße.

Adjektive mit diesen Formen können als Satzglieder und als vorangestellte Attribute verwendet werden. Als Attribute erhalten sie die Kasus- oder die Attributzeichen (S. 104, 106).
Attribut: das **größer**e Haus – mit dem **schneller**en Wagen – auf dem **höchst**en Berg in dieser Gegend – mit **best**em Erfolg
Satzglied: Ihr Haus ist **größer als** unseres. – Wir waren **am schnellsten** am Ziel. – Mit meinem Wagen fahre ich **am sichersten**.

Die Bildung der Komparationsformen beim Adjektiv

Die Komparationsformen werden mit den Endungen **-er** (Komparativ) und **-st** (Superlativ) gebildet.

	Attribut	Satzglied
Grundform:	klein-	klein
Komparativ:	klein**er**-	klein**er** als
Superlativ:	der/das/die klein**st**-	**am** klein**sten**

Einige Adjektive verändern ihren Stammvokal zum Umlaut; so z. B. alt – **ä**lter – (am) **ä**ltest(en); arm – **ä**rmer – (am) **ä**rmst(en); kalt – **ä**lter – (am) **ä**ltest(en) usw.
manchmal schwankt der Gebrauch; so z. B. bei schmal – schmaler / schm**ä**ler – (am) schmalst(en) / (am) schm**ä**lst(en).

7 Die Worttypen

Die Adjektive „**hoch**" und „**nah(e)**" ändern zudem noch ihren Stammkonsonanten: ho**ch** – hö**h**er – (am) hö**ch**st(en); na**h**(e) – nä**h**er – (am) nä**ch**st(en)
Adjektive auf -**el**, oft auch Adjektive auf -**en** und -**er** werfen vor vokalisch anlautenden Endungen das -**e**- des Wortstammes ab; z.B. dunk**el** – dunkler; trock**en** – trockner; teu**er** – teurer
Adjektive auf -**d**, -**t**, -**tz**, -**s**, -**ß**, -**st**, -**x**, -**z** bilden den Superlativ mit -**est**-, ebenso auch die meisten Adjektive auf -**sch**; so z. B. weit – (am) weit**est**(en); frisch – (am) frisch**(e)st**(en)
Ausnahmen: Adjektive auf -**isch**; z. B. malerisch – (am) malerisch**st**(en)

Unregelmäßige Komparationsformen bilden folgende Adjektive: **gut – besser** – (am) **best**(en); **viel/viele – mehr** (immer ohne Endung) – (am) **meist**(en)
Das Adjektiv „wenig" hat je nach Bedeutung zwei verschiedene Komparationsbildungen: wenig – **weniger** (ohne Endung) – (am) **wenigsten** / wenig – **minder** – (im) **mindest**(en)

Ü 312 Bilden Sie die Komparationsformen!
Beispiel: schnell – schneller – am schnellsten

(1) billig; teuer; preiswert (2) schön; häßlich; angenehm (3) kalt; warm; lau (4) hübsch; attraktiv; dumm (5) intelligent; klug; weise (6) jung; alt; modern (7) kurz; lang; hoch (8) stark; schwach; dünn (9) dick; schmal; gesund (10) scharf; stumpf; süß (11) gut; schlecht; faul (12) fix; fromm; viel

Ü 313 Drücken Sie Vergleiche aus!

(1) Die Donau ist lang, aber der Nil ist . . . (2) Der Büffel ist ein schönes Tier, aber ich finde ein Pferd . . . (3) Afrika ist groß, aber Asien ist . . . (4) Die Zugspitze ist hoch, aber der Montblanc ist . . . (5) Im Zug reist man bequem, aber im Auto reist man . . . (6) Das Auto ist schnell, aber das Flugzeug ist . . . (7) Silber ist wertvoll, aber Gold ist . . . (8) Nelken sind schön, aber Rosen sind . . . (9) Dein Bruder ist nett, aber deine Schwester ist . . . (10) Der Roman ist gut, aber die Gedichte sind . . .

Ü 314 Vergleichen Sie!
Beispiel: London: Berlin ist eine große Stadt.
  a. Aber London ist größer als Berlin.
  b. Berlin ist eine große Stadt, aber London ist eine (noch) größere Stadt.

(1) *der Nil:* Die Donau ist ein langer Fluß. (2) *Asien:* Afrika ist ein großer Kontinent. (3) *das Pferd:* Der Büffel ist ein schönes Tier. (4) *der Montblanc:* Die Zugspitze ist ein hoher Berg. (5) *das Auto:* Die Bahn ist ein bequemes Verkehrsmittel.

Ü 315 Beispiel: Die Schuhe sind bequem.
  Die Schuhe sind bequem, doch könnten sie ruhig noch etwas bequemer sein.

(1) Die Fenster sind groß. (2) Das Zimmer ist billig. (3) Der Wintermantel ist warm. (4) Der Bus fährt schnell. (5) Du bist zu den Leuten freundlich.

Ü 316 Setzen Sie die Adjektive in der Komparativform ein!
  billig, gut, kurz, leicht, nah, schön

(1) Ihr habt eine . . . Wohnung als wir. (2) Mein Bruder war immer ein . . . Schüler als ich. (3) Gibt es einen . . . Weg zum Bahnhof als diesen hier? (4) Ich weiß einen . . . Weg dorthin. (5) Es gibt . . . Übungen als diese. (6) Haben Sie keine . . . Bilder als die, die Sie mir gezeigt haben?

Die Worttypen 7

viel/viele, wenig/wenige

(7) In der jetzigen Firma bekomme ich . . . Geld als in meiner alten. (8) Im letzten Jahr sind . . . Unfälle passiert als in diesem. (9) Ich mußte . . . Unterrichtsstunden nehmen, als ich gedacht hatte. (10) Früher lebten . . . Menschen auf der Welt als heute. (11) Die Deutschen trinken . . . Kaffee als die Engländer.

wie Übung 316

(1) Das Zimmer ist klein, aber das andere ist noch . . . (2) Der Roman ist interessant, aber der Krimi ist noch . . . (3) Der Koffer ist schwer, aber der andere ist noch . . . (4) Gestern war es schon kalt, aber heute ist es noch . . . (5) Deine Kinder sind sehr lebhaft, aber meine sind noch . . .

Ü317

Setzen Sie die Superlativformen ein!
hoch, gut, groß, nah, nett, schnell, sicher, viel

(1) Das Flugzeug ist das . . . Verkehrsmittel. (2) Mit der Bahn fährt man am . . . (3) Du bist der . . . Freund, den ich habe. (4) Wie heißt die . . . deutsche Zeitung? (5) Müllers sind unsere . . . Bekannten. (6) Im Sommer haben wir die . . . Zeit in der Sonne gelegen. (7) Wir zahlen die . . . Miete im Haus. (8) Wo ist das . . . Hotel? (9) Wer von Ihnen verdient das . . . Geld? (10) Wie heißt der . . . Berg der Welt?

Ü318

wie Übung 318
geschickt, hoch, interessant, oft, scharf, schnell, schön, viel, wenig

(1) Hier bleiben wir. Hier ist es . . . (2) Das Buch nehme ich. Das scheint mir . . . zu sein. (3) Wer von uns arbeitet . . . ? (4) Wie lernt man eine Sprache . . . ? (5) Nach Frankreich fahren wir . . . (6) Egon hat keinen Sinn für unsere Probleme. Er versteht sie nicht . . . (7) Ich habe heute keine Lust zu arbeiten, . . . für die Schule. (8) Bei den schwierigen Turnübungen hast du dich . . . angestellt. (9) Nach der Flucht zweier Gefangener wird das Gefängnis jetzt auf das . . . bewacht. (10) Die Presse lobte die Leistungen der Schauspieler in den . . . Tönen.

Ü319

Der *absolut höchste Steigerungsgrad* läßt sich durch Zusammensetzung von Adjektiven mit anderen Wörtern ausdrücken, die einen bildhaften Vergleich zum Ausdruck bringen.

Tod + *müde*: Nach dem Ausflug sind wir **tod**müde nach Hause gekommen.
toll + *kühn*: Der Mann sprang **toll**kühn auf das galoppierende Pferd.

Finden Sie die geeigneten Vergleiche für die Adjektive zum Ausdruck der höchsten Steigerungsstufe und bilden Sie entsprechende Wortzusammensetzungen! Besondere Formen der Zusammensetzung sind jeweils angegeben.

der Bär, der Blitz, das Blut, die Blüte, die Galle, die Glut, der Kern, die Kohle, der Riese, die Seide, die Spindel, der Tod, der Tote

Ü320

(1) Der alte Mann liegt krank im Bett. (2) Der Stoff hat eine rote Farbe. (3) Mein Bruder fühlt sich gesund, obwohl er dürr ist. (4) Die Arznei schmeckt ja bitter. (5) *ohne -e-:* Die Kinder haben nach dem Spielen immer schwarze Hände. (6) *+ -n-:* Die Frau wurde vor Schreck bleich. (7) Das Rennboot fuhr schnell an uns vorüber. (8) Die Sonne verschwand rot am Horizont. (9) *+ -en-:* Der Mann ist stark. (10) *+ -n-:* Das Hemd ist beim Waschen wieder weiß geworden. (11) *+ -n-:* Die Bäume sind groß. (12) *+ -n-:* Das Fell eurer Katze fühlt sich weich an.

163

7 Die Worttypen

Die Zahladjektive

Nach ihrer Form und ihrem Gebrauch unterscheidet man folgende Zahladjektive:
die *Grundzahlen* (Kardinalzahlen): **eins** (1), **zwei** (2), **drei** (3), **vier** (4), **fünf** (5) usw.
die *Ordnungszahlen* (Ordinalzahlen): der/das/die **erst**e (1.), der/das/die **zweit**e (2.), der/das/die **dritt**e (3.), der/das/die **viert**e (4.), der/das/die **fünft**e (5.) usw.
die *Einteilungszahlen*: erst**ens** (1.), zweit**ens** (2.), dritt**ens** (3.), viert**ens** (4.), fünft**ens** (5.) usw.
die *Bruchzahlen*: ein **halb** (½), ein Dritt**el** (⅓), ein Viert**el** (¼), ein Fünft**el** (⅕) usw.
die *Vervielfältigungs- und Wiederholungszahlen*: zwei**fach (doppelt)**, drei**fach**, zehn**fach** usw. / zwei**mal**, drei**mal**, vier**mal**, fünf**mal** usw.
die *Gattungszahlen*: zwei**erlei**, drei**erlei**, vier**erlei**, fünf**erlei** usw.
die *unbestimmten Zahladjektive*: **viel/viele, wenig/wenige, etwas, (ein) bißchen, ein paar, sämtlich-, manch-** (S. 189 ff.)

Grundzahlen

Reine Grundzahlen sind die Zahlen von 1–12, alle übrigen Zahlen werden durch Zusammenrücken (drei**zehn** – neun**zehn**) oder mit Suffixen (die Zehnerreihe: zwan**zig**, drei**ßig**, vier**zig**, fünf**zig** usw.) oder im Additionsverfahren (ein**und**zwanzig, zwei**und**zwanzig, drei**und**zwanzig usw.) gebildet.

Besonderheiten
sechs (6) – **sech**zehn (16); sieben (7) – **sieb**zehn (17)
ein**s** (1) – **ein**undzwanzig (21); dreißig (30) – **ein**unddreißig (31) usw.
zwei (2) – **zwan**zig (20); drei (3) – drei**ßig** (30); sechs (6) – **sech**zig (60); sieben (7) – **sieb**zig (70)

Alle Zahlen – mit Ausnahme von „eins", das ein reines Zählwort ist – können als *Attribute* gebraucht werden. Sie erhalten mit Ausnahme von **„ein-"** im allgemeinen keine Kasus- oder Attributzeichen (vgl. S. 104, 106); lediglich **„zwei"** und **„drei"** können das Genitivzeichen (Plural) erhalten.

Als Attribut wird die Zahl „eins" zu „**ein-**" und ist formal und im Gebrauch mit dem unbestimmten Artikel „ein" (S. 193) identisch. Als Zahlattribut wird sie lediglich durch den Sprechton hervorgehoben.
  Nächste Woche habe ich einen Tag Urlaub. / Ich habe leider nur **ein**en Tag Urlaub bekommen.
(ein)**hundert** (100) und (ein)**tausend** (1000) werden durch Zusammenrücken mit anderen Zahlen fortgesetzt.
  (ein)hundert**eins** (101), (ein)hundert**zwei** (102), (ein)hundert**dreiundzwanzig** (123), **zwei**hundertvierunddreißig (234) usw.
  (ein)tausend**eins** (1001), **drei**tausendvierhundertfünfundsechzig (3465) usw.

Die Zahlenbezeichnungen **Million** (1 000 000), **Milliarde** (1 000 000 000 = tausend Millionen), **Billion** (1 000 000 000 000 = tausend Milliarden) sind *feminine Nomen*:
  eine Million fünfhundertdreitausendvierhundertfünfundzwanzig (1 503 425), **zwei** Millio**nen** dreihunderttausend (2 300 000)
ebenso, wenn Zahlenzeichen (Ziffern) oder Nummern als Nomen gebraucht werden, z. B. zur Bezeichnung eines bestimmten Verkehrsmittels (Straßenbahn, Bus).
  die/eine Null (Plur. **die** Null**en**), **die/eine** Eins (Plur.: **die** Eins**er**),
  die/eine Zwölf (Plur. die Zwölf**er**) usw.
  In Latein habe ich leider eine **Vier** bekommen. (= die Note 4)
  Zum Hauptbahnhof müssen sie die **Zehn** nehmen.

Zahlen mit der Endung **-er** können Geldscheine und Geldstücke bezeichnen.
  Kannst du mir den **Hunderter** (= Hundert-Mark-Schein) in fünf **Zwanziger** (= Zwanzig-Mark-Scheine) wechseln?

Die Worttypen 7

Jahreszahlen liest man nach Jahrhunderten; die Jahreszahlen zwischen 1000 und 1099 liest man wie gewöhnliche Zahlen.

    1986: **neunzehnhundert**sechsundachtzig
    1075: **tausend**fünfundsiebzig

Zur Angabe des Jahres gebraucht man entweder die Jahreszahl allein oder mit dem Zusatz „im Jahr(e)".

    Ich bin **1965** (neunzehnhundertfünfundsechzig) geboren.
    Meine Eltern haben **im Jahr(e) 1950** (neunzehnhundertfünfzig) geheiratet.

Bei Durchsagen von Zahlen (am Telefon, im Radio usw.) werden die Zahlen häufig einzeln genannt, dabei wird die Zahl 2 (zwei) zur akustischen Unterscheidung von der Zahl 3 (drei) **„zwo"** ausgesprochen.

    Meine Telefonnummer ist 52 43 (**fünf zwo vier drei**), Vorwahl für München 0 89 (**null acht neun**).

Lesen Sie die Zahlen!

(1) 872, 167, 655 (2) 1 396, 10 583, 12 933 (3) 203 656, 825 777; 165 411 (4) 1 583 821, 4 832 194, 3 618 743 593 (5) Telefonnummern: 6 36 82, 94 32, 78 25 98

Ü 321 Richtig:

Bei *Uhrzeitangaben* gibt es zwei verschiedene Ausdrucksweisen:

die offizielle	und	die umgangssprachliche Ausdrucksweise:
9.00 h	neun Uhr	neun Uhr (vormittags)
9.05 h	neun Uhr fünf	fünf **nach** neun
9.10 h	neun Uhr zehn	zehn **nach** neun
9.15 h	neun Uhr fünfzehn	(ein) **Viertel** zehn / Viertel **nach** neun
9.20 h	neun Uhr zwanzig	zwanzig **nach** neun / zehn **vor halb** zehn
9.25 h	neun Uhr fünfundzwanzig	fünf **vor halb** zehn
9.30 h	neun Uhr dreißig	**halb** zehn
9.35 h	neun Uhr fünfunddreißig	fünf **nach** halb zehn
9.40 h	neun Uhr vierzig	zehn **nach** halb zehn / zwanzig **vor** zehn
9.45 h	neun Uhr fünfundvierzig	drei **Viertel** zehn / **Viertel vor** zehn
9.50 h	neun Uhr fünfzig	zehn **vor** zehn
9.55 h	neun Uhr fünfundfünfzig	fünf **vor** zehn
10.00 h	zehn Uhr	zehn Uhr (vormittags)
21.00 h	einundzwanzig Uhr	neun Uhr (abends)
21.05 h	einundzwanzig Uhr fünf	fünf **nach** neun

Um Mißverständnisse zu vermeiden, werden bei den umgangssprachlichen Ausdrücken oft die Adverbien „früh, morgens, vormittags, mittags, nachmittags, abends, nachts" hinzugefügt.
Die Frage nach der Uhrzeit lautet: *Wie spät ist es? / Wieviel Uhr ist es?* und die Antwort darauf lautet z. B.: *Es ist ein Uhr / eins.*

Geben Sie die Uhrzeiten an! (a. offiziell, b. umgangssprachlich) „Es ist . . ."

(1) 18.10 h; 5.55 h; 16.30 h (2) 17.15 h; 23.45 h; 12.00 h (3) 24.00 h; 6.46 h; 13.40 h (4) 8.25 h; 13.05 h; 11.02 h

Ü 322 Richtig:

Dezimalzahlen werden wie folgt gesprochen:

    3,5 (drei Komma fünf); 7,25 (sieben Komma zwo fünf / sieben Komma fünfundzwanzig)

wenn mehr als zwei Stellen hinter dem Komma stehen, werden diese Zahlen einzeln gelesen:

    15,743 (fünfzehn Komma sieben vier drei)

165

7 Die Worttypen

Ü 323 Richtig:

Lesen Sie die Dezimalzahlen!

(1) 5,85; 12,93; 18,75 (2) 89,294; 43,301; 7,001 (3) 20,752; 7,332; 9,1067

Geldbeträge in **DM** (DM = Deutsche Mark) werden wie folgt genannt; die Abkürzung **DM** lautet im mündlichen Ausdruck „**Mark**"; alle Währungsbezeichnungen behalten stets ihre Singularform:
     DM 25,15   fünfundzwanzig **Mark** fünfzehn

Ü 324 Richtig:

Nennen Sie die Geldbeträge!

(1) DM 185,75; DM 101,17; DM 1150,85 (2) DM 125 000,–; DM 13 887,55; DM 17,76

Rechenoperationen werden wie folgt ausgedrückt:
    5 + 8 = 13   fünf **plus/und** acht *ist/sind (gleich)* dreizehn
    7 – 3 = 4   sieben **minus/weniger** drei *ist/sind (gleich)* vier
    5 · 5 = 25   (oder 5 × 5 = 25) fünf **multipliziert mit** fünf ist fünfundzwanzig /
                  fünf **mal** fünf *ist (gleich)* fünfundzwanzig
    12 : 4 = 3   zwölf **dividiert/geteilt** durch vier *ist (gleich)* drei

Ü 325 Richtig:

Lesen Sie die Rechenoperationen vor!

(1) 87 + 63 = 150 (2) 327 – 38 = 289 (3) 16 · 7 = 112; 18 × 24 = 432 (4) 115 : 5 = 31 (5) 6 × 3 = 18; 15 – 3 = 12; 21 : 7 = 3; 18 + 7 = 25.

Die Zahladjektive „ein-, zwei-, drei-"

Als Attribut nimmt das Zahladjektiv „**ein**-" alle Kasus- oder Attributzeichen an. (S. 104, 106)

Ü 326 Richtig:

Ergänzen Sie die Kasus- bzw. Attributzeichen!

(1) Tobias hat das ganze Glas Bier in ein_ Zug ausgetrunken. (2) Dort stehen die Fernsehreporter. Mit dem ein_ Reporter habe ich vorhin gesprochen. (3) Gestern bin ich auf der Straße gestürzt. Ich bin mit dem ein_ Fuß in ein Loch geraten und hingefallen. (4) Das Rennauto, dessen ein_ Vorderreifen geplatzt war, geriet von der Bahn ab und überschlug sich.

Wenn sich das Zahladjektiv „**ein-**" unmittelbar auf eine Person bezieht, richten sich die Kasuszeichen nach dem *natürlichen* Geschlecht der Person.
    Siehst du die Jungen? *Ein***er** / *D***er** *eine* davon ist mein Bruder.
    Dort stehen Schülerinnen. *Eine* / *D***ie** *eine* davon ist meine Schwester.
Wenn sich „ein-" auf *Sachen/Begriffe/Sachverhalte* bezieht, wird es der *neutralen* Genusklasse zugeordnet. Häufig wird es in vorgeschalteten Sätzen gebraucht und hat dadurch eine hinweisende Wirkung. (S. 180)
    Ein(**e**)**s** will ich dir sagen, mir gefällt dein ganzer Plan nicht.
Der Ausdruck „**der/die/das eine ... der/die/das andere**" signalisiert eine Alternative, eine Unterscheidung, eine Gegenüberstellung oder Ähnliches.
    Kennst du die beiden Jungen? – D**er** *eine* ist mein Bruder und d**er** *andere* ist sein Freund.
    Die Ausführung unseres Plans ist d**as** *eine* und seine Finanzierung d**as** *andere*.

Ü 327 Richtig:

Ergänzen Sie die Kasus- bzw. die Attributzeichen!

(1) Ich wohne mit vielen ausländischen Schülern im Internat. Ein_ von ihnen kommt sogar aus Japan. (2) Dort unterhalten sich zwei Lehrerinnen. Mit d_ ein_ von ihnen habe ich vorhin gesprochen. (3) Ich versichere dir ein_, die Situation wird sich bald ändern. (4) Die Männer sprechen immer nur über d_

Die Worttypen 7

ein_, über den Sex. (5) Die Polizei konnte die beiden Diebe fassen. Mit ein_ von ihnen ist es dabei zu einem Handgemenge gekommen.

Die Zahladjektive **„zwei"** und **„drei"** erhalten im allgemeinen, wie alle übrigen höheren Zahladjektive auch, *keine* Kasus- oder Attributzeichen. Mitunter können sie aber auch Dativ- und Genitivzeichen annehmen. Im übrigen wird statt des Genitivs die Präposition **„von"** gebraucht.

>Gestern bin ich mit *zweien* aus unserem Kurs im Theater gewesen.
>Erich ist Vater *zweier* Töchter. / Er ist Vater **von** zwei Töchtern.
>Erna ist Mutter *dreier* Söhne. / Sie ist Mutter **von** drei Söhnen.

Wenn man sich auf zwei zuvor genannte Personen/Sachen bezieht, wird das Pronomen **„beide"** gebraucht.

>Vater ist mit der Arbeit zufrieden, und Mutter auch. *Beide* sind zufrieden.
>Mit wem warst du im Kino? Mit Fritz oder mit Egon? – Mit *beiden*.
>Möchtest du den Apfel oder die Birne? – Ich möchte *beides*.

a. Ergänzen Sie, wenn möglich, die Kasusendungen!
b. Ersetzen Sie, wo möglich, „zwei" durch „beide"!

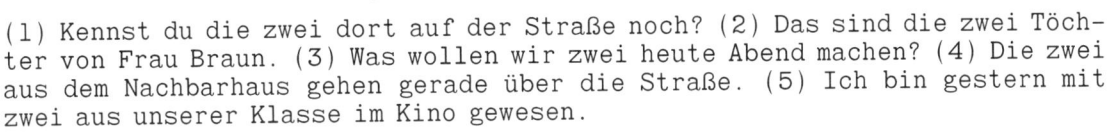

Ü 328
Richtig:

(1) Kennst du die zwei dort auf der Straße noch? (2) Das sind die zwei Töchter von Frau Braun. (3) Was wollen wir zwei heute Abend machen? (4) Die zwei aus dem Nachbarhaus gehen gerade über die Straße. (5) Ich bin gestern mit zwei aus unserer Klasse im Kino gewesen.

Die Ordnungszahlen (Ordinalzahlen)

Ordnungszahlen geben eine Reihenfolge an. Die Zahlen 1–19 erhalten die Endung **-t** + Attributzeichen und die *Zehnerzahlen* (20, 30 usw.), die *Hunderter* (100, 200 usw.) und die *Tausender* (1000, 2000 usw.) erhalten die Endung **-st** + Attributzeichen, ebenso auch die nominalen Zahlen (Million usw.).

Die Ordinalzahlen haben immer den bestimmten Artikel vor sich. Sie sind immer Attribute und erhalten die Attributzeichen (S. 106). Die Grundzahlen „eins" und „drei" verändern als Ordnungszahlen ihren Wortstamm.

der/das/die **ers**t*e*	der/das/die *zwanzig***st***e*
der/das/die *zwei*t*e*	der/das/die *einundzwanzig***st***e* usw.
der/das/die **drit**t*e*	der/das/die *dreißig***st***e* usw.
der/das/die *vier*t*e*	der/das/die *(ein)hundert***st***e*
der/das/die *fünf*t*e*	der/das/die hundert**ers**t*e* usw.
der/das/die *sechs***st***e*	der/das/die *(ein)tausend***st***e*
der/das/die *sieb*t*e*	der/das/die *(ein)tausend*ers*t*e usw.
der/das/die *ach*t*e*	
der/das/die *neun*t*e*	der/das/die *(ein)million***st***e* usw.
der/das/die *zehn*t*e*	
der/das/die *elf*t*e*	der/das/die *letz*t*e*
der/das/die *zwölf*t*e*	der/das/die *wievielte*
der/das/die *dreizehn*t*e* usw.	

Ein Punkt hinter einer Ziffer signalisiert eine Ordnungszahl.

>der/das/die 1. (**ers**t*e*) der/das/die 25. (fünfundzwanzig**st***e*)
>der/das/die 2. (zwei**te**) der/das/die 100. (hundert**st***e*)

Ordnungszahlen werden vor allem für *Datumsangaben* verwendet.

>Heute ist der 6. 11. 1991 (sech**ste** elf*te* [November] neunzehnhunderteinundneunzig)
>Am Mittwoch, dem 5. 3. 92 (fünf*ten* **drit**t*en* [März] zweiundneunzig) wird die Messe eröffnet.

7 Die Worttypen

Ich habe Ihren Brief v. 11. 5. 91 (**vom** elf**ten** fünf**ten** einundneunzig) mit bestem Dank erhalten.
Datumsangabe im Briefkopf: Stuttgart, den 25. 9. 1991 (fünfundzwanzig**sten** neun**ten** neunzehnhunderteinundneunzig)

Ü 329 Lesen Sie die Datumsangaben!

(1) 21.4.1965 (2) 3.10.1972 (3) 18.1.1987 (4) am 7.9.1985 (5) bis zum 1.1.87
(6) ab 3.11.88 (7) am Dienstag, dem 7.3.1986 (8) von Mittwoch, dem 18.6. an

Ü 330 Beantworten Sie folgende Fragen!

(1) Welches Datum haben wir heute? / Der wievielte ist heute? (2) Der wievielte ist morgen in einer Woche? (3) Der wievielte war gestern? (4) Der wievielte war heute vor einer Woche? (5) Wann haben Sie Geburtstag? / Am wievielten haben Sie Geburtstag? (6) Wann ist in diesem Jahr Ostern? (7) Der wievielte Monat im Jahr ist der September? (8) Der wievielte Tag der Woche ist der Donnerstag? (9) Wann ist Frühlingsanfang / Sommeranfang / Herbstanfang / Winteranfang? (10) Wann beginnen die nächsten Ferien?

Ordnungszahlen werden weiter verwendet
bei *Herrschernamen* mit römischen Zahlen:
    Kaiser Karl **I.** (der **Erst**e); unter König Wilhelm **III.** (dem **Dritt**en); der Thronfolger König Olavs **II.** (des **Zweit**en)
zur Bezeichnung einer *Personengruppe* stehen die Ordnungszahlen ohne Endung:
    Wir saßen **zu** vier**t** an einem Tisch.
auch mit Grundzahlen mit der Endung -en:
    Wir saßen **zu** vier**en** an einem Tisch.
ohne Endung zusammen *mit Superlativformen*:
    Max hat die Prüfung als **dritt**bester bestanden.

Ü 331 Setzen Sie die angefangenen Reihenfolgen fort!

(1) Die fünf größten europäischen Städte: *Moskau, Paris, London, Berlin, Rom*
Moskau ist die größte Stadt Europas. Paris ist die . . .
(2) Die fünf größten deutschen Städte: *Berlin, Hamburg, München, Köln, Essen*
Berlin ist die größte Stadt Deutschlands. Hamburg ist die . . .
(3) Die fünf größten Städte Österreichs: *Wien, Graz, Linz, Salzburg, Innsbruck*
Wien ist die größte Stadt Österreichs. Graz ist die . . .
(4) Die vier größten Städte der Schweiz: *Zürich, Basel, Genf, Bern*
Zürich ist die größte Stadt der Schweiz. Basel ist . . .
(5) Die besten Schüler in unserer Klasse: *Hilde, Fritz, Martin, Toni*
Hilde ist die beste Schülerin in unserer Klasse. Fritz ist . . .

Mit Hilfe der Endung **-ens** werden aus Ordnungszahlen *Einteilungszahlen* gebildet. Sie stehen im Satz als Angaben und besetzen vorzugsweise den Platz Ⓐ im Vorfeld eines Satzes. (S. 85) Im Ziffernausdruck unterscheiden sie sich *nicht* von den Ordnungszahlen.
    1. (erst**ens**), 2. (zweit**ens**), 3. (dritt**ens**) usw.
    Ich kann leider nicht mit euch fahren. Erst**ens** habe ich keine Zeit, zweit**ens** habe ich keine Lust, und dritt**ens** habe ich auch kein Geld.
    Ein Taschenrechner hat viele Vorzüge: **1.** ist er preiswert, **2.** ist er leistungsfähig und **3.** ist er unentbehrlich im Beruf.

Die Worttypen 7

Mit Hilfe der Endung **-el** bildet man aus Ordnungszahlen Bruchzahlen.
    1/3 (ein Dritt**el**), 2/3 (zwei Dritt**el**), 1/4 (ein Viert**el**), 1/10 (ein Zehnt**el**), 2 3/4 (zwei drei Viertel), 5 6/8 (fünf sechs Acht**el**)
Die Bruchzahl **1/2 (halb)** erhält als vorangestelltes Attribut die Kasus- bzw. die Attributzeichen. (S. 104, 106)
    ein halb**es** Kilo Butter, ein halb**er** Liter Wein, für ein**en** halb**en** Liter Bier
„halb" nach ganzen Zahlen bleibt endungslos und wird in der Schrift mit der ganzen Zahl verbunden; das folgende Nomen erhält die Pluralform.
    ein**ein**halb (auch: **andert**halb) Monate, nach zwei**ein**halb Jahren
Maßangaben, die zur maskulinen oder neutralen Genusklasse gehören, bleiben Singular.
    dreieinhalb **Kilo** Kaffee, eineinhalb (auch: anderthalb) **Gramm** Gold
Wenn „halb" mit einer ganzen Zahl durch **und** verbunden ist, schreibt man es getrennt; das folgende Nomen bleibt Singular, und „halb" erhält die Kasus- bzw. Attributzeichen. (S. 104, 106)
    zwei und ein halber Monat (vgl. **zweieinhalb** Monate)

Durch Anfügung von „**-fach**" und „**-mal / malig-**" an Grundzahlen entstehen *Vervielfältigungs- und Wiederholungszahlen.* „-fach" und „malig-" nehmen als vorangestellte Attribute die Kasus- bzw. Attributzeichen an. (S. 104, 106)
    Reichen Sie den Antrag in zwei**fach**er (oder auch: in *doppelter*) Ausfertigung an uns ein!
    Ich war an ihrer Haustür und klingelte zwei**mal**.
    Erst nach drei**malig**em Klopfen wurde die Tür geöffnet.

Lesen Sie die Bruchzahlen!
(1) 4/5, 7/8, 3/15 (2) 3 3/4, 10 1/2, 2 2/3

Ü 332
Richtig:

Unbestimmte Zahladjektive

Zu den unbestimmten Zahladjektiven werden folgende Pronomen gerechnet, die auch als vorangestellte Attribute verwendet werden: **viel/wenig** (S. 191), **etwas** (S. 192), (ein) **bißchen** (S. 192), **sämtlich** (S. 190), **übrig** (S. 190), **manch** (S. 189)

E Die Adverbien

Zu den Adverbien gehören Wörter, die sich nicht dem Worttyp „Verben", „Nomen", „Adjektiv" und „Pronomen" zuordnen lassen.

Man unterscheidet sie
nach **Inhalten**, die erfragt werden können

Lokaladverbien:	*dort, hier, oben, außen, hin, her*
Temporaladverbien:	*bald, jetzt, heute, nie, immer, sofort*
Modaladverbien:	*genug, gern, sehr, so*
Kausaladverbien und andere:	*deshalb, folglich, sonst* usw.

und die entsprechenden *Frageadverbien*
für Lokaladverbien:	*wo?, wohin?, woher?* usw.
für Temporaladverbien:	*wann?, wie lange?, wie oft?* usw.
für Modaladverbien:	*wie?*
für Kausaladverbien:	*warum?, weshalb?, wieso?*

nach ihrer **Form**

einfache Adverbien:	*da, ja, hier, sehr* usw.

7 Die Worttypen

erweiterte Adverbien, die durch vielfältige Wortbildungsmittel (Endungen, Suffixe, Zusammensetzungen) häufig mit Wörtern anderer Worttypen andere, modifizierte Inhalte bekommen: z.B.

+ -e:	lang**e**		+ -art:	der**art**
+ -s:	recht**s**		+ -erweise:	klug**erweise**
+ -erlei:	all**erlei**		+ -falls:	keines**falls**, besten**falls**
+ -lich:	kürz**lich**		+ -mals:	mehr**mals**, nie**mals**
+ -maßen:	einiger**maßen**		+ -wärts:	ab**wärts**, vor**wärts**
+ -lings:	rück**lings**		und viele andere mehr	

Der Gebrauch des Adverbs im Satz

Adverbien können im Satz folgende Funktionen besetzen:
Angabe (A S. 70)
Lokalangabe (Al): **Dort** läuft ein Hund über die Straße.
Temporalangabe (At): Wir haben **vorhin** Besuch gehabt.
Modalangabe (Am): Wir möchten dich **gerne** für heute Abend bei uns einladen.
Kausalangabe (Ak): Du kannst **unsretwegen** auch deine Freundin mitbringen.
Prädikatsergänzung (E S. 63)
Meine Eltern leben **hier**. – Ich habe sie **gern**.
im Prädikat als „**Verbzusatz**" (S. 59)
Wir gehen den Berg **hinauf**. – Ich komme morgen bei dir **vorbei**.
Subjekt/Objekt (S/O S. 66 f.)
Die Menschen erhoffen sich **ein besseres Morgen**.
Attribut (S. 91)
nachgestellt: die Jugend **von heute**, die Zeitung **von gestern**, die Schule **hier**, die nächste Straße **links**
vorangestellt nach formaler Anpassung, damit sie Kasus- bzw. Attributzeichen annehmen können (S. 104, 106).
Die Adverbien erhalten zur Anpassung das Suffix -**ig**; einige verändern dabei den Auslaut (vgl. hie**r** – hie**s**-) oder werfen auslautende Konsonanten und Vokale ab:
jetz**t**: die jetz**ig**e Situation; heut**e**: die heut**ig**e Zeitung; morg**en**: das morg**ig**e Programm; hie**r**: die hie**sig**e Schule; dort: die dort**ig**e Behörde
Lokaladverbien auf -**n** tauschen den auslautenden Konsonanten -**n** gegen -**r** aus; bei **außen** wird der Umlaut gebildet, und bei **vorn** wird der Wortstamm um die Silbe -**de**- erweitert.
auße**n**: der **äuße**re Zaun; inne**n**: die inne**r**e Mauer; obe**n**: die obe**r**e Etage; unte**n**: das unte**r**e Stockwerk; vor**n**: der vor**de**re Wagen; hinte**n**: die hinte**r**e Tür
Modalglied (M S. 73)
Es schneit **ja**. – Wir wohnen **immerhin** schon drei Jahre hier. – **Vielleicht** besuche ich dich morgen.
Modalattribut (S. 16)
Gerade das war es, was ich suchte. – **Nur** du kannst mir helfen. – **Auch** wir brauchen Hilfe.

Ü 333 Richtig:

Setzen Sie die Adverbien ein und stellen Sie ihre Funktion im Satz fest!

(1) *dort hinten:* Sehen Sie das Hochhaus? (2) *gestern:* Wir hatten Besuch von unseren Eltern. (3) *gern:* Peter arbeitet in seiner neuen Firma. (4) *ja:* Dort kommt Max! (5) *vielleicht:* Er hat etwas vergessen. (6) *durchaus:* Wir haben Verständnis für deine Probleme. (7) *schon:* Ich finde das Buch interessant. (8) *nur:* Hier kann der Arzt helfen. (9) *auch:* Ich bin mit dem Ergebnis zufrieden. (10) *immer rechts:* Halten Sie sich, dann kommen Sie direkt zum Bahnhof!

Die Worttypen 7

Setzen Sie die Adverbien als vorangestellte Attribute ein!

(1) Gehen Sie durch die Tür *links*, dort kommen Sie zum Ausgang! (2) Im Stockwerk *unten* wohnt die Familie Scheider. (3) Die Sitzreihe *vorn* ist für Ehrengäste reserviert. (4) Ist die Zeitung *von heute* noch nicht gekommen? (5) Auf welcher Seite steht das Fernsehprogramm *von morgen*?

Ü 334

Die Komparation von Adverbien

Für die Adverbien „**bald, gern, oft, sehr, wohl**" werden bei Vergleichen folgende Komparative anderer Wortstämme gebraucht.

	Komparativ	Superlativ
bald	**eh**er	am **eh**esten
gern	**lieb**er	am **lieb**sten
oft	**öft**er/**häufig**er	am **häufig**sten
sehr	**mehr**	am **mei**sten
wohl	**bess**er/wohler	am wohlsten

Zu Hause fühle ich mich **wohler** *als* hier.
Wir waren **eher** am Ziel, *als* wir es gedacht hatten.
Kaffee trinke ich **lieber** *als* Tee.
In der Stadt sieht man Spatzen *am häufigsten*.
Auf die Ferien freuen sich die Kinder *am meisten*.

Setzen Sie Komparative ein!

(1) *oft:* Mein Kollege fehlt . . . in der Firma als ich. (2) *gern:* Im Sommer fahre ich . . . in Urlaub als im Winter. (3) *bald:* Wir waren . . . in Ulm, als wir gedacht hatten. (4) *sehr:* Kurt interessiert sich . . . für Musik als für Malerei. (5) *wohl:* Hier fühle ich mich . . . als in der Schule.

Ü 335

Setzen Sie Superlative ein!

(1) *gern:* Sag mir, was du jetzt . . . tun möchtest! (2) *oft:* Erkältungen sind die . . . Krankheiten im Winter. (3) *sehr:* Von allen meinen Hobbys liebe ich Tischtennis . . . (4) *wohl:* Im Sommer fühle ich mich . . ., wenn ich am Strand in der Sonne liegen kann. (5) *gern:* Die . . . Beschäftigung ist für mich, durch den Wald zu wandern.

Ü 336

Die Lokaladverbien „her" und „hin"

Wenn sich „her" und „hin" auf den Sprecher beziehen, signalisiert
her: die Richtung auf den Sprecher zu
hin: die Richtung vom Sprecher weg
   Gehst du nicht zur Versammlung? – Nein, ich gehe nicht **hin**.
   Komm bitte **her** und hilf mir!

„her" und „hin" verbinden sich häufig mit Präpositionen und mit anderen Adverbien.
   herauf, **hin**auf, **her**unter, **hin**unter usw. (mit der Präposition „in":) **her**ein, **hin**ein
   wo**her**?, wo**hin**?

Im mündlichen Ausdruck wird für „her" und „hin" oft eine zu **r**- verkürzte Form gebraucht, gleichgültig welches Adverb gemeint ist.
   rauf, **r**unter, **r**ein usw.
   Kommt ruhig **r**ein! – Geht bitte **r**aus!

171

7 Die Worttypen

Einige Verbindungen haben nur noch temporale oder modale „Bedeutungen".
    temporal: *nachher, seither, vorher, vorhin* usw.
    modal: *nebenher, nebenhin* usw.
    Dich wollte **vorhin** jemand sprechen.
    Margot arbeitet jeden Tag im Büro. Ihren Haushalt versieht sie **nebenher**.

Auf das Subjekt bezogen wird nur „**hin**" gebraucht.
    Der *Junge* ist auf der Straße **hin**gefallen.
    Das *Mädchen* summt ein Lied vor sich **hin**.

Zum Ausdruck *unveränderter* lokaler Beziehungen zwischen der im Subjekt genannten Person/Sache und einer mit einer Präposition gekennzeichneten Person/Sache wird „**her**" gebraucht. Nach der Präposition, die die lokale Beziehung signalisiert, folgt das *Dativzeichen*.
    Der Junge lief *neben dem Wagen* **her**.
    Max ist *hinter den Mädchen* **her**.
    Die Frau schiebt ihren Kinderwagen *vor sich* **her**.

Ü 337
Richtig:

„her" oder „hin"? Setzen Sie die Adverbien ein!

(1) Wo kommst du jetzt . . .? (2) Ich hatte mich gerade _gesetzt, als es an der Haustür klingelte. (3) Der Demonstrationszug bewegte sich zum Regierungsgebäude . . . (4) Polizisten gingen neben dem Demonstrationszug . . . (5) Die Hunde fielen über ihr Futter . . . (6) Wo fahrt ihr am Sonntag . . .? (7) Warum schenkst du alle deine Süßigkeiten . . .? (8) Ich habe die alte Dame über die Straße _über begleitet. (9) Der alte Mann schiebt sein Fahrrad neben sich . . . (10) Der Schriftsteller hat wieder einen neuen Roman _ausgebracht. (11) Der Junge pfiff ein Liedchen vor sich . . . (12) Jetzt ist es genau drei Jahre . . ., daß ich in Paris war. (13) Wo_ kommt Richard? (14) Er kommt direkt vom Sportplatz _über. (15) Die Kinder laufen hinter dem Ball . . .

Die Pronominaladverbien „da" und „hier"

Das Pronominaladverb „**da**" + Präposition bezieht sich auf bereits genannte Sachen/Begriffe/Sachverhalte, die im Satz als Präpositionalobjekte (Op) oder auch in anderen präpositionalen Verbindungen auftreten; „da" verbindet sich unbetont mit einer Präposition. Bei vokalisch anlautenden Präpositionen stellt ein -r- die Verbindung her.
    da*r*an, da*r*auf, da*r*aus, dabei, dadurch, dafür, dagegen, dahinter, da*r*in, damit, danach, daneben, da*r*über, da*r*um, da*r*unter, davon, davor, dazu, dazwischen

    Nächste Woche beginnen die Ferien. Unsere Kinder freuen sich schon **darauf**.
    Kann ich mal dein Rad haben? Ich möchte **damit** zum Bäcker fahren.

Die entsprechenden Fragen werden mit dem Frageadverb „**wo**-?" gebildet.
    wo*r*an?, wo*r*auf?, wo*r*aus?, wobei?, wodurch, usw.

    Worauf freuen sich eure Kinder? Auf die Ferien?
    Womit willst du zum Bäcker fahren? Mit meinem Rad?

Das Pronominaladverb „**hier**" bezieht sich vorwiegend auf Sachverhalte.
    hieran, hierauf, hieraus, hierbei, hierdurch usw.

    Wie ist das Gespräch mit deinem Chef verlaufen? – **Hierüber** möchte ich lieber nichts sagen.
    Was versteht man unter „Demokratie"? – **Hierunter** versteht man im allgemeinen die Herrschaft über einen Staat, die vom Volk ausgeht.

Ü 338

Antworten Sie mit Pronominaladverbien!

(1) Interessieren Sie sich für moderne Musik? (2) Unterhalten Sie sich oft

Die Worttypen 7

über Politik? (3) Glauben Sie an eine bessere Zukunft? (4) Hören Sie auf den Rat Ihrer Freunde? (5) Freuen Sie sich immer auf Feiertage? (6) Fürchten Sie sich vor Prüfungen? (7) Denken Sie über Ihr Schicksal nach? (8) Ärgern Sie sich, wenn Sie von Leuten kritisiert werden? (9) Ärgern Sie sich manchmal über die Fernsehprogramme? (10) Freuen Sie sich, wenn Sie ein Geschenk bekommen?

Reagieren Sie auf folgende Äußerungen!
Beispiel: Ich freue mich auf meine Heimreise. – Ich freue mich auch *darauf*.

Ü 339

(1) Ich war mit dem Service in dem Hotel zufrieden. (2) Ich habe mich über den Erfolg unserer Sportler gefreut. (3) Ich erinnere mich gerne an unsere gemeinsamen Ferien. (4) Wir kämpfen gegen die Armut in der Welt. (5) Ich sehne mich nach Frieden. (6) Wir sorgen uns um die Zukunft unserer Kinder. (7) Wir haben uns über die jüngsten politischen Ereignisse unterhalten. (8) Ich muß mich im Winter gegen Erkältungen schützen. (9) Ich denke oft an meine Jugend zurück. (10) Ich warte auf glücklichere Zeiten. (11) Ich habe mich über den letzten Film geärgert. (12) Ich fürchte mich vor der Zukunft.

Stellen Sie Rückfragen!
Beispiel: Ich mußte an meine Schulzeit denken. – *Woran* mußtest du denken?

Ü 340

(1) Ich unterhalte mich gern über Literatur. (2) Mein Bruder bereitet sich auf seine Prüfung vor. (3) Ich soll dich an dein Versprechen erinnern. (4) Wir wollten uns nach der Abfahrt des Zuges erkundigen. (5) Horst erzählte von den Schwierigkeiten, in Hannover ein Zimmer zu finden. (6) Meine Schwester fürchtet sich vor ihrer Prüfung. (7) Die Kinder hören nicht auf die Ermahnungen der Eltern. (8) Meine Kollegen sind neidisch auf meinen Erfolg im Geschäft. (9) Ich kann mich nicht auf deine Versprechungen verlassen. (10) Wir sind froh, daß diese Übung zu Ende ist.

Die Relativadverbien

Mit den Adverbien „**wo, woher, wohin**" lassen sich Attributsätze anschließen (S. 99), die lokale Beziehungen ausdrücken. Diese lokalen Beziehungen lassen sich auch mit Relativpronomen + Präposition wiedergeben (S. 182).
        Wie heißt die Stadt, **wo** du zur Schule gegangen bist?
        . . ., *in der* du zur Schule gegangen bist?
        Kennst du den Ort, **wohin** Krügers in Urlaub fahren wollen?
        . . ., *in den* Krügers in Urlaub fahren wollen?
        Das ist der See, **woher** wir unsere Fische bekommen.
        . . ., *aus dem* wir unsere Fische bekommen.
Wenn die Relativsätze von Lokaladverbien abhängen, können diese entfallen, wenn die lokale Beziehung mit der im Relativsatz übereinstimmt.
        Uwe wohnt jetzt *(da/dort)*, **wo** ihr früher gewohnt habt.
        Ich gehe *dorthin*, **woher** du gerade kommst.
        Ihr seid jetzt *da/dort*, **wohin** ich auch einmal gerne möchte.

Setzen Sie Relativadverbien ein!

Ü 341

(1) Ist das das Dorf, . . . du aufgewachsen bist? (2) Paris ist die Stadt, . . . ich schon immer einmal fahren wollte. (3) Wir fahren jetzt an die Stelle, . . . gestern der Unfall passiert ist. (4) Wie heißt der See, . . . wir fahren wollen? (5) Ist das das Hotel, . . . wir übernachten wollen? (6) Jetzt geht es dorthin, . . . ich schon immer wollte. (7) Ich komme gerade von dort, . . . ihr neulich schon wart. (8) Kennen Sie das Land, . . . diese

173

7 Die Worttypen

Kunstwerke stammen? (9) Das ist doch dort, . . . wir in Urlaub fahren wollen? (10) Die Schlüssel, die du suchst, liegen dort, . . . sie gehören.

„wo" + Präposition schließt auch Relativsätze an, die Attribut zu unbestimmten Pronomen sind (S. 186). (vgl. „was", S. 184)

Ist das *alles,* **worüber** du uns erzählen wolltest?

Ü 342 Richtig: Setzen Sie Relativadverbien ein!

(1) Ich schenke dir hier etwas, . . . du dich freuen wirst. (2) Es gibt nur weniges, . . . du meinem Vater eine Freude machen kannst. (3) Es gibt kaum etwas, . . . du dich interessierst. (4) Ich habe manches von dir gehört, . . . ich nicht einverstanden bin. (5) Erzähle mir bitte nichts, . . . ich mich ärgern muß!

„wo" + Präposition kann auch Relativsätze einleiten, die sich kommentierend auf einen vorher festgestellten Sachverhalt beziehen. Der Relativsatz ist Satzattribut. („was" S. 102)

Meine Freundin ist nicht zum verabredeten Treffpunkt gekommen, **worüber** *ich mich natürlich sehr geärgert habe.*

Ü 343 Richtig: Schließen Sie den jeweils zweiten Satz als kommentierenden Relativsatz (Satzattribut) an!

(1) Wir erwarten morgen deinen Besuch. Wir freuen uns natürlich sehr darauf. (2) Erika hat die Einladung abgesagt. Ich war darüber selbstverständlich sehr enttäuscht. (3) Alle Hotels waren belegt, als wir spät abends in Bad Reichenhall ankamen. Wir hatten damit überhaupt nicht gerechnet. (4) Ich werde dir notfalls das Geld leihen. Du kannst dich darauf verlassen.

F Die Pronomen

Pronomen sind Wörter, die erst im Redezusammenhang mit Bedeutungsinhalten aufgefüllt werden. Sie beziehen sich auf bereits genannte Inhalte oder auch auf den Sprecher. In manchen Fällen bleiben sie ohne Inhalt und füllen im Satz nur bestimmte Satzstrukturen auf.
Man unterscheidet:
Personalpronomen: *ich, du, er/es/sie, wir, ihr, sie*
Reflexivpronomen: *sich*
Fragepronomen: *wer?, was?*
Demonstrativpronomen: *der/-as/-ie* (betont), *dieser/-es/-e, jener/-es/-e* u.a.
Relativpronomen: *der/-as/-ie, welcher/-es/-e*
Possessivpronomen: *mein, dein, sein/ihr, unser, euer, ihr*
unbestimmte Pronomen: *einer/-es/-e, alle, einige, mehrere, manch-* u.a.

Das unbetonte Demonstrativpronomen „**d**er/-as/-ie" ist als bestimmter Artikel und das unbetonte unbestimmte Pronomen „**ein**" als unbestimmter Artikel im Gebrauch (S. 193).
Das Personalpronomen „**es**" und das Reflexivpronomen „**sich**" füllen unvollständig besetzte Satzstrukturen auf (S. 146, 177).

Personalpronomen

Personalpronomen bilden die Kasusformen aus unterschiedlichen Wortstämmen:

	Singular					Plural		
Nominativ:	ich	du	**er**	**es**	sie	wir	ihr	sie
Akkusativ:	mich	dich	ih**n**	**es**	sie	uns	euch	sie
Dativ:	mir	dir	ih**m**	ih**m**	ihr	uns	euch	ihnen
Genitiv*:	*meiner*	*deiner*	*seiner*	*seiner*	*ihrer*	*unser*	*euer*	*ihrer*

174

Die Worttypen 7

* Der *Genitiv* fehlt bei den Personalpronomen; statt dessen werden die entsprechenden *Possessivpronomen* verwendet.

Anmerkung: Das Pronomen „**Sie**" als formelle Anredeform gegenüber Erwachsenen mit geringem Bekanntheitsgrad und zwischen Vorgesetzten und Untergebenen ist gleichlautend mit dem Personalpronomen „**sie**" für den Plural. „Sie" gilt für eine und für mehrere Personen. Die vertraulichere Anredeform ist „**du**" für eine Person und „**ihr**" für mehrere Personen.

Die *1. Person*: Mit „**ich**" bezeichnet der Sprecher sich selbst, mit „**wir**" bezeichnet der Sprecher eine Personengruppe, in die er sich selbst mit einbezieht.
Die *2. Person*: Mit „**du / Sie**" bezeichnet der Sprecher seinen Gesprächspartner, mit „**ihr / Sie**" bezeichnet er eine Personengruppe, in die er seinen Gesprächspartner mit einbezieht.
    Ich kenne **dich/euch/Sie**. – **Wir** kennen **dich/euch/Sie**.
    Du kennst **mich/uns**. – **Ihr** kennt **mich/uns**. – **Sie** kennen **mich/uns**.
Die *3. Person*: „**er, es, sie**" (Singular) beziehen sich auf ein vorher genanntes Nomen im Singular, „**sie**" (Plural) auf ein Nomen im Plural. „er" steht für Nomen der maskulinen, „es" für Nomen der neutralen und „sie" für Nomen der femininen *Genusklasse*. (S. 150)
    der *Mann* ◁ **er**; der *Mensch* ◁ **er**; der *Gast* ◁ **er**; der *Hut* ◁ **er**
    das *Mitglied* ◁ **es**; das *Oberhaupt* ◁ **es**; das *Mädchen* ◁ **es**; das *Haus* ◁ **es**
    die *Person* ◁ **sie**; die *Geisel* ◁ **sie**; die *Majestät* ◁ **sie**; die *Bank* ◁ **sie**

Bei **Adjektiven** und **Partizipien**, die unmittelbar auf Personen bezogen werden, richten sich die Personalpronomen nach dem natürlichen Geschlecht. „**er**" für eine *männliche Person*, „**sie**" für eine *weibliche Person*; gleiches gilt auch für Personennamen mit und ohne Apposition.
    der *Fremd*e (Mann) ◁ **er**; der *Reisend*e (Mann) ◁ **er**; *Peter* ◁ **er**; *Herr Müller* ◁ **er**
    die *Fremd*e (Frau) ◁ **sie**; die *Reisend*e (Frau) ◁ **sie**; *Helga* ◁ **sie**; *Frau Müller* ◁ **sie**; *Fräulein Müller* ◁ **sie**
Wenn ein Adjektiv oder ein Partizip auf eine Sache/einen Begriff/ einen Sachverhalt bezogen wird, wird das Pronomen „**es**" verwendet. (S.øø)
    das *Gut*e im Menschen ◁ **es**; das *Spannend*e an dem Film ◁ **es**

Der Gebrauch der Personalpronomen im Satz

Personalpronomen können fast in allen Satzgliedfunktionen auftreten.
Subjekt: Als Subjekt legen sie die Personalformen fest, wenn die Subjektstelle nicht von einem Nomen besetzt ist.
    ich geh**e**   **du** geh**st**
    wir geh**en**, **sie** geh**en**   **er** geh**t**, **ihr** geh**t**
Objekt (Oa/Od/Op S. 68): als Präpositionalobjekt (Op) beziehen sich Personalpronomen nur auf Personen (vgl. Pronominaladverbien, S. 172).
    Ich liebe **dich**.
    Kennt Horst Margot/unsere Stadt? – Er kennt **sie**.
    Wir werden **dir** im Garten helfen.
    Wartet bitte **auf mich**!
Modalangabe (Am S. 71):
    Kommst du mit mir ins Schwimmbad? Sonst gehe ich **ohne dich**.
Personenangabe (Ap S. 71):
    Kannst du **mir** den Brief ins Englische übersetzen?
Attribut (Präpositionalattribut; S. 91):
    Kurt ist ein alter Freund **von mir**. – Ich habe hier ein Geschenk **für dich**.

Setzen Sie Personalpronomen ein und bestimmen Sie ihre Funktion im Satz!

Ü 344 Richtig:

(1) . . . habe . . . deine neue Schallplatte angehört. . . . gefällt . . . sehr gut. (2) Peter hat eine Schwester. . . . sieht . . . sehr ähnlich. (3) Probier mal die Schokolade und sage . . ., wie . . . schmeckt.

7 Die Worttypen

(4) Wie geht es deinem Mann? Sorgt . . . auch gut für . . .? (5) Wir treffen heute meine Eltern. . . . wollen . . . auf der Reise begleiten. (6) Gefällt . . . das, wenn . . . . . auf der ganzen Reise begleiten? (7) Günter hat eine Freundin. Er ist in . . . verliebt. (8) . . . danke . . . für deinen Brief. Wie geht es . . .? (9) Liebe Eva, lieber Hans! . . . danken . . . sehr herzlich für eure Einladung. . . . werden morgen bestimmt zu . . . kommen. (10) Was machen deine Geschwister jetzt? Wie geht es . . .? (11) Vater steht vor der Tür. Mach . . . bitte auf! (12) Hier habe ich einen Brief. Bring . . . . . . bitte gleich zur Post!

In Verbindung mit den *Genitivpräpositionen* „**wegen**" und „**um . . . willen**" können keine Personalpronomen stehen; an ihre Stelle treten dafür Possessivpronomen, die um die Silbe -**et**- erweitert sind.

    mein**et**wegen (= wegen mir; von mir aus), dein**et**wegen, sein**et**wegen usw.
    um uns(e)r**et**willen (= für uns/uns zuliebe), um eur**et**willen, um ihr**et**willen

Ü 345
Richtig:

Ersetzen Sie die präpositionalen Ausdrücke mit den entsprechenden Genitivpräpositionen; vgl. obige Beispiele!

(1) Von mir aus kannst du ruhig alles deinen Eltern erzählen. (2) Wegen uns brauchst du keine Umstände zu machen. (3) Tue das bitte für uns! (4) Vater ist nicht zu Hause? Wegen ihm bin ich extra hierher gekommen. (5) Ihm zuliebe habe ich auf mein freies Wochenende verzichtet.

Der Gebrauch von „es" als Satzstrukturglied

In einigen Satzstrukturen (S. 77) besetzt das unbetonte Pronomen „**es**" ohne Personen- oder Sachbezug die unbesetzte Subjekt/Objektstelle; es ist hier Strukturglied. So steht „es"
als *Struktursubjekt* (ss S. 66)

  Es regnet. – **Es** hagelte Vorwürfe. – Hier zieht **es**. – Hier ist **es** kalt. – Wie spät ist **es**? – Mich schaudert(**'s**). – Mir geht **es** gut. – Was gibt **es** hier? – Mir geht **es** um deine Zukunft. – Hier lebt **es** sich gut.

und als *Korrelat* zur Ankündigung eines Subjektsatzes auf Platz Ⓩ im Nachfeld (S. 86)

  Mich hat **es** die ganze Zeit beunruhigt, *daß du nichts hast von dir hören lassen.*

als *Strukturobjekt* (so S. 68); das Strukturobjekt „es" kann *nicht* den Platz Ⓐ im Vorfeld besetzen (S. ??)

  Karl hat **es** auf dein Geld abgesehen. – Ich habe **es** eilig. – Du hast **es** dir mit der Arbeit leicht gemacht. – Du wirst **es** nicht weit bringen.

und als *Korrelat* zur Ankündigung eines Objektsatzes auf Platz Ⓩ im Nachfeld (S. 86)

  Ich habe (**es**) immer wieder bedauert, *daß ich nicht das Abitur gemacht habe.*

an der Stelle einer *unbesetzten Prädikatsergänzung* (**E** S. 63)

  Herr Schmidt ist *Kaufmann*, und sein Sohn wird **es** auch.

durch einen Attributsatz (Relativsatz) kann die durch „es" besetzte Prädikatsergänzung mit Inhalten aufgefüllt werden.

  Warst du **es**, *der/die mich gestern angerufen hat?*

ohne jede Funktion innerhalb einer Satzstruktur als „*Platzfüller*" auf Platz Ⓐ im Vorfeld zur Erhaltung des Satztyps A (S. 77); dies ist der Fall bei einfachen Feststellungen oder Urteilen, wenn kein Satzglied das Vorfeld besetzt (S. 85).

  Es waren gestern viele Leute im Stadion.
  vgl.: Gestern waren viele Leute im Stadion.

Ü 346
Richtig:

Setzen Sie das Pronomen „es" in die Sätze ein, wo es fehlt! In einigen Sätzen ist es entbehrlich. Bestimmen Sie die Satzstrukturen! (S. 77)

(1) Gestern hat die ganze Nacht geschneit. (2) Der Wasserfall rauscht. (3) In meinen Ohren rauscht. (4) In den Ferien treibt uns nach dem Süden.

Die Worttypen 7

(5) Die Bauern treiben ihre Kühe auf die Weide. (6) Heute ist das Wetter schön. (7) Wie war auf eurer Party? (8) Hier im Zimmer ist kalt. (9) Mich fröstelt. (10) Jetzt wird langsam Abend. (11) Wie spät ist? (12) Mir graut vor der nächsten Prüfung. (13) Dir fehlt an Mut. (14) Ich gehe morgen in die Prüfung. (15) Wie geht dir? (16) Das Bild gefällt mir. (17) Wie gefällt dir in Bremen? (18) In Bremen lebt sich gut. (19) Gibt irgendwelche Probleme? (20) Gib mir bitte eine Tablette gegen Kopfschmerzen!

Stellen Sie das Satzglied von Platz Ⓐ ins Satzfeld und besetzen Sie den Platz Ⓐ mit dem „Platzfüller"!

Ü 347
Richtig:

(1) Auf deutschen Autobahnen wird viel zu schnell gefahren. (2) Bei der Betriebsfeier letzte Woche wurde viel getanzt. (3) Eine ganze Menge Leute sind zu der Feier gekommen. (4) An dieser Straßenkreuzung sind in letzter Zeit mehrere Unfälle passiert. (5) Letzten Winter herrschte hier eine ziemliche Kälte. (6) Seit du von zu Hause weg bist, ist hier eine Menge passiert.

Reflexivpronomen

Das Reflexivpronomen „**sich**", das immer unverändert bleibt, gilt nur für die *3. Person* Singular/Plural. Für die 1. und 2. Person werden die Personalpronomen im Akkusativ/Dativ reflexiv gebraucht (S.øø). (Reflexiver Gebrauch der Personalpronomen)

Der Gebrauch des Reflexivpronomens

Das Reflexivpronomen bzw. die reflexiv gebrauchten Personalpronomen werden verwendet

als *Objekt*: das Reflexivpronomen signalisiert an der Objektstelle die Identität der gemeinten Person mit der im Subjekt genannten Person. Reflexivpronomen können nicht auf Platz Ⓐ im Vorfeld stehen. (vgl. „Satzbauhelfer")

Oa: Die Frau wäscht **sich**. vgl.: Die Frau wäscht *ihr Kleid*.
Ich wasche **mich**. Ich wasche *meine Wäsche*.
Od: Kurt hat **sich** ein Rad gekauft. Kurt hat *seinem Sohn* ein Rad gekauft.
Ich habe **mir** ein Rad gekauft. Ich habe *meinem Sohn* ein Rad gekauft.

Das Adverb „**selbst/selber**" verdeutlicht den Subjektbezug. Mit dieser Erweiterung kann das Reflexivpronomen den Platz Ⓐ im Vorfeld besetzen.
Max rasiert **sich selbst/selber**. **Mir selbst** habe ich den Hut gekauft. Ich rasiere **mich selbst/selber**. (nicht jemand anderen)

Wenn das Subjekt Plural ist, wird durch das Reflexivpronomen auch *Gegenseitigkeit* ausgedrückt; bei reziprokem Gebrauch kann das Reflexivpronomen auch durch das Adverb „**einander**" ersetzt werden.

Die beiden lieben *sich*. Die beiden lieben **einander**.
Die Männer streiten *sich*. Die Männer streiten mit**einander**.

als *Strukturobjekt* (so S. 68): das Reflexivpronomen signalisiert an der Objektstelle eine Bedeutungsänderung im Prädikat.

vgl.:
Fritz *ärgert* **sich** über mich. Oa: Fritz *ärgert* mich.
Ich *ärgere* **mich** über Fritz. Ich *ärgere* Fritz.
Kurt *versteht* **sich** mit seinem Chef. Od: Kurt *versteht* seinen Chef.
Ich *verstehe* **mich** mit Fritz gut. Ich *verstehe* Fritz gut.

Einige Wortstämme funktionieren im Prädikat nur mit einem Strukturobjekt.
Verbstamm: *trink-*: Der Mann hat **sich** *betrunken*.
Nominalstamm: *Brust*: Der Mann *brüstet* **sich** mit seinem Erfolg.
Adjektiv: *näher*: Das Flugzeug *nähert* **sich** dem Ziel.

177

7 Die Worttypen

Das Reflexivpronomen bzw. reflexiv gebrauchte Personalpronomen ist Akkusativ und besetzt die Objektstelle (oa) auf Platz ② im Satzfeld; wenn die Objektstelle für das Akkusativobjekt (oa/Oa auf Platz ②/Platz ⑦; vgl. „Satzbauhelfer") besetzt ist, ist das reflexiv gebrauchte Personalpronomen Dativ und besetzt den Platz ③ im Satzfeld.

Die Katze putzt **sich**. Ich putze **mir** die Schuhe./Ich putze **sie mir**.
(oa) (od) (Oa) (oa) (od)

Ü 348 Richtig:

Setzen Sie das Reflexivpronomen oder die reflexiv gebrauchten Personalpronomen ein, wo sie notwendig sind. In einigen Sätzen treten keine Reflexivpronomen auf! Bestimmen Sie die Satzstrukturen! (S. 77)

(1) Die Kinder freuen auf Weihnachten. Wir freuen auch darauf. (2) Das freut uns, daß ihr uns besuchen wollt. (3) Martha hat um eine Sekretärinnenstelle beworben. (4) Das Plakat wirbt für ein neues Produkt. (5) Wenn du den Zug erreichen willst, mußt du beeilen. (6) Das Kind fürchtet vor unserem Hund. (7) Wir haben beschlossen, eine Reise zu machen. Wir haben aber noch nicht entschlossen, wohin wir fahren wollen. (8) Karl beherrscht Englisch perfekt. (9) Man muß lernen, in kritischen Situationen zu beherrschen. (10) Reg nicht über alles auf! (11) In Kassel haben wir mit dem Auto verfahren. (12) Bitte setzen Sie hierher! (13) Setz bei diesem naßkalten Wetter lieber einen Hut auf! (14) Rasierst du täglich? (15) Ich habe meinen Bart abrasiert. (16) Ich möchte nach einer günstigen Zugverbindung erkundigen. (17) Wenn du denkst, Hans und Eva hätten verlobt, dann irrst du. (18) Der Mensch irrt, solang' er strebt. (19) Ich habe beim Skifahren erkältet. (20) Die Tür öffnet automatisch.

Fragepronomen

Mit Fragepronomen werden Ergänzungsfragen gestellt (S. 312), die einen noch unbekannten Teil eines bekannten Sachverhalts erfragen. (vgl. auch Frageadverbien, S. 169)
„**wer**" (eigentlich: „**w**-" + Kasuszeichen der maskulinen Genusklasse; S. 104) fragt nach Personen; es nimmt, unabhängig welcher Genusklasse das erfragte Nomen angehört, nur die Kasuszeichen der *maskulinen* Genusklasse an. Der Genitiv hat eine um **-en**- erweiterte Form (vgl. „dessen"; S. 180); das dem Genitiv folgende Nomen verliert den Artikel (S. 194).

Nominativ: **wer?** Akkusativ: **wen?** Dativ: **wem?** Genitiv: **wessen?**

Wer besucht dich heute? – Hans./Meine Freundin./Zwei Kollegen.
Wen liebt Udo am meisten? – Gertrud./Seine Frau./Seine Eltern.
Wem gehört der Mantel da? – Sybille./Oskar./Keinem von uns.
Wessen Schirm ist das? – Das ist mein Schirm./Das ist der Schirm von Sybille./ Das ist der Schirm meiner Freundin.
Mit wem bist du befreundet? – Mit Traudel.

„**was**" (eigentlich: „**w**-" + Kasuszeichen der neutralen Genusklasse; S. 104) fragt nach Sachen/Begriffen/Sachverhalten; es nimmt nur die neutralen Kasuszeichen an. Dativ- und Genitivzeichen fehlen. Bei *präpositionalen Ausdrücken* wird statt des Fragepronomens „was?" das Frageadverb „**wo**-" + Präposition gebraucht; S. 172).

Nominativ/Akkusativ: **was?**
Was liegt dort? – Mein neuer Fotoapparat./Prospekte.
Was suchst du? – Meinen Regenschirm./Meinen Mantel.
Was habt ihr gemacht? – Wir haben uns unterhalten.
Worüber habt ihr euch unterhalten? – Über unsere Reise.

178

Die Worttypen 7

Sie verstehen die folgenden Äußerungen nicht vollständig. Stellen Sie Rückfragen, indem Sie nach den kursivgedruckten Inhalten fragen!
Beispiel: *Hans* kann heute nicht kommen. – *Wer* kann heute nicht kommen? *Hans*.

Ü 349

(1) Fritz muß *seinem Vater* im Garten helfen. (2) Morgen besucht mich *Horst*. (3) Ich will eine *Illustrierte* abonnieren. (4) Ich kaufe meine *Zeitung* regelmäßig am Kiosk. (5) Morgen gehe ich *mit meinen Eltern* ins Theater. (6) Olga ist *die Schwester von Uwe*. (7) *Mit Olga* bin ich eng befreundet. (8) Ich spreche nicht gern *über unsere Nachbarn*. (9) Bei der Betriebsfeier haben wir uns *über unseren Chef* unterhalten. (10) Auf dem Sessel liegt *die Mappe von Herrn Knittel*. (11) Ich mache mir *um deinen Freund* Sorgen. (12) Das ist eine *Video*kamera. (13) Herr Fröhlich ist *Leiter dieser Schule*.

Mit „**was für (ein-/welch-)**" erfragt man ein Klassifizierungsmerkmal von Personen/Sachen. Als *Satzglied* nimmt es die Kasuszeichen der Genusreihe an, die dem Nomen entspricht, auf das es sich bezieht (S. 104); bei „ein-" wird das Kasuszeichen beim Nominativ/Akkusativ -**es** zu -**s** verkürzt. Die Präposition „für" hat hier *keinen* Einfluß auf die Kasusform.

    Ich kaufe mir einen Mantel. – *Was für ein**en**? – Einen* Winter*mantel.*
    Hier im Regal steht Wein. – *Was für ein**er** ist das? – Das ist* Land*wein.*
    Wir trinken oft Wein. – *Was für welch**en**? –* Ungarischen.
    Ich liebe Rosen. – *Was für welch**e** vor allem? – Vor allem* rote *Rosen.*

Stellen Sie Fragen mit „was für?" usw.!

Ü 350

(1) Ich möchte gern ein Zimmer. – ....? Ein Einzel- oder ein Doppelzimmer? (2) Wir haben einen Hund. – ....? Einen Dackel oder einen Schäferhund? (3) Ich kaufe Obst. – ....? Orangen oder Äpfel? (4) Haben Sie Joghurt? – .... möchten Sie? Natur- oder Fruchtjoghurt? (5) Dort warten viele Leute auf den Bus. – ....? Touristen oder Einheimische? (6) Dort kommt ein Bus. – ....? Ein Linienbus oder ein Reisebus? (7) Ich lese viele Zeitschriften. – ....? Illustrierte oder Fachzeitschriften?

„**was für ein?**" als *vorangestelltes* Attribut mit Kasuszeichen an „ein-"; beim Nominativ maskulin und beim Nominativ/Akkusativ neutral bleibt „ein" endungslos; die Kasuszeichen werden bei diesen Kasus vom folgenden Attribut übernommen. (Beispiel 1)
Der Frageausdruck kann, mit Ausnahme bei präpositionalen Ausdrücken, getrennt werden; „was" steht dabei auf Platz Ⓐ im Vorfeld (vgl. „Satzbauhelfer"), und der übrige Teil des Ausdrucks wird ins Satzfeld gestellt. (Beispiel 2) Vor Stoffnamen gebraucht man „**was für?**" ohne „ein"; bei getrennter Stellung bleibt „ein" erhalten. (Beispiel 3)

    (1) *Was für ein**en** Film hast du gesehen?*
        *Was für ein groß**es** Haus wird da in der Bahnhofstraße gebaut?*
    (2) *Was hast du für ein**en** Film gesehen?*
        *Was wird da in der Bahnhofstraße für ein groß**es** Haus gebaut?*
    (3) *Was für Wasser ist das?*
        Was ist das für ein Wasser?

Stellen Sie Rückfragen, um sich zu vergewissern, ob Sie richtig verstanden haben. Spielen Sie alle Möglichkeiten nach den obigen Beispielen (1), (2) und (3) durch!

Ü 351

(1) Martin ist ein *genialer* Mensch. (2) Hedwig hat sich einen *Pelz*mantel gekauft. (3) Ich fahre einen *Sport*wagen. (4) Ich trinke *französischen* Wein am liebsten. (5) Bei dem Empfang wurde *Krim*sekt gereicht. (6) Meine Freundin trägt *kurze* Kleider am liebsten. (7) Gold ist ein *Edel*metall. (8) Robert hat die *britische* Staatsangehörigkeit.
(9) *Wagen*: Mein Bruder fährt einen FIAT. (10) *Buch*: Ich lese gerade einen Krimi. (11) *Zeitungen*: Auf deinem Schreibtisch liegen Illustrierte.

179

7 Die Worttypen

(12) *Fische:* Da in der Dose sind Sardinen. (13) *Bäume:* Tannen und Fichten sind durch Umweltverschmutzung am meisten gefährdet.

Demonstrativpronomen

Demonstrativpronomen weisen auf eine Person/Sache hin, die erwähnt worden ist oder noch erwähnt wird (zurückverweisend oder vorausverweisend).

der/das/die; Plural: **die** (eigentlich: **d-** + Kasuszeichen); immer durch Betonung hervorgehoben; vgl. bestimmter Artikel, S. 193
als *Satzglied;* Genitiv Singular und Dativ Plural haben erweiterte Formen:

    Singular: Genitiv mask./neutr.:   dess**en**
                  feminin: der**en**/der**er***
    Plural: Genitiv: der**en**/der**er***
                  Dativ: den**en**

* Die Form „**derer**" wird nur mit folgendem Attributsatz (Relativsatz) gebraucht.

    Kennst du Moritz? – Ja, **den** kenne ich sehr gut. Mit **dem** bin ich befreundet.
    Ich kenne auch **dessen** Vater recht gut.
    Der, den du dort hinten siehst, ist sein Bruder.
    Kennst du Müllers? – Ja, **die** kenne ich sehr gut. Mit **denen** bin ich befreundet. Ich kenne auch **deren** Eltern sehr gut.
    Die Arbeiten **derer**, *die fleißig sind,* werden belohnt.

Wenn das Demonstrativpronomen unbetont ist, ersetzt es das Personalpronomen.

    Kennst du Hans Meier? – Ja, **den**/ihn kenne ich gut.

„**das**" kann sich auf Nomen aller Genusklassen, wie auch auf bekannte Sachverhalte beziehen. Ebenso kann es Korrelat (S. 176) zu einem folgenden Gliedsatz sein;

    Wer ist **das**? – **Das** ist Fritz Breuer. **Das** ist ein Mitschüler von mir.
    Was ist **das**? – **Das** ist meine neue Videokamera.
    Die Preise sind wieder gestiegen. Ich habe **das** schon vorausgesehen.
    Das freut mich wirklich, *daß du deine Prüfung so gut bestanden hast.*

als *Attribut* steht es vor Nomen; die erweiterten Formen entfallen. Für den Genitiv wird das Demonstrativpronomen „**dies**-" (S. 181) verwendet.

    Mit **dem** Ergebnis bin ich ganz und gar nicht zufrieden. Es ist zu dürftig.

Ü 352 Setzen Sie die Demonstrativpronomen ein!
Richtig:

(1) Kennen Sie Frau Hofmann? – Nein, . . . kenne ich nicht. (2) Sind Sie mit Ihrem Wagen zufrieden? – Ja, mit . . . bin ich jetzt vollkommen zufrieden. (3) . . ., der mir helfen will, entlohne ich gut. (4) Wer ist . . .? – . . . sind meine Schulfreunde. (5) Wo ist der Bahnhof? – . . . ist dort hinten. (6) . . . glaube ich dir nicht, daß du gestern den ganzen Tag zu Hause warst. (7) . . . Kleid möchte ich gern haben. (8) Schau mal die Leute dort, wie . . . arbeiten! (9) Siehst du die Frau da? Wie schick . . . angezogen ist! (10) Kennst du die Namen . . ., die hier begraben sind? (11) Ich treffe morgen Dieter und Erwin sowie . . . Schwester. (12) Dort kommen einige Betrunkene. Mit . . . möchte ich es nicht zu tun bekommen.

„**der**selbe/**das**selbe/**die**selbe" Plural: **die**selben (eigentlich: **d-** + Kasuszeichen und „**selb-**" + Attributzeichen) bezeichnet die Identität einer Person/Sache oder eines Sachverhalts.
als *Satzglied*
    Ist das ein neuer Sessel? – Nein, es ist noch **derselbe**.
als *Attribut*
    Habt ihr eine neue Wohnung? – Nein, wir wohnen immer noch in **derselben** Wohnung.

nach Präpositionen, die mit dem Kasuszeichen verschmelzen oder sich mit ihm verbinden, wird „**selb-**" getrennt geschrieben.

Die Worttypen 7

Wir gehen heute wieder **ins selbe** Restaurant wie schon letzte Woche.

Setzen Sie das Demonstrativpronomen „derselbe" usw. ein!

(1) Ich komme aus . . . Stadt wie du. (2) Hast du jetzt eine neue Freundin? – Nein, ich gehe noch mit . . . (3) Wir haben in . . . Hotel gewohnt wie letztes Jahr. (4) Ich dachte, du hättest inzwischen einen neuen Wagen, aber du hast ja immer noch . . . (5) Es ist immer . . ., was du uns erzählst. (6) Ich habe leider nur ein Glas. Wir müssen beide aus . . . Glas trinken.

Ü 353
Richtig:

„**der**jenige/**das**jenige/**die**jenige" Plural: **die**jenigen (eigentlich: d- + Kasuszeichen und „**jenig**-" + Attributzeichen) kündigt einen Relativsatz auf Platz ⓩ im Nachfeld an (vgl. „Satzbauhelfer").
als *Satzglied*
    Max war **derjenige**, *der die Fensterscheibe eingeworfen hat.*
    Inge ist **diejenige** gewesen, *die sich allein um die Kinder gekümmert hat.*
als *Attribut*
    Derjenige Schüler, *der die beste Arbeit schreibt,* erhält die Auszeichnung.
    Geben Sie nur **denjenigen** Eintrittskarten, *die welche vorbestellt haben.*

Setzen Sie die Pronomen ein!

(1) . . ., der meine goldene Uhr zurückbringt, zahle ich eine hohe Belohnung. (2) Die Polizei sucht . . ., die den Banküberfall verübt haben. (3) Haben Sie . . . gekannt, der das Mädchen vor dem Ertrinken gerettet hat? (4) Wer war . . ., dem im Hotel Geld gestohlen worden ist?

Ü 354
Richtig:

„**dies**er/**dies**es/**dies**e" Plural: **dies**e (eigentlich: **dies**- + Kasuszeichen) weist auf nähere Personen/Sachen hin. Das endungslose „dies" oder „dieses" (neutrale Genusklasse) ist eine Variante zu „das" (S. 180) und kann auf Nomen aller Genusklassen hinweisen. Das Adverb „**eben**", mit dem Pronomen verbunden oder unverbunden nachgestellt, hebt den Hinweis hervor.

    *Eben***dies** / **Dies** *eben* wollte ich auch gerade sagen.

„**jen**er/**jen**es/**jen**e" Plural: **jen**e (eigentlich: **jen**- + Kasuszeichen) weist im Gegensatz zu „dies-" auf entferntere Personen/Sachen hin.
als *Satzglied*
    Welcher Mantel gefällt dir am besten? Dieser hier oder **jener** dort hinten?
    Dies war also unser erster Ferientag.
als *Attribut* vor Possessivpronomen nehmen beide Pronomen Kasuszeichen an. (Possessivpronomen S. 185)
    dies**er** / jen**er** Baum; an dies**em** / an jen**em** Ort; auf dies**er** / auf jen**er** Turmspitze; in dies**en** / in jen**en** Zeiten
    in dies**em** unser**em** Land(e)

Setzen Sie die Pronomen ein!

(1) Wir haben uns über . . . und . . . unterhalten. (2) Welche Schallplatte möchtest du gerne hören? – . . . hier. (3) . . . Gebäude hier ist das Museum, und . . . dort ist das Stadttheater. (4) Wart ihr schon auf . . . Berg dort hinten? (5) In . . . Straße ist es sehr laut. (6) Eben_ habe ich auch bemerkt. (7) In welchem Hotel habt ihr gewohnt? – In . . . hier. (8) Haus, Garten und Wagen, . . . alles gehört meinem Großvater. (9) An eben . . . Tag, als das Unwetter einsetzte, wollten wir unsere Urlaubsreise antreten. (10) Müllers wohnen nicht in . . . Haus, sondern in . . . dort hinten. (11) Durch . . . Tür hier kommen Sie in den Speisesaal.

Ü 355
Richtig:

181

7 Die Worttypen

„**solch**er/**solch**es/**solch**e" Plural: **solch**e (eigentlich: **solch-** + Kasuszeichen) weist ganz allgemein auf Art, Eigenschaft, Qualität oder Intensität hin.
Nach „ein/kein" nimmt „**solch-**" nur Kasuszeichen an; geht ein Kasuszeichen voraus, erhält es die Attributzeichen -**e**/-**en** (S. 106). Wenn „solch" vor „ein" steht, bleibt es endungslos.

als *Satzglied*
    Was ist das für ein Haus? Ich habe **solch**es / ein **solch**es / solch ein**s** noch nie gesehen.
    Was sind das für Vögel? **Solch**e habe ich noch nie gesehen.
    Das ist aber ein vornehmes Hotel! In ein**em solch**en / In **solch** ein**em** habe ich noch nicht gewohnt.

als *Attribut*: wenn „solch" vor einem weiteren Attribut steht, kann es auch endungslos bleiben.
    Mit ein**em solch**en guten / Mit ein**em solch** guten Ergebnis bin ich zufrieden.
    In ein**er solch**en schön**en** / In ein**er solch** schön**en** / In **solch ein**er schön**en** Wohnung möchte ich auch wohnen.

Ü 356
Richtig:

Setzen Sie das Pronomen „solch" ein! Spielen Sie alle Möglichkeiten durch!

(1) Ein . . . Zimmer, wie du hast, möchte ich auch haben. (2) Auf eine . . . unhöfliche Frage antworte ich nicht. (3) . . . einen teuren Mantel würde ich mir nicht kaufen. (4) Die Wanderer hatten einen . . . Durst, daß sie sich alle auf die Quelle stürzten. (5) Wie kannst du . . . einem Menschen Vertrauen schenken? (6) Von einem . . . geringen Gehalt kann man keine Familie ernähren. (7) Bei . . . einem Wetter möchte ich am liebsten zu Hause bleiben. (8) Neben Zimmern mit Bad gibt es in dem Hotel auch . . ., die nur eine Dusche haben.

Relativpronomen

Das Relativpronomen „**der/das/die**" (eigentlich: **d-** + Kasuszeichen) leitet Attributsätze ein (Satztyp C; S. 80 und „Satzbauhelfer"). Es hat erweiterte Formen (vgl. Demonstrativpronomen S. 180)
    beim Genitiv Singular maskulin/neutral: des**sen**
    beim Genitiv Singular feminin und im Plural: der**en**
    beim Dativ Plural: den**en**
Relativpronomen beziehen sich auf Nomen oder Pronomen und erhalten Kasuszeichen entsprechend ihrer Funktion im Relativsatz; z. B.

Subjekt (S):   Wer war der *Junge*, **der** eben hier vorbeigekommen ist?
                  (*Der Junge* ist eben hier vorbeigekommen.)
Objekt (Oa):   . . ., **den** du gerade gesehen hast?
                  (Du hast *den Jungen* gerade gesehen.)
Objekt (Od):   . . ., **dem** du den Ball gegeben hast?
                  (Du hast *dem Jungen* den Ball gegeben.)
Objekt (Op):   . . ., **mit dem** du gerade gesprochen hast?
                  (Du hast gerade *mit dem Jungen* gesprochen.)
Plural (Od):   Wer sind die *Jungen*, **denen** wir beim Fußballspiel zugeschaut haben?
    (Op):   Sind das die *Kollegen*, **mit denen** ich zusammenarbeiten werde?

Wenn ein Relativsatz für ein *Genitivattribut* steht, wird das Relativpronomen im Genitiv verwendet; wenn ein Genitiv vor Nomen steht, verliert das Nomen den Artikel (Beispiel 1) (S. 178; vgl. auch das Fragepronomen „**wessen?**" und das Demonstrativpronomen „**dessen/deren**", S. 180); das Kasuszeichen übernimmt das nächste vorangestellte Attribut (Beispiel 2).

    (1) Dort kommt *der Mann*, **dessen** Sohn gestern den Unfall hatte.
        (*Der Sohn des Mannes* hatte gestern den Unfall.)
    Kennst du *den Mann*, **dessen** Sohn gestern den Unfall hatte?

Die Worttypen 7

Dort kommt *die Frau,* **deren** *Tochter* bei uns hilft.
(*Die Tochter der Frau* hilft bei uns.)
Kennst du *die Frau,* **mit deren** *Tochter* ich befreundet bin?
(*Mit der Tochter der Frau* bin ich befreundet.)
(2) Dort kommt *der Mann,* **dessen** ältest**er** *Sohn* den Unfall hatte.
Dort kommt *die Frau,* **deren** jüngst**e** *Tochter* bei uns hilft.
Kennst du *die Frau,* **mit deren** jüngst**er** *Tochter* ich befreundet bin?

Setzen Sie Relativpronomen ein!

(1) Wie heißt der junge Mann, . . . mich sprechen wollte? (2) Ist das der Wagen, . . . Sie sich wünschen? (3) Hier wohnt die Dame, . . . ich die Blumen übergeben soll. (4) Die Leute, . . . uns eingeladen haben, sind sehr sympathisch. (5) Was ist das für eine Arbeit, . . . Sie suchen? (6) Die Miete für das Zimmer, . . . der Vermieter verlangt, kann ich nicht aufbringen. (7) Hier gebe ich Ihnen einen Scheck, . . . Sie bei Ihrer Bank einlösen können. (8) Ist das das Mädchen, . . . du dein Fahrrad geliehen hast?

Ü 357

wie Übung 357

(1) Ist das das Hotel, in . . . wir letztes Jahr gewohnt haben? (2) Die Firma, bei . . . ich arbeite, ist in Berlin. (3) Dort kommen Kollegen, mit . . . ich täglich zusammenarbeite. (4) Ich kenne die beiden Mädchen nicht, von . . . du mir erzählt hast. (5) Darf ich Sie mit Herrn Neumeier bekannt machen, mit . . . wir in Zukunft zusammenarbeiten werden? (6) Ich danke dir für deinen Brief, über . . . ich mich sehr gefreut habe.

Ü 358

wie Übung 357

(1) Wie heißen die Leute, . . . Kinder immer vor unserem Haus spielen? (2) Das ist der Juwelier, . . . Geschäft vor kurzem ausgeraubt worden ist. (3) Ist das nicht der Schauspieler, . . . Foto heute in der Zeitung war? (4) Wo wohnt Frau Kunze, . . . Tochter bei uns arbeitet? (5) Ist das nicht Frau Schmidt, mit . . . Sohn wir vorhin gesprochen haben?

Ü 359

wie Übung 357: Ergänzen Sie auch die Kasusendungen!

(1) Heute kommt Kollege Müller, . . . älter_ Bruder sich als Geschäftsmann selbständig gemacht hat. (2) Das ist der Juwelier, in . . . neueröffnet_ Geschäft ich meiner Frau das teure Armband gekauft habe. (3) Das ist Frau Heim, . . . jüngst_ Kind sich gestern den Arm gebrochen hat. (4) Wie heißt der Bürgermeister, in . . . klein_ Gemeinde letzten Sonntag der neue Skilift eingeweiht worden ist? (5) Hier kommt mein Kollege, mit . . . freundlich_ Hilfe wir eine neue Wohnung gefunden haben.

Ü 360

In Relativsätzen, die von den Personalpronomen „**ich, du, wir, ihr, Sie**" abhängen, werden die Personalpronomen zur Übereinstimmung mit der Personalform wiederholt, wenn sie Subjekt sind; das Relativpronomen richtet sich im Singular nach dem natürlichen Geschlecht der Personen: „**der**" steht für eine *männliche* und „**die**" für eine *weibliche* Person.

Heinz, ich möchte *dich,* **der** *du* ja meine Probleme kennst, um Rat bitten.
Margot, ich möchte *dich,* **die** *du* ja meine Probleme kennst, um Rat bitten.

Setzen Sie Relativpronomen und, wenn nötig, Personalpronomen ein!

(1) Ich werde Ihnen, Herr Müller, ... mich immer unterstützt haben, bei der Abstimmung meine Stimme geben. (2) Ich schenke euch, ... mir beim Vorlesen so aufmerksam zugehört habt, jedem ein Exemplar dieses schönen

Ü 361

183

7 Die Worttypen

Buches. (3) Warst du das, Horst, ... mich gestern angerufen hat? (4) Oder waren Sie es, Frau Müller, ... gestern bei mir angerufen hat?

Das Relativpronomen „**welch**-" + Kasuszeichen wird anstelle von „der/das/die" usw. nur gebraucht, um eine Häufung gleichlautender Pronomen zu vermeiden. Genitivformen fehlen.

    Warst du **der, welcher der** Frau Vorhaltungen gemacht hat?
    (Statt: Warst du *der, der der* Frau Vorhaltungen gemacht hat?)

Das Relativpronomen „**wer**" (eigentlich: **w**- + Kasuszeichen der maskulinen Genusklasse; vgl. Fragepronomen „wer?", S. 178) bezieht sich auf eine unbestimmte Person oder Personengruppe, die mit dem Relativsatz näher beschrieben wird. Der Genitiv hat die erweiterte Form „**wessen**". Der Relativsatz (Satztyp C) besetzt den Platz Ⓐ im Vorfeld zum Satztyp A. (vgl. „Satzbauhelfer")

    Wer an dem Ausflug teilnehmen will, möge sich in die Liste eintragen.

Häufig besetzt das Demonstrativpronomen „**der/das/die**" den Platz Ⓐ im Vorfeld, wenn das Kasuszeichen des Relativpronomens nicht mit der Funktion im übergeordneten Satz übereinstimmt. Der Relativsatz wird dann dem Satztyp A vorgeschaltet. (vgl. „Satzbauhelfer")

    Wer mir vertraut, **dem** vertraue ich auch.
    Wer den ganzen Tag schwer arbeiten muß, (**der**) ist abends auch müde.

Ü 362 Richtig:

Bilden Sie die Relativsätze mit dem Pronomen „wer/wen/wem/wessen"!
Beispiel: Wenn *jemandem* nicht zu raten ist, ist ihm auch nicht zu helfen.
    Wem nicht zu raten ist, *dem* ist auch nicht zu helfen. (Sprichwort)

(1) Wenn jemand einmal gelogen hat, glaubt man ihm nicht mehr. (2) Wenn jemand noch eine Frage hat, kann er mich fragen. (3) Wenn jemand schon mit seiner Arbeit fertig ist, kann er nach Hause gehen. (4) Wenn es hier jemandem nicht gefällt, kann er ja abreisen. (5) Wenn ich jemandem helfen kann, helfe ich auch. (6) Wenn jemandes Absichten schlecht sind, kann man das nicht immer erkennen. (7) Wenn ich jemandes Hilfe brauche, sage ich das schon rechtzeitig. (8) Wenn jemanden das Buch nicht interessiert, braucht er es auch nicht zu lesen.

Ü 363 Richtig:

Das Relativpronomen „**was**" (eigentlich: **w**- + Kasuszeichen der neutralen Genusklasse; vgl. Fragepronomen „was?", S. 178) bezieht sich auf unbestimmte Pronomen (S. 186) oder Inhalte von Adjektiven, die der neutralen Genusklasse zugeordnet sind (S. 150).

    Hier ist *nichts,* **was** mich reizen könnte.
    Ich sage euch *etwas,* **was** ihr noch nicht wißt!
    Daß du die Aktien verkauft hast, war das *Beste,* **was** du tun konntest.

„was" schließt auch Attributsätze an, die sich auf den ganzen vorhergegangenen Satz beziehen und dessen Inhalt erläutern oder kommentieren (Satzattribut). (vgl. „wo-", S. 102)

    Ich habe gehört, *daß du deine Arbeitsstelle verloren hast,* **was** mir natürlich sehr leid tut.

Bilden Sie Relativsätze mit „was"!

(1) Der Mann flüsterte mir etwas zu. Ich habe es aber nicht verstanden. (2) Ich möchte dir etwas zeigen. Es interessiert dich sicher. (3) Ist das alles? Hast du mir nichts (weiter) dazu zu sagen? (4) Wir haben im Urlaub vieles kennengelernt. Wir kannten es (vorher) nur von Bildern her. (5) Hier gibt es wirklich nichts (Schönes). Mir gefällt nichts.

Ü 364

Schließen Sie den zweiten Satz als Satzattribut an!

(1) Erich erzählte uns von seiner Afrikareise. *Das interessierte mich natürlich sehr.* (2) Onkel Otto besuchte uns gestern. *Wir hatten das eigentlich*

Die Worttypen 7

nicht erwartet. (3) Die Autoabgase schädigen den Wald. *Das ist ja allgemein bekannt.* (4) Die Aufführung des Theaterstücks ist abgesagt worden. *Viele Theaterbesucher enttäuschte das natürlich.* (5) Unser Vater hat morgen seinen 70. Geburtstag. *Wir werden das selbstverständlich gebührend feiern.*

Possessivpronomen

Die Possessivpronomen „**mein-, dein-, sein-/ihr-, unser-, euer-, ihr-**" (+ Kasuszeichen oder Attributzeichen; S. 104, 106) stehen als Satzglied oder als Attribut und signalisieren Zugehörigkeit, Besitz, Verfügungsrecht und ähnliches.

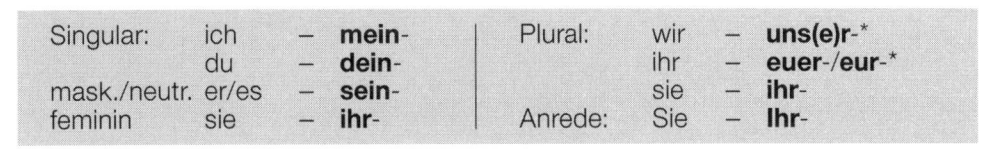

Singular:	ich	– **mein-**	Plural:	wir	– **uns(e)r-***
	du	– **dein-**		ihr	– **euer-/eur-***
mask./neutr.	er/es	– **sein-**		sie	– **ihr-**
feminin	sie	– **ihr-**	Anrede:	Sie	– **Ihr-**

* Wenn „**euer**" Kasuszeichen erhält, fällt der Vokal -**e**- aus („eurer"); bei „unser" *kann* er ausfallen („unsrer/unserer").

Als *Satzglied* erhalten Possessivpronomen Kasuszeichen; für die neutrale Genusklasse wird im Nominativ/Akkusativ oft die verkürzte Form -**s** gebraucht:
mein(e)s, dein(e)s, sein(e)s, ihr(e)s, unser(e)s, euer(e)s, ihr(e)s
    Wem gehört der Wagen / das Buch / die Tasche? – Das ist **mein**er / **mein**s / **mein**e.
    Ich habe keinen Wagen / kein Buch / keine Tasche bei mir. – Nehmen Sie **mein**en / **mein**s / **mein**e.
Wenn *vor Possessivpronomen* der bestimmte Artikel steht, erhält das Possessivpronomen Attributzeichen. Die Possessivpronomen werden dann auch oft mit dem Suffix -**ig** erweitert. Diese Ausdrucksform wird meistens nur für Bezeichnungen innerhalb der eigenen Verwandtschaft gebraucht.
    Mein Freund / Mein Kind / Meine Frau ist schon hier. Wo ist denn der dein*e* / der dein**ig***e* / das dein*e* / das dein**ig***e* / die dein*e* / die dein**ig***e* eigentlich?

Als *Attribut* erhalten Possessivpronomen Kasuszeichen; nur beim Nominativ der maskulinen Genusklasse und beim Nominativ/Akkusativ der neutralen Genusklasse bleiben die Pronomen endungslos; das Kasuszeichen erhält das folgende Attribut.
    Kennst du **mein**en Freund schon? – Nein, aber **dein**en Vater kenne ich.
    In **unser**em Haus wohnt **mein**e Familie und die Familie **mein**es Bruders.
    Eure Mutter hat mit **unser**em Lehrer über **unser** letzt**es** Schulfest gesprochen.
In Briefen werden Possessivpronomen, die sich auf die angeredete Person oder Personengruppe beziehen, mit großen Anfangsbuchstaben geschrieben.
    Vielen Dank für **D**einen letzten Brief. Wie geht es **E**uren Eltern?

Das Possessivpronomen „**sein**" bezieht sich auf ein vorher erwähntes Nomen der maskulinen oder neutralen Genusklasse, und „**ihr**" auf ein Nomen der femininen Genusklasse.
    der Vater und **sein** Sohn/**sein** Kind/**seine** Tochter/**seine** Kinder
    das Kind und **sein** Vater/**sein** Schwesterchen/**seine** Mutter/**seine** Eltern
    die Mutter und **ihr** Sohn/**ihr** Kind/**ihre** Tochter/**ihre** Kinder
    Die Eltern lieben **ihr**en Sohn/**ihr** Kind/**ihre** Tochter/**ihre** Kinder.

Setzen Sie die Possessivpronomen ein!

(1) Holger kommt gerade von s_ Eltern. (2) S_ Vater arbeitet in s_ Firma, und s_ Mutter arbeitet als Lehrerin. (3) S_ Mutter unterrichtet i_ Schüler in Englisch und Deutsch. (4) Alle i_ Schüler mögen sie sehr. (5) M_ Vater habe ich gestern in s_ Büro aufgesucht. (6) S_ Sekretärin kennt mich gut und hat mich gleich in s_ Büro gelassen.

Ü 365

7 Die Worttypen

(7) Gestern haben wir u_ Freundin Erika besucht. (8) Sie hat mich und m_ Schwester zu sich eingeladen, um i_ neue Wohnung anzusehen.
(9) Ist das I_ Wagen? – Ja, das ist m_. Wo haben Sie den I_ stehen? (10) M_ steht jetzt in der Garage.
(11) Ist das I_ Buch? – Nein, das ist I_. M_ habe ich in m_ Aktentasche.
(12) Wo ist m_ Mantel? Das hier ist doch d_. – Ja, das ist m_, d_ hängt in der Garderobe.
(13) Haben alle Reisenden i_ Reisepässe bei sich? Ohne i_ Pässe können sie nicht über die Grenze. (14) Ach, ich habe m_ auf m_ Zimmer in u_ Hotel liegengelassen. (15) Wie geht es d_ Bruder und d_ Schwester? (16) Wo ist denn d_ Mann? Will er denn nicht mit dir tanzen? – M_ will jetzt nicht tanzen. – Dann tanz doch mit dem m_! Nicht wahr Otto, du tanzt doch sicher sehr gern mal mit m_ besten Freundin.

Ü 366
Richtig:

Setzen Sie Possessivpronomen ein!

(1) der Vater, . . . Sohn, . . . Kind und . . . Frau (2) die Mutter, . . . Sohn, . . . Kind und . . . Schwester (3) das Mädchen, . . . Bruder, . . . Mutter und . . . Spielzeug (4) die Nachbarn, . . . Garten, . . . Haus, . . . Wohnung und . . . Kinder (5) der Vater mit . . . Tochter (6) die Mutter mit . . . Sohn (7) der Sohn mit . . . Freundin (8) die Leute mit . . . Kindern

Unbestimmte Pronomen
Unbestimmte Pronomen beziehen sich
auf unbestimmte, unbekannte oder beliebige Personen: **man, jemand** (negativ: **niemand**), **irgendwer, jedermann**
auf unbestimmte, unbekannte oder beliebige Sachen/Sachverhalte: **etwas** (negativ: **nichts**), **ein bißchen, irgendwas**
auf einzelne unbestimmte, unbekannte oder beliebige Personen/Sachen: **ein-**, **jed-** sowie auf die Gesamtheit von Personen/Sachen: **all-**, **sämtlich-**
oder auf eine unbestimmte Anzahl von Personen/Sachen: **einig-**, **etlich-**, **mehrer-**, **viel-**, **wenig-**, **manch-**, **ein paar**

Das Pronomen „**man**" bezeichnet eine unbestimmte, nicht näher bezeichnete Person oder Personengruppe; das Pronomen ist nur Subjekt, bleibt unverändert und kann keine Attribute annehmen. Es besetzt Platz ① im Satzfeld oder Platz Ⓐ im Vorfeld (vgl. „Satzbauhelfer"). Andere Funktionen im Satz werden von dem unbestimmten Pronomen „**ein-**" (+ Kasuszeichen) übernommen (S. 104). In bestimmten Äußerungen kann sich „man" auf den Sprecher beziehen und steht anstelle von „**ich**"; die Personalform im Prädikat ist auch dann 3. Person Singular.

Ü 367
Richtig:

Setzen Sie das Pronomen „man" ein!

(1) Auf dem Maskenball hat dich sofort an deiner Stimme erkannt. (2) In Japan ißt statt mit Messer und Gabel mit Eßstäbchen. (3) Bei uns spricht nur Deutsch. (4) Wie geht es Ihnen? – Danke, kann nicht klagen. (5) Wie hört, willst du dich von deinem Mann scheiden lassen.

Das Pronomen „**ein-**" (+ Kasuszeichen / + Attributzeichen; S. 104, 106) bezeichnet eine einzelne Person/Sache und wird nur als Satzglied verwendet (negativ: **kein-**); für die neutrale Genusklasse wird beim Nominativ/Akkusativ Singular häufig die verkürzte Form „ein**s**" statt „eines" gebraucht (vgl. Possessivpronomen, S. 185); Genitivzeichen und Plural fehlen. Das negative „kein-" nimmt mit Ausnahme des Genitivs alle Kasuszeichen an. (Beispiel 1)
Anstelle von „ein-" steht das Pronomen „**welch-**" (+ Kasuszeichen), wenn das Pronomen ein Nomen ohne Artikel vertritt (Beispiel 2).

(1) Hast du einen Mantel / ein Nachthemd / eine Jacke da? – Ja, ich habe **ein**en / **ein**s / **ein**e da. / Nein, ich habe **kein**en / **kein**s / **kein**e da.

Die Worttypen 7

Ich habe drei Freunde. **Ein**en von ihnen kennst du gut.
Ich habe gehört daß **ein**er deiner Freunde Amerikaner ist.
(2) Hast du Briefmarken? – Ja, ich habe **welch**e. / Nein, ich habe **kein**e.
Haben wir noch Kaffee / Bier / Milch da? – Ja, hier ist noch **welch**er / **welch**es / **welch**e.

Wenn vor „ein-" der bestimmte Artikel steht, erhält das Pronomen die Attributzeichen (S. 106).

Vor dem Haus stehen zwei Wagen. **Der** eine davon gehört uns.
Hier sind zwei Kuchenteller. **Den** ein**en** davon kannst du haben.

Wenn zuvor keine Person/Sache genannt worden ist, bezieht sich das Pronomen „ein-" *nur auf Personen*. Das Pronomen wird der Genusklasse zugeordnet, die dem natürlichen Geschlecht der Person entspricht.

Dort steht ein**er**, den ich nicht kenne.
Auf der Straße habe ich ein**e** gesehen, die ich gerne kennenlernen möchte.

Wenn „ein-" der neutralen Genusklasse zugeordnet wird, bezieht sich das Pronomen auf *Sachverhalte*.

Ihr habt immer nur **ein**s / *das* **ein**e im Kopf, das ist das Fußballspielen.
Junge Männer reden immer nur von *dem* **ein**en, von den Mädchen und der Liebe.

Setzen Sie die Pronomen ein!

(1) Hast du einen Kugelschreiber? – Da liegt . . .! Nimm den! (2) Gibt es hier eine Telefonzelle? – Da hinten an der Straßenecke ist . . . (3) Kann ich . . . von deinen Fotos haben? (4) Habt ihr schon eine Wohnung? – Nein, wir haben leider noch . . . gefunden. / Ja, wir haben inzwischen . . . gefunden. (5) Brauchen Sie eine Brille? – Ja, zum Lesen brauche ich . . . / Nein, ich brauche . . . (6) Haben Sie noch Brot? – Ja, ich habe noch . . . (7) Da liegen Äpfel. Du kannst dir . . . davon nehmen. (8) . . . unserer Studienkollegen ist krank geworden. (9) Wem gehören die Mäntel hier? – Der . . . davon gehört mir. (10) An der Tür steht . . ., der Sie sprechen möchte. (11) In der Bar habe ich . . . getroffen, die dich kennt. (12) Brauchst du noch Kaffee? – Danke, ich habe noch . . . / Ja, ich habe . . . mehr. (13) Redet doch mal von etwas anderem! Ihr redet immer nur von dem . . ., von der Politik. (14) Du hast gestern Briefmarken besorgt. Hast du noch . . .? – Nein, leider habe ich . . . mehr. / Ja, . . . habe ich noch. (15) Morgen fahre ich mit . . . meiner Freunde in die Berge.

Ü 368
Richtig:

Das Pronomen „**jemand**" (negativ: **niemand**) bezeichnet eine unbestimmte, nicht näher bezeichnete Person und wird im Akkusativ/Dativ mit oder ohne Kasuszeichen gebraucht.

Nominativ: jemand   / niemand
Akkusativ: jemand(**en**) / niemand(**en**)
Dativ: jemand(**em**) / niemand(**em**)
Genitiv: jemand**es**   / niemand**es**

als *Satzglied* kann es Adjektive und Partizipien als nachgestellte Attribute annehmen; diese werden mit Ausnahme von „**ander-**" mit großem Anfangsbuchstaben geschrieben. Wenn das Pronomen *kein* Kasuszeichen hat, tritt das Kasuszeichen an das nachgestellte Attribut. Es erhält die Kasuszeichen der maskulinen Genusklasse oder auch der neutralen Genusklasse, auch wenn es sich auf Personen bezieht. Wenn das Pronomen ein Kasuszeichen trägt, erhält das Attribut die Attributzeichen (S. 106).

War heute **jemand** da, der zu mir wollte? – Nein, es war **niemand** da.
Hast du mit **jemand/jemand**em gesprochen? – Nein, mit **niemand / niemand**em.

Akkusativ: für **jemand** Bekannt**en**/Bekannt**es**
            für **jemand**en Bekannt**en**
Dativ: mit **jemand** Bekannt**em**
            mit **jemand**em Bekannt**en**

als *Genitivattribut* wird das Pronomen vorangestellt, wobei das Nomen seinen Artikel verliert (vgl.

7 Die Worttypen

„wessen?", S. 178 und „dessen", S. 180); meist wird aber ein Präpositionalattribut nachgestellt.
Eine solche Arbeit wie diese ist nicht jedermann**s** Sache.
Dort hängt noch der Mantel von jemand(**em**), der vorhin hier war.

Ü 369
Richtig:

Setzen Sie die Pronomen ein und ergänzen Sie die Endungen!

(1) Vorhin hat . . . nach Ihnen gefragt. (2) Hast du . . . Bekannt_ in der Bar gesehen? (3) Eben habe ich . . . auf der Straße gesehen, der mir irgendwie bekannt vorkam. (4) Hat nicht eben . . . an die Tür geklopft? – Nein, es ist . . . da. (5) Kennst du . . ., der mir helfen kann? – Nein, ich weiß . . . (6) Der Brief ist von . . ., den ich gut kenne. (7) *niemand:* Jedermanns Freund ist . . . Freund. (Redensart) (8) *niemand:* Ich möchte mich mit . . . ander_ unterhalten als mit dir. (9) *niemand:* Ich bin auf . . . Hilfe angewiesen. (10) Wenn ich . . . liebe, dann bist du es.

Das Pronomen „**irgendwer**" (Plural: **irgendwelche**) bezeichnet eine beliebige, nicht identifizierte Person (vgl. „jemand", S. 187); das Pronomen wird nur als Satzglied gebraucht und hat kein Genitivzeichen (vgl. „wer?", S. 178).
Irgendwer war heute hier und wollte dich sprechen.
Erzähl das **irgendwem**, aber nicht mir!

Ü 370
Richtig:

Setzen Sie das Pronomen ein!

(1) . . ., den ich nicht kenne, hat mich auf der Straße angesprochen und nach deiner Adresse gefragt. (2) Ich finde mein Buch nicht. Ich muß es . . . ausgeliehen haben. (3) Ruf bei der Firma an! . . . wirst du sicher erreichen, der dir Auskunft geben kann. (4) Es kann alles noch so gut sein, . . . ist immer unzufrieden.

Das Pronomen „**irgendwas**" bezeichnet eine beliebige, nicht identifizierte Sache oder einen Sachverhalt; es wird als Satzglied gebraucht. Nachgestellte Attribute erhalten das Kasuszeichen und werden, mit Ausnahme von „**ander**-", mit großem Anfangsbuchstaben geschrieben.
Hast du heute **irgendwas** über den Unfall erfahren können?
Irgendwas habe ich draußen gehört, ich weiß aber nicht was.
Erzähle uns **irgendwas** Interessantes aus deinem Urlaub!

Ü 371
Richtig:

Setzen Sie das Pronomen ein und ergänzen Sie die Endungen!

(1) . . . bedrückt dich doch. Willst du mir nicht sagen was? (2) Der Mann an der Haustür wollte mir . . . verkaufen. (3) Sitz hier nicht so tatenlos herum! Beschäftige dich mit . . . Nützlich_! (4) Kannst du nicht . . . ander_ tun, als immer nur am Fernseher zu sitzen? (5) Gib mir bitte . . . zu lesen! Hast du nicht . . . Interessant_ anzuschauen?

Das Pronomen „**jedermann**" bezieht sich verallgemeinernd auf jede beliebige Person („alle", S. 190); mit Ausnahme des Genitivzeichens nimmt es keine Kasuszeichen an.
als *Satzglied*
Jedermann kann zu mir kommen und mich um Rat fragen.
Der Junge ist zu **jedermann** freundlich.
als *Attribut* im Genitiv vor artikellosem Nomen (vgl. S. 194)
Meeresfrüchte sind nicht nach jedermann**s** Geschmack.

Ü 372
Richtig:

Setzen Sie das Pronomen ein!

(1) Hier hat . . . freien Eintritt. (2) Dieses Buch ist nicht für . . . (3) Klaus redet nicht mit . . . (4) . . . Freund ist niemandes Freund. (Redensart)

Die Worttypen 7

Das Pronomen „**jed**er/**jed**es/**jed**e" (eigentlich: **jed**- + Kasuszeichen) bezeichnet Personen/Sachen als Einzelne einer bestimmten Anzahl (vgl. „all-", „sämtlich-", S. 186, 190);
als *Satzglied* nimmt es außer dem Genitiv alle Kasuszeichen an.

>**Jed**er muß einmal sterben.
>Der arme Junge bettelt **jed**en um Geld an.
>Ich gehe nicht mit **jed**em.
>**Jed**es der Kinder bekommt ein Eis von mir.

Zur Verdeutlichung kann auch der unbestimmte Artikel vorangestellt werden; das Pronomen erhält das Attributzeichen, wenn „ein-" das Kasuszeichen trägt.

>*Ein* jed**er** von uns hat seine eigenen Probleme.
>Ich spreche nicht mit ein**em** jed**en** darüber.

In bestimmten Fällen wird zur weiteren Verdeutlichung auch noch „**einzeln**-" als Attribut nachgestellt. Das Attribut erhält die Attributzeichen (S. 106);

>Der Lehrer stellte *jedem* **einzeln**en von uns Fragen.
>Er hat *jeden* **einzeln**en nach dem Beruf des Vaters gefragt.

als *Attribut* steht „jed-" vor Nomen und erhält das Kasuszeichen (S. 104); nachfolgende Attribute erhalten die Attributzeichen (S. 106).

>Jed**er** Mensch muß arbeiten.
>Ich gehe jed**en** Tag ins Büro.
>Ein**em** jed**en** anständigen Menschen wäre das zuwider.
>Die Grippe kann ein**en** jed**en** von uns erwischen.

Vor Ordnungszahlen (S. 167) bezeichnet „jed-" eine bestimmte Reihenfolge.

>Unsere Putzfrau kommt *jeden* **zweiten** Tag zu uns zum Reinemachen.
>*Jeden* **1. (ersten)** eines Monats ist das Gehalt auf meinem Konto.

Setzen Sie die Pronomen ein und ergänzen Sie die Endungen!

Ü 373
Richtig:

(1) Man kann nicht . . . vertrauen. (2) Uwe bändelt mit . . . hübsch_ Mädchen an. (3) . . . muß das Recht auf freie Meinungsäußerung haben. (4) . . . von uns Frauen kämpft um die Gleichberechtigung. (5) Auf . . . unserer Geräte geben wir ein Jahr Garantie. (6) Die Gäste bekommen . . . ein Einzelzimmer. (7) . . . von uns wünscht sich den Frieden. (8) Die guten Taten ein_ . . . Menschen werden einmal belohnt. (9) Ich habe ein_ . . . einzeln_ Schulkameraden zu einem Klassentreffen eingeladen, und . . . ist gekommen. (10) Sie kaufen bei uns ohne . . . Risiko.

Das Pronomen „**manch**-" (+ Kasuszeichen) bezeichnet, außerhalb einer bestimmten Reihenfolge oder eines bestimmten Zusammenhangs, einzelne Personen/Sachen aus einer unbestimmten Anzahl von Personen/Sachen;
als *Satzglied*: wenn es sich auf *männliche* Personen bezieht, nimmt es die maskulinen Kasuszeichen an, bezieht es sich auf *weibliche* Personen, erhält es die femininen Kasuszeichen; auf *Sachen/Sachverhalte* bezogen, erhält es die Kasuszeichen der neutralen Genusklasse.

>**Manch**er ist schon mit seinen guten Absichten gescheitert.
>Erich hat schon mit **manch**er seiner vielen Kolleginnen geflirtet.
>Aber **manch**e haben ihn abblitzen lassen.
>Ich habe **manch**es schon erlebt, aber so etwas noch nicht.

Nachgestellte Attribute werden, außer bei „**ander**-", mit großem Anfangsbuchstaben geschrieben und erhalten die Attributzeichen (S. 106);

>Wir haben mit manch**em** Unglücklich**en** der Erdbebenkatastrophe gesprochen.
>Sei zufrieden mit deinem Los! Manch**er** andere wäre / Manch**e** andere wären froh, wenn er an deiner Stelle wäre / wenn sie an deiner Stelle wären.
>Wir haben schon manch**es** Erfreuliche von deinem Sohn gehört.

als *Attribut* steht „manch-" vor Nomen und nimmt das Kasuszeichen an; nachfolgende Attribute nehmen Attributzeichen an (Beispiel 1). Vor „ein-" bleibt „manch" endungslos (Beispiel 2).

7 Die Worttypen

(1) Die Frau hat schon manch**es** schöne Erlebnis gehabt.
In unseren Kinos ist schon manch**er** schöne Film gelaufen.
(2) **Manch** ein**er** wäre froh, wenn er deine Arbeitsstelle hätte.
Manch ein**em** sieht man seine schlechte Laune gleich an.
Manch ein Schwerverletzter könnte gerettet werden, wenn rechtzeitig Hilfe käme.

Ü 374
Richtig:

Setzen Sie das Pronomen ein und ergänzen Sie die Endungen!

(1) Auf meinen Reisen habe ich . . . Sonderbar_ erlebt. (2) Ich hatte . . . sonderbar_ Erlebnisse. (3) Ich habe viele Bekannte. Mit . . . von ihnen bin ich enger befreundet. (4) Ich kenne viele Ausländer. . . . von ihnen sprechen ausgezeichnet Deutsch. (5) In deinem Bücherregal hast du . . . interessant_ Buch. (6) Ich habe dich . . . Mal wegen deines Erfolges im Leben beneidet. (7) Wir haben schon . . . Gut_ von dir gehört. (8) Du hast schon . . . ein_ arm_ Menschen geholfen. (9) . . . Leute haben recht merkwürdige Ansichten.

Das Pronomen „**all**-" (+ Kasuszeichen) bezeichnet die Gesamtheit bestimmter Personen/Sachen;

als *Satzglied* bezieht es sich auf vorher genannte Personen/Sachen (Beispiel 1); wenn kein unmittelbarer Bezug auf ein vorher genanntes Nomen erkennbar ist, bezieht sich „alle" nur auf Personen, und „alles" nur auf Sachen/Sachverhalte (Beispiel 2); nachgestellte Attribute erhalten die Attributzeichen (S. 106) und werden mit Ausnahme von „**ander**-" mit großen Anfangsbuchstaben geschrieben.

(1) Ich hatte Erwin eine Tüte Bonbons geschenkt. Jetzt hat er schon all**e** vernascht.
(2) All**e** erwarten von mir Hilfe. Aber ich kann nicht all**en** helfen.
Ich habe all**es** verkauft, was ich habe.
Ich wünsche dir all**es** Gute.

Wenn „**alles**" *Subjekt* ist, kann es sich auch auf die Gesamtheit einer Personengruppe beziehen.

Alles aussteigen. Der Zug fährt nicht weiter.
Alles lachte, bevor Fritz seinen Witz erzählt hatte.
(vgl. Als Fritz seinen Witz erzählt hatte, lachten **alle**.)

als *Attribut* erhält das Pronomen „**all**-" das Kasuszeichen (Beispiel 1). Wenn es im Plural vor Artikel, Demonstrativpronomen oder Possessivpronomen tritt, nimmt es das gleiche Kasuszeichen an wie diese oder bleibt ohne Endung (Beispiel 2). Als Genitivattribut wird „**all**-" nachgestellt (Beispiel 3).

(1) Ich bin mit all**en** Büroarbeiten vertraut.
Der Mann hat all**es** Geld verloren.
(2) Wir haben **all**(e) unser**e** Arbeiten abgeschlossen.
Ich habe **all**(en) mein**en** Verwandten geschrieben.
(3) Er arbeitet zum Wohl all**er** / zu unser all**er** Wohl.

Ü 375
Richtig:

Setzen Sie das Pronomen ein und ergänzen Sie die Endungen!

(1) Gestern waren wir . . . im Schwimmbad. (2) Du darfst nicht . . . glauben, was man dir erzählt. (3) Wir haben stets . . . geholfen, die Hilfe brauchten. (4) Die Reporterin hat mit . . . gesprochen, die das Schiffsunglück gesehen haben. (5) Seid ihr immer mit . . . zufrieden, was man euch bietet? (6) Du mußt jetzt vor . . . an deine Zukunft denken. (7) Ist bei euch zu Hause . . . in Ordnung? (8) Wir wünschen euch für das kommende Jahr . . . Gut_. (9) Bringen Sie die Angelegenheit in Ordnung. . . . Weiter_ erledigt sich dann von selbst. (10) Hört mal . . . her!

Mit dem Pronomen „**sämtlich**-" (+ Kasuszeichen / + Attributzeichen) wird eine unbestimmte Anzahl von Personen/Sachen *ohne Ausnahme* zusammengefaßt; als Satzglied nimmt es Kasuszeichen an; als Attribut nimmt es Attributzeichen (S. 106) an, wenn bereits ein Kasuszeichen vorangeht.

Die Worttypen 7

Herta hat an ihre **sämtlich**en Freunde Glückwunschkarten verschickt.
Hat sie auch **sämtlich**es Küchengeschirr mitgenommen? – Ja, **sämtlich**es.
Hat sie mit ihren Freunden Streit gehabt? – Ja, mit **sämtlich**en.

Setzen Sie das Pronomen ein und ergänzen Sie die Endungen!

(1) Sybille hat ihren Mann verlassen und ihre ... Möbel mitgenommen. (2) Das Kaufhaus hat ... Preise um 30% herabgesetzt. (3) Der Chef hat ... Mitarbeitern zum neuen Jahr Glück gewünscht. – ...? – Ja, ... (4) In dieser Buchhandlung kaufe ich meine ... Bücher. (5) Kaufst du ... Bücher hier? – Ja, ... (6) Ich muß ... alt_ Material zur Mülldeponie bringen.

Ü 376
Richtig:

„**viel**-"/„**wenig**-" (+ Kasuszeichen / + Attributzeichen) beziehen sich als Pronomen auf Personen/Sachen;
als *Satzglied* nehmen sie Kasuszeichen an; nach dem Artikel erhalten sie Attributzeichen (S.øø); mit dem neutralen Kasuszeichen beziehen sie sich nur auf Sachen/Sachverhalte.

Dein Bruder erzählte mir, du sammelst Briefmarken. – Hast du schon **viel**e? –
Nein, nicht **viel**e, ich habe erst **wenig**e.
In der Schule haben wir **viel**es gelernt, aber nur **wenig**es davon behalten.
Olga ist mit d**em wenig**en zufrieden, was sie besitzt.

Mit *nachgestellten Attributen* bleibt „viel/wenig" endungslos, das Kasuszeichen geht auf das Attribut über; wenn „viel/wenig" Kasuszeichen annimmt, erhalten die nachgestellten Attribute Attributzeichen. Mit Ausnahme von „**ander**-" werden die nachgestellten Attribute mit großem Anfangsbuchstaben geschrieben.

Ich habe **viel** Neu**es** / **viel**es Neue zu erzählen.
Wir haben nur **wenig** Interessant**es** / **wenig**es Interessante erfahren.

als *Attribut* erhält „viel/wenig" im Plural Kasuszeichen; vor Nomen im Singular bleibt „viel/wenig" endungslos; das Kasuszeichen geht auf ein folgendes Attribut über.

Die Zirkusvorstellung beginnt in **wenig**en Minuten.
Ich bin mit **viel** gut**em** Willen an die Arbeit gegangen.

Nach dem bestimmten Artikel, nach Demonstrativpronomen und nach Possessivpronomen nimmt „viel/wenig" Attributzeichen an.

Mein wenig**es** Geld, das ich habe, reicht kaum für den Lebensunterhalt.
Mit mein**em** wenig**en** Geld kommen wir nicht aus.
Mit viel**em** herzlich**en** Dank!

Setzen Sie die Pronomen sinnvoll ein und ergänzen Sie die Endungen!

(1) Wir haben bei unseren Weihnachtseinkäufen ... Geld ausgegeben. (2) ... schön_ Geschenke haben wir für unsere Kinder eingekauft. (3) Auf der Straße haben wir ... gesehen, die ... Pakete mit nach Hause nahmen. (4) In den Schaufenstern lagen ... teur_ Sachen, die sich aber nur ... leisten können. (5) ... von den Sachen ist reiner Luxus. (6) In den Kaufhäusern sahen wir ... Schön_ und Teur_ auf den Tischen liegen, aber auch ... Unnötig_. (7) Bei dem ... Geld, das wir haben, müssen wir auf ... verzichten und uns auf das ... Notwendig_ beschränken. (8) Wir müssen uns mit ... zufrieden geben, wenn wir unseren Kindern zu Weihnachten auch ... Freude bereiten wollen.

Ü 377
Richtig:

Das Pronomen „**mehrer**-" (+ Kasuszeichen) bezeichnet eine unbestimmte, nicht so große Anzahl von Personen/Sachen;
als *Satzglied*: das Pronomen bezieht sich auf Personen, im Singular mit neutralem Kasuszeichen bezieht es sich nur auf Sachen/Sachverhalte.

Beim Sportwettkampf habe ich mit **mehrer**en aus Südamerika gesprochen.
Wir haben **mehrer**es besprochen, besonders die sozialen Probleme.

7 Die Worttypen

als *Attribut* erhält es Kasuszeichen, wie auch die nachfolgenden Attribute.
    Ich verreise für **mehrer**e Wochen.
    Ich habe eine Einladung **mehrer**er guter alter Freunde bekommen.

Ü 378 Setzen Sie das Pronomen ein und ergänzen Sie die Endungen!

(1) Waren gestern bei der Bergtour viele Wanderer unterwegs? – Ja, wir sind . . . begegnet. (2) Meine Frau war . . . Wochen zur Kur. (3) Wir haben uns zu . . . zusammengetan und eine Geldspende an die SOS-Kinderdörfer geschickt. (4) Der Chef hat uns zusammenrufen lassen, um uns . . . wichtig_ Entscheidungen der Firmenleitung bekanntzugeben.

Die Pronomen und pronominalen Ausdrücke „**etwas/nichts**", „**ein bißchen/kein bißchen**", „**ein wenig**", „**ein paar**" sind immer unverändert; sie nehmen weder Kasuszeichen noch Attributzeichen an. Sie werden als Satzglieder oder als Attribute gebraucht.
„ein bißchen/ein wenig/etwas" sind immer Singular und beziehen sich auf bereits erwähnte Sachen/Sachverhalte. Die pronominalen Ausdrücke können mit dem Adjektiv „**klein**" erweitert werden: **ein klein(es) bißchen/ein klein wenig**.
    Nimmst du Milch in den Kaffee? – **Etwas/Ein bißchen/Ein wenig**.
    Mit **etwas**/Mit **ein bißchen**/Mit ein**em** klein(**en**) **bißchen**/Mit **ein wenig**/Mit **ein klein wenig** Geduld erreichst du mehr.
„ein paar" ist immer Plural im Sinne von „nur eine geringe Zahl/Anzahl" und bezieht sich auf vorerwähnte Personen/Sachen.
    Möchtest du von den Bonbons **etwas**/**ein paar** abhaben?
    Ich habe noch **ein paar** Tage Urlaub.
Bei all diesen Pronomen bzw. pronominalen Ausdrücken nehmen nachfolgende Attribute Kasuszeichen an.
    Du kannst das Essen mit **ein bißchen** schwarz**em** Pfeffer würzen.
    Wir haben den Abend mit **ein paar** gut**en** Freunden verbracht.
    Heute soll es **etwas** Gut**es** zu essen geben.
„**bißchen**" und „**paar**" können auch als Attribut nach dem bestimmten Artikel, nach Demonstrativpronomen oder Possessivpronomen stehen.
    Mit dem/diesem/meinem **bißchen** Geld komme ich nicht weit.
    Mit den/diesen/unseren **paar** Leuten können wir nicht Fußball spielen.

Ü 379 Setzen Sie ein Pronomen oder einen pronominalen Ausdruck ein und ergänzen Sie die Endungen! Spielen Sie alle Lösungsmöglichkeiten durch!

(1) Hast du Angst? – Ja, . . . / Nein, . . . (2) Nehmen Sie Zucker? – Ja, . . . (3) Wir müssen noch . . . warten, bis der Bus kommt. (4) Du solltest vor deinem Vater . . . mehr Respekt haben. (5) Tu mir bitte . . . Milch in den Kaffee! (6) Ich muß für . . . Tage verreisen. (7) Der Mann verdient nur . . . Mark am Tag. (8) In d_ . . . Tagen, die wir Urlaub hatten, konnten wir nicht viel unternehmen. (9) Haben Sie . . . für mich dabei? – Nein, ich habe . . . für Sie dabei. (10) Hast du nicht auch gerade . . . gehört? – Nein, ich habe . . . gehört.

G Die Artikel

Im Deutschen sind zwei Artikel im Gebrauch: der **bestimmte** Artikel (eigentlich: bestimmender Artikel) und der **unbestimmte** Artikel. Die Artikel dienen als Träger von Kasuszeichen bzw. Genuszeichen, wenn kein anderes vorangestelltes Attribut aus dem Vorrat der Pronomen (S. 169) eingesetzt ist, das die Genusklasse und die Funktion von Nomen anzeigt.

Die Worttypen 7

1. Das Demonstrativpronomen „**der/das/die**" (S. 180) wird als bestimmter Artikel eingesetzt; als Artikel ist es stets *unbetont* und lehnt sich im mündlichen Ausdruck eng an das folgende Nomen oder sein Attribut an.
Der *bestimmte Artikel* steht vor Nomen und ihren vorangestellten Attributen und signalisiert, daß die mit dem Nomen bezeichnete Person/Sache bereits erwähnt worden ist. Er identifiziert eine bekannte Person/Sache. Der bestimmte Artikel nimmt alle Kasuszeichen an (S. 104). Er fällt weg, wenn andere vorangestellte Pronomen (z.B. dies-, jen-, jed- usw.) Kasuszeichen tragen. (S. 104)

2. Das unbestimmte Pronomen „**ein-**" (S. 186) wird als *unbestimmter Artikel* eingesetzt; als Artikel ist es stets *unbetont* und lehnt sich im mündlichen Ausdruck eng an das folgende Nomen oder sein Attribut an.
Der unbestimmte Artikel signalisiert, daß die mit dem Nomen bezeichnete Person/Sache unbestimmt, noch nicht identifiziert ist und im Redezusammenhang erstmals genannt wird. Wenn es sich dabei um ein Objekt (Oa/Od) oder um ein Subjekt (S) handelt, besetzt es meistens einen Platz im Informationsbereich (S. 82 und „Satzbauhelfer"). Der unbestimmte Artikel nimmt alle Kasuszeichen an, außer dem maskulinen Kasuszeichen Nominativ Singular und den neutralen Kasuszeichen Nominativ/Akkusativ Singular; ein folgendes Attribut übernimmt das Kasuszeichen. (vgl. die Possessivpronomen, S. 185) Im Plural entfällt der unbestimmte Artikel.

> Ich lese gerade ein**en** spannend**en** Roman. – Wie heißt der Roman?
> Da steht **ein** alt**er** Mann vor der Tür. Kennst du den Mann?
> Auf der Straße spielen *Kinder*. Wer sind die Kinder?
> Wer sind **die** Leute, die da stehen? – Das sind **die** neu**en** Hotelgäste, die gerade angekommen sind.

Welcher Artikel muß eingesetzt werden, und wo wird kein Artikel eingesetzt? Ergänzen Sie auch die Endungen!

Ü 380 Richtig:

Hänsel und Gretel

(. . . Märchen, nacherzählt nach . . . Brüdern Grimm)
(1) Am Rande . . . groß_ Waldes wohnte . . . arm_ Holzhacker mit seiner Frau und seinen zwei Kindern, Hänsel und Gretel. Sie waren so arm, daß sie oft nichts zu essen hatten. Als nun . . . Teuerung kam, mußten sie jeden Abend hungrig zu . . . Bett gehen. In ihrer Not beschlossen . . . Eltern, . . . Kinder am nächsten Morgen in . . . Wald zu führen und sie dort zurückzulassen. . . . Gott sollte ihnen weiterhelfen. Aber Hänsel konnte nicht einschlafen und hörte alles. Am nächsten Tag, als sie in . . . Wald gingen, streute er . . . klein_ Steinchen auf . . . Weg. . . . Kinder blieben im Wald zurück, aber sie konnten durch . . . Steinchen . . . Rückweg ins Elternhaus finden. . . . ander_ Mal, als . . . Not wieder groß war, wollten . . . Eltern ihre Kinder wieder in . . . Wald führen. Hänsel hörte wieder alles und wollte nachts heimlich . . . Steinchen sammeln, um sie auf . . . Weg zu streuen. Aber . . . Haustür war verschlossen.
(2) Am nächsten Tag nahm er sein letztes Stück Brot und streute . . . klein_ Bröckchen davon auf . . . Weg. So hoffte er, . . . Rückweg aus . . . Wald zu finden. . . . Kinder blieben allein im Wald zurück. Sie suchten nach . . . Brotbröckchen; aber . . . Vögel hatten alle aufgepickt. So fanden . . . Hänsel und . . . Gretel ihren Weg nach Haus nicht mehr, und am nächsten Morgen standen sie hungrig auf, um weiter nach . . . Weg zu suchen. Plötzlich sahen sie . . . seltsam_ klein_ Häuschen. Es war aus . . . Brot gebaut, . . . Dach war mit . . . süß_ Kuchen gedeckt und . . . Fenster waren aus . . . hell_ Zucker. Voll Freude brachen sich . . . hungrig_ Kinder . . . Stücke von . . . Dach ab und bissen hinein.

7 Die Worttypen

Gebrauch des bestimmten Artikels

Generell steht der bestimmte Artikel
vor einem attributiven Superlativ:
    Das war **der** schön**ste** Tag seines Lebens.
vor Nomen mit nachfolgendem Genitivattribut/Präpositionalattribut:
    Wo steht **das** Haus *deiner Eltern*? – Es steht in **der** Straße *zum Stadtpark*.
vor allgemein bekannten Begriffen:
    die Welt, *die* Sonne, *das* Leben; *die* Liebe, *der* Glaube; *die* Jugend, *die* Ehe; *die* Eltern usw.
bei Zusammenfassungen solcher Begriffe entfällt der Artikel:
    Leben und Tod, Himmel und Hölle, Kirche und Staat usw.
bei Gattungsbezeichnungen im Singular:
    der Mensch, *der* Christ, *der* Spanier usw.
bei Straßennamen, geographischen Namen, einigen Ländernamen usw.:
    die Goethestraße, *das* Matterhorn, *der* Nil, *die* Schweiz, *die* Niederlande usw.
bei Namen (sonst ohne Artikel) mit Attributen:
    der *fleißige* Roland, **die** *brave* Helga, **das** *schöne* Frankreich, **das** *alte* Berlin
bei Namen aus dem Bereich der Literatur und der Kunst:
    Ich habe im Louvre **die** Mona Lisa betrachtet.
    Kennst du **den** „Faust"?
    Wer spielt morgen **den** Hamlet?
bei Personennamen und Bezeichnungen (sonst ohne Artikel) kann zur Kennzeichnung der Funktion im Satz der Artikel stehen:
    Hat (**der**) Hans **dem** Otto seinen Wagen geliehen?
    Ich ziehe Kaffee **dem** Tee vor.
zur Kennzeichnung von Maßen usw.:
    Die Putzfrau kommt zweimal **die** Woche zu uns.
    Die Äpfel kosten zur Zeit DM 1.50 **das** Kilo.
bei einigen Prädikatsergänzungen (S. 63), die von Nomen besetzt werden:
    Ich widme mich jetzt ganz **der** Musik.
    Die Feinde haben **die** Flucht ergriffen.
ebenso beim Prädikatsnominativ (**E**n S. 63), wenn ihn ein Attribut näher bestimmt:
    Herr Fischer ist **der** Leiter *unserer Verkaufsabteilung*.

Der bestimmte Artikel entfällt generell
wenn andere vorangestellte Attribute das Kasuszeichen haben (S. 104):
    Von hier aus kannst du *unser*__en__ Garten sehen.
    Wer ist *dies*__er__ Mann?
wenn Präpositionen Kasuszeichen an sich ziehen oder assimilieren (S. 109):
    Wir wollen *in*__s__ Kino gehen.
    Ich danke Ihnen für Ihren Brief *vom* 25. 9. 1991.
bei Eigennamen ohne vorangestellte Attribute, z.B. Personennamen, bei fast allen Ländernamen,
bei Stoffnamen, Buchtiteln und Überschriften, bei allgemein bekannten Begriffen usw.:
    Horst und Uwe, Italien, Kupfer; Flugzeugabsturz über den Anden; Glück und Erfolg; Eintritt verboten!
bei den meisten Prädikatsergänzungen (S. 63) mit Funktionsverben (S. 55):
    Glück haben, Luft holen; zu Bett gehen; in Ruhe lassen; zu Hause sein
bei Prädikatsnominativen (**E**n S. 63), wenn sie ohne Attribute stehen:
    Herr Krüger ist Lehrer.
    Ihr seid Amerikaner.
in vielen präpositionalen Ausdrücken:
    aus Spaß, mit Lust und Liebe, in tiefer Trauer; ab Werk, ohne Hut; auf Befehl des Königs; auf Anordnung der Polizei

Die Worttypen 7

bei Appositionen:
> Frau Schneider, Ministerin für Gesundheit und Familie, ...

bei den Verwandtschaftsbezeichnungen „Vater, Mutter, Onkel, Tante" im Gebrauch innerhalb der eigenen Familie:
> Mutter ist einkaufen. Vater kommt heute später nach Hause.

bei Briefanreden:
> Sehr geehrte Damen und Herren, ...

bei vorangestellten Genitivattributen; wenn dem Genitivattribut ein weiteres Attribut folgt, erhält dieses das Kasuszeichen (S. 104):
> in *Deutschlands* alt**er** Hauptstadt
> (vgl.: in **der** alt*en* Hauptstadt *Deutschlands*)
> In *wessen* verrostet**em** Wagen bist du durch die Stadt gefahren?
> (vgl.: in **dem** verrostet*en* Wagen)
> Das ist Herr Meier, mit *dessen* jüngstem Sohn ich zusammen studiert habe.
> (vgl.: mit **dem** jüngst*en* Sohn des Herrn Meier / von Herrn Meier habe ich ...)

Generell wird der **unbestimmte Artikel** gebraucht
zur Klassifizierung oder Einordnung:
> Was ist das? – Das ist *eine* Videokamera.
> Wer ist das auf dem Foto? – Das ist *ein bekannter* Schauspieler.

zum Ausdruck der Verallgemeinerung:
> **Eine** Flugreise ist immer ziemlich teuer.

in Prädikatsergänzungen oder Angaben, die jemand/etwas charakterisieren:
> Thomas/Berta ist wirklich **ein** *großer Dummkopf*.
> Holger hat sich wie **ein** *Held* gefühlt.
> Du sprichst *für* **ein**en *Ausländer* recht gut Deutsch.

sowie in vielen Prädikatsergänzungen mit Funktionsverben im Prädikat (S. 55):
> **einen** Spaziergang machen, **eine** Frage stellen, **eine** Dummheit begehen usw.

Vor Nomen im Plural steht kein unbestimmter Artikel; die Negation wird im Singular und im Plural durch „kein-" vertreten:
> Spaziergänge/*kein*en Spaziergang/*keine* Spaziergänge machen
> Fragen/*keine* Frage/*keine* Fragen stellen
> Dummheiten/*keine* Dummheit/*keine* Dummheiten begehen

Fortsetzung von Übung 380

Ü 381
Richtig:

(1) Da hörten sie ... fein_ Stimme aus ... Häuschen: „Knusper, knusper, Knäuschen, wer knuspert an meinem Häuschen?" ... Kinder antworteten: ... Wind, ... Wind, ... himmlisch_ Kind", und ließen sich beim Essen nicht stören. (2) Da öffnete sich plötzlich ... Tür, und ... häßlich_, steinalt_ Frau mit ... Stock kam heraus. ... Kinder erschraken furchtbar, aber ... Alt_ wackelte mit ... Kopf und sagte ganz freundlich: „Ei, ihr ... lieb_ Kinder, kommt nur in mein Häuschen und bleibt bei mir. Ich tue euch nichts." Da vergaßen ... Kinder ihre Angst und gingen mit ... Alt_ ins Haus, wo sie ... gut_ Essen und ... weich_ Betten zum Schlafen fanden.
(3) ... Alt_ war aber ... bös_ Hexe, obwohl sie zu ... Kindern so freundlich gesprochen hatte. Sie wartete nur darauf, daß ... klein_ Kinder zu ihrem Kuchenhäuschen kamen. Diese Kinder fing sie dann, um sie zu braten und zu fressen. — Am nächsten Morgen sperrte ... Hexe ... arm_ Hänsel in ... klein_ Stall. ... Gretel mußte im Haus helfen und ... Hänsel ... Essen bringen, damit er fett wurde; denn ... Hexe wollte ihn erst auffressen, wenn er fett genug war. Jeden Morgen mußte ... Hänsel seinen Finger

7 Die Worttypen

durch . . . Gitter stecken und . . . Hexe fühlte, ob er fett genug geworden war. . . . Hänsel war aber nicht dumm und steckte . . . Knochen oder . . . Holzstückchen heraus. . . . Alt_ merkte es nicht, weil sie so schlecht sah, und wunderte sich nur darüber, daß . . . Junge so mager blieb.
(4) . . . Tages aber wurde sie ungeduldig und heizte . . . Backofen, um . . . Hänsel zu braten. . . . Gretel weinte, während sie . . . Wasser holte. Jetzt sagte . . . Alt_ zu . . . Gretel: „Nun sieh nach, ob . . . Feuer im Ofen richtig brennt!" Sie wollte aber . . . Mädchen in . . . Ofen stoßen und auch braten. . . . Gretel merkte das und sagte: "Ich weiß nicht, wie ich das machen soll!" „Dumme Gans!" rief . . . Hexe, „du mußt nur so hineinkriechen", und sie steckte selbst ihren Kopf in . . . Ofen. Da stieß Gretel mit aller Kraft . . . Hexe in . . . Ofen hinein und schlug . . . Tür hinter ihr zu. . . . bös_ Alt_ schrie und heulte entsetzlich, aber es half ihr nichts, sie mußte in ihrem eigenen Backofen verbrennen.
(5) Nun befreite . . . Gretel schnell ihren Bruder aus . . . Stall. Sie sangen und tanzten vor . . . Freude, weil . . . bös_ Hexe tot war. Im Häuschen fanden sie . . . Gold und . . . Edelsteine und füllten sich alle Taschen. Nun machten sie sich auf und fanden auch bald . . . Weg nach . . . Haus. . . .

Zur Wortbildung 8

A Die Infinitformen

Neben den Personalformen, die den Subjektbezug signalisieren und nur im Prädikat vorkommen (S.øø), werden mit den Wortstämmen auch zwei *Infinitformen* gebildet, die im Satz in allen Funktionen auftreten können; diese sind: der Infinitiv und die beiden *Partizipien* (Partizip I und Partizip II).

Der Infinitiv
Der Infinitiv wird mit der Endung -(**e**)**n** gebildet; diese Endung tritt an folgende Wortstämme:
an Verbstämme: *lern* – lern**en**;   *geh* – geh**en**;   *sei* – se**in**
an Nominalstämme: *Haus* – haus**en**;   *Draht* – draht**en**;   *Herz* – herz**en**
an Adjektivstämme: *kühl* – kühl**en**;   *spitz* – spitz**en**;   *tot* – töt**en**

Der Infinitiv kann auch Zeitverhältnisse (S. 30, 33) signalisieren, und zwar
für ein *nicht abgeschlossenes* Geschehen/Sein: **suchen**
    im Passivausdruck: **gesucht werden**
für ein *abgeschlossenes* Geschehen/Sein: **gesucht haben**
    im Passivausdruck: **gesucht worden sein**

Der Infinitiv wird gebraucht
beim Satztyp A und B (vgl. „Satzbauhelfer") als 2. Prädikatsteil (**P²**) und beim Satztyp C in der Prädikatsstelle (**P**)
bei der Bildung des *Futurs* (S. 35):
    Kurt *wird* morgen nach Hause **kommen**.
mit Modalverben im Prädikat (S. 47):
    Kurt *kann* morgen nicht nach Hause **kommen**.
mit „lassen" im Prädikat (S. 52):
    Ich *lasse* mir die Haare **schneiden**.
mit Verben der Wahrnehmung: „hören, sehen, fühlen, spüren" (S. 52):
    Siehst du / *Hörst* du jemanden **kommen**?
bei den *zusammengesetzten Zeitformen* zum Ausdruck der Vergangenheit mit Modalverben (S. 28 f.) und mit Verben der Wahrnehmung (S. 52), sowie mit den Verben „lassen, helfen, heißen, brauchen" anstelle des Partizips II („Ersatzinfinitiv"):
    Ich *habe* gestern den ganzen Tag arbeiten **müssen**. (statt: gemußt)
    Hast du mich gestern abend nach Hause kommen **hören**? (statt: gehört)
als *Satzglied* und als *Attribut*; seine Funktion wird oft mit dem Kasuszeichen der neutralen Genusklasse (S. 104) gekennzeichnet; der Infinitiv wird im schriftlichen Ausdruck mit großem Anfangsbuchstaben geschrieben.
    Irren ist menschlich. (Was ist menschlich?)
    Das **Betreten** des Fabrikgeländes ist verboten. (Was ist verboten?)
    Wir gehen jetzt zum **Essen**. (Wohin gehen wir jetzt?)
    Die Kinder lernen in der Schule **rechnen**. (Was lernen die Kinder?)
    Ich höre jemanden **kommen**. (Was hörst du?)
    Frau Braun geht **einkaufen**. (Wohin geht Frau Braun?)
    Ich bleibe hier **sitzen**. (Was machst du?)

Setzen Sie die Infinitive an geeigneter Stelle in die Sätze ein und bestimmen Sie ihre Funktion im Satz! Ergänzen Sie auch fehlende Endungen!

Ü 382
Richtig:

(1) *helfen:* Kannst du mir morgen bei der Gartenarbeit? (2) *fahren:* Vater wird morgen nach Stuttgart. (3) *müssen:* Mein Sohn hat heute wegen hohem Fieber im Bett bleiben. (4) *kommen:* Er wird übermorgen wieder in die Schule können. (5) *helfen:* Kannst du mir den Tisch decken? (6) *schreien, rufen:* Mit eur_ laut_ und habt ihr die Kinder aufgeweckt. (7) *bellen:* Ich bin heute nacht durch d_ eines Hundes aufgewacht. (8) *arbeiten:* Im Urlaub mag ich nicht an_ denken. (9) *öffnen:* Zu_ der Flasche nimmst du am besten einen Korkenzieher. (10) *schwimmen:* Wann gehen wir endlich wieder einmal zu_?

197

8 Zur Wortbildung

(11) *sprechen:* Wann hast du so gut Deutsch gelernt? (12) *hängen:* Ich habe zwei Anzüge im Schrank. (13) *fahren:* Läßt du mich einmal mit deinem Fahrrad? (14) *einkaufen:* Gehen wir jetzt? (15) *betteln:* Der alte Mann geht den ganzen Tag. (16) *wohnen:* Bleibt ihr jetzt hier, oder zieht ihr wieder weg? (17) *arbeiten:* Was du jetzt tust, kann man nicht nennen. (18) *pflücken:* Im Sommer haben wir dem Bauern Kirschen helfen. (19) *kaufen:* würde ich mir diesen Wagen nicht, obwohl er mir sehr gefällt. (20) *einsteigen, schließen:* Bitte und die Türen! (21) *öffnen:* Nicht, bevor der Zug hält!

„zu" vor Infinitiven mit modal gebrauchten Verben im Prädikat

Infinitive + **„zu"** signalisieren, daß bestimmte Verben im Prädikat modal gebraucht werden; solche modal gebrauchten Verben sind: *bekommen, belieben, bleiben, brauchen, drohen, geben, gedenken, haben, helfen, kommen, machen, pflegen, scheinen, sein, stehen, suchen, vermögen, verstehen, versprechen, wissen.* (S. 50)
„brauchen" + Negation mit einem Infinitiv + **„zu"** ist der negative Ausdruck zu „müssen" (S. 50):
    Morgen *brauchst* du nicht zu mir **zu kommen**. (= Es ist nicht nötig.)
    vgl.: Morgen *mußt* du nicht zu mir kommen. (= Du bist nicht verpflichtet.)
„haben" mit einem Infinitiv + **„zu"** signalisiert äußeren Zwang oder Pflicht/Notwendigkeit (S. 51):
    Ich *habe* heute noch im Büro **zu tun/zu arbeiten**.
„sein" mit einem Infinitiv + **„zu"** drückt eine Notwendigkeit aus (ähnlich dem Passivausdruck mit „müssen") oder ein Vermögen/Unvermögen" (ähnlich dem Passivausdruck mit „können").
    Die Rechnung *ist* sofort **zu bezahlen**.
    Auf dem Film *war* nichts **zu sehen**.

Ü 383
Übersetzen Sie die Sätze in Ihre Muttersprache. Achten Sie dabei auf die Unterschiede der Verbbedeutungen im Prädikat und der Satzstrukturen!

(1) Das Buch habe ich zum Geburtstag bekommen. (2) In der Ausstellung bekommt ihr viele schöne Bilder zu sehen. (3) Der Vater drohte seinem Jungen mit dem Finger. (4) Die Ruine drohte bei dem Erdbeben zusammenzustürzen. (5) Der Diplomat hat seine Absichten nicht zu erkennen gegeben. (6) Wieviel Trinkgeld sollen wir dem Kellner geben? (7) Die Krankenschwester pflegt die Patienten liebevoll. (8) Nach dem Essen pflegen wir immer ein bißchen zu ruhen. (9) Das Wetter scheint sich zu bessern. (10) Die Sonne scheint wieder. (11) In diesem Jahr verspricht die Ernte gut zu werden. (12) Du hast doch versprochen, uns diese Woche zu besuchen. (13) Der Rundfunksprecher hat sich heute mehrmals versprochen. (14) Der Junge weiß nichts, aber er weiß sich wenigstens zu benehmen.

„zu" als Prädikatszeichen vor Infinitiven (Infinitivsätze)

Die Präposition **„zu"** unmittelbar vor einem Infinitiv signalisiert, daß der Infinitiv Prädikat ist und daher eigene Satzglieder aufnehmen kann, wobei ein Infinitivsatz entsteht. Infinitivsätze sind Gliedsätze (S. 96) oder Attributsätze (S. 99) und gehören zum Satztyp D (S. 80 und „Satzbauhelfer"). Infinitivsätze, die mit den Präpositionen **„um"**, **„ohne"** und **„(an)statt"** eingeleitet werden, gehören zum Satztyp C (S. 80).
Bei *Infinitivsätzen* wird das Subjekt eingespart; die für das Subjekt vorgesehenen Stellplätze (Platz ① und ④ auf dem Satzfeld) bleiben unbesetzt. Das Subjekt ist bereits im übergeordneten Satz erwähnt.
Unfeste Verbzusätze (S. 59) werden mit der Präposition „zu" und dem Infinitiv zusammengeschrieben; z.B. ab**zu**geben, ein**zu**treten.
Das *Subjekt* des übergeordneten Satzes ist auch Subjekt *im Infinitivsatz*:
    Wir hoffen, dich morgen **zu treffen**. (Wir treffen dich morgen.)
    Ich beabsichtige, mir morgen das Fußballspiel **anzusehen**. (Ich sehe mir morgen das Fußballspiel an.)

Zur Wortbildung 8

Das *Objekt* des übergeordneten Satzes ist *Subjekt im Infinitivsatz*:
    Ich bitte *dich*, morgen pünktlich **zu sein**. (Du bist morgen pünktlich.)
    Wir raten *Ihnen*, am Bahnhof ein Taxi **zu nehmen**. (Sie nehmen am Bahnhof ein Taxi.)

Infinitivsätze als Gliedsätze

Wie bei den übrigen Gliedsätzen (S.øø) können Korrelate (S.øø) einen auf Platz ⑦ im Nachfeld stehenden Infinitivsatz ankündigen.
Subjektsatz: **Es** ist verboten, *militärische Anlagen zu fotografieren*.
Objektsatz: Wir bedauern (**es**) sehr, *Ihnen nicht mehr helfen zu können*.
             Ich habe nicht mehr **damit** gerechnet, *von der Firma eine Antwort zu bekommen*.

Schließen Sie die Vorgabesätze als Infinitivsätze an!
Beispiel: *Ab morgen rauche ich nicht mehr:* Ich habe mir vorgenommen, ...
          Ich habe mir vorgenommen, ab morgen nicht mehr zu rauchen.

Ü 384
Richtig:

(1) *Erich trinkt keinen Alkohol mehr:* Erich hat seiner Frau fest versprochen, ... (2) *Du kommst wieder so spät nach Hause:* Ich habe dich doch darum gebeten, ... (3) *Glauben Sie mir bitte!:* Ich bitte Sie, ... (4) *Heinrich hat in Kassel endlich eine Wohnung gefunden:* Heinrich ist froh, ... (5) *Wir finden hier Arbeit:* Wir wollen versuchen, ... (6) *Ich rufe dich heute abend an:* Ich verspreche dir, ... (7) *Heinz lernt Japanisch:* Heinz hat vor zwei Jahren angefangen, ... (8) *Ich reise morgen von hier ab:* Mir fällt es sehr schwer, ...

wie Übung 384
Beispiel: *Vor der Toreinfahrt darf man seinen Wagen nicht parken:* Es ist verboten, ...
          Es ist verboten, *seinen Wagen vor der Toreinfahrt zu parken*.

Ü 385
Richtig:

(1) *Im Wald darf man kein Feuer machen:* Es ist verboten, ... (2) *Man versteht diesen Text:* Es ist leicht, ... (3) *In diesem Fluß darf man nicht baden:* Es ist verboten, ... (4) *Viele können nur schwer eine Fremdsprache lernen:* Vielen fällt es schwer, ...

Bilden Sie Infinitivsätze! Beachten Sie, daß nicht alle Inhalte aus den Vorgabesätzen in die Infinitivsätze übernommen werden!

Ü 386
Richtig:

(1) *Endlich wird die Straße repariert:* Man hat endlich damit begonnen, ... (2) *Wir können euch nächste Woche in Bremen besuchen:* Wir freuen uns, ... (3) *Ich muß morgen früh aufstehen:* Ich bin es nicht gewohnt, ... (4) *Wir treffen hier sehr viele Landsleute:* Wir sind erstaunt, ...

Infinitivsätze mit einleitendem Verbindungsteil (V)

Werden Infinitivsätze mit den Präpositionen **„um, ohne, (an)statt"** eingeleitet, gehören sie zum Satztyp C (S. 80 und „Satzbauhelfer").
„um" + Infinitivsatz signalisiert einen Zweck oder eine Absicht (Finalsatz); vgl. „weil", S. 135.
          Ich bin hierher gekommen, **um** Deutsch **zu lernen**. (Ich will hier Deutsch lernen.)
Wenn im übergeordneten Satz **„zu"** + *Adjektiv* zum Ausdruck eines Übermaßes steht, signalisiert **„um"** + Infinitivsatz, daß eine bestimmte *Folge* nicht eintreten kann; vgl. „als daß", S. 125 (konsekutiv).
          Die Aufgabe ist **zu schwierig**, *um schnell gelöst zu werden*.
          (= Man kann die Aufgabe nicht schnell lösen, weil sie zu schwierig ist.)
Wenn im übergeordneten Satz ein Adjektiv + **„genug"** steht, signalisiert **„um"** + Infinitivsatz die *Folge* (konsekutiv).
          Der Junge ist alt *genug*, **um seine Situation zu verstehen**.
          (= Der Junge versteht seine Situation. Er ist alt genug dafür.)

8 Zur Wortbildung

„ohne" + Infinitivsatz signalisiert, daß etwas Übliches/Erwartetes *nicht* eintritt; vgl. „ohne daß", S. 127.
>Der Junge ging, **ohne** sich von uns **zu verabschieden**. (Er verabschiedete sich nicht von uns.)

„(an)statt" + Infinitivsatz signalisiert einen Vorwurf/eine Kritik mit einem *Gegenvorschlag*; vgl. „(an)statt daß", S. 126.
>Du solltest dich mit etwas Sinnvollem beschäftigen, **(an)statt** dauernd vor dem Fernseher **zu sitzen**.

„als" + Infinitivsatz signalisiert die zweite *Möglichkeit* des im übergeordneten Satz mit dem Komparativ „lieber" beschriebenen Sachverhalts; (vgl. „als daß", S. 125).
>Ich arbeite **lieber** im Freien, **als** den ganzen Tag im Büro **zu sitzen**.

Ü 387 Richtig:

Bilden Sie Infinitivsätze mit dem angegebenen Verbindungsteil. Formen Sie die Sätze entsprechend um!

(1) *ohne*: Der Bus hat in dem Ort nicht angehalten. Er ist weitergefahren. (2) *um*: Ich habe eine Karte für eine der vorderen Reihen gekauft. Ich will die Tänzer besser sehen können. (3) *ohne*: Kinder laufen manchmal über die Straße und achten nicht auf den Verkehr. (4) *(an)statt*: Du solltest deinen Kollegen danken, aber sie nicht beschimpfen. (5) *als*: Ich fahre nicht gern mit der Bahn. Ich fliege lieber. (6) *(an)statt*: Du sitzt hier und klagst dauernd über Magenschmerzen. Du solltest besser zum Arzt gehen. (7) *um*: Christian ist nach Australien ausgewandert. Er will sich dort eine Arbeit suchen. (8) *um*: Wir sind gekommen. Wir wollen uns von euch verabschieden.

Ü 388 Richtig:

Formen Sie die Sätze nach obigem Muster um! („um" + Infinitivsatz)

(1) Erwin kann die Aufgabe lösen. Er ist gescheit genug. (2) Das Kind begreift das schon. Es ist alt genug. (3) Das Mädchen versteht den Roman nicht. Es ist noch zu jung dafür. (4) Das Haus bietet allen Gästen Platz. Es ist groß genug.

Infinitivsätze als Attributsätze

Infinitive mit „zu" stehen als Attribute hinter Nomen (S. 99), hinter den unbestimmten Pronomen „etwas/nichts", hinter den Adjektiven „viel/wenig" und hinter dem Adverb „genug".
>Es gibt noch *eine Menge* **zu erledigen**.
>Wir sind *im Begriff* **fortzugehen**.
>Hast du mir *etwas/nichts* **zu sagen**?
>Ich habe dir *viel* **zu erzählen**.
>Max hat zu Hause *wenig* **zu sagen**.
>Die Kinder haben nicht *genug* **zu essen**.

Ü 389 Richtig:

Schließen Sie die Vorgabesätze als Infinitivsätze an!

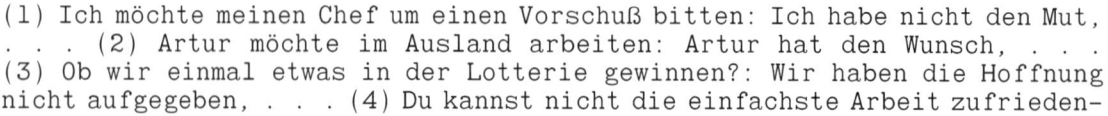

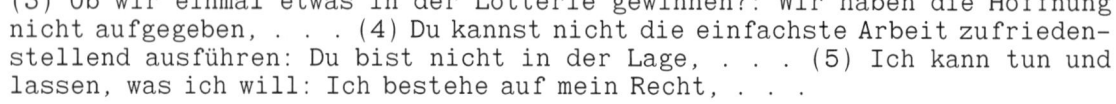

(1) Ich möchte meinen Chef um einen Vorschuß bitten: Ich habe nicht den Mut, ... (2) Artur möchte im Ausland arbeiten: Artur hat den Wunsch, ... (3) Ob wir einmal etwas in der Lotterie gewinnen?: Wir haben die Hoffnung nicht aufgegeben, ... (4) Du kannst nicht die einfachste Arbeit zufriedenstellend ausführen: Du bist nicht in der Lage, ... (5) Ich kann tun und lassen, was ich will: Ich bestehe auf mein Recht, ...

Ü 390 Richtig:

Schließen Sie die Infinitive an!

(1) *essen und trinken*: Wir hatten unterwegs genug ... (2) *erzählen*: Nach seiner Reise hatte mein Bruder viel ... (3) *bedeuten*: Hat das Klopfen im Motor etwas ...? (4) *in der Werkstatt tun*: Ich habe noch genug ...

Zur Wortbildung 8

Die Partizipien

Das Partizip I

Das *Partizip I* wird mit der Endung **-(e)nd** gebildet; diese Endung tritt an folgende Wortstämme:
an Verbstämme: sing   – sing**end**;   fahr   – fahr**end**
an Nominalstämme: *Blut* – blut**end**;   Land   – land**end**
an Adjektivstämme: *kühl* – kühl**end**;   grün   – grün**end**

Gebrauch des Partizips I

als Satzglied kann das Partizip I folgende Funktionen besetzen:
*Modal*ergänzung (Em):   Masern sind **ansteckend**.
                         Das kleine Mädchen ist **entzückend**.
*Modal*angabe (Am):   Der Chef schlug **wütend** die Tür zu.
                         Die Jugendgruppe marschierte **singend** durch die Stadt.
Objektsprädikat: Wir sahen den Jungen **heulend** davonlaufen. (S. 71)
als *vorangestelltes Attribut:* vor Nomen nimmt das Partizip Kasuszeichen (S. 104) bzw. Attributzeichen (S. 106) an:
      Dort liegt *ein* schlaf*end***es** Kätzchen.
      Sieht **das** schlaf*ende* Kätzchen nicht niedlich aus?
Wenn das Partizip I unmittelbar auf Personen bezogen wird, richtet sich die Genusklasse nach dem natürlichen Geschlecht der Person.
      Mann: d**er** Reisende / *ein* Reisend**er**
      Frau: d**ie** Reisende / *eine* Reisend**e**
      Herr Müller ist Vorsitzend**er** unseres Eislaufvereins.

Bilden Sie Partizipien und setzen Sie sie in die Sätze ein!

Ü 391

(1) *schwimmen:* Der Junge rettete sich ans Ufer. (2) *schreien:* Die Affen sprangen von Baum zu Baum. (3) *wachsen:* Wir verfolgten mit Interesse die Sportereignisse. (4) *laut um Hilfe schreien:* Die Frau lief auf die Straße. (5) *fragen:* Die Kinder schauten mich an. (6) *reisen:* Was sind das für? (7) *ankommen:* Wir gingen den entgegen. (8) *warten:* Es stehen schon einige an der Bushaltestelle. (9) *auf Gleis 10 einfahren:* Der Zug kommt aus Berlin. (10) *entgegenkommen:* Ich bin in der Nacht immer wieder von Fahrzeugen geblendet worden.

Das attributive Partizip I mit der Präposition „zu"

Die Präposition „zu" vor einem attributiven Partizip I signalisiert eine *Notwendigkeit* oder *Möglichkeit*. (vgl. „sein" + „zu", S. 51)
      Das ist eine noch **zu** *beweisende* Theorie.
      (= Das ist eine Theorie, die noch zu beweisen ist.
           . . ., die noch bewiesen werden muß.)
      Das ist eine *nicht* **zu** *beweisende* Theorie.
      (= Das ist eine Theorie, die nicht zu beweisen ist.
           . . ., die nicht bewiesen werden kann.)

Formen Sie die Attributsätze nach obigem Muster um!

Ü 392

(1) Du hast eine Handschrift, die nur schwer entziffert werden kann. (2) Günter hat einen Erfolg gehabt, den man nicht unterschätzen darf. (3) Ich soll einen Text übersetzen, den man nur schwer lesen kann. (4) Wo liegen die Arbeiten, die noch korrigiert werden müssen? (5) Du hast eine Arbeit geleistet, die wirklich anerkannt werden muß.

201

8 Zur Wortbildung

Das Partizip II

Das *Partizip II* wird mit dem Präfix **ge-** und der Endung **-(e)t** gebildet, die an den Wortstamm tritt. „Starke" Verben bekommen die Endung **-en** an den Partizip II-Stamm.
       gelern**t**, **ge**bade**t**; **ge**gang**en**, **ge**fahr**en**

Das Partizip II des Verbs „tun" lautet „getan".

Wenn der Wortstamm bereits ein Präfix (S. 204) oder einen festen „Verbzusatz" (S. 60) hat, entfällt das Präfix **ge-**.
       ver**kauft**, über**setzt**; be**kommen**, um**gangen**

Bei fremden Wortstämmen mit der Infinitivform auf **-ieren**, **-eien** entfällt ebenfalls beim Partizip II das Präfix **ge-**.
       telefonieren: telefonier**t**; prophezeien: prophezei**t**

Gebrauch des Partizips II

im *Prädikat* zur Bildung *des Perfekts* und *Plusquamperfekts* (S. 33), beim Konjunktiv zum Ausdruck der *Vergangenheit* (S. 37) und zur Bildung des *Passivs* (S. 39).
       Wir *haben/hatten* vor 5 Jahren **geheiratet**.
       Meine Geschwister *sind/waren* in Urlaub **gefahren**.
       Seid ihr schon in Japan **gewesen**?
       Wer *hätte* das von Kurt **gedacht**?
       Die Haustür *wird* nachts **abgeschlossen**.

als *Satzglied* kann es folgende Funktionen besetzen:

*Modal*ergänzung (**E**m):   Das Zimmer *ist* schon **vermietet**.
                                     Horst *ist* schon einmal **verheiratet** gewesen.
*Modal*angabe (Am):   Ich habe **verzweifelt** meinen Geldbeutel gesucht.
                                     Dieses Buch habe ich **geschenkt** bekommen.
                                     Da hinten kommt Paul **angelaufen**.

*Modal*ergänzung (**E**m) zum Objekt (S. 65): Wir fanden den Bergsteiger **verletzt** hinter dem Felsen.

als *vorangestelltes Attribut* mit Kasus- oder Attributzeichen (S. 104, 106):
       Der **verletzt**e Bergsteiger wurde sofort ins Tal gebracht.
       Zur Suppe gibt es **geröstet**es Brot.

Wenn das Partizip II unmittelbar auf *Personen* bezogen wird, richtet sich die Genusklasse nach dem *natürlichen Geschlecht* der Person; wird das Partizip II auf *Sachen/Begriffe* bezogen, erhält es die neutralen Kasuszeichen (S. 104). Das Partizip nimmt Kasus- oder Attributzeichen an (S. 104, 106), im schriftlichen Ausdruck wird es mit großem Anfangsbuchstaben geschrieben.
       In den Bergen fanden wir ein**en Verletzt**en / ein**e Verletzte**.
       Moritz ist *ein* **Verwandter** von mir.

Ü 393
Richtig:

Bilden Sie Partizip II-Formen und setzen Sie sie als Modalangaben in die Sätze ein!

(1) *beleidigen:* Hans antwortete nicht, sondern schwieg. (2) *verzweifeln:* Als wir nachts in Rom ankamen, suchten wir ein Hotelzimmer. (3) *erfreuen:* Der Preisträger nahm seine Auszeichnung entgegen. (4) *anfliegen:* Dort kommt ein Drachenflieger. (5) *enttäuschen:* Schon kurz nach dem Start gab der Rennfahrer das Rennen auf. (6) *aufschrecken:* Die Rehe flüchteten in den Wald.

Ü 394
Richtig:

Bilden Sie Partizip II-Formen und vervollständigen Sie damit die Sätze!

(1) *decken:* Kommt zum Essen! Der Tisch ist schon . . . (2) *begleichen:* Ist diese Rechnung schon . . . ? (3) *bezahlen:* Die Miete ist bereits . . . (4) *schließen:* Ich wollte noch etwas einkaufen, aber die Geschäfte waren schon . . . (5) *erstaunen:* Der Chef tat sehr . . . , als ich ihn um eine Woche Urlaub bat. (6) *zerbrechen:* Wo ist die Vase? – Die ist . . . (7) *verzweifeln:* Die Frau hat ihre Handtasche verloren. Sie sucht sie . . . (8) *unterschreiben:* Hier ist der Vertrag. Er ist . . .

Zur Wortbildung 8

Bilden Sie Partizip II-Formen und setzen Sie sie als Attribute ein!

Ü 395

(1) *verlieben*: Der junge Mann warf dem Mädchen . . . Blicke zu. (2) *abbrechen*: Auf der Straße lagen viele . . . Äste. (3) *korrigieren*: Morgen gibt der Lehrer die . . . Arbeiten wieder zurück. (4) *betrügen*: Die . . . Kunden erstatteten bei der Polizei Anzeige. (5) *richtig beantworten*: Für jede . . . Frage bekommen Sie einen Punkt. (6) *anfangen*: Für jede . . . Stunde berechnen wir den vollen Stundenlohn.

Bilden Sie Partizip II-Formen und setzen Sie sie als Subjekt/Objekt ein!

Ü 396

(1) *verletzen*: Der . . . wurde sofort ins Krankenhaus gebracht. (2) *anstellen*: Wie war noch der Name des neuen . . .? (3) *abordnen*: Frau Neumeister ist eine junge . . . im Bundestag. (4) *verloben*: Olga besucht ihren . . . in Wien. (5) *hervorragen*: Es gibt nur wenige Menschen, die . . . leisten. (6) *vergehen*: Der alte Mann erzählt immer viel von . . .

Partizipsätze

Partizipien können erweitert werden, so daß sie Gliedsätzen oder Attributsätzen ähneln. Solche zu „Sätzen" erweiterten Partizipsätze bilden den Satztyp D (S. 90). Partizipsätze stehen für
*Modal*angaben (Am): **Auf seine Freunde wild schimpfend,** verließ Gert den Saal.
*Temporal*angaben (At): **Nach Hause zurückgekehrt,** ging sie gleich zu ihren Kindern.
*Kausal*angaben (Ak): **Verzweifelt über ihren Mißerfolg,** weinte sich die Schauspielerin bei ihrer Freundin aus.
Partizipsätze, die mit einer Konjunktion eingeleitet werden, sind verkürzte Gliedsätze vom Satztyp C (S. 80); bei diesen Sätzen handelt es sich vor allem um Konzessivsätze (S. 141).
    Obwohl (Alex) **erst vor kurzem von seiner Krankheit genesen** (ist), nimmt Alex morgen seine Arbeit wieder auf.
Partizipsätze stehen auch als vorangestellte Attribute; nachgestellte Partizipsätze sind eigentlich verkürzte *Relativsätze* (S. 100).
    Der **soeben auf Gleis 10 einlaufende** Schnellzug fährt nach 10 Minuten Aufenthalt nach Flensburg weiter.
    Den Mann, (der) **gerade von einem Polizisten festgenommen** (war), hat man wieder laufenlassen.

Setzen Sie die Vorgabesätze mit Hilfe des Partizips I als Gliedsätze ein!

Ü 397

(1) *Der Junge stieß den Ball mit dem Fuß vor sich her*: Der Junge lief über den Sportplatz. (2) *Der Radfahrer pfiff ein Lied vor sich hin*: Der Radfahrer fährt die Straße entlang. (3) *Die Frau rief laut um Hilfe*: Die Frau rannte aus dem brennenden Haus. (4) *Die Frau hatte ihre Hände auf dem Schoß gefaltet*: Die Frau saß unbeweglich auf der Bank.

Setzen Sie die Vorgabesätze mit Hilfe der Partizipien als vorangestellte bzw. nachgestellte Attribute ein!

Ü 398

(1) *Im Laufe des Tages sind aus aller Welt Messebesucher angereist*: Die . . . Messebesucher wollen heute an der Eröffnungsfeier teilnehmen. (2) *Die Feuerwehren sind von allen umliegenden Ortschaften herbeigeeilt*: Die Feuerwehren , . . ., konnten den Brand schnell unter Kontrolle bringen. (3) *Der General grüßte mit der rechten Hand an der Mütze*: Der General, . . ., nahm die Truppenparade ab. (4) *Der Mann hatte seine Hand zur Faust geballt*: Der Mann , . . ., lief drohend auf mich zu.

203

8 Zur Wortbildung

B Die Präfixe

Präfixe erweitern die Verwendungsmöglichkeiten von Wortstämmen; sie modifizieren ihre Inhalte und/oder den Äußerungsaspekt. Eindeutig lassen sich die Wirkungen der Präfixe auf die Bedeutungsänderung oder -modifizierung nicht bestimmen; in Zweifelsfällen ist im Wörterbuch nachzuschlagen.

An Wortstämmen im Prädikat treten häufig folgende Präfixe auf:
be-, ent-, er-, miß-, ver-, zer-. Diese Präfixe sind immer unbetont; nur **„miß-"** zieht in einigen Fällen den Wortton an sich.

„be-" signalisiert deutlich, daß ein Geschehen auf das Objekt (Oa) abzielt. Die Satzstruktur ist dabei immer: **P** + S + Oa (+ Op)
    Der Händler **be**liefert *seine Kunden* mit Waren.
    vgl.: Der Händler liefert Waren *an seine Kunden*.

„ent-" signalisiert ein Geschehen im Sinne von „weg", „entfernen", manchmal auch ein Geschehen, das einen gegebenen Zustand aufhebt.
    Der Räuber **ent**sicherte seine Pistole. (= Er löste die Sicherung.)
    Der Polizist **ent**riß dem Räuber die Pistole. (= Er nahm sie ihm weg.)

„er-" signalisiert den Beginn eines Vorgangs / eines Zustands oder auch das Erreichen eines Zwecks oder einer Wirkung.
    Wir möchten die deutsche Sprache **er**lernen. (= Wir möchten sie bis zu ihrer Beherrschung lernen.)
    Der Bergsteiger will den Berg **er**steigen. (= Er will auf den Berg bis zum Gipfel steigen.)
    Der Hase wird **er**frieren. (= Er wird vor Kälte sterben.)

„ver-" signalisiert ein Geschehen, das auf das Subjekt einwirkt. Dieser Vorgang kann zur Abwesenheit („verreisen") führen, bis zu einem Ende („verhungern") oder zu einem Übermaß („versalzen"); er kann aber auch bei reflexivem Gebrauch etwas Falsches, Verkehrtes zum Ausdruck bringen („sich verlaufen, sich versprechen").
    Der Benzingeruch **ver**fliegt. (= Er löst sich in der Luft auf.)
    Die Blumen **ver**trocknen. (= Sie trocknen aus.)
    Der Wagen **ver**rostet. (= Er rostet bis zur Unbrauchbarkeit.)
    Wir haben uns in der Stadt **ver**fahren. (= Wir sind vom Weg abgekommen.)

„zer-" signalisiert, daß ein Geschehen solange auf ein Objekt einwirkt, bis dieses nicht mehr unversehrt ist oder bis es vernichtet ist.
    Ich werde den Brief **zer**reißen.
    Die Seifenblase **zer**platzt.

„miß-" signalisiert die Entwicklung eines Geschehens ins Negative;
das Präfix zieht den Wortton an sich, ist also betont.
    Sie haben mich offensichtlich **miß**verstanden. (= falsch verstanden)
das Präfix ist unbetont; der Wortton verbleibt auf dem Wortstamm.
    Der Mann **miß**traut deinem Versprechen. (= Er zweifelt an deinem Versprechen.)

Ü 399
Richtig:

Ergänzen Sie die Präfixe! Prüfen Sie die Bedeutung in Ihrem Wörterbuch nach!

(1) Was hast du während deines Urlaubs alles _lebt? (2) Welcher Kellner _dient uns hier? (3) Wieviel _dient bei Ihnen ein Kellner? (4) Unter den Jungen ist ein Streit _standen. (5) Das Laborexperiment ist leider _glückt. (6) Was für Informationen _hält der Prospekt? (7) Wer _kauft die Baugrundstücke hier? (8) Ich habe das nicht so gemeint. Du hast mich _standen. (9) _schuldige mich bitte. Ich habe noch zu tun. (10) Ihr _ratet nicht, was ich mir gekauft habe. (11) Unsere Firma wird Sie pünktlich mit der Ware _liefern. (12) Sind die neuen Wohnblocks schon _wohnt?

Zur Wortbildung 8

Setzen Sie die angegebenen Wortstämme ins Prädikat und versehen Sie sie mit dem Präfix „be-"!

Ü 400

(1) *Lohn (Präs.)*: Nicht jede gute Tat wird auch . . . (2) *Flagge*: Zur Feier des Tages sind alle öffentlichen Gebäude . . . worden. (3) *schenk- (Präs.)*: Zu Weihnachten . . . sich die Leute gegenseitig. (4) *frei (Prät.)*: Die Bergwacht . . . die Bergsteiger aus ihrer hoffnungslosen Lage.

wie Übung 400 mit dem Präfix „ent-"

Ü 401

(1) *Last (Präs.)*: Meine Tochter . . . mich sehr bei meiner täglichen Hausarbeit. (2) *täusch-*: Du hast mich bis jetzt noch nicht . . . (3) *Hülle*: Gestern hat der Bürgermeister das Denkmal feierlich . . . (4) *lauf-*: Uns ist unser Hund . . . (5) *komm- (Prät.)*: Der Dieb . . . seinen Verfolgern doch noch.

wie Übung 400 mit dem Präfix „ver-"

Ü 402

(1) *kauf- (Präs.)*: Ich . . . meinen Wagen noch nicht. (2) *stark (mit Umlaut)*: Wir haben unsere Bemühungen um den Naturschutz . . . (3) *sicher*: Haben Sie Ihr Haus gegen Feuer . . . ? (4) *blüh- (Präs.)*: Die Blumen . . . sehr schnell. (5) *brauch-*: Ich habe schon mein ganzes Geld . . . (6) *schlimmer*: Die Kopfschmerzen haben sich . . . (7) *mehr (Präs.)*: Die Pflanzenschädlinge . . . sich ständig. (8) *rechn-*: Der Kellner hat sich beim Addieren zu seinen Ungunsten . . . (9) *irr (Prät.)*: Hänsel und Gretel . . . sich im Wald.

wie Übung 400 mit dem Präfix „zer-"

Ü 403

(1) *Splitter*: Ein Blitz hat den Baum ganz . . . (2) *schlag-*: Vor Wut wollte die Frau ihr ganzes Porzellan . . . (3) *kleiner*: Der Schrott wird vor der Weiterverarbeitung maschinell . . . (4) *spring-*: Wenn du das Glas mit zu heißem Wasser füllst, kann es leicht . . . (5) *Teil (Präs.)*: Ich . . . den Braten erst, bevor ich ihn auftrage.

Vervollständigen Sie die negativen Äußerungen!

Ü 404

(1) Diesem Menschen kann man nicht trauen, ich . . . ihm jedenfalls. (2) Der Laborversuch ist uns leider nicht geglückt, er ist uns . . . (3) Der Mann kann mich offenbar nicht verstehen, er . . . mich immer. (4) Oft achten Kinder nicht auf die Ratschläge Erwachsener, sie . . . sie.

Das Präfix „un-" verkehrt den Inhalt von Wortstämmen ins Negative; die Wörter bezeichnen dann häufig den negativen Gegensatz. Für manche Wörter mit dem Präfix „un-" sind die positiven Bezeichnungen außer Gebrauch.

die Tat – die **Un**tat; das Wetter – das **Un**wetter; der **Un**hold, das **Un**geziefer
möglich – **un**möglich; angenehm – **un**angenehm; **un**wirsch, **un**aufhörlich
befriedigend – **un**befriedigend; beachtet – **un**beachtet

Drücken Sie mit dem Präfix „un-" Gegensätze aus! Bilden Sie Beispielsätze!

Ü 405

(1) abhängig, absichtlich, angemeldet (2) anständig, appetitlich, artig (3) aufmerksam, bedeutend, bekannt (4) betont, fair, frei (5) das Heil, das Glück, die Sitte (6) die Ruhe, die Schuld, der Sinn (7) sterblich, sympathisch, verbraucht (8) verheiratet, verzollt, tragbar (9) rationell, populär, solide (10) günstig, dicht, richtig

8 Zur Wortbildung

C Die Suffixe

Ähnlich wie Präfixe erweitern Suffixe die Verwendungsmöglichkeiten von Wortstämmen; sie modifizieren ihre Inhalte und/oder den Äußerungsaspekt; darüberhinaus dienen sie zur Anpassung bestimmter Wortstämme an bestimmte Funktionen im Satz. Über die inhaltlichen Veränderungen gibt das Wörterbuch Auskunft.

Die Suffixe im einzelnen

„**-bar**" tritt an Wortstämme und bezeichnet Eigenschaften; es ist unbetont.

>liefern – liefer**bar**; vermeiden – vermeid**bar**; die Frucht – frucht**bar**; offen – offen**bar**
>Die Ware ist morgen liefer**bar**. – ein vermeid**bar**er Fehler
>Der Boden ist frucht**bar**. – ein frucht**bar**er Boden, ein offen**bar**er Irrtum

„**-chen/-lein**" treten unbetont an Nominalstämme und drücken Verkleinerungen, Vernießlichungen aus (diminutiv). Stammvokale verändern sich zum Umlaut. Auf -**e**/-**en** auslautende Nomen werfen diese Endung ab. Nomen mit diesen Suffixen gehören der neutralen Genusklasse an. Der Gebrauch von -**chen**/-**lein** ist regional verschieden; im allgemeinen wird -**lein** bei Nomen bevorzugt, wenn sie auf -**ch**/-**sch** auslauten.

>der Mann – *das* Männ**chen**/Männ**lein**; der Tisch – *das* Tisch**chen**/Tisch**lein**
>das Kind – *das* Kind**chen**/Kind**lein**; das Haus – *das* Häus**chen**/Häus**lein**
>die Frau – *das* Frau**chen**; das Mäd**chen**/Mägde**lein**; die Lampe – *das* Lämp**chen**
>die Frau – *das* Fräu**lein** (= eine sehr junge, unverheiratete Frau)
>*das* Büch**lein**, *das* Bäuch**lein**, *das* Kirch**lein**, *das* Tisch**lein**, *das* Fisch**lein**

„**-e**" tritt unbetont an Präsensstämme und bezeichnet *Gegenstände*; an Adjektiven bezeichnet es *Begriffe*. Adjektive verändern ihren Stammvokal zum Umlaut; die Nomen sind feminin.

>liegen – die Lieg**e**; fallen – die Fall**e**; sägen – die Säg**e**
>tief – die Tief**e**; kalt – die K**ä**lt**e**; lang – die L**ä**ng**e**

„**-ei**" tritt betont an Berufsnamen für Handwerker (vgl. „-**er**") und bezeichnet die *„Werkstatt"*, oder es tritt an Sachbezeichnungen und bezeichnet den *Aufbewahrungsort*. Wortstämme auf -**e** werfen das -**e** ab. Die Nomen sind feminin.

>der Gärtner – die Gärtner**ei**; der Fleischer – die Fleischer**ei**
>die Karte – die Kart**ei**; die Bücher (Plural) – die Bücher**ei**

Das Suffix „**-ei/-elei/-erei**" an Wortstämmen ist eine subjektive Bezeichnung für Handlungen/Vorgänge, die *nicht ernst genommen* werden; oft mit einem *verächtlichen* Nebensinn.

>spielen – die Spiel**erei**; lieben – die Lieb**elei**
>Was du tust, ist keine ernstzunehmende Arbeit. Das ist nur Spiel**erei**.
>Zwischen Oskar und Käte ist nichts Ernstes. Es ist nur eine Lieb**elei**.

„**-eln**" (Infinitiv) an Wortstämmen signalisiert die *Dauer* eines Geschehens (durativ), das nur „in leichter, geringer" Form in Erscheinung tritt. Das Suffix paßt den Wortstamm der Prädikatsfunktion an; der Stammvokal verändert sich zum Umlaut.

>lachen – l**ä**ch**eln**:   Warum l**ä**ch**el**st du?
>der Spott – sp**ö**tt**eln**:   Hedwig sp**ö**tt**el**te über deine Ansichten.
>krank – kr**ä**nk**eln**:   Kurt kr**ä**nk**el**t in der letzten Zeit etwas.

„**-er**" tritt unbetont an Präsensstämme zur Bezeichnung von Personen, die eine *Tätigkeit* berufsmäßig oder gelegentlich ausüben. Wenn ausschließlich weibliche Personen gemeint sind, tritt zusätzlich das Suffix „**-in**" hinzu (vgl. „-in", S. 208). Der Stammvokal verändert sich manchmal zum Umlaut.

>backen – der B**ä**ck**er**; fahren – der Fahr**er** (die Fahr**er**in); malen – der Mal**er** (die Mal**er**in);
>betteln – der Bettl**er** (die Bettl**er**in)

Dieses Suffix kann auch *Werkzeuge* oder ähnliches bezeichnen; die Nomen gehören der maskulinen Genusklasse an.

>bohren – der Bohr**er**; mähen – der Mäh**er** (als Gartengerät); springen – der Spring**er** (als Schachfigur); laufen – der L**äu**f**er** (als Teppich)

An geographischen Namen oder an Namen für Institutionen usw. bezeichnen sie die *Herkunft* bzw. die *Zugehörigkeit* von Personen, an Namen für Geräte und Musikinstrumente usw. die Person, die damit umgeht; auf -**d** oder -**t** endende Nomen verbinden das Suffix mit einem zusätzlichen -**l**-. Der

Zur Wortbildung 8

Stammvokal verändert sich zum Umlaut. Die Nomen sind maskulin; wenn nur weibliche Personen gemeint sind, tritt zusätzlich das Suffix **-in** hinzu (S. 208).

Berlin – der Berlin**er** (die Berlin**er**in); England – der Engl**änd**er (die Engl**änd**er**in**)
die Schule – der Sch**ül**er (die Sch**ül**er**in**); der Sport – der Sport**ler** (die Sport**ler**in)
*die Musik – der Musik**er*** (die Musik**er**in); die Geige – der Geig**er** (die Geig**er**in)
das Rad – der Rad**ler** (die Rad**ler**in)

Ü 406 Richtig:

Versehen Sie die angegebenen Wortstämme mit dem Suffix „-bar"; setzen Sie sie als Attribute ein!

(1) Wasser, das man *trinken* kann, ist . . . Wasser. (2) Wir haben Uwe schon viel geholfen, aber er *dankt* es uns nicht. Uwe ist ein . . . Mensch. (3) Handlungen, die mit *Strafen* belegt werden, sind . . . Handlungen. (4) Krankheiten, die man *heilen* kann, sind . . . Krankheiten. (5) Flüsse, die man mit *Schiffen* befahren kann, sind . . . Flüsse. (6) Bedingungen, die man *annehmen* kann, sind . . . Bedingungen. (7) Krankheitssymptome, die man *erkennen* kann, sind . . . Symptome. (8) Ein Motor, den man *austauschen* kann, ist ein . . . Motor.

Ü 407 Richtig:

Bilden Sie mit dem Suffix „-chen/-lein" Diminutiva!

(1) das Schiff, die Stadt, die Straße (2) die Katze, der Fisch, das Kind (3) das Bild, die Pfeife, die Hand (4) das Fenster, das Haus, der Fuß (5) der Tisch, der Baum, der Kasten (6) der Garten, die Luft, das Land

Ü 408 Richtig:

Bilden Sie mit den Wortstämmen Bezeichnungen für Gebrauchsgegenstände und für Begriffe. Bilden Sie mit den so gewonnenen Wörtern Beispielssätze!

(1) tragen, liegen, leuchten (2) warm, kalt, treu (3) lang, nah, hoch (4) bitten, lügen, lehren (5) groß, hart, breit

Ü 409 Richtig:

Nennen Sie den Arbeitsplatz, an dem folgende Handwerker arbeiten! Verwenden Sie das Suffix „-ei"!

(1) der Konditor, der Metzger, der Tischler (2) der Schreiner, der Schlosser, der Gärtner (3) der Drucker, der Brauer, der Weber (4) der Spengler, der Töpfer, der Färber (5) der Sattler, der Schweinezüchter, der Glaser

Ü 410 Richtig:

Nennen Sie die Berufsbezeichnungen! Verwenden Sie das Suffix „-er"!
Wie heißt

(1) jemand, der Brot macht? (2) jemand, der Möbel herstellt? (3) jemand, der Tuche herstellt? (4) jemand, der Bier braut? (5) jemand, der Vieh züchtet? (6) jemand, der Töpfe herstellt? (7) jemand, der Tiere schlachtet und Fleisch verkauft? (8) jemand, der süßes Gebäck, Torten usw. herstellt? (9) jemand, der mit Gemüse und Obst handelt? (10) jemand, der Fische fängt?

„**-haft**" unbetont an Präsensstämmen und auch an Nomen bezeichnet Eigenschaften.

leben – leb**haft**: ein leb**haft**es Kind
der Meister – meister**haft**: eine meister**haft**e Leistung

„**-heit/-keit**" an Adjektiven und Nomen bezeichnet Begriffe; das Suffix „-keit" schließt sich an Wörter mit den Suffixen „-bar, -ig, -lich, -sam" an. Sie werden der femininen Genusklasse zugeordnet.

klug – die Klug**heit**; der Mensch – die Mensch**heit**; strafbar – die Straf*bar***keit**; tätig – die Tät*ig***keit**; fröhlich – die Fröh*lich***keit**; sparsam – die Spar*sam***keit**

„**-ieren**" betont; paßt insbesondere *fremde Nomen* und auch einige Adjektive der Prädikatsfunktion an. Nomen auf -e werfen diesen Laut vor dem Präfix ab.

das Telefon – telefon**ieren**; der Buchstabe – buchstab**ieren**; halb – halb**ieren**

207

8 Zur Wortbildung

„**-ig**" unbetont; (das Suffix wird am Wortende oder vor Konsonanten wie *-ich* ausgesprochen) bezeichnet *Eigenschaften, Merkmale* oder *Zustände*. Wörter auf **-e** werfen diesen Laut vor dem Präfix ab.

    wackeln – wack(e)l**ig**; der Mut – mut**ig**; der Durst – durst**ig**; die Ecke – eck**ig**

Mit Hilfe von „**-ig**" können Adverbien und bestimmte Ausdrücke (Syntagmen) als vorangestellte Attribute verwendet werden (Anpassung an die Attributfunktion; vgl. S. 91). Auf **-e** oder **-en** endenden Adverbien werfen die Endung ab.

    dort – dort**ig**; hier – hie**sig**; sofort – sofort**ig**
    ein Jahr – einj**ä**hr**ig**; drei Tage – dreit**ä**g**ig**; zwei Wochen – zweiw**ö**ch**ig**
    die hies**ige** Schule; eine sofort**ige** Entscheidung; ein dreiw**ö**ch**ig**er Urlaub

Das Suffix „**-ig**" paßt bestimmte Nominal- und Adjektivstämme der Prädikatsfunktion an. Die Stammvokale werden zu Umlauten. Im Prädikat nehmen sie die „schwachen" Präteritum- und Partizip II-Formen an (S. 23, 202).

    die Angst – **ä**ngst**ig**en: Das Kind hat sich in der Nacht ge**ä**ngst**ig**t.
    rein – **rein**ig**en**: Anzüge werden chemisch ge**rein**ig**t**.

„**-in**" unbetont an Personenbezeichnungen; das Suffix bezeichnet ausschließlich *weibliche Personen*; Nomen mit „**-in**" gehören der femininen Genusklasse an. Der Wortstamm verändert den Stammvokal zum Umlaut.

    der Lehrer – die Lehrer**in**; der Koch – die K**ö**ch**in**; der Herr – die Herr**in**; der Landsmann – die Landsm**ä**nn**in**

Ü 411 Versehen Sie die angegebenen Wortstämme mit dem Suffix „-haft"! Bilden Sie Beispielsätze!

(1) schwatzen, naschen, schmeicheln (2) der Schmerz, der Fehler, das Beispiel (3) der Zweifel, der Flegel, die Fabel (4) der Ekel, der Trieb, glauben

Ü 412 Bilden Sie aus den angegebenen Wörtern Begriffsbezeichnungen! Verwenden Sie das Suffix „-heit" oder „-keit".

(1) schön, dankbar, ängstlich (2) langsam, fruchtbar, eigen (3) rein, reinlich, eigenartig (4) geistlich, schwierig, zufrieden (5) gesund, gelehrsam, fröhlich (6) das Kind, die Christen, der Tor

Ü 413 Bilden Sie aus den angegebenen Wörtern Eigenschaftsbezeichnungen! Verwenden Sie das Suffix „ig".

(1) der Schmutz, der Hunger, der Zorn (2) das Salz, die Luft, die Geduld (3) der Fleiß, die Kraft, der Schatten (4) die Sonne, das Gift, die Macht (5) das Feuer, das Wasser, der Nebel (6) die Laune, die Gegenwart, die Zukunft (7) die Ecke, die Eigenart, die Falte (8) der Berg, der Hügel, das Gewitter

Ü 414 Fügen Sie das angegebene Wortmaterial als vorangestellte Attribute ein! Passen Sie es zuvor mit Hilfe von „-ig" dieser Funktion an!

(1) *morgen:* Ich möchte gern wissen, wie der . . . Tag verlaufen wird. (2) *dort:* Ich habe viele Jahre in Limburg gelebt, wo ich auch das . . . Gymnasium besuchte. (3) *gestern:* Wo hast du die . . . Zeitung hingelegt? (4) *heute:* Dies hier ist die . . . Zeitung. (5) *hier:* Morgen findet in der . . . Oberschule eine Abiturfeier statt. (6) *drei Wochen:* Holger hat sich einen . . . Urlaub genommen. (7) *neun Jahre:* Nach . . . Tätigkeit im Ausland ist Herr Schneider wieder in die Bundesrepublik zurückgekehrt. (8) *zwei Tage:* Heute Abend endet die . . . Sitzung des Ministerrats. (9) *zwei Sitze:* Erwin will sich einen . . . Sportwagen kaufen.

Zur Wortbildung 8

Fügen Sie das angegebene Wortmaterial als Prädikat in die Sätze ein! Passen Sie es zuvor mit Hilfe von „-ig" der Prädikatsfunktion an!

(1) *Angst:* Hat sich das Kind während unserer Abwesenheit . . .? (2) *Pein:* Der Patient ist in der letzten Nacht wieder von starken Schmerzen . . . worden. (3) *Zeit:* Die gestrigen Verhandlungen haben wieder keine Ergebnisse . . . (4) *ein:* Die Verhandlungsteilnehmer haben sich auf die Vertagung auf einen späteren Zeitpunkt . . .

Ü 415
Richtig:

Nennen Sie mit dem Artikel
a. die entsprechende Bezeichnung, die für eine weibliche Person gilt,
b. die für eine männliche Person gilt,
c. die im Plural für beide Geschlechter gemeinsam gilt.
Beispiel: Spieler: **a.** die Spielerin; **b.** der Spieler; **c.** die Spieler
Feigling: **a.** der Feigling; **b.** der Feigling; **c.** die Feiglinge

Ü 416
Richtig:

(1) Künstler, Theaterbesucher, Pianist (2) Hausherr, Direktor, Bademeister (3) Filmstar, Staatsoberhaupt, Vereinsmitglied (4) Geigenvirtuose, Majestät, Lehrkraft (5) Mensch, Verwalter, Minister (6) Person, Geisel, Terrorist (7) Dieb, Gast, Liebling (8) Mannequin, Dressman, Regisseur (9) Besuch, Hebamme, Krankenpfleger (10) Sekretär, Chef, Feuerwehrmann (11) Strohmann, Exzellenz, Botschafter (12) Landsmann, Bauer, Weib (13) Verletzte, Reisende, Amateur (14) Babysitter, Dummkopf, Beamte

„**-isch**" (unbetont) zur Bildung von Eigenschaftsbezeichnungen, oft mit einem Vergleichsaspekt („wie"). An geographischen Namen – manche werden verändert – bezeichnet es *Herkunft* und *Sprache*.
    der Krieger – krieger**isch**; das Kind – kind**isch**; der Dieb – dieb**isch**; Japan – japan**isch**; Rußland – russ**isch**; der Franzose – französ**isch**; Italien – italien**isch**; Spanien – span**isch**; England – engl**isch**; Dänemark – dän**isch**

„**-ler**" unbetont an Nominalstämmen zur Bezeichnung von Personen, die einen *Beruf* oder eine *Tätigkeit* ausüben; vgl. „-er", S. 206.
    der Sport – der Sport**ler**; der Tisch – der Tisch**ler**; die Wissenschaft – der Wissenschaft**ler**

„**-lich**" unbetont an Präsens- oder an Nominalstämmen zur Bezeichnung von *Eigenschaften* oder von *Merkmalen* und zur Anpassung an die Attributfunktion (vorangestellte Attribute); an Adjektiven zur Modifizierung der Bedeutung.
    zerbrechen – zerbrech**lich**; der Sport – sport**lich**; süß – süß**lich**

„**-ling**" an Wortstämmen zur Bezeichnung von *Personen*; die Nomen gehören der maskulinen Genusklasse an. Bei auf -e endenden Nomen wird das -e abgeworfen; Stammvokale bei Nomen und Adjektiven verändern sich zum Umlaut.
    prüfen – der Prüf**ling**; die Strafe – der Sträf**ling**; jung – der Jüng**ling**

„**-los**" schließt sich unbetont an Nominalstämme im Sinne von „ohne" zur Bezeichnung von *Eigenschaften* an und paßt sie der Attributfunktion (vorangestelltes Attribut) an. Manchmal wird ein -**s**- eingeschoben. Auf -**e** endende Nomen werfen das -**e** ab.
    der Fehler – fehler**los**; die Arbeit – arbeits**los**; die Liebe – lieb**los**

„**-mäßig**" unbetont an Nominal- und Adjektivstämmen bezeichnet die Art und Weise im Sinne von „*entsprechend*". In manchen Fällen wird ein -**s**- eingeschoben.
    die Regel – regel**mäßig**; die Vorschrift – vorschrifts**mäßig**; gleich – gleich**mäßig**

„**-n/-ern**" an Stoffnamen passen die Nomen der Attributfunktion (vorangestelltes Attribut) an und bezeichnen *Eigenschaften*.
    das Silber: ein silber**n**er Löffel; die Seide: ein seide**n**es Kleid
    das Holz: ein hölz**ern**er Stil; das Eisen: eine eis**ern**e Brücke

„**-nis**" (Plural: „-nisse") unbetont an Wortstämmen bezeichnet meistens *Begriffe*; die Wörter werden der neutralen und auch der femininen Genusklasse zugeordnet.
    hindern – das Hinder**nis** (die Hinder**nisse**); das Bild – das Bild**nis** (die Bild**nisse**); finster – die Finster**nis**

8 Zur Wortbildung

Ü 417 Passen Sie die angegebenen Wörter mit Hilfe des Suffixes „-isch" an die Funktionen an und setzen Sie sie ein!

(1) *Sturm, Taktik:* Bei der gestrigen . . . Debatte ging es um das weitere . . . Vorgehen. (2) *Künstler, Spanien:* Die . . . Begabung hat Regine von ihrer . . . Mutter geerbt. (3) *Majestät, Gigant:* . . . ragt der . . . Berg aus den Wolken. (4) *Regen:* Das kalte und . . . Wetter hält nun schon über eine Woche an. (5) *Moral:* Alten Leuten zu helfen, ist eine . . . Verpflichtung. (6) *Demokrat:* Wir leben in einem . . . Staat.

Ü 418 Setzen Sie für die Ländernamen die entsprechenden Adjektive als vorangestellte Attribute ein!

(1) *Polen:* die Hauptstadt (2) *die Türkei:* die Geschichte (3) *Japan:* der Außenhandel (4) *England:* die Königin (5) *die Schweiz:* das Generalkonsulat (6) *die Schweiz:* die Berge (7) *Holland:* Käse (8) *Finnland:* die Seen und Wälder (9) *Dänemark:* die Handelsflotte (10) *Irland:* die See

Ü 419 Setzen Sie die Wortstämme als vorangestellte Attribute ein! Passen Sie sie zuvor mit Hilfe des Suffixes „-lich" dieser Funktion an!

(1) *Beruf:* meine Existenz (2) *bedauern:* ein Irrtum (3) *blau:* Licht (4) *Monat:* die Miete (5) *Gesetz:* eine Regelung (6) *lang:* ein Gegenstand (7) *Absicht:* ein herbeigeführter Streit (8) *entbehren:* eine Anschaffung (9) *Jahr:* die Steuererklärung (10) *Sport:* ein Ereignis

Ü 420 Vervollständigen Sie die Sätze, indem Sie die angegebenen Wörter an geeigneter Stelle einsetzen! Erweitern Sie sie zuvor mit „-mäßig"!

(1) *eben:* Der junge Mann hat einen Körper. (2) *Zahlen (Plural):* Der Gegner war in Überlegenheit. (3) *gleich:* Das Pendel bewegt sich in Bewegungen. (4) *Fahrplan:* Der Zug ist von hier abgefahren.

Ü 421 Bilden Sie aus den Wortstämmen mit dem Suffix „-nis" Begriffsbezeichnungen! Vorhandene Präfixe werden mit übernommen.

(1) versäumen, bitter, ergeben (2) faul, sich betrüben, düster (3) sich verhalten, bedrängen, hindern (4) hemmen, empfangen, erleben

„**-reich**" unbetont an Nominalstämmen bezeichnet *Eigenschaften*.
　　　　das Mineral – mineral**reich**; die Zahl – zahl**reich**; die Kurven (Pl.) – kurven**reich**
„**-sam**" unbetont an Wortstämmen bezeichnet *Eigenschaften* und *Art und Weise*.
　　　　folgen – folg**sam**; die Gewalt – gewalt**sam**; lang – lang**sam**; ein – ein**sam**
„**-schaft**" unbetont an Partizip II-Stämmen und an Nomen bezeichnet *Begriffe*; an Pluralformen von Personenbezeichnungen bezeichnet es die ganze *Personengruppe* (kollektiv). Die Nomen mit dem Suffix „-schaft" gehören zur femininen Genusklasse.
　　　　erringen – (Partizip II) errungen – die Errungen**schaft**; bekannt – die Bekannt**schaft**; das Wissen – die Wissen**schaft**; die Ärzte – die Ärzte**schaft**
„**-tum**" unbetont an Wortstämmen bezeichnet *Begriffe*. Die Nomen gehören, mit einer Ausnahme (der Reichtum) der neutralen Genusklasse an.
　　　　der Fürst – das Fürsten**tum**; eigen – das Eigen**tum**; wachsen – das Wachs**tum**
„**-ung**" unbetont an Präsensstämmen kennzeichnet ein *Geschehen* oder ein *Sein*. Die Wörter sind daher Verbalnomen; in wenigen Fällen bezeichnen sie auch Personen/Sachen. Diese Verbalnomen gehören der femininen Genusklasse an.
　　　　prüfen – die Prüf**ung**; vorbereiten – die Vorbereit**ung**; abfüllen – die Abfüll**ung**; bedienen – die Bedien**ung** (= Kellner, Serviererin); wohnen – die Wohn**ung** (= die Unterkunft); zeichnen – die Zeichn**ung** (= Illustration)

Zur Wortbildung 8

"**-voll**" unbetont an Nominalstämmen bezeichnet *Eigenschaften*. Manchmal wird ein **-s-** eingeschoben.
    der Gehalt – gehalt**voll**; die Liebe – liebe**voll**; die Rücksicht – rücksicht**svoll**
"**-weise**" unbetont an Nomen und Adjektiven bezeichnet den *Modus eines Geschehensablaufs*. Manchmal wird ein **-s-** eingeschoben. Bei Adjektiven wird immer **-er-** eingeschoben.
    die Probe – probe**weise**; die Zeit – zeit**weise**; das Beispiel – beispiel**sweise**
    normal – normal**erweise**; klug – klug**erweise**; paradox – paradox**erweise**

Erweitern Sie die angegebenen Wörter mit dem Suffix „-sam" und setzen Sie sie ein! **Ü 422**

(1) die *Mühe*: Das war eine . . . Arbeit. Sie ist nur . . . vorangekommen. (2) *einfühlen*: Sabine ist ein . . . Mädchen. (3) *dulden*: Du bist wirklich ein . . . Mensch. (4) die *Furcht*: Horst ist ein . . . Junge. (5) *folgen*: Eltern möchten gerne . . . Kinder haben. (6) *lang*: Seit gestern bessert sich das Wetter . . . Der Wetterbericht sagte . . . Wetterbesserung voraus.

Erweitern Sie die angegebenen Wörter mit dem Suffix „-schaft" und setzen Sie sie ein! **Ü 423**

(1) der *Freund*: Mich verbindet mit Willi eine langjährige . . . (2) *bekannt*: Lilo hat die . . . eines Filmregisseurs gemacht. (3) *eigen*: Der Junge besitzt eine Reihe guter . . . (4) *gefangen*: Mein Mann war lange Zeit in Kriegs_. (5) das *Wissen*: Mein Großvater war lange Jahre im Dienste der . . . tätig. (6) der *Bote*: Wo befindet sich die nächste . . . der Bundesrepublik? (7) *Landwirt*: Ich habe jahrelang in der . . . gearbeitet. (8) der *Weltmeister*: Nächsten Sommer beginnen die Spiele für die Fußball_.

Erweitern Sie die angegebenen Wörter mit dem Suffix -schaft und setzen Sie sie ein! **Ü 424**

(1) der *Professor:* Die gesamte . . . unserer Universität hat sich für das neue Hochschulgesetz ausgesprochen. (2) der *Student:* Unsere . . . jedoch hat dagegen protestiert. (3) der *Landwirt:* Mein Bruder arbeitet seit einiger Zeit in der . . . (4) *verwandt:* Bei unserer kirchlichen Trauung war unsere ganze . . . in der Kirche. (5) der *Bürger:* Zu der Protestdemonstration ist die ganze . . . aufgerufen worden. (6) *senden:* In diesem Gebäude residiert die österreichische . . .

Erweitern Sie die angegebenen Wörter mit dem Suffix „-ung" und setzen Sie sie ein! **Ü 425**

(1) *anhören*: Bei der gestrigen . . . vor dem parlamentarischen Ausschuß hat der Staatssekretär eine wichtige Aussage gemacht. (2) *befragen*: Die . . . der Passanten durch den Fernsehreporter war sehr aufschlußreich. (3) *vorbereiten*: Mein Bruder ist mit der . . . für sein Examen beschäftigt. (4) *erziehen*: Die . . . von Kindern ist keine leichte Aufgabe. (5) *versammeln*: Die Arbeiter gehen zu einer Betriebs_. (6) *ernähren*: Eine gesunde . . . ist für jedermann wichtig. (7) *erkälten*: Ich habe mir gestern beim Baden eine tüchtige . . . geholt. (8) *erfinden*: Was war die größte . . . Alfred Nobels? (9) *entdecken*: In welchem Jahr erfolgte die . . . Amerikas durch Kolumbus? (10) *entzünden*: Das Mädchen ist wegen einer Blinddarm_ ins Krankenhaus eingeliefert worden.

Erweitern Sie die angegebenen Wörter mit dem Suffix „-weise" und setzen Sie sie ein! **Ü 426**

(1) *glücklich*: Bei dem Unfall wurde . . . niemand verletzt. (2) *möglich*: Der Fußgänger hat . . . das Auto nicht gesehen. (3) die *Zeit*: Gestern herrschte . . . Nebel. (4) die *Probe*: Wir werden Sie in unserer Firma . . . einstellen.

211

9 Äußerungsformen

A Mitteilungen, Fragen, Aufforderungen, Gemütsäußerungen

Sprachliche Äußerungen sind Mitteilungen, Fragen oder Aufforderungen zu einem bestimmten Verhalten (Tun oder Unterlassen). Sinnvolle Äußerungen enthalten immer Beschreibungen von Sachverhalten, die sich in einzelnen Sätzen widerspiegeln.

Mitteilungen enthalten Informationen für den Gesprächspartner. Die kürzeste Form einer Mitteilung wird mit einem Satz ausgedrückt. Häufig besteht eine Information aus einer Reihe von Sätzen, deren inhaltlicher Zusammenhang durch die Besetzung des Vorfelds (S. 85) hergestellt wird. Sätze, die eine Mitteilung ausdrücken, sind *Mitteilungssätze*. Sie werden immer mit dem Satztyp A gebildet (S. 80).

    Satztyp A: Gestern hat Erwin Kurt besucht.

Fragen: wenn der Gesprächspartner durch eine Frage einen Sachverhalt erfragt, ist das eine Entscheidungsfrage. Die positive Reaktion darauf ist die Antwort; je nach Sachlage ist die Antwort „**ja**", „**nein**" oder „**doch**" (S.øø). Fragen erkennt man bei mündlichen Äußerungen an der Frageintonation, im schriftlichen Ausdruck am Fragezeichen (**?**) am Ende des Satzes.
Sätze, die Fragen zum Ausdruck bringen, sind *Fragesätze*. *Entscheidungsfragen* werden meistens mit dem Satztyp B gebildet, zuweilen auch mit dem Satztyp A oder mit dem Satztyp C (S. 80).

    Satztyp B: **Hat** Kurt gestern Besuch **gehabt**?
    Satztyp C: **Ob** Kurt gestern Besuch **gehabt hat**?
    Satztyp A: Kurt **hat** gestern Besuch **gehabt**?
    Satztyp B: **Hat** Kurt gestern keinen Besuch **gehabt**?
    Satztyp C: **Ob** Kurt gestern keinen Besuch **gehabt hat**?
    Satztyp A: Kurt **hat** gestern keinen Besuch **gehabt**?

Wenn eine Information unvollständig oder nicht ausreichend ist, erfragt der Gesprächspartner den fehlenden Teil der Information; solche Fragen sind *Ergänzungsfragen*. Sie beginnen mit einem *Fragewort* („W"-Wort). Die Antwort enthält meistens nur den erfragten Teil. Ergänzungsfragen werden mit dem Satztyp A gebildet, wobei das Fragewort das Vorfeld besetzt (S. 85).

    Wer hat gestern Kurt besucht? – **Erwin**.
    Wen hat Erwin gestern besucht? – **Kurt**.
    Wann hat Erwin Kurt besucht? – **Gestern**.

Wenn vom Gesprächspartner ein bestimmtes Verhalten (Tun oder Unterlassen) gefordert wird, ist das eine *Aufforderung*. Aufforderungen erkennt man im mündlichen Ausdruck an der Intonation; im schriftlichen Ausdruck werden sie durch ein Ausrufezeichen (**!**) am Ende des Satzes signalisiert. *Aufforderungen* mit dem Satztyp B (S. 80) enthalten im Prädikat stets einen Imperativ (S. 25). („Imperativsatz")

    Bring den Brief noch heute zur Post!

Aufforderungen mit dem Satztyp A enthalten im Prädikat eine Präsens- oder eine Futurform (S. 30, 35) und meistens die Temporalangabe „jetzt" (S. 70). In Passivausdrücken (S. 45) wird außerdem „erst" eingefügt.

    Du bringst jetzt den Brief zur Post!
    Du wirst jetzt den Brief zur Post **bringen**!
    Jetzt **wird** erst der Brief zur Post **gebracht**!

Andere sprachliche Äußerungen sind *Gemütsäußerungen* (Freude oder Unmut). Gemütsäußerungen legen subjektive Empfindungen offen. Sie setzen nicht unbedingt einen Adressaten voraus. Gemütsäußerungen sind meistens verkürzte Sätze.

    Satztyp A: (Wie) **wunderbar** (ist das)**!**
                     (Was für) **ein herrlicher Tag** (ist) **heute!**
    Satztyp B: **Hat man so etwas schon erlebt?!** (Erstaunen/Empörung)

Äußerungsformen 9

Welche Informationen enthält folgender Text von Heinrich Böll? Achten Sie auf die Äußerungsformen und reduzieren Sie den Text mit Ihren Worten auf seinen Kerninhalt!

Ü 427

Weggeflogen sind sie nicht

Sie fragen mich nach dem wichtigsten kulturellen und gesellschaftlichen Ereignis des Jahres? Warum sollten diese beiden Ereignisse getrennt sein? Sind nicht Kultur und Gesellschaft untrennbar, ja unzertrennlich, wie Kunst und Gesellschaft auf ewig getrennt sind?

Für mich war das wichtigste kulturelle und zugleich wichtigste gesellschaftliche Ereignis des Jahres der Besuch, den ich alljährlich meiner Freundin, der Schnee-Eule, im hiesigen Zoo, abstatte.

Was mich zu ihr treibt, sozusagen an ihren Hof — denn sie empfängt nicht immer und noch lange nicht jedermann —, was mich zu ihr treibt: sie ist so schön, so rein, so wild und klug. Auch kühn ist sie, wenn sie auch im Augenblick von ihrer Kühnheit nicht viel Gebrauch machen kann: was man als ihr Existenzminimum errechnet hat, bekommt sie ans Gitter gebracht.

Worüber ich mich mit ihr unterhalte?

Nun, worüber unterhalten sich Schriftsteller und Schnee-Eulen? Natürlich über das nie zu erschöpfende Thema Form und Inhalt. In diesem Jahr war unser Gesprächsthema Form und Inhalt der Freiheit.

Ich fragte die Schnee-Eule, ob man auch ihr, wie den Pelikanen und Kondoren, ein Freigehege angeboten habe. Sie sagte, ja, das habe man, aber sie habe abgelehnt, sie zöge den Käfig vor.

Ich schwieg betroffen, kam mir, wie so oft schon, wenn ich mit dieser reinen, schönen, klugen wilden Freundin mich unterhalte — ich kam mir sehr dumm vor.

Hast du denn nicht gesehen, fragte sie mich, was mit den Pelikanen und Kondoren los ist? Doch, sagte ich, ich sah, wie sie ihre herrlichen Flügel spreizten und schwangen, ihre majestätische Pracht ausbreiteten.

Und hast du, fragte meine Freundin, die Schnee-Eule, hast du denn gesehen, daß sie davongeflogen sind? Nein, sagte ich, weggeflogen sind sie nicht.

Und warum nicht, mein törichter Freund? sagte die Schnee-Eule, weil sie ihre Flügel schwingen und drehen, ihre ganze Pracht ausbreiten, aber nicht wegfliegen können: man hat ihnen die Schwungfedern gestutzt.

Deshalb ziehe ich es vor, im Käfig zu bleiben.

Freigehege bedeutet: keine Gitter, aber gestutzte Flügel. Käfig bedeutet: Gitter, aber ungestutzte Flügel.

Wegfliegen können sie so wenig wie ich.

(1964)

B Die Bezeichnung von Entwicklungsphasen eines Sachverhalts
("Aktionsarten")

Für die Beschreibung von Sachverhalten stehen Ausdrucksformen zur Verfügung, die *unterschiedliche Entwicklungsphasen* eines Sachverhalts signalisieren, z.B.

Beginn/Einsetzen eines Sachverhalts
Verlauf/Andauern eines Sachverhalts
Auslaufen/Ende/Beenden eines Sachverhalts
Intensität usw.

9 Äußerungsformen

Solche Entwicklungsphasen von Sachverhalten kommen in unterschiedlichen sprachlichen Mitteln zum Ausdruck, so durch

Einleitungen:	Ich habe *angefangen* zu arbeiten.
Sprachmaterial im Prädikat:	Die Blumen *blühen*.
Wiederholung im Prädikat:	Es regnet *und regnet*.
Präfixe:	Die Natur *er*wacht.
„Verbzusätze":	Die Sonne geht *auf*.
Prädikatsergänzungen:	Die Wirtschaft kommt langsam wieder *in Schwung*.
weitere Verben im Prädikat:	Wir *kommen* noch darauf zu sprechen.

Ü 428 Richtig: Stellen Sie fest, welches Entwicklungsstadium beschrieben wird und woran Sie das erkennen!

(1) Wer hat das Gerücht in Umlauf gesetzt? (2) Ich habe den Ast abgeschnitten. (3) Hältst du dich an dein Versprechen? (4) Die Frau redet und redet. (5) Der Zug ist soeben abgefahren. (6) Das Mädchen hat die Vase zerschlagen. (7) Wann wollen wir mit der Arbeit beginnen? (8) Uns bleibt nur zu hoffen, daß du mit deiner Voraussage recht hast. (9) Der neue Roman hat bei allen Kritikern Anklang gefunden. (10) Wann will man damit anfangen, die Straße wieder instand zu setzen? (11) Im Sommer pflegt es in unserer Gegend viel zu regnen. (12) Der Skandal hält schon seit Wochen die Öffentlichkeit in Atem. (13) Die Kirschbäume stehen in voller Blüte. (14) Willst du nicht dein Glas austrinken? (15) Arbeitet ruhig weiter! (16) Die Jungen rennen um den Sportplatz. (17) Jetzt ist das Kind aufgewacht. (18) Der Bergsteiger hat den Berg in fünf Stunden erstiegen. (19) Der Frühling erwacht. (20) Ich höre jetzt auf, dich weiter zu fragen.

C Subjektive Stellungnahmen des Sprechenden

In seine Äußerungen kann der Sprechende auf vielfältige Art seine Haltung, seine Einstellung, seine Absicht zu dem von ihm beschriebenen Sachverhalt einfließen lassen; so durch
Einleitungen: z.B.

    Ich weiß, ...
    Ich bin sicher / überzeugt, ...
    Ich glaube / halte es für möglich, daß ...
    Ich hoffe / befürchte, ...
    Ich vermute / bezweifle, daß ...

Modalglieder (M) oder *Modalattribute* (vgl. S. 73, 170):

    Leider kann Eduard heute nicht zu uns kommen. (= Bedauern)
    Er hat *eben* nie Zeit für uns. (= Enttäuschung)

das *Futur* (S. 35):

    Olga *wird* dir bei deinen Hausaufgaben helfen. (= Versprechen/Vermutung)

den *Konjunktiv I* (S. 37):

    Ich habe gehört, der Minister *wolle* zurücktreten. (= unverbindliche Weitergabe einer Information)

den *Konjunktiv II* (vgl. S. 43):

    Uwe behauptet von sich, er *wäre* klüger als du. (= mit Bedenken weitergegebene Information)

das Modalverb „*sollen*" (vgl. S. 47):

    Wir *hätten* nicht hierherfahren *sollen*. (= Reue/Bedauern)

das Modalverb „*wollen*" (vgl. S. 47):

    Christoph kann kein Englisch, *will* aber in Amerika gelebt *haben*. (= Zweifel)

Äußerungsformen 9

Geben Sie mit den angegebenen Mitteln Ihren Äußerungen eine subjektive Färbung!

Ü 429

(1) *leider (Bedauern)*: Norbert spricht kein fehlerfreies Deutsch. (2) *ruhig (Einverständnis)*: Sie können meinen Chef anrufen. (3) *denn (Anteilnahme/Interesse)*: Was hast du gestern den ganzen Tag gemacht? (4) *schon + Futur (Zuversicht)*: Du bestehst dein Examen. (5) *sicher + Futur (Vermutung aufgrund eigener Erfahrung)*: Diese Tankstelle ist am Sonntag geöffnet. (6) *aber (Anerkennung)*: Dein Sohn ist tüchtig. (7) *nicht (Erwartung einer positiven Antwort)*: Hat hier deine frühere Freundin gewohnt? (8) *doch (nachdrückliche Äußerung)*: Du freust dich auf meinen Besuch? (9) *tatsächlich/wirklich (zweifelnde Frage)*: Habt ihr keinen Hunger? (10) *vielleicht (Ungewißheit)*: Roland geht nächstes Jahr aufs Gymnasium. (11) *vielleicht (Einschränkung)*: Ich habe mich geirrt. (12) *wohl + Futur (Vermutung)*: In diesem Haus wohnt niemand mehr. (13) *Futur (Absicht)*: Morgen besuche ich meine Tante. (14) *Futur (Versprechen)*: Ich hole dich heute abend vom Büro ab. (15) *schließlich (eine ausreichende, sofort einleuchtende Erklärung)*: Du mußt mir helfen. Du bist mein Freund.

wie Übung 429

Ü 430

(1) *unbedingt (Bekräftigung)*: Ich muß jetzt nach Hause. Meine Familie wartet auf mich. (2) *meinetwegen (ohne Einwände/Gleichgültigkeit)*: Ihr könnt schon nach Hause gehen („wenn ihr wollt). (3) *endlich (Ungeduld)*: Wann gibt es Abendessen? (4) *endlich (Erleichterung)*: Jetzt gibt es etwas zu essen. (5) *vielmehr (Berichtigung/Präzisierung)*: Ich bezweifle keineswegs, daß Hans die Prüfung bestehen wird. Ich bin der Meinung, er wird sie glänzend bestehen. (6) *lieber (eine bessere, vernünftigere Alternative)*: Lies ein Buch und sitz nicht dauernd vor dem Fernseher! (7) *Futur (Entschluß/Absicht)*: Ich fahre im Urlaub wieder nach Frankreich. (8) *voraussichtlich + Futur (ein Vorhaben, das noch geändert werden kann)*: Ich fliege. (9) *sicher (Erwartung)*: In Paris sehe ich meinen alten Studienkollegen wieder. (10) *sicher (Befürchtung)*: Wir kommen zu spät in die Theatervorstellung.
(11) a. *hoffentlich* / b. *ich hoffe* / c. *wie ich hoffe (Erwartung, daß etwas positiv zutrifft)*: Ihr habt einen schönen Urlaub gehabt. (12) *gern(e) (zurückhaltend geäußerter Wunsch)*: Käte möchte einmal in deinem Wagen mitfahren. (13) *gern(e) (Bereitwilligkeit)*: Sie kann in meinem Wagen mitfahren. (14) *ja (Überraschung)*: Da kommt schon unser Bus! (15) *sollen + Konjunktiv II (zu etwas raten / negativ: von etwas abraten)*: Du treibst Sport. Du rauchst nicht mehr so viel.

wie Übung 429

Ü 431

(1) *vielleicht (emotionale Äußerung)*: Deine Freundin hatte gestern ein schickes Kleid an! (2) *aber (Anerkennung/Bewunderung, emotional)*: Sie sieht in dem Kleid gut aus. Es paßt zu ihrem Typ. (3) *eben (Resignation)*: Heute ist alles anders. Die Zeiten haben sich geändert. (4) *glücklicherweise / zum Glück / Gott sei Dank (Zufriedenheit)*: Meinen Eltern geht es gut. (5) *schön (Zufriedenheit; etwas hat sich erfreulich, positiv entwickelt)*: Ihr seid mit eurer Arbeit vorangekommen. (6) *wirklich (Beteuerung/Versicherung)*: Du hast keinen Grund, besorgt zu sein. (7) *doch bloß nicht/kein + Konjunktiv II, Satztyp B (Vorwurf)*: Ihr habt bei der Bank einen Kredit aufgenommen. (8) *doch nur + Konjunktiv II, Satztyp B (Vorhaltung)*: Oskar hat bei seiner Firma gekündigt. (9) *können + denn bloß + Frageadverb „wie" (Mißbilligung)*: Ihr glaubt diesem Mann. (10) *wollen + denn gar, Satztyp B (Ungeduld)*: Der Bus kommt nicht. Und wir warten schon eine halbe Ewigkeit hier.
(11) *wollen + wollen (Ungeduld)*: Der Regen hört nicht auf. (12) *Futur + kaum*

215

9 Äußerungsformen

(Zweifel): Die Leute sehen wir nächstes Jahr wieder. (13) *Futur + schon (Beschwichtigung/Ermutigung)*: Emil besteht seine Prüfung. (14) *etwa / doch nicht etwa, Satztyp B; Frage (Besorgnis, innere Beunruhigung)*: Ihr wollt weggehen. (15) *nur (Ermutigung)*: Kommen Sie herein! Sie stören mich nicht.

Ü 432 wie Übung 429

(1) *mal langsam (Aufforderung/Ermahnung)*: Jetzt beeilt euch! (2) *wirklich (Anerkennung/Lob/Bewunderung)*: Das war heute ein schöner Abend. (3) *können + Konjunktiv II + so langsam ... aber / allmählich ... aber (Ungeduld)*: Jetzt hört es auf zu regnen. (4) *doch einmal; Aufforderung / warum ... nicht mal; Frage / wie wäre es, wenn ... mal + Konjunktiv II, Frage (unverbindlicher Vorschlag)*: Ihr geht in den Zoo. (5) *sollen + Konjunktiv II (Rat, Empfehlung)*: Deine Tochter lernt eine Fremdsprache. (6) *sollen + Konjunktiv II + so langsam / allmählich ... aber (Mahnung)*: Wir denken an unsere Abreise. (7) *sollen + Konjunktiv II + lieber/besser ... anstatt/als ... (Mahnung)*: Du spielst den ganzen Tag nur auf der Straße und tust nichts für die Schule. (8) *dürfen + Konjunktiv II (Vermutung aufgrund der Erfahrung)*: Dem Aussehen nach ist dieses Gebäude eine Schule. (9) *können (vage Vermutung/ Wahrscheinlichkeit)*: Wir haben uns früher nicht gesehen, weil ich bisher in einer anderen Stadt gelebt habe. (10) *anscheinend / scheinen ... zu (Vermutung aufgrund des äußeren Eindrucks, eines logischen Schlusses)*: Ihr wart in Urlaub. Ihr seht so erholt und braungebrannt aus.
(11) *müssen + nicht (wohlgemeinter Rat)*: Ihr macht euch so viele Gedanken um eure Zukunft. (12) *müssen + nicht (ohne jede Verpflichtung)*: Sie kommen zu der morgigen Abschiedsfeier. (13) *müssen + unbedingt (jemanden zu etwas animieren)*: Du liest den neuen Roman des jungen Autors. (14) *wollen/müssen/ sollen + Konjunktiv II + nicht; als Frage (jemanden erinnern / sich vergewissern)*: Der Chef kommt heute aus dem Urlaub zurück. (15) *sollen + Konjunktiv II (+ doch) (Vorwurf einer Unterlassung)*: Du hast mich gestern abend nicht angerufen. (16) *können + Konjunktiv II (Vorschlag, freundliche Aufforderung)*: Du hilfst mir jetzt ein bißchen im Garten, damit ich schneller fertig werde. (17) *gern (Tendenz / Neigung)*: Im Sommer regnet es hier. (18) *müssen + Konjunktiv II (ein Wunschgedanke)*: Gutes Deutsch kann man jetzt sprechen.